ENTRELAÇOS
ENTRETEXTOS

MISCELÂNEA EM HOMENAGEM A EVANILDO BECHARA

Ricardo Cavaliere
Organização, Apresentação e Escorço biobibliográfico

© by Ricardo Cavaliere

Direitos de edição da obra em língua portuguesa no Brasil adquiridos pela EDITORA NOVA FRONTEIRA S.A. Todos os direitos reservados. Nenhuma parte desta obra pode ser apropriada e estocada em sistema de banco de dados ou processo similar, em qualquer forma ou meio, seja eletrônico, de fotocópia, gravação etc., sem a permissão do detentor do copirraite.

EDITORA NOVA FRONTEIRA S.A.
Rua Bambina, 25 – Botafogo – 22251-050
Rio de Janeiro – RJ – Brasil
Tel.: (21) 2131-1111 – Fax: (21) 2286-6755
http://www.novafronteira.com.br
e-mail: sac@novafronteira.com.br

CIP-Brasil. Catalogação-na-fonte
Sindicato Nacional dos Editores de Livros, RJ.

E52 Entrelaços entre textos : miscelânea em homenagem a Evanildo Bechara / organização, apresentação e escorço biobibliográfico de Ricardo Cavaliere. - Rio de Janeiro : Nova Fronteira, 2008.
(Lucerna)

Textos em homenagem aos 80 anos de Evanildo Bechara
ISBN 978-85-209-2133-3

1. Bechara, Evanildo - Aniversários, etc. 2. Professores de línguas - Brasil. 3. Lingüística - Brasil. 4. Filólogos - Brasil. 5. Escritores brasileiros - Biografia. I. Cavaliere, Ricardo. II. Título: Homenagem a Evanildo Bechara. III. Série.

CDD: 928.69
CDU: 929:821.134.3(81)

A Evanildo Chauvet Bechara *in memoriam*

Sumário

Apresentação
Ricardo Cavaliere 7
Notas biográficas 18
Bibliografia 43
Até ao Prof. Evanildo Bechara: nos meus caminhos da
gramática e filológico-linguísticos
Amadeu Torres 69
Estruturas de negação reforçada nas *Cantigas de Santa Maria*
Ângela Vaz Leão 75
Anchieta, o Brasil e a função catequista do seu teatro
Cleonice Berardinelli 89
Uma antologia de *Os Lusíadas*
Leodegário A. de Azevedo Filho 103
A gramática no ensino da leitura
Carlos Eduardo Falcão Uchôa 113
Garrett, um dramaturgo moderno leitor dos clássicos
Aníbal Pinto de Castro 126
Reflexões sobre a crônica na literatura brasileira
Domício Proença Filho 140
Analogia e anomalia na história das idéias lingüísticas
Maria Helena de Moura Neves 152
História da língua e Romanística na bibliografia de Evanildo Bechara
Rosalvo do Valle 171
O itinerário de um mestre
Tarcísio Padilha 186

André de Resende e a relatinização ortográfica da língua portuguesa
Sebastião Tavares de Pinho 191

Ser e estar — um enfoque sintático-semântico
Walmirio Macedo 211

Evanildo Bechara, o lingüista
Horácio Rolim de Freitas 219

Símile épico / símile paródico
Ivo Barbieri 228

A expressão da concessividade nas cartas de Vieira: orações introduzidas por **ainda que** e **posto que**
Eneida Bomfim 252

Linguagem, *status* e papéis sociais
Dino Preti 271

Evanildo Bechara e a língua portuguesa
Arnaldo Niskier 281

A lingüística indígena no Brasil no século XVI e no século XX
Aryon Dall'Igna Rodrigues 289

Atualizando um teste sobre usos do português falado
Francisco Gomes de Matos 307

Um discurso sobre o discurso do imortal Acadêmico Evanildo Bechara
Neusa Maria Oliveira Barbosa Bastos 315

Significação geral das noções modo-temporais
Valter Kehdi 324

Empréstimos em português relacionados com palavras semíticas da *Bíblia*
Brian F. Head 331

Apresentação

Este livro reúne textos em homenagem a um brasileiro que encanta, seduz e conquista os que se dedicam aos estudos da linguagem humana. Sua concepção é a de uma miscelânea pleonasticamente heterogênea, composta seja de estudos lingüísticos e literários mergulhados em profunda erudição, seja de breves e evocativas declarações de afeto e carinhosa admiração de amigos diletos. Mais que uma homenagem, esses textos se traduzem em um agradecimento reverencial a Evanildo Bechara, por ocasião de seus oitenta anos de vida, em face de sua magnificente contribuição aos estudos humanísticos brasileiros.

Como certa vez me disse Rosalvo do Valle, em uma de nossas conversas de fim de tarde no Liceu Literário Português, "gostar do Bechara é muito fácil". Não creio que consiga aqui desdobrar em letra de forma os sentidos que essa observação fugaz, dita numa vespertina troca de idéias ociosas, consegue reunir e amalgamar, para tecer o sentimento que Bechara insculpe em seus amigos mais chegados. Gostar do Bechara é fácil porque é fácil gostar do que é a um tempo simples e fecundo, plácido e intenso, justo e resoluto. De uma presença que inspira segurança facilmente acessível quando se tem algum problema a resolver. Admiração interesseira essa, que se serve do talento alheio para dar conta do mundo.

Mas é assim que flui o trato desse professor de português com as pessoas que com ele trabalham. De onde virá esse talento para agradar? Da inusitada mescla do sangue maranhense materno com o libanês paterno, possivelmente. Ou talvez da rígida e afetiva formação que conferiu o tio militar àquele adolescente que vinha ao Rio de Janeiro preparar-se para a vida no início da década de 1940. Ou, afinal, da personalidade que cada um de nós vai alinhavando com o fio da experiência no tecido da existência.

Em certo dia, perguntei-lhe como olhava hoje para este passado de glórias, com tantas conquistas, tantos louvores e manifestações de apreço. Afinal, não encontramos em cada esquina um certo cidadão que reúna dois títulos de professor emérito em prestigiosas universidades brasileiras, um título de doutor *honoris causa* de uma conceituadíssima universidade portuguesa, que tenha alçado à imortalidade dos mortais como membro da Academia Brasileira de Letras e da Academia das Ciências de Lisboa, dentre tantas outras comendas que só se atribuem aos que gozam de exponencial prestígio entre os seus, dentre elas a de ter sido escolhido pelo jornal *O Globo*, em junho de 2006, como um dos cem brasileiros geniais vivos. Assim, atiçava-me a curiosidade saber o que lhe dera mais satisfação na vida profissional.

Disse-me então o mestre, com a usual serenidade: "Nunca me preocupei em chegar ao topo, mas com o percurso. Chegar ao topo seria uma natural conseqüência." Em seguida, arrematou: "A amizade dos alunos. Eu, por exemplo, fui professor de uma turma do Colégio Dois de Dezembro no ano de 1948, e até hoje essa turma reúne os colegas no dia dois de dezembro e eu sou sempre convidado para almoçar com eles."

A preocupação com o percurso a que se refere Bechara pode exemplificar-se com um fato de sua vida profissional pouco conhecido. Quando trabalhava como professor da Faculdade de Filosofia e Letras do Instituto La-Fayette, já conhecido nos meios acadêmicos como um jovem e talentoso filólogo, portanto alvo do interesse dos mestres mais experientes, Bechara é convidado pelo Prof. Ernesto Faria para trocar a cadeira de Português pela de Língua Latina, sob o argumento de que em breve haveria concurso para catedrático e a carreira universitária se lhe abriria com mais facilidade. Bechara, então, resolve não aceitar o convite, com a seguinte frase: "Professor, eu lamento, mas não posso aceitar, porque, depois de tantos anos em que o Prof. Said Ali se dedicou a mim em língua portuguesa, por causa da cátedra de Latim eu não poderia ferir sua memória".

Por sinal, a referência ao nome de Said Ali constitui uma obrigação para quem se interesse pela formação filológica e pela trajetória profissional de Evanildo Bechara. E, nesse ponto, façamos uma pausa estratégica para um justo preito de gratidão ao Capitão Benedito Clímaco de Holanda Cavalcante, o já aqui referido tio militar que acolheu o jovem Evanildo em sua casa do Méier, o qual talvez tenha morrido sem saber da inestimável benfeitoria que conferiu à

Apresentação

Filologia brasileira. Explique-se: numa tarde perdida do passado, ocupado com a arrumação da casa, o Capitão resolve fortuitamente lançar às mãos do sobrinho, que o ajudava na faxina, um livro que por ali já assentava há algum tempo, acompanhado da seguinte frase: "Você que estuda português, e gosta, toma aí esse livro". O tal livro era a *Lexiologia do português histórico*, de Manuel Said Ali. Bem, o resultado desse encontro fortuito, como sabemos, foi a semente de uma intensa e fecunda relação pessoal entre o velho mestre já avançado na idade, e o incipiente estudante, inebriado com aquelas renovadas idéias lingüísticas que aliavam a perspectiva histórica à análise psicológica da linguagem. Mais que isso, desse contato humano viria a formação intelectual de um filólogo na acepção mais acurada do termo, já que erigida sobre as bases dos textos clássicos e da leitura exaustiva dos principais nomes da teoria filológica e lingüística. Mais tarde, a admiração do jovem Evanildo daria lugar à devoção com que até hoje Bechara vem preservando a memória de Said Ali, não só em vários textos sobre sua obra, mas sobretudo mediante aplicação dos conceitos essenciais de seu pensamento lingüístico na descrição do português.

Bechara integra uma geração de lingüistas que aprendeu a estudar a linguagem humana sem a preocupação dos rótulos. Nestes tempos em que foneticistas não se aventuram nos estudos sintáticos, semanticistas evitam os caminhos da morfologia, nestes tempos em que se sente uma certa necessidade de ser reconhecido pela especialidade temática, é deveras incomum que se encontre um estudioso que trafega com desenvoltura pelas várias alamedas da descrição lingüística. O primeiro trabalho que Bechara publica, sob o título *Fenômenos de intonação: um capítulo de fonética expressiva*, vindo a lume em 1946, cuida da prosódia e sua repercussão na construção da frase portuguesa, curiosamente uma área em que sua bibliografia não viria a ocupar-se posteriormente com freqüência acentuada. Já o volume seguinte, intitulado *Primeiros ensaios sôbre língua portuguesa*, publicado em 1954 pela Livraria São José, constitui uma coleta de textos sobre temas variados, que faz desabrochar o veio filológico que não encontra fronteiras, ansioso de tratar de temário vário: léxico, sintaxe, fraseologia, questões etnolingüísticas, história do português e tantos outros. Essa íntima relação plural com os fatos da língua é decerto um traço essencial para a formação do gramático, no labor de descrever uma dada variante da língua em uso.

Ademais, com Bechara mantém-se vivo o compromisso da pesquisa lingüística com o ensino da língua vernácula em nível fundamental e médio. O Brasil já foi pródigo em nomes que coadunavam com maestria a investigação acurada do fato gramatical com a didática do português, com o que hoje mais se conhece como "português em sala de aula". Citem-se, pela rama, Maximino Maciel, João Ribeiro, Antenor Nascentes, Rocha Lima, Mário Pereira de Sousa Lima, Cláudio Brandão, Othon Moacyr Garcia e tantos outros. Interessante notar que, com a 37.ª edição da *Moderna gramática portuguesa*, agora mais voltada para o ensino universitário, esse compromisso pedagógico incentivou nosso homenageado a publicar uma *Gramática escolar da língua portuguesa*, vinda a público em 2001 pela Editora Lucerna, a qual hoje continua cumprindo o papel de que antes se ocupava a versão original da *Moderna gramática*.

Por outro lado, um traço a mais que vincula a formação intelectual do nosso mestre aos antigos filólogos de nossa Tradição Gramatical repousa no interesse em temas despidos do formalismo que naturalmente afastam o cientista do cidadão leigo, tais como o conceito e aplicação de norma gramatical, as questões ortográficas, a linguagem no trato social, língua e cultura, a língua literária etc. E talvez seja essa necessária reaproximação do lingüista com o falante da língua uma das missões que nos desafiem nestes verdores de século.

Em um de seus pequenos textos publicados no semanário *O Mundo Português*, depois republicados na coletânea *Na Ponta da Língua*, Bechara exclama: "Sejam bem-vindos os consultórios gramaticais!" E por que o faz? Hoje, parece haver nos meios acadêmicos uma crença de que trabalhar a norma gramatical pela simples vontade de fazê-lo, a conhecida "norma ensimesmada", não é coisa digna de um cientista. E, admitamos, não se pode dizer o contrário, se for essa a preocupação singular do cientista. A questão está em que, filha deserdada da ciência lingüística, a norma gramatical está no topo dos interesses do cidadão leigo, que obviamente não cuida de compromissos com os paradigmas científicos.

Em curtas palavras, omisso o lingüista em temas supostamente laicos, ocupa seu lugar o leigo. Os que se dedicam à pesquisa sobre o livro didático em língua portuguesa publicados nas décadas de 1970 e 1980 no Brasil costumam asseverar que passamos cerca de vinte anos sem bons novos textos gramaticais, com as exceções que a regra impõe, já que semelhante tarefa sobrou para mãos inexperientes ou mesmo insipientes. Não estará esse fato vinculado ao desprestígio que a universidade delegou ao estudo normativo da língua ao longo desse período? Não será esse desencantado marasmo de duas a três décadas a resultante do maniqueísmo feroz que opôs Lingüística a Filologia no seio da universidade brasileira a partir da segunda década do século XX?

Louve-se, portanto, contarmos ainda hoje com um lingüista de escol que não olvidou suas raízes filológicas — no sentido de manter-se afeito à leitura e à análise do texto escrito, mormente o literário —, cujo labor, em realidade, ensina-nos a cada linha traçada que fazer Lingüística não é incompatível com fazer Filologia, assim como a reflexão sobre a teoria das línguas não colide com a edificação de uma norma exemplar no seio da sociedade contemporânea.

E, neste ponto, aproveito para aditar mais um preito de gratidão. Se ao Capitão Benedito Clímaco de Holanda Cavalcante já aqui deixei minha reverência pelo inadvertido gesto de aproximar dois gênios da Filologia brasileira, a Manuel Said Ali desdobro as gratulações pela sabedoria com que soube lapidar a pedra preciosa que logo percebera ter sob sua tutela.

Explique-se: uma vez iniciado o contato que Bechara manteve com o velho mestre fluminense na residência da rua da Glória, ao longo de doze anos, Said Ali certo dia disse ao pupilo: "O senhor está vendo aquela pilha de livros ali adiante? Pois bem, aqueles livros são seus". Os livros eram clássicos da literatura portuguesa: João de Barros, Diogo do Couto, Fernão Lopes, Castanheda, Alexandre Herculando, entre outros. Em vez de introduzir o orientando pela teoria, como decerto faria hoje um estudioso da Lingüística (ou mesmo da Filologia), Said Ali o fez pelo texto literário. É essa uma lição de que não podemos prescindir: se queremos formar um bom filólogo, apresentemos-lhe primeiro o texto, depois a tese.

Referi-me há pouco ao maniqueísmo com que a universidade brasileira opôs Lingüística e Filologia a partir da metade do século passado. Não seria indevido asseverar que Bechara é daqueles que sobreviveram a este inusitado antagonismo. Essa é uma questão não propriamente de política lingüística, mas de política acadêmica que merece ser revisitada por quem se interessa pelos temas históricos na área da educação superior. Fato é que, a partir da metade dos anos 60, com o avanço dos estudos sobre a língua oral e a insistente depreciação da gramática normativa, surgiu em nosso meio uma deturpada interpretação do papel da Lingüística no campo das ciências humanas — como ciência que estudava a língua sem o ranço da correção, da discriminação e do opróbrio — fato que contribuiu para um avassalador degredo intelectual dos filólogos e professores de língua vernácula, cujos reflexos perduraram por vários anos. Criou-se, pois, um cisma em que se opunham, de um lado, os filólogos, afeitos a uma norma ultrapassada, reféns da língua literária e, sobretudo, dotados de um comportamento lingüístico reacionário, e, de outro, os lingüistas, abençoados pela clarividência científica, despidos de preconceito lingüístico, fiéis à pesquisa da "verdadeira língua".

Essa visão deturpada e iconoclasta impôs-nos um tributo caríssimo de aproximadamente um quarto de século sem pesquisa filológica nos cursos de pós-graduação universitários. Muito tivemos que penar para perceber que, em nomes com Evanildo Bechara, o lingüista e o filólogo podem harmonicamente coexistir na mesma pessoa, o que, por sinal, também se pode dizer de outros eminentes nomes da pesquisa universitária que no nosso tempo transitam com desembaraço entre a Lingüística e a Análise do Discurso.

Duas palavras devem ser aqui dedicadas aos textos escritos por Evanildo Bechara. No conjunto de sua obra, destaca-se inequivocamente a *Moderna gramática portuguesa*, uma referência na descrição do português hodierno como língua exemplar, isto é, naquele plano variacional que reúne os usos consuetudinariamente eleitos pelo falante como preferíveis em comunicação culta, mormente na modalidade escrita. O conceito de exemplaridade é uma das conquistas da lingüística cosseriana que Evanildo Bechara difunde reiteradamente em sua obra, tendo em vista a adequada aplicação que dele se pode abstrair para explicar a conhecida unidade na diversidade que caracteriza a presença da língua portuguesa em terras brasileiras. A par desse conceito, outros de semelhante relevância para a construção de uma teoria lingüística compatível com o interesse maior da boa descrição do fato gramatical se encontram nas páginas da *Moderna gramática portuguesa*, sob a rubrica *Teoria gramatical*.

Cuidemos, entretanto, ainda que perfunctoriamente, do perfil original desta que é hoje, indubitavelmente, a obra gramatical mais citada em bibliografias e ementas de concursos, resenhas, cursos especializados e demais atividades da vida acadêmica. Saída a lume em 1961 pela Companhia Editora Nacional, a *Moderna gramática*, nas palavras de seu autor, vinha a público para oferecer uma descrição do português segundo "os progressos que os modernos estudos de linguagem alcançaram no estrangeiro e em nosso país". Observe-se, assim, que o adjetivo moderna, que o autor conferiu ao título, visava a expressar esse viés inovador do ponto de vista doutrinário, no sentido de que não se tratava de mais uma gramática portuguesa, senão uma novel gramática erigida sob novas bases teoréticas.

Contudo não descuida Bechara de buscar um equilíbrio, uma *aurea mediocritas* para coadunar o novo e o tradicional, mormente porque, afinal, o propósito de seu texto gramatical era o de servir como compêndio escolar. Daí a advertência que nosso mestre faz aduzir na apresentação desta primeira edição: "Não se rompe de vez com uma tradição secular".

Isso explica por que nas páginas primitivas da *Moderna gramática* coexistam conceitos então renovadores com outros de índole tradicionalista. Ao tratar no capítulo de fonética sobre as ditas vogais reduzidas, um item infeliz da Nomenclatura Gramatical Brasileira de 1959, a *Moderna gramática* abre uma nota de rodapé para advertir que "na realidade, as reduzidas não estão cientificamente formuladas pela NGB, e o melhor seria bani-las". Ainda na seção destinada à fonética, Bechara adverte, citando Said Ali, que a existência de ditongos crescentes em português é discutível, fato que o alinha em certa medida com as revolucionárias idéias estruturalistas que Mattoso Câmara há pouco trouxera a nosso meio, não obstante com outra base de fundamentação.

Por sinal, no plano da morfologia, a primeira edição da *Moderna gramática* já enverada com passos seguros nas sendas da análise morfológica consagrada pelo estruturalismo e pela metodologia dos constituintes imediatos, fato que indubitavelmente lhe confere perfil vanguardista do ponto de vista historiográfico, visto que a ordem tradicional em nossas gramáticas era a de distinguir elementos constituintes *per se*, com se fossem unidades autônomas sem relação sistêmica. Enfim, muito se haveria de dizer a respeito da primeira edição desta obra marcante de nossa gramaticologia, que já requer um estudo aprofundado dos que se dedicam à história da gramática em nosso país.

Ciente, entretanto, de que a evolução do pensamento lingüístico não nos deixa opções senão atualizarmo-nos e aplicarmos as novas conquistas na tarefa de descrever a língua como sistema, Bechara, cerca de duas décadas após a publicação da primeira edição da *Moderna gramática*, já sinaliza com o intuito de atualizá-la, o que efetivamente começa a fazer ao final da década dos anos 1980, numa detalhada e rigorosa releitura de todo o texto ao longo de aproximadamente dez anos. Desse trabalho incansável, como diz o próprio autor, surgiria a rigor um novo livro "amadurecido pela leitura atenta dos teóricos da linguagem, da produção acadêmica universitária, das críticas e sugestões gentilmente formuladas por companheiros da mesma seara e da leitura demorada de nossos melhores escritores".

Assim, a 37.ª edição da *Moderna gramática portuguesa* oferece-nos uma renovada concepção dos mecanismos que atuam no sistema lingüístico sem descurar de certos princípios que permanecem vivos, já que essenciais para o ensino do português em sua plenitude, não só como meio de comunicação social, mas também como exemplo de língua histórica que encerra e transmite às gerações o inventário cultural de um povo. Dentre vários elementos pontuais de destaque, louve-se a iniciativa do autor em fazer retornar às páginas gramaticais os fatos históricos da língua, que a nosso ver deveriam reintegrar-se aos programas de nível médio, ainda que em rápidas pinceladas, como conteúdo imprescindível para a formação integral do discente em língua vernácula.

A edição renovada da *Moderna gramática portuguesa*, trazida a lume em 1999, esteia-se na teoria gramatical de três grandes lingüistas contemporâneos: Eugenio Coseriu, José Herculano de Carvalho e Mattoso Câmara Jr. Dir-se-ia, com segurança, que a ordem desses nomes, da maneira como aqui se dispôs, bem espelha a preponderância proporcional de seus conceitos teoréticos, de tal sorte que a Eugênio Coseriu, sem dúvida, se há de conferir maior relevo e força inspiradora nas linhas gerais da obra, com exceção da parte dedicada à fonética e à fonologia.

A questão da norma escrita, por exemplo, já aqui referida, passa por temas subliminares, como o do levantamento de um *corpus* fidedigno, que dê amparo às regras ou preceitos declinados na obra, bem como indique as bases de uma norma atualizada que não se afaste dos paradigmas da língua histórica, entendida por Bechara como "produto cultural histórico, constituída como unidade ideal, reconhecida por todas as comunidades integrantes desse domínio lingüístico".

É este aspecto da questão por que tanto se empenha o autor da *Moderna gramática portuguesa*: não se há de confundir a exemplaridade lingüística com a correção gramatical, já que a forma ou construção exemplar advém do percurso histórico da língua e se estabiliza pela escolha de gerações sucessivas de falantes como a que cumpre o papel de comunicação mais eficientemente. Nesse sentido, há de conferir-se igual relevo às variáveis lingüísticas, que também são fruto dessa tradição histórico-evolutiva como expressões válidas da língua exemplar.

Um outro aspecto que bem expressa os rigores que há de enfrentar o gramático na construção de uma obra criteriosamente descritiva (no sentido de que não se hão de reunir em um projeto de descrição de uma língua elementos heterogêneos, que pertencem a planos distintos dos usos lingüísticos) diz respeito à edificação do *corpus*.

Muito condenam as antigas gramáticas por usarem de *corpus* anacrônico, baseado nos autores clássicos, mormente portugueses, fato que soa incompatível com uma norma atualizada. No caso da *Moderna gramática portuguesa*, mantém-se o autor fiel a um *corpus* de língua escrita literária, cuja atualização não ultrapassa a terceira geração do Modernismo. A exclusão de autores mais recentes é intencional e revela a sensibilidade de quem observa a língua como expectador experiente, cuidadoso de assentar como exemplo de construções abonadas pelo falante culto somente aquelas cuja presença já se consolidou sem reservas no ato de comunicação.

Um outro detalhe de grande significado, sobretudo do ponto de vista historiográfico, que reside nas páginas da novel *Moderna gramática portuguesa* está na própria sinopse gramatical. Abandonando de vez o modelo estrutural tripartite *Fonética, Morfologia* e *Sintaxe*, consagrado pela Nomenclatura Gramatical de 1959 e que serviu de fundamento para a criação de tantas obras a partir da década de 1960, a nova edição da *Moderna gramática* impõe severas modificações à estrutura orgânica da descrição do fato lingüístico. Destarte, a sinopse gramatical opta por dois níveis descritivos basilares — *Fonética e Fonologia* e *Gramática descritiva e normativa* —, subdividindo-se o segundo em três segmentos: *formas e funções, estrutura das unidades: análise mórfica* e *estrutura do enunciado ou período: a oração e a frase*.

Saliente-se, por relevante, que Bechara conduz para as páginas de um compêndio gramatical a atualizada concepção orgânica da língua que exclui a fonologia dos domínios da gramática, fato que revela o alinhamento de nosso lingüista homenageado à concepção de língua como sistema de estruturas abstratas, em que o som apenas funciona como revestimento material, de tal sorte que se possibilite a comunicação. Nesse sentido, a fonética e a fonologia não integram a gramática da língua, decerto, mas sua presença na estrutura geral de um texto descritivo justifica-se pela constatação de que ao vernaculista cabe descrever todos os fatos da língua, não apenas os atinentes a sua gramática. Nesse sentido, mormente por exigência pedagógica, não se pode descurar da referência aos fenômenos da fonologia.

Verifica-se, pois, que as duas versões da *Moderna gramática portuguesa* constituem trabalhos exarados pela Lingüística de seu tempo. Mais que isso, revelam a acurada autocrítica de quem percebe a necessidade de ajustar os conceitos da descrição gramatical às novas exigências que impõe a evolução científica. Semelhante atitude não seria bem definida como expressão do inconformismo, da submissão servil à mudança ou às novas (por vezes novidadeiras) teses da teoria lingüística. Revela, sim, um leitor atento e atualizado, que não hesita em ajustar antigos conceitos às conquistas que a ciência inevitavelmente concede ao homem com o devir do tempo. Esta expressão de clarividência está, sem dúvida, entre os atributos que nos fazem reconhecer em Evanildo Bechara a excelência dos intelectualmente abastados.

Mas a maior prova de reconhecimento, decerto, advém da veneração com que é acolhido pelos jovens alunos de Letras, conforme tive a oportunidade de testemunhar em recente encontro da Associação Internacional de Língua Portuguesa na Universidade Federal do Rio de Janeiro. Após a sessão inaugural, em que Bechara proferiu uma palestra sobre questões de política lingüística, seguiu-se uma inesperada sessão de autógrafos e fotografias que superou os quarenta minutos, até que um dos organizadores do encontro decidisse salvar o palestrante daquele mar revolto de admiradores entusiastas. A pujança desse reconhecimento está na convicção que nos deixa quanto à perpetuação de seu nome como referência para os futuros mestres da língua portuguesa.

E, sem dúvida, é o magistério que confere a Evanildo Bechara maior prazer dentre suas atividades ordinárias. Basta atestar que, ainda hoje, com recônditas forças octogenárias, o Prof. Bechara ingressa regularmente nas classes de sintaxe do Curso de Especialização em Língua Portuguesa do Liceu Literário Português, instado pelo mesmo fervor que desde o início caracteriza sua longa e profícua carreira docente. No Brasil, o magistério é assunto de ocasião:

elogios sazonais, desprezo crônico. O que a rigor o professor abstrai de seu labor é a gratidão dos alunos, tanto as efusivas e comemoradas às luzes das solenidades quanto as emudecidas pelo estudo recolhido em que subitamente nos lembramos de uma lição, talvez uma simples palavra que certo dia ouvimos do mestre.

Talvez poucos prazeres superem, na vida de um professor, o de ser eternizado nas páginas de um livro que vem a tornar-se referência em dada área do conhecimento, aquela leitura a que todos se dirigem como que atraídos por um irresistível tropismo intelectual. O prazer de circular por mãos plurais, em toda parte, disseminando idéias, formando cidadãos, participando da construção de uma nação. O prazer de tornar-se tão intimamente vinculado a seu mister que chega a com ele confundir-se. Quantos educandos neste exato momento, na imensidão territorial de nosso país, não estarão dirigindo-se a uma estante de livros, dizendo a si mesmos: "Estou em dúvida. Vou consultar o Bechara".

Enfim, a homenagem que esta coleção de textos, escritos por amigos diletos, presta a Evanildo Cavalcante Bechara traduz-se em justo reconhecimento da exponencial contribuição que este pernambucano adotado pelo Rio de Janeiro confere ao desenvolvimento da ciência filológica e aos estudos humanísticos *lato sensu*. Homenagear a figura de Evanildo Bechara chega a ser, em certo aspecto, um exercício de insuspeita vaidade, a de termos o privilégio de privar de sua companhia, partilhar seus projetos, aprender suas lições. O prazer de ouvi-lo e abeberar-lhe as palavras, em que se imiscuem, em incomum amálgama, o discernimento, a perspicácia e a serenidade. O deleite de desfrutar de um humor levemente irônico, facilitado pela agudeza com que percebe os fatos da língua e os utiliza ludicamente na construção do discurso. Homenageá-lo é alardear nosso orgulho de sermos seus irmãos de nacionalidade quando vemos seu nome cultivado como prócer da Lingüística e da Filologia contemporâneas nos mais importantes centros de investigação científica em todo o mundo. Homenageá-lo implica, talvez um tanto levianamente, supor haver em nós um pouco dele, já que como ele amamos a palavra e dela fazemos nosso ofício. É, sobretudo, reverenciar um homem que soube chegar à octogenária condição ainda fiel ao compromisso de descerrar as sendas da linguagem humana, com a sabedoria dos que envelhecem sem insculpir rugas na alma.

Notas biográficas

Evanildo Cavalcante Bechara nasceu no tradicional bairro de São José, no Recife, a 26 de fevereiro de 1928, filho primogênito da dona de casa maranhense Maria Izabel Cavalcante Bechara e do comerciante libanês João Bechara, que chegara ao Brasil quando contava apenas cinco anos de idade. Com a morte prematura do marido, aos 27 anos, D. Maria Izabel ficou com a responsabilidade de criar os filhos, Evanildo, Moisés, Everaldo, João e Janete, todos menores de idade, tendo Moisés falecido aos três anos. No ano em que João Bechara morreu, um amigo da família empregou o jovem Evanildo em sua loja comercial. A função do novo empregado era espanar diariamente as prateleiras do prédio de três andares em que funcionava a loja e apanhar as mercadorias nos andares superiores.

Após um ano de trabalho na loja comercial, a vida de Evanildo começa a seguir um outro rumo. Ciente de que o filho não teria futuro naquela função subalterna, D. Maria Izabel resolve enviar o garoto, já então com 12 anos de idade, para o Rio de Janeiro, a fim de completar os estudos sob a tutela do tio-avô Benedito Clímaco de Holanda Cavalcante, capitão do Exército. Após pôr o filho no Itaité, que à época seguia sempre esplendidamente iluminado, para não ser alvo fortuito das bombas aéreas que vez por outra cruzavam o Atlântico, D. Maria Izabel enviou um telegrama ao Capitão Benedito, em que dava conta de sua decisão, com a observação de que, caso o capitão não pudesse acolher o jovem Evanildo, o garoto deveria seguir todo o trajeto do navio, até o Rio Grande do Sul, para depois retornar ao Recife.

Evanildo chega ao porto do Rio de Janeiro a 9 de abril de 1940, após quatro dias de viagem. No cais, aguardava-o o tio-avô. O diálogo foi rápido e incisivo:

— O senhor é o Evanildo?

— Sim. E o senhor é o meu tio?
— Sim. Então, vamos para casa.

E, assim, seguiram para a residência localizada na rua Pedro de Carvalho, Boca do Mato, bairro do Méier, onde o jovem pernambucano viveria até 1954. Nesse mesmo dia em que chegou ao Rio de Janeiro, Evanildo Bechara curiosamente foi protagonista de um primeiro "erro" de variação lexical. Ao atender à campainha da casa, o jovem perguntou:

— Quem é?
— O tintureiro.

À época, no Recife, tintureiro tinha o sentido de "carro que conduz presos". Assim, Evanildo dirige-se ao interior da casa e diz ao tio:

— Tio, está aí o homem do carro de presos.

Responde-lhe então o tio:

— Não, meu filho, no Rio tintureiro é o profissional que lava roupas.

Chegado ao Rio, Bechara já cursara o primário no Ginásio do Recife e no Colégio Marista, sendo que, após a morte do pai, passara para a escola pública; posteriormente, preparou-se para o concurso de admissão ao ginásio com um professor particular. Como chegara ao Rio sem o certificado, viu-se obrigado a repetir o admissão no Ginásio Leverger, situado no Méier. Os anos vividos na casa do tio-avô Benedito, que, coincidentemente, havia perdido o filho durante a epidemia de febre espanhola, foram decisivos para a formação moral e educacional de Evanildo Bechara. Com o tempo, o tio relacionou-se com o sobrinho em afetuosa amizade, solidificada por uma educação primorosa, eivada de atenções e preparo moral.

A necessidade de ajudar à mãe e o bom desempenho nas tarefas discentes conduziram o jovem Evanildo às primeiras experiências como professor. À época, havia muita reprovação nas classes escolares e a atividade de explicador era rentável, de sorte que, quando estava no terceiro ano ginasial, começou a dar aulas particulares. Na ocasião, servia-lhe como modelo de mestre o Prof. Odeval Machado, que deu grande impulso a sua vocação para o magistério. Foi aluno de latim do Prof. Pompilho da Hora, cujo excelente curso introduziu-o cedo nas sendas da língua de Cícero.

As aulas particulares eram de Matemática, Português e Latim, sobretudo as duas últimas disciplinas, que eram as que mais reprovavam os alunos em primeira época. A Matemática estava entre as disciplinas de sua preferência devido ao interesse que então tinha de ingressar na carreira militar, como engenheiro aeronáutico, resultado das inúmeras visitas ao Campo dos Afonsos em companhia do tio. No entanto, a forte miopia cedo o fez desistir da Aeronáutica; ademais, a maior procura por aulas de português e latim levou-o a estudar estas disciplinas com maior zelo, ciente de que deveria demonstrar bom preparo em sua lições particulares.

Certo dia, no ano em que Bechara cursava a quarta série ginasial, o tio, numa arrumação da casa, disse-lhe:

— Você que estuda português, e gosta, toma aí esse livro.

O livro era a *Lexiologia do português histórico*, de Manuel Said Ali. À tarde, após a faxina, Bechara resolveu ler o prefácio do livro e logo percebeu que ingressava em uma nova dimensão no estudo da língua vernácula, um outro horizonte, distinto dos que via nas obras de Eduardo Carlos Pereira, Carlos Góis, Napoleão Mendes de Almeida, Arthur de Almeida Torres e tantos outros. Said Ali falava da relação entre a linguagem e o falante, da própria impossibilidade de se estudar a linguagem sem considerar a figura do falante, cuidava das questões psicológicas no âmbito dos estudos lingüísticos, dentre outras novidades que se projetavam como raios luminosos aos olhos adolescentes do jovem estudante.

Este contato fortuito com o livro de Said Ali serviu para que, imediatamente, Bechara elegesse o filólogo fluminense como vade-mécum, de tal sorte que, no dia seguinte, dirigiu-se à livraria que ficava próxima a sua casa no Méier e lá comprou tudo que encontrou da obra de Said Ali: *Gramática secundária*, *Gramática histórica*, *Dificuldades da língua portuguesa* e *Meios de expressão e alterações semânticas*. Certo dia, ainda na quarta série ginasial, teve uma dúvida que não conseguia dissipar com a releitura dos livros, de tal sorte que resolveu procurar o professor cujas idéias tanto o encantavam para uma consulta pessoal. Naquela ocasião, Said Ali já vivia no Rio de Janeiro, no bairro da Glória, vindo de Petrópolis, sua cidade natal. Com o falecimento da esposa, o velho mestre de Alemão e Geografia do Colégio Militar do Rio de Janeiro, já com oitenta anos, resolvera mudar-se para casa de uma sobrinha-neta.

A busca do paradeiro de Said Ali não constituiu tarefa difícil, pois seu número telefônico estava no catálogo do Rio de Janeiro. O primeiro encontro foi intermediado pela filha da sobrinha-neta do filólogo, por meio de uma ligação telefônica. No dia aprazado, Bechara vestiu a melhor farda colegial, pegou o trem que o conduziu do Méier à Central do Brasil e seguiu caminhando até a Glória, mais precisamente até a rua da Glória, n.º 32. Said Ali recebeu-o sentado em uma poltrona, rasgando umas fichas, com a cachorrinha ao lado. Bechara se apresenta como um discípulo dos livros do mestre e tinha uma dúvida que gostaria de dissipar:

— Quero ser professor de Português, leio seus livros, e gostaria de tirar esta dúvida.

— Quer dizer que o senhor quer ser professor de Português. O senhor tem alguma coisa escrita?

— Não, mas estou escrevendo sobre os fenômenos de intonação.

Esse texto inaugural de uma riquíssima bibliografia que o futuro reservava discorre sobre o fato de a pronúncia das palavras ter o poder de alterar-lhes o significado. Decerto que, nesse primeiro trabalho, Bechara inspirara-se na leitura do capítulo homônimo incluso nas *Dificuldades* de Said Ali. Diante da resposta do jovem estudante, Said Ali solicitou-lhe que voltasse no dia seguinte com o texto. Já em casa, ao comentar com o tio que visitara o mestre e pretendia voltar a sua casa no dia seguinte, recebeu a advertência de que Said Ali era conhecidíssimo no Colégio Militar por seu mau humor, "um sujeito brabíssimo", que era bom tomar todo o cuidado.

Entregue o texto, Said Ali pediu uma semana para a leitura. Numa sexta-feira, quando encerava a casa, Evanildo atendeu o telefone: era da residência de Said Ali, com solicitação de que ele lá comparecesse. No sábado, foi à casa do velho mestre, de quem recebeu um elogio contido:

— Senhor Evanildo, pela sua idade o senhor promete um dia ser um bom professor.

Evidentemente, a argúcia de Said Ali já percebera estar diante de um filólogo promissor, com talento incomum, razão por que não poupou esforços para lapidar a pedra preciosa que o destino caprichosamente lhe pusera nas mãos já em idade avançada. Vários livros deu o mestre ao pupilo para introduzi-lo nos textos clássicos, cuja leitura tornou-se atividade ordinária: Diogo do Couto, João de Barros, Fernão Lopes, Castanheda, entre outros. A leitura mais moderna resumia-se a Eça de Queiroz e Machado de Assis.

Ainda dentro desse plano tão eficaz para formar um filólogo, Said Ali se oferece para ensinar a língua alemã ao jovem estudante, o que efetivamente ocorreu durante os primeiros anos de um contato inicialmente formal, que se transformaria, ao longo de quase doze anos, em uma devoção mútua em que a dedicação do mestre confundia-se com o desvelo de um pai. Interessante notar que, no início de sua formação filológica, Bechara não foi apresentado aos grandes nomes da Lingüística teórica, senão apenas aos textos literários. Mais tarde, a leitura dos filólogos e lingüistas começaria com um texto escolhido a dedo pelo velho mestre: o *Cours de linguistique générale*, de Ferdinand de Saussure.

Na época em que começaram os encontros com Said Ali também ocorriam as primeiras reuniões da Academia Brasileira de Filologia no Colégio Pedro II, por iniciativa dos professores militares, entre eles o coronel Altamirando Nunes Pereira. Bechara, em face de sua boa relação com o filólogo mineiro Lindolfo Gomes, membro correspondente e, depois, membro efetivo da Academia, costumava encontrá-lo em sua residência, no bairro do Grajaú, e acompanhá-lo às reuniões, pois a surdez de Gomes não lhe permitia andar desacompanhado na rua. Foi nessas reuniões da Academia Brasileira de Filologia que Bechara, ainda aos catorze anos, conheceu grandes nomes da Filologia brasileira, tais como Antenor Nascentes, Clóvis Monteiro e os demais membros fundadores como Serafim da Silva Neto e Mattoso Câmara.

Com a conclusão do ginásio no Colégio Leverger, Bechara tranfere-se para o Instituto La-Fayette, conceituado educandário situado no bairro da Tijuca, onde se matriculou no curso clássico. Já ao final do primeiro ano, foi convidado pelo professor La-Fayette Cortes para ministrar aulas particulares a colegas de classe que sentiam dificuldade de acompanhamento dos estudos. À época, os alunos que concluíam o primeiro ano do curso clássico podiam inscrever-se nos vestibulares caso substituíssem os dois anos restantes pela publicação de um trabalho acadêmico. Bechara resolve então, apresentar à Congregação o texto *Fenômenos de intonação*, que fora prefaciado por Lindolfo Gomes. Avaliado por Clóvis Monteiro, catedrático de Língua Portuguesa, o trabalho foi julgado favoravelmente, razão por que Bechara conseguiu prestar vestibular para a Faculdade de Filosofia, Ciências e Letras ao final do primeiro ano do curso clássico.

Um óbice legal, entretanto, surgiu inesperadamente. Como não chegara ainda à maioridade civil — completaria 18 anos somente em fevereiro do ano seguinte — o jovem Bechara viu-se obrigado a pedir à mãe que lhe concedesse a necessária emancipação, solução com que não concordava o tio-avô Benedito. Paralelamente, contou com a boa vontade da Direção do instituto La-Fayette, que admitia fosse a comprovação da maioridade civil imposta somente na época da matrícula, ou seja, em março do ano seguinte. De qualquer forma, o termo de emancipação civil foi enviado por D. Maria Izabel e Bechara, assim, pôde prestar o exame, no qual se classificou num honroso terceiro lugar.

Em 1948, Bechara obtém o título de bacharel em Letras Neolatinas pela Faculdade de Filosofia, Ciências e Letras do Instituto La-Fayette, onde foi aluno de Tomás de Almeida Torres, Tasso da Silveira, Jesus Bello Galvão e Celso Cunha, e, no ano seguinte, sai licenciado para o exercício do magistério. Um fato interessante: na missa de formatura, Said Ali, beirando seus 90 anos, comparece para prestigiar o pupilo. Ao tomar ciência da presença do grande mestre, a turma, maravilhada, resolve perfilar-se para pedir-lhe a bênção! No ano de 1948, Bechara já dava aulas no Colégio Dois de Dezembro, tradicional estabelecimento de ensino privado situado no bairro do Méier. Atuava também como professor concursado do Departamento Administrativo do Serviço Público (DASP), ao lado de Jesus Bello Galvão e Antônio José Chediak, entre outros.

A carreira docente, importante notar, iniciara-se antes, pois, quando estava ainda no primeiro ano da faculdade, prestou o denominado "exame de suficiência" perante a banca designada pela Faculdade Nacional de Filosofia, que conferia autorização aos aprovados para lecionar a título precário. A banca era formada por Jesus Bello Galvão, Thiers Martins Moreira e Manuel Bandeira. Embora o registro obtido o liberasse de prosseguir o curso de Letras Neolatinas, Bechara resolve continuar a faculdade, pois não poderia dispensar as sólidas e profundas lições que lhe passavam os mestres da instituição. A atividade como instrutor da Campanha de Aperfeiçoamento e Difusão do Ensino Secundário (Cades), um projeto do Governo Federal que cuidava do oferecimento de cursos, estágios, elaboração de material didático, concessão de bolsas de estudo e cooperação institucional, levou-o à designação para um curso de capacitação de docentes na cidade de São Carlos do Pinhal [atual São Carlos – SP], em que teve como aluna a Prof.ª Maria Helena de Moura Neves nos anos de 1960 e 1961, de quem se recorda como o primeiro e mais qualificado membro da turma.

O talento precoce também se expressa no fato de, aos 16 anos de idade, haver escrito seu primeiro livro, *Fenômenos de intonação* (que se resumia em versão aprimorada do texto que havia apresentado a Said Ali quando conheceu o mestre). O livro, no entanto, veio a lume apenas em 1946, ano em que Bechara completou 18 anos, mandado imprimir por um amigo de seu pai como presente de aniversário. Ratifica-se esse prematuro desvendar de sendas mediante correspondência que Bechara mantinha aos 20 anos de idade com filólogos internacionais do porte de um Bertil Maler, que em carta datada de 7 de maio de 1948 profetiza: "Permita-me agora exprimir a minha profunda admiração dos resultados levados a cabo pelo Amigo. Eu quando tinha 17 anos só terminei os meus estudos de liceu. Tenho agora 37 anos e vê o pouco que fiz. Com um tal começo lhe predigo um futuro brilhante na carreira científica". Ao longo de sua carreira, Bechara sempre manteve correspondência regular com grandes nomes da Lingüística e da Filologia no exterior, tais como Gunnar Tilander, Dag Norberg, Paul Falk, Göran Hammarstrom, Veikko Väänänen, Leo Spitzer, Manuel de Paiva Boléo e Eugenio Coseriu.

Terminado o curso de Letras Neolatinas na Faculdade La-Fayette, Bechara é encaminhado por Said Ali a Clóvis Monteiro e, posteriormente, a Antenor Nascentes, que fora seu aluno de alemão no Pedro II, pleiteando uma vaga no conceituado educandário federal, ou mesmo na Prefeitura do Distrito Federal. Nascentes alegou que tinha muitos inimigos no Colégio Pedro II, pois não participava das "panelinhas", nem respeitava as "pintinhas" (sinais na chamada dos alunos que identificava os que deveriam ser aprovados; a lista era jocosamente chamada de "catapora"). Com isso, Nascentes recusou-se a fazer a indicação, para não prejudicar o indicado. Bechara, entretanto, viria a trabalhar como horista do Colégio Pedro II, por indicação do filólogo Júlio Nogueira (também a pedido de Said Ali em uma carta de 1949) entre 1955 e 1962, quando foi efetivado por lei federal.

Em 1950, Evanildo Bechara casa-se com Ely Chauvet Bechara, com quem teve três filhos: Evanildo, Enildo e Evaldo, o primeiro falecido prematuramente em maio de 2007. Nos primeiros anos de casamento, viveu na rua Jaime Benévolo, bairro do Méier, atuando como professor de português no Colégio Dois de Dezembro. Nessa época, submeteu-se a uma avaliação de *curriculum vitae* para integrar o corpo de professores do Curso Pardal Pinho. Em 1954,

Bechara inicia participação em uma série de concursos públicos, que dão rumo definitivo a sua exitosa carreira docente. Primeiro, concorre a uma vaga no magistério do Serviço Nacional de Aprendizagem Industrial (SENAI); depois tenta o ingresso no magistério da Prefeitura do Distrito Federal em dois concursos: para o ginásio e para o curso colegial. Tenta, ainda, uma vaga no corpo docente da Escola Técnica Federal, de tal sorte que, no período de apenas uma semana, submete-se a três exames: num domingo, para a Prefeitura do Distrito Federal — curso ginasial, no sábado seguinte, para a Escola Técnica Nacional e no domingo, para a Prefeitura do Distrito Federal — curso colegial. Resolve assumir um cargo na Prefeitura do Distrito Federal e outro na Escola Técnica Nacional.

Ainda em 1954, prestou concurso para professor catedrático do Colégio Pedro II, com a tese *Estudos sobre os meios de expressão do pensamento concessivo em português*, dedicada a Said Ali, havendo auferido grau dez na prova escrita. Desse concurso participaram como candidatos Petrônio Motta, Walmirio Macedo, Olmar Guterrez da Silveira, Vitório Bergo e Rocha Lima, que obteve a primeira colocação. Não obstante tenha sido aprovado, Bechara ficou em má posição na lista de espera, razão por que jamais chegou a assumir o cargo em razão desse exame. O certame, entretanto, serviu para revelar ao meio acadêmico um jovem filólogo de inusitado brilhantismo, a ponto de ter sido considerado a grande "revelação". Leiam-se as palavras de Luiz Felipe Vieira Souto, publicadas no *Jornal do Comércio* de 12 de setembro de 1956: "Foi pugna magnífica, em que a láurea que a ele coube — ao Prof. Rocha Lima — não desmereceu os demais candidatos, que se mostraram capazes de ocupar, com brilho, em qualquer estabelecimento de ensino do país a cátedra, pelo valor dos conhecimentos e perfeição das provas. (…) Evanildo Bechara, discípulo eminente de Said Ali, apesar de muito jovem e um tanto tímido, foi a grande revelação do concurso, anunciando o que será em futuro próximo".

A fama, como sabemos, traz consigo a admiração dos justos e o fel dos maledicentes. A projeção da tese apresentada à banca do Colégio Pedro II foi tamanha que não faltou quem afirmasse que se tratava, na realidade, de um trabalho escrito por Said Ali. Mais tarde, quando o resultado da prova escrita (comentário filológico sobre um texto de Zurara) atribuiu grau dez ao jovem concorrente, aí a voz corrente era de que Bechara havia "incorporado" Said Ali durante o exame. O bom desempenho no concurso do Colégio Pedro II, por outro lado, serviu para convencer de vez a Júlio Nogueira quanto à oportunidade de aproveitar o ex-pupilo do velho mestre fluminense como professor horista do prestigiado educandário, o que entretanto só viria a efetivar-se quatro anos depois, em 1958. O ano de 1954, repleto de fatos relelevantes, vem também a testemunhar o lançamento de seus *Primeiros ensaios sôbre língua portuguêsa*, pela Livraria São José.

Assim, investido nos cargos de professor do Distrito Federal, de professor da Escola Técnica Nacional, além do ensino privado, Bechara ingressa no ano de 1955 com uma carreira docente já consolidada, a que se aliava crescente prestígio no meio acadêmico. Lotado no Colégio Visconde de Cairu, próximo a sua residência no Méier, Bechara em pouco tempo é removido para assumir a quarta série ginasial do Instituto de Educação do Rio de Janeiro, por designação do Prof. Cândido Jucá (Filho). No Instituto, encontrou um corpo docente de Língua Portuguesa constituído por nomes como Ismael Coutinho e Sílvio Elia, além do próprio Cândido Jucá (Filho).

Na década dos anos 60, a carreira de Evanildo Bechara ganha novos contornos, agora numa dimensão mais abrangente do que a docência em língua portuguesa. Em 1960, aceita o convite de Antenor Nascentes para atuar como seu assistente no Instituto La-Fayette. Por sinal, Bechara e Nascentes mantiveram estreito contato no desenvolvimento de estudos e pesquisas filológicos desde 1960 até 1972, ano em que faleceu o velho mestre, mediante encontros regulares às quintas-feiras na residência da rua Ernesto de Sousa, bairro do Andaraí. Ainda em 1960, incentivado pela voz amiga de Cândido Jucá (Filho), elege-se para ocupar a cadeira n.º 16 da Academia Brasileira de Filologia, em decorrência do falecimento de Serafim da Silva Neto. Já em 1961, vem a lume a *Moderna gramática portuguesa*, obra que projetaria o nome de nosso grande filólogo além das fronteiras nacionais.

A concepção da *Moderna gramática*, interessante notar, surgiu de uma ocasional proposta que lhe fora feita pela Companhia Editora Nacional, por intermédio de Ari da Mata, professor de História, no sentido de atualizar a *Gramática expositiva* de Eduardo Carlos Pereira, um dos maiores sucessos editoriais do livro didático brasileiro. A rigor, Bechara não pretendia escrever uma gramática, pois, até nesse mister inspirado na obra de Said Ali, pretendia dedicar-se aos textos curtos, de temas específicos. À época, as novas idéias estruturalistas já tinham entrado no Brasil e fincado suas raízes no meio universitário pela obra de Mattoso Câmara. Assim, a idéia era de ajustar o texto de Eduardo Carlos Pereira às novas conquistas da Lingüística. Quando a atualização do primeiro capítulo chegou à editora, Ari da Mata logo percebeu que ali não estava propriamente uma atualização, senão um novo livro, donde surgiu uma nova proposta: "esqueça a atualização, escreva você a sua gramática". Assim, surge no meio editorial brasileiro a *Moderna gramática portuguesa*, obra exitosa em múltiplas edições, que viria a ser amplamente reformulada pelo autor em 1999.

Com a incorporação do Instituto La-Fayette à Universidade do Estado da Guanabara (UEG), sucedânea da Universidade do Distrito Federal (UDE), em 1962 Bechara resolve galgar à livre-docência de Filologia Românica com a tese *O futuro românico: considerações em torno de sua origem*. A aprovação nesse concurso, segundo a legislação então vigente, conferiu-lhe o título de doutor em Letras. Antes, no mesmo ano de 1962, concorre a uma das três vagas para a cátedra de Língua Portuguesa do Instituto de Educação do Rio de Janeiro, certame de que também participaram Dirce Cortes Riedel, Leodegário Amarante de Azevedo Filho e Petrônio Motta, com a tese *Said Ali e sua contribuição para a língua portuguesa*. Será ainda em 1962 seu ingresso no corpo docente da Pontifícia Universidade Católica da Rio de Janeiro, onde lecionou Língua Portuguesa e Filologia Românica até o ano de 1972.

Com a aposentadoria de Antenor Nascentes em 1963, Bechara assume no ano seguinte a cátedra de Filologia Românica da UEG com a tese *Estudos sobre a sintaxe nominal na* Peregrinatio Aetheriae. Curiosamente, uma das teses escritas por Evanildo Bechara, intitulada *Uma fonte importante para o conhecimento da língua do século XVI: os estudos de José Maria Rodrigues*, mantém-se inédita até hoje, devido à suspensão de dois concursos públicos. Primeiro, por iniciativa do Prof. Wandick Londres da Nóbrega, o Colégio Pedro II reabilitaria os concursos para cátedra de nível médio, que haviam sido suspensos nos anos 50. Estimulado pela possibilidade de concorrer ao Colégio Pedro II, Bechara prepara a tese. Entretanto, o Ministério da Educação não acolheu a idéia de reabilitação das cátedras, razão por que o texto ficou parado. Posteriormente, aposenta-se na Universidade Federal do Rio de Janeiro (UFRJ) a Prof.ª Matilde Matarazzo, catedrática de Filologia Românica. Estimulado por Celso Cunha, Bechara aprimora a versão original da tese que apresentaria à banca do Colégio Pedro II, no intuito de concorrer à cátedra que agora se abria na UFRJ. No entanto, esse concurso também nunca se realizaria, suspenso que foi sem qualquer explicação pela direção do Faculdade de Letras da UFRJ.

Em 1971, Evanildo Bechara é convidado pelo Prof. Carlos Eduardo Falcão Uchôa para integrar o corpo docente do curso de mestrado em Letras da Universidade Federal Fluminense (UFF), na qualidade de professor visitante de Língua Portuguesa. Com a aposentadoria no antigo cargo da Prefeitura do Distrito Federal, absorvido pelo Estado do Rio de Janeiro, Bechara torna-se professor efetivo da UFF. Mais tarde, em 1985, concorre com Gladstone Chaves de Melo à vaga de professor titular de Língua Portuguesa da mesma universidade, perante a banca composta por Rosalvo do Valle, Sílvio Elia, Olmar Guterrez da Silveira, Ângela Vaz Leão e Albino de Bem Veiga, com a tese *As fases históricas da língua portuguesa: tentativa de proposta de nova periodização*, havendo-se posicionado em segundo lugar. Com a aposentadoria de Gladstone em 1986, Bechara assume a titularidade de Língua Portuguesa, cargo que exerceu até 1998, quando sai compulsoriamente do serviço público.

A experiência em cargos administrativos ao longo de sua produtiva carreira revelou um Bechara empreendedor e igualmente vocacionado para as tarefas burocráticas. Em 1964, por convite dos professores Paulo Amélio e Antônio Carlos Amaral, aceitou a secretaria do Conselho Estadual de Educação do Rio de Janeiro (CEERJ), onde trabalhou durante dez anos. Mais tarde, tornou-se conselheiro do CEERJ, com mandato de 1978 a 1984. Ao longo de sua carreira, dedicou-se a relevantes cargos diretivos nas instituições educacionais em que trabalhou: diretor do Instituto de Filosofia, Ciências e Letras da Universidade do Estado do Rio de Janeiro, de 1974 a 1980 e de 1984 a 1988; diretor do Instituto de Educação do Rio de Janeiro, nos anos de 1974 e 1975; diretor do Instituto de Letras da Universidade do Estado do Rio de Janeiro entre 1976 a 1979; chefe do Departamento de Filologia e Lingüística do Instituto de Filosofia e Letras da Universidade do Estado do Rio de Janeiro, de 1981 a 1984; novamente empossado como diretor do Instituto de Letras da Universidade do Estado do Rio de Janeiro no período de 1984 a 1987; chefe do Departamento de Letras da Fundação Técnico-Educacional Souza Marques, de 1968 a 1988.

Na época em que estava no comando da secretaria do CEERJ, Bechara é contemplado com sua primeira possibilidade de trabalhar no exterior. O governo espanhol oferecia uma bolsa de pesquisa para o Brasil, na modalidade que hoje é mais conhecida como estágio de pós-doutoramento. Havia no CEERJ dois conselheiros ligados ao governo espanhol, o Padre Alonso e o Prof. Leônidas Sobriño Porto, que indicaram o nome de Evanildo Bechara como concorrente. A comissão brasileira incumbida de selecionar o candidato, entretanto, optou pelo então diretor do Instituto Butantã de São Paulo. Para sorte de Bechara, o agraciado já havia sido contemplado com outra bolsa, destinada a pesquisa nos Estados Unidos da América, razão por que recusou a oferta do governo espanhol.

Por tal motivo, Bechara parte em 1966 para a Espanha, onde estudou Filologia Românica, na Universidade Complutense, com Damaso Alonso, a quem fora recomendado com louvores pelo amigo Antenor Nascentes. Dentre outros cursos, fez o de história do espanhol com Rapael Lapesa e o de latim vulgar com Diaz y Diaz. A segunda experiência internacional de Bechara ocorreu na Universidade de Colônia, na função de *Gastprofessor*, entre em 1971 e 1972, por indicação do Prof. Isidro Facó, que lecionava na Universidade Federal do Rio de Janeiro. Em Colônia, Bechara vem a conhecer Harri Meier, que lecionava em Bonn, além de outros germanistas de escol como Fritz Shalk e Dieter Woll. Mais tarde, é convidado pelo Prof. José van den Besselar, romanista de larga experiência, para ministrar cursos de gramática portuguesa na Universidade de Nimega, onde atuou intermitentemente durante alguns anos.

Em 1987, Bechara chega a sua terceira experiência no exterior, mediante convite do Prof. Aníbal Pinto de Castro para atuar como professor visitante na Universidade de Coimbra, onde trabalhou durante um ano nas disciplinas de Sintaxe e Didática da Língua Portuguesa. Por indicação de Eugenio Coseriu e Ivo Castro, Bechara viria a ser acolhido pela *Société de Linguistique Romane*, instituição em cujo *Comité Scientifique* trabalhou entre 1996 e 1999. Dentre as honrarias mais expressivas em seu *curriculum vitae*, destaca-se inicialmente a eleição para a cadeira n.º 16 da Academia Brasileira de Filologia em 1960, em substituição a Serafim da Silva Neto, cujo patrono é o exponencial gramático Manuel Pacheco da Silva Junior. Duas universidades brasileiras reconheceram-lhe o exponencial valor intelectual mediante atribuição do título de professor emérito: a Universidade do Estado do Rio de Janeiro (UERJ), em ato de 1994, e a Universidade Federal Fluminense (UFF), em solenidade realizada em 1998. Em 1999, é eleito sócio correspondente da Academia das Ciências de Lisboa.

Os laços de Evanildo Bechara com a causa lusófona vincularam-no ao Liceu Literário Português do Rio de Janeiro, tradicional instituição cultural que difunde os valores da lusofonia e zela pela preservação dos laços luso-brasileiros. No âmbito do Liceu, Bechara participa da criação do Instituto de Língua Portuguesa, fundado a 28 de março de 1990, com o objetivo de promover o ensino e pesquisa da língua portuguesa em nível superior. Em sucessão a Gladstone Chaves de Melo e, posteriormente, a Sílvio Edmundo Elia, Evanildo Bechara exerce hoje o cargo de diretor do Instituto de Língua Portuguesa do Liceu Literário Português, sob cuja responsabilidade é oferecido à comunidade acadêmica brasileira o Curso de Especialização em Língua Portuguesa em nível de pós-graduação *lato sensu*.

Em 11 de dezembro de 2000, Evanildo Bechara é eleito para ocupar a cadeira n.º 33 da Academia Brasileira de Letras (ABL), na sucessão de Afrânio Coutinho, vindo a tomar posse em 25 de maio de 2001. No seio da ABL, atuou como diretor tesoureiro (2002-2003) e secretário-geral (2004-2005). Atualmente exerce o cargo de diretor tesoureiro. Ainda no âmbito da ABL, criou a Coleção Antônio de Morais Silva, especializada em textos clássicos da gramaticologia portuguesa, integrou a Comissão de Lexicologia e Lexicografia e a Comissão de Seleção da Biblioteca Rodolfo Garcia. O ano 2000 ainda reservaria para Evanildo Bechara mais um galardão: é distinguido com o título de Doutor *Honoris Causa* pela Universidade de Coimbra. Citem-se ainda, por necessário, a Medalha José de Anchieta e a Medalha de Honra ao Mérito Educacional, ambas da Secretaria de Educação e Cultura do Rio de Janeiro, a Medalha Oskar Nobiling, da Sociedade Brasileira de Língua e Literatura, e a Medalha Pedro Ernesto, que lhe foi conferida pela Câmara Municipal do Rio de Janeiro em 1 de novembro de 2007.

O amor e a extremada dedicação ao trabalho mantêm viva a chama que vem alimentando a vida deste professor brasileiro no devir de oito décadas. A rotina de Evanildo Bechara hoje divide-se entre consulta a sua biblioteca — que ultrapassa os trinta e três mil volumes, fruto da incessante e obstinada tarefa de colecionar obras raras nos campos da Filologia, da Lingüística, da Literatura e outros tantos conexos —, a docência de sintaxe portuguesa no Curso de Especialização do Liceu Literário Português, as atividades administrativas e culturais da Academia Brasileira de Letras e encontros acadêmicos e científicos para os quais é reiteradamente convidado em todos os centros de investigação do mundo.

Ricardo Cavaliere

Evanildo Bechara, aos quatro anos de idade, com os pais no Recife.

Evanildo Bechara, aos quatro anos de idade. Atrás, D. Izabel, Tio Holanda, Tia Noêmia e Tio Raimundo.

Evanildo Bechara, aos 17 anos, por ocasião do Natal.

Bechara ladeado, à esquerda, pelo irmão Everaldo e por D. Izabel; à direita, pela irmã Janete e pelo irmão João, em encontro na residência de Everaldo, Recife.

Posse no Instituto de Educação, em 1972. À esquerda, Celso Kelly.

Ismael Coutinho, Antenor Nascentes, Evanildo Bechara e Pierre Fouché.
Congresso Brasileiro de Língua Falada no Teatro, 1956.

Evanildo Bechara com a esposa, D. Marlit, por ocasião da
outorga do título de Professor Emérito na UERJ, em 1994.

Outorga do título de Doutor *Honoris Causa* em Coimbra.
À direita, Aníbal Pinto de Castro.

Evanildo Bechara com a família, por ocasião da posse na Academia Brasileira de Letras em 2001.

Bibliografia

Livros

A contribuição de M. Said Ali à lingüística portuguesa. Porto Alegre: Instituto Cultural Brasileiro-Árabe, 1970.

A nova ortografia. Rio de Janeiro: Grifo, 1972.

Aprendendo a estudar, ler e escrever (em co-autoria com Amauri Pereira Muniz e José Augusto Carvalho). Vitória, Brasília, 1974.

Comunicação e expressão, curso fundamental de português, 5.ª série. (em co-autoria com Maria Zely de Souza Muniz). São Paulo: Editora Companhia Editora Nacional, 1973.

Comunicação e expressão: 1.ª série, 2.º grau (em co-autoria com Samira Nahid Mesquita, Marlene de Castro Correia e Célia Therezinha G. da V. Oliveira). Rio de Janeiro: Francisco Alves/Edutel, 1977.

Curso moderno de português. São Paulo: Editora Companhia Editora Nacional, v. 1-4, 1968/1969.

Fenômenos de intonação: um capítulo de fonética expressiva. Rio de Janeiro: Edição do Autor, 1946.

Gramática escolar da língua portuguesa. Rio de Janeiro: Editora Lucerna, 2001.

Guias de estudo de língua e de linguagem – da lingüística ao ensino da língua. Niterói, RJ: Prefeitura da cidade do Rio de Janeiro/ Imprensa Oficial do Estado do Rio de Janeiro, v. 3, 1977.

Guias de estudo de língua e de linguagem – dos termos lingüísticos ao seu conceito. Niterói, RJ: Prefeitura da cidade do Rio de Janeiro/ Imprensa Oficial do Estado do Rio de Janeiro, v. 2, 1977.

Guias de estudo de língua e de linguagem – instrumentos de avaliação. Niterói, RJ: Prefeitura da cidade do Rio de Janeiro/ Imprensa Oficial do Estado do Rio de Janeiro, v. 4, 1977.

Guias de estudo de língua e de linguagem – introdução lingüística. Niterói, RJ: Prefeitura da cidade do Rio de Janeiro/ Imprensa Oficial do Estado do Rio de Janeiro, v. 1, 1977.

Hora de aprender: comunicação e expressão – 1.ª série. (em co-autoria com Carminda de Moraes, Gilda Marra, Nair Adell e Nilza Neiva). Rio de Janeiro: Bloch, 1974.

Hora de aprender: comunicação e expressão – 2.ª série. (em co-autoria com Carminda de Moraes, Gilda Marra, Nair Adell e Nilza Neiva). Rio de Janeiro: Bloch, 1974.

Hora de aprender: comunicação e expressão – 3.ª série. (em co-autoria com Carminda de Moraes, Gilda Marra, Nair Adell e Nilza Neiva). Rio de Janeiro: Bloch, 1974.

Lições de português pela análise sintática. 16.ª ed. Rio de Janeiro: Editora Lucerna, 2001 [¹Rio de Janeiro: Fundo de Cultura, 1960].

Língua e linguagem. Rio de Janeiro: EdUERJ, 2003.

Luís de Camões, Os Lusíadas – antologia (em co-autoria com Segismundo Spina). 2.ª ed. revista e ampliada. Cotia, SP: Ateliê Editorial, 1999 [¹Rio de Janeiro: Grifo/INL-MEC, 1973].

Manual de redação oficial do Estado do Rio de Janeiro. Rio de Janeiro: Secretaria de Estado de Administração e Reestruturação, 2000.

Moderna gramática portuguesa. 37.ª ed. revista e ampliada. Rio de Janeiro: Editora Lucerna, 1999 [¹São Paulo: Nacional, 1961].

O ensino da gramática: Opressão? Liberdade? 12.ª ed. São Paulo: Ática, 2006 [¹São Paulo: Ática, 1985].

Primeiros ensaios sôbre língua portuguêsa. Rio de Janeiro: Livraria São José, 1954.

Exercícios de linguagem: curso médio. Rio de Janeiro: Editora do Autor, 1954.

Seleta de Bernardo Elis (em co-autoria com Gilberto Mendonça Teles). Rio de Janeiro: José Olympio Editora, 1974.

Capítulos de livro

"A correção idiomática e o conceito de exemplaridade". In: AZEREDO, José Carlos de (org.). *Língua portuguesa em debate: conhecimento e ensino*. Rio de Janeiro: Petrópolis, RJ: Vozes, 2000, p. 11.

"A lição de M. Said Ali". In: *9.º Congresso Brasileiro de Língua e Literatura*. Rio de Janeiro: Salamandra, 1978, p. 11.

"A língua portuguesa hoje: os diversos saberes". In: PEREIRA, Maria Teresa Gonçalves (org.). *Língua e linguagem em questão*. Rio de Janeiro: EdUERJ, 1998, p. 15.

"A norma culta em face da democratização do ensino". In: SAVELLI, Ivette; CARMO, Laura do (orgs.). *Miscelânea 80 anos de Adriano da Gama Kury*. Rio de Janeiro: Edições Casa de Rui Barbosa, 2005, p. 87.

"A posição do adjetivo adnominal". In: BARROS, Maria Regina Kopschitz de; GOUVÊA, Carolina Maia; BECHARA, Evanildo (orgs.). *Miscelânea em homenagem ao Prof. Dr. Gladstone Chaves de Melo*. Rio de Janeiro: Editora Lucerna, 1995, p. 190.

"A sintaxe dos pronomes demonstrativos em *A Mulher do Vizinho*, de Fernando Sabino". In: *Archiv für das Studium der Neueren Sprachen un Literaturen*. Braunschweing: 1974.

"A tradição gramatical luso-brasileira". In: GÄRTNER, Eberhard (ed.). *Pesquisas Lingüísticas em Portugal e no Brasil*. Frankfurt am Main/Madrid: Vervuert/Iberoamericana, 1997.

"Ainda uma vez a Carta de Caminha anotada por D. Carolina Michaëlis de Vasconcelos". In: CASTRO, Ivo; DUARTE, Inês (eds.). *Razões e emoção. Miscelânea de estudos em homenagem a Maria Helena Mira Mateus*. Lisboa: Imprensa Nacional-Casa da Moeda, v. 1, 2003, p. 37-46.

"Ainda uma vez a edição princeps de *Os Lusíadas*". In: CEZAR, Marina; BITTENCOURT, Terrezinha; BARROS, Luiz Martins M. de (orgs.). *Entre as fronteiras da linguagem: textos em homenagem ao Prof. Carlos Eduardo Falcão Uchôa*. Rio de Janeiro: Lidador Editora, 2006.

"As fases da língua portuguesa escrita". In: *Actes du XVIIIe Congrès International de Linguistique et the Philologie Romances*. Tübingen. Max Niemeyer Verlag, 1991, p. 68-76.

"Aspectos da etimologia do português – por que segunda-feira em português?". In: PALMA, Dieli V. *et alii*. *Homenagem: 80 Anos de Evanildo Bechara*. Rio de Janeiro: Nova Fronteira/ Lucerna, 2008, p. 31-43.

"Dar de conselho". In: BARBADINHO NETO, Raimundo. *Estudos em homenagem a Cândido Jucá (filho)*. Rio de Janeiro: Organizações Simões, s.d., p. 89-96.

"Em torno da expressão comparativa 'Que nem'". In: GROßE, Sybille; SCHÖNBERGER, Axel; DÖLL, Cornelia; HUNDT, Christine (orgs.). *Ex Oriente Lux: Festschrift für Eberhard Gärtner zu seinem 60 Geburtstag*. Frankfurt am Main: Valentia, 2002, p. 145-170.

"Filologia". In: GUIMARÃES, Eduardo (org.). *Introdução às Ciências da Linguagem: Discurso e Textualidade*. São Paulo: Pontes, 2006, p. 10.

"José Agostinho de Macedo e a censura dos Lusíadas: aspectos lingüísticos". In: *Il Portogallo e i Mari: un incontro tra culture*. Atti del *Congresso Internazionale*. Napoli: Liguore Editore, 1997, p. 503-512.

"Notas à margem do Crisfal e de O Bobo". In: AZEVEDO FILHO, Leodegário de (ed.). *Miscelânea filológica em honra à memória do Professor Clóvis Monteiro*. Rio de Janeiro: Editora do Professor, 1965.

"O dequeísmo em português". In: URBANO, Hudinilson; DIAS, Ana Rosa Ferreira. *Dino Preti e seus temas*. São Paulo: Cortez, 2001/2002, p. 310-317.

"O verbo na estrutura do predicado". In: AZEREDO, José Carlos de (org.). *Língua portuguesa em debate: conhecimento e ensino*. Rio de Janeiro: Petrópolis, RJ: Vozes, 2000, p. 240.

"Os estudos da linguagem e suas repercussões na organização de uma gramática". In: HENRIQUES, Claudio Cezar; PEREIRA, Maria Teresa Gonçalves (orgs.). *Língua e transdisciplinaridade: rumos, conexões, sentidos*. São Paulo: Contexto, 2002, p. 217.

"Padre António Vieira e a língua portuguesa do seu tempo". *Atas do terceiro centenário da morte do Padre António Vieira. Congresso Internacional*. Braga: Universidade Católica Portuguesa, v. III, 1999, p. 1541-1549.

"Para o conhecimento da língua portuguesa no século XVIII". In: *Acta parasitológica Veterinária*. São Paulo: Edusp, 1996.

"Pensar gramática na Idade Média". In: MONGELLI, Lênia Márcia (coord.). *Trivium e Quadrivium – as artes liberais na idade média*. Cotia, SP: Íbis, 1999, p. 37-70.

"Problemas de descrição lingüística e sua aplicação no ensino da gramática". In: VALENTE, André (org.). *Língua, Lingüística e literatura: uma integração para o ensino*. Rio de Janeiro: EdUERJ, 1998, p. 15-21.

"Pronúncia de nomes próprios: o problema Gandavo ou Gândavo". In: *Actas do Quinto Congresso da Associação Internacional de Lusitanistas*. Oxford/Coimbra: Universidade de Oxford, 1998, p. 53.

"Sobre influências das idéias lingüísticas na *Arte de Gramática* de Anchieta". In: *Actas do Congresso Internacional Anchieta em Coimbra Colégio das Artes da Universidade*. Porto: Fundação Engenheiro António de Almeida, v. 2, 2000.

"Um eco de S. Agostinho na língua de Vieira". In: AZEVEDO FILHO, Leodegário A. de (org.). *Estudos Filológicos em Homenagem a Serafim da Silva Neto*. Rio de Janeiro: Edições Tempo Brasileiro, 1967.

Artigos da Coleção *Na Ponta da Língua*

"A concordância com títulos de textos e assuntos conexos". In: BECHARA, Evanildo *et alii*. *Na Ponta da Língua*. Rio de Janeiro: Editora Lucerna/Liceu Literário Português, v. 7, 2005, p. 132-140.

"A concordância com *um dos que* na tradição gramatical do português". In: BECHARA, Evanildo *et alii*. *Na Ponta da Língua*. Rio de Janeiro: Editora Lucerna/Liceu Literário Português, v. 6, 2004, p. 96-104.

"A contribuição de Herculano de Carvalho aos estudos lingüísticos". In: BECHARA, Evanildo *et alii*. *Na Ponta da Língua*. Rio de Janeiro: Editora Lucerna/Liceu Literário Português, v. 7, 2005, p. 178-189.

"A dimensão do texto e o ponto-e-vírgula". In: BECHARA, Evanildo *et alii*. *Na Ponta da Língua*. Rio de Janeiro: Editora Lucerna/Liceu Literário Português, v. 5, 2003, p.191-194.

"A divisão silábica e questões de concurso". In: BECHARA, Evanildo *et alii*. *Na Ponta da Língua*. Rio de Janeiro: Editora Lucerna/Liceu Literário Português, v. 6, 2004, p. 78-82.

"A erudição de Camões". In: BECHARA, Evanildo *et alii*. *Na Ponta da Língua*. Rio de Janeiro: Editora Lucerna/Liceu Literário Português, v. 4, 2002, p. 15-20.

"A gramática dos termos estrangeiros no português". In: MELO, Gladstone Chaves de *et alii*. *Na Ponta da Língua*. Rio de Janeiro: Editora Lucerna/Liceu

Literário Português, v. 2, 2000, p. 170-176.

"A gramática no atual contexto das disciplinas lingüísticas". In: BECHARA, Evanildo *et alii*. *Na Ponta da Língua*. Rio de Janeiro: Editora Lucerna/Liceu Literário Português, v. 7, 2005, p. 112-117.

"A lição dos mestres". In: MELO, Gladstone Chaves de *et alii*. *Na Ponta da Língua*. Rio de Janeiro: Editora Lucerna/Liceu Literário Português, v. 3, 2001, p. 35-42.

"A língua de uso". In: BECHARA, Evanildo *et alii*. *Na Ponta da Língua*. Rio de Janeiro: Editora Lucerna/Liceu Literário Português, v. 7, 2005, p. 159-166.

"A língua dos modernistas: revolução ou tradição?". In: MELO, Gladstone Chaves de *et alii*. *Na Ponta da Língua*. Rio de Janeiro: Editora Lucerna/Liceu Literário Português, v. 2, 2000, p. 61-76.

"A língua e seus usos caprichosos". In: MELO, Gladstone Chaves de *et alii*. *Na Ponta da Língua*. Rio de Janeiro: Editora Lucerna/Liceu Literário Português, v. 2, 2000, p. 94-98.

"A língua exemplar". In: BECHARA, Evanildo *et alii*. *Na Ponta da Língua*. Rio de Janeiro: Editora Lucerna/Liceu Literário Português, v. 5, 2003, p. 103-109.

"A língua portuguesa e a sua contribuição". In: BECHARA, Evanildo *et alii*. *Na Ponta da Língua*. Rio de Janeiro: Editora Lucerna/Liceu Literário Português, v. 6, 2004, p.130-140.

"A maior palavra do português". In: ELIA, Sílvio *et alii*. *Na Ponta da Língua*. Rio de Janeiro: Editora Lucerna/Liceu Literário Português, v. 1, 1998, p. 36-40.

"A missão dos consultórios gramaticais". In: BECHARA, Evanildo *et alii*. *Na Ponta da Língua*. Rio de Janeiro: Editora Lucerna/Liceu Literário Português, v. 5, 2003, p. 94-103.

"A norma ortoépica". In: ELIA, Sílvio *et alii*. *Na Ponta da Língua*. Rio de Janeiro: Editora Lucerna/Liceu Literário Português, v. 1, 1998, p. 192-201.

"A polidez e as línguas". In: ELIA, Sílvio *et alii*. *Na Ponta da Língua*. Rio de Janeiro: Editora Lucerna/Liceu Literário Português, v. 1, 1998, p. 66-74.

"Adjuntos adnominais adverbializados e questões de concurso". In: BECHARA, Evanildo *et alii*. *Na Ponta da Língua*. Rio de Janeiro: Editora Lucerna/Liceu Literário Português, v. 6, 2004, p. 83-86.

"Ainda outra vez: o que se entende por correção idiomática". In: BECHARA, Evanildo *et alii*. *Na Ponta da Língua*. Rio de Janeiro: Editora Lucerna/Liceu Literário Português, v. 7, 2005, p. 145-149.

Bibliografia

"Ainda uma vez a Carta de Caminha anotada por D. Carolina Michaëlis de Vasconcelos". In: BECHARA, Evanildo *et alii*. *Na Ponta da Língua*. Rio de Janeiro: Editora Lucerna/Liceu Literário Português, v. 7, 2005, p. 63-74.

"Alberto de Faria – um filólogo diferente". In: BECHARA, Evanildo *et alii*. *Na Ponta da Língua*. Rio de Janeiro: Editora Lucerna/Liceu Literário Português, v. 7, 2005, p. 197-208.

"Antônio de Morais Silva (1-8-1755–11-4-1824)". In: BECHARA, Evanildo *et alii*. *Na Ponta da Língua*. Rio de Janeiro: Editora Lucerna/Liceu Literário Português, v. 7, 2005, p. 92-99.

"Aonde não foram os acordos ortográficos: abreviaturas". In: MELO, Gladstone Chaves de *et alii*. *Na Ponta da Língua*. Rio de Janeiro: Editora Lucerna/Liceu Literário Português, v. 3, 2001, p. 139-141.

"As palavras também escondem a idade". In: ELIA, Sílvio *et alii*. *Na Ponta da Língua*. Rio de Janeiro: Editora Lucerna/Liceu Literário Português, v. 1, 1998, p. 114-116.

"As palavras têm o seu destino". In: BECHARA, Evanildo *et alii*. *Na Ponta da Língua*. Rio de Janeiro: Editora Lucerna/Liceu Literário Português, v. 5, 2003, p. 212-222.

"Bate-nos à porta uma reforma ortográfica". In: BECHARA, Evanildo *et alii*. *Na Ponta da Língua*. Rio de Janeiro: Editora Lucerna/Liceu Literário Português, v. 7, 2005, p. 226-230.

"Cá e lá más fadas há". In: BECHARA, Evanildo *et alii*. *Na Ponta da Língua*. Rio de Janeiro: Editora Lucerna/Liceu Literário Português, v. 5, 2003, p. 27-45.

"Casos de fonética sintática". In: MELO, Gladstone Chaves de *et alii*. *Na Ponta da Língua*. Rio de Janeiro: Editora Lucerna/Liceu Literário Português, v. 2, 2000, p. 50-54.

"Celso Pedro Luft: *in memoriam*". In: BECHARA, Evanildo *et alii*. *Na Ponta da Língua*. Rio de Janeiro: Editora Lucerna/Liceu Literário Português, v. 4, 2002, p. 1-2.

"Contribuições lingüísticas de Filinto Elísio". In: BECHARA, Evanildo *et alii*. *Na Ponta da Língua*. Rio de Janeiro: Editora Lucerna/Liceu Literário Português, v. 7, 2005, p. 24-39.

"Cumprimentos entre povos". In: ELIA, Sílvio *et alii*. *Na Ponta da Língua*. Rio de Janeiro: Editora Lucerna/Liceu Literário Português, v. 1, 1998, p. 160-165.

"Da latinidade à lusofonia". In: BECHARA, Evanildo *et alii*. *Na Ponta da Língua*. Rio de Janeiro: Editora Lucerna/Liceu Literário Português, v. 6, 2004, p. 29-48.

"Duas afirmações muito complexas". In: ELIA, Sílvio *et alii*. *Na Ponta da Língua*. Rio de Janeiro: Editora Lucerna/Liceu Literário Português, v. 1, 1998, p. 74-82.

"É preciso ilustrar e promover a língua portuguesa". In: BECHARA, Evanildo *et alii*. *Na Ponta da Língua*. Rio de Janeiro: Editora Lucerna/Liceu Literário Português, v. 7, 2005, p. 192-197.

"Elementos clássicos e a história de micróbio". In: BECHARA, Evanildo *et alii*. *Na Ponta da Língua*. Rio de Janeiro: Editora Lucerna/Liceu Literário Português, v. 5, 2003, p. 138-144.

"Em torno da expressão comparativa *Que nem*". In: BECHARA, Evanildo *et alii*. *Na Ponta da Língua*. Rio de Janeiro: Editora Lucerna/Liceu Literário Português, v. 7, 2005, p. 56-59.

"Em torno da palavra consenso". In: BECHARA, Evanildo *et alii*. *Na Ponta da Língua*. Rio de Janeiro: Editora Lucerna/Liceu Literário Português, v. 4, 2002, p. 4-6.

"Epifânio Dias e Eça de Queiroz". In: BECHARA, Evanildo *et alii*. *Na Ponta da Língua*. Rio de Janeiro: Editora Lucerna/Liceu Literário Português, v. 7, 2005, p. 149-157.

"Esquecidas riquezas do português". In: BECHARA, Evanildo *et alii*. *Na Ponta da Língua*. Rio de Janeiro: Editora Lucerna/Liceu Literário Português, v. 5, 2003, p. 181-190.

"Esses bons professores de concurso". In: BECHARA, Evanildo *et alii*. *Na Ponta da Língua*. Rio de Janeiro: Editora Lucerna/Liceu Literário Português, v. 7, 2005, p. 40-42.

"Está na hora da onça (ou de a onça) beber água?". In: MELO, Gladstone Chaves de *et alii*. *Na Ponta da Língua*. Rio de Janeiro: Editora Lucerna/Liceu Literário Português, v. 2, 2000, p. 176-188.

"Etimologia como ciência". In: BECHARA, Evanildo *et alii*. *Na Ponta da Língua*. Rio de Janeiro: Editora Lucerna/Liceu Literário Português, v. 7, 2005, p. 130-132.

"Eugenio Coseriu (14-7-1921–7-9-2002)". In: BECHARA, Evanildo *et alii*. *Na Ponta da Língua*. Rio de Janeiro: Editora Lucerna/Liceu Literário Português, v. 7, 2005, p. 60-63.

"Famílias de palavras e temas conexos". In: ELIA, Sílvio *et alii*. *Na Ponta da Língua*. Rio de Janeiro: Editora Lucerna/Liceu Literário Português, v. 1, 1998, p. 116-119.

"Forró: uma história ainda mal contada". In: BECHARA, Evanildo *et alii*. *Na Ponta da Língua*. Rio de Janeiro: Editora Lucerna/Liceu Literário Português, v. 5, 2003, p. 4-8.

"Gandavo ou Gândavo". In: BECHARA, Evanildo *et alii*. *Na Ponta da Língua*. Rio de Janeiro: Editora Lucerna/Liceu Literário Português, v. 5, 2003, p. 222-228.

"Gramáticos e caturras". In: BECHARA, Evanildo *et alii*. *Na Ponta da Língua*. Rio de Janeiro: Editora Lucerna/Liceu Literário Português, v. 4, 2002, p. 201-208.

"Harri Méier e seus estudos de língua portuguesa". In: ELIA, Sílvio *et alii*. *Na Ponta da Língua*. Rio de Janeiro: Editora Lucerna/Liceu Literário Português, v. 1, 1998, p. 109-112.

"Herculano de Carvalho: *in memoriam*". In: BECHARA, Evanildo *et alii*. *Na Ponta da Língua*. Rio de Janeiro: Editora Lucerna/Liceu Literário Português, v. 6, 2004, p. 119-129.

"História e estória". In: MELO, Gladstone Chaves de *et alii*. *Na Ponta da Língua*. Rio de Janeiro: Editora Lucerna/Liceu Literário Português, v. 3, 2001, p. 15-20.

"Imexível não exige mexer". In: ELIA, Sílvio *et alii*. *Na Ponta da Língua*. Rio de Janeiro: Editora Lucerna/Liceu Literário Português, v. 1, 1998, p. 108-109.

"Imexível: uma injustiça a ser reparada". In: ELIA, Sílvio *et alii*. *Na Ponta da Língua*. Rio de Janeiro: Editora Lucerna/Liceu Literário Português, v. 1, 1998, p. 1-3.

"José de Alencar e língua do Brasil". In: BECHARA, Evanildo *et alii*. *Na Ponta da Língua*. Rio de Janeiro: Editora Lucerna/Liceu Literário Português, v. 6, 2004, p. 55-73.

"Lendo os cadernos de Mário Barreto". In: MELO, Gladstone Chaves de *et alii*. *Na Ponta da Língua*. Rio de Janeiro: Editora Lucerna/Liceu Literário Português, v. 3, 2001, p. 175-198.

"Língua culta oculta". In: BECHARA, Evanildo *et alii*. *Na Ponta da Língua*. Rio de Janeiro: Editora Lucerna/Liceu Literário Português, v. 7, 2005, p. 157-158.

"Língua e cultura: denominações do arco-íris". In: MELO, Gladstone Chaves de et alii. Na Ponta da Língua. Rio de Janeiro: Editora Lucerna/Liceu Literário Português, v. 2, 2000, p. 25-30.

"Linguagem e educação lingüística". In: MELO, Gladstone Chaves de et alii. Na Ponta da Língua. Rio de Janeiro: Editora Lucerna/Liceu Literário Português, v. 3, 2001, p. 8-11.

"Livros a mancheias: dicionários". In: MELO, Gladstone Chaves de et alii. Na Ponta da Língua. Rio de Janeiro: Editora Lucerna/Liceu Literário Português, v. 3, 2001, p. 80-89.

"Má ideologia na linguagem?". In: MELO, Gladstone Chaves de et alii. Na Ponta da Língua. Rio de Janeiro: Editora Lucerna/Liceu Literário Português, v. 2, 2000, p. 200-211.

"Manuel Bandeira e a língua portuguesa". In: BECHARA, Evanildo et alii. Na Ponta da Língua. Rio de Janeiro: Editora Lucerna/Liceu Literário Português, v. 6, 2004, p. 87-96.

"Mau emprego de grandes inventos". In: BECHARA, Evanildo et alii. Na Ponta da Língua. Rio de Janeiro: Editora Lucerna/Liceu Literário Português, v. 7, 2005, p. 172-177.

"Na esteira da unidade: Moscou ou Moscovo?". In: ELIA, Sílvio et alii. Na Ponta da Língua. Rio de Janeiro: Editora Lucerna/Liceu Literário Português, v. 1, 1998, p. 221-228.

"Na seara de um dicionário histórico". In: MELO, Gladstone Chaves de et alii. Na Ponta da Língua. Rio de Janeiro: Editora Lucerna/Liceu Literário Português, v. 2, 2000, p. 18-20.

"Neologismos, prosódia e ortografia". In: ELIA, Sílvio et alii. Na Ponta da Língua. Rio de Janeiro: Editora Lucerna/Liceu Literário Português, v. 1, 1998, p. 40-42.

"No tempo em que se lia". In: BECHARA, Evanildo et alii. Na Ponta da Língua. Rio de Janeiro: Editora Lucerna/Liceu Literário Português, v. 5, 2003, p. 59-68.

"Novos horizontes no estudo do léxico". In: MELO, Gladstone Chaves de et alii. Na Ponta da Língua. Rio de Janeiro: Editora Lucerna/Liceu Literário Português, v. 2, 2000, p. 122-137.

"O Congresso Brasileiro e a unificação ortográfica". In: ELIA, Sílvio et alii. Na Ponta da Língua. Rio de Janeiro: Editora Lucerna/Liceu Literário Português, v. 1, 1998, p. 148-153.

"O estrangeirismo e a pureza do idioma". In: BECHARA, Evanildo *et alii*. *Na Ponta da Língua*. Rio de Janeiro: Editora Lucerna/Liceu Literário Português, v. 6, 2004, p. 73-78.

"O estudo da fraseologia na obra de João Ribeiro". In: BECHARA, Evanildo *et alii*. *Na Ponta da Língua*. Rio de Janeiro: Editora Lucerna/Liceu Literário Português, v. 5, 2003, p. 228-236.

"O infinitivo: será um quebra-cabeça?". In: ELIA, Sílvio *et alii*. *Na Ponta da Língua*. Rio de Janeiro: Editora Lucerna/Liceu Literário Português, v. 1, 1998, p. 210-213.

O Natal em línguas do mundo. In: BECHARA, Evanildo *et alii*. *Na Ponta da Língua*. Rio de Janeiro: Editora Lucerna/Liceu Literário Português, v. 5, 2003, p. 209-212.

"O novo vocabulário ortográfico da ABL". In: BECHARA, Evanildo *et alii*. *Na Ponta da Língua*. Rio de Janeiro: Editora Lucerna/Liceu Literário Português, v. 5, 2003, p. 71-77.

"O pior dos estrangeirismos". In: BECHARA, Evanildo *et alii*. *Na Ponta da Língua*. Rio de Janeiro: Editora Lucerna/Liceu Literário Português, v. 6, 2004, p. 1-3.

"O tempora! O mores!". In: MELO, Gladstone Chaves de *et alii*. *Na Ponta da Língua*. Rio de Janeiro: Editora Lucerna/Liceu Literário Português, v. 3, 2001, p. 97-100.

"O verbo pesar, fraseologia, etc.". In: ELIA, Sílvio *et alii*. *Na Ponta da Língua*. Rio de Janeiro: Editora Lucerna/Liceu Literário Português, v. 1, 1998, p. 42-46.

"O *Vocabulário Portuguez e Latino* de D. Raphael Bluteau". In: BECHARA, Evanildo *et alii*. *Na Ponta da Língua*. Rio de Janeiro: Editora Lucerna/Liceu Literário Português, v. 6, 2004, p. 49-55.

"Os animais na linguagem dos homens". In: BECHARA, Evanildo *et alii*. *Na Ponta da Língua*. Rio de Janeiro: Editora Lucerna/Liceu Literário Português, v. 4, 2002, p. 54-63.

"Os escritores e a gramática". In: BECHARA, Evanildo *et alii*. *Na Ponta da Língua*. Rio de Janeiro: Editora Lucerna/Liceu Literário Português, v. 4, 2002, p. 83-92.

"Os esquecidos inesquecíveis: Mário Barreto". In: BECHARA, Evanildo *et alii*. *Na Ponta da Língua*. Rio de Janeiro: Editora Lucerna/Liceu Literário Português, v. 4, 2002, p. 156-171.

"Othon Moacyr Garcia (19-6-1912–1-6-2002)". In: BECHARA, Evanildo *et alii*. *Na Ponta da Língua*. Rio de Janeiro: Editora Lucerna/Liceu Literário Português, v. 7, 2005, p. 42-44.

"Palavras com padrinhos brasileiros". In: ELIA, Sílvio *et alii*. *Na Ponta da Língua*. Rio de Janeiro: Editora Lucerna/Liceu Literário Português, v. 1, 1998, p. 129-131.

"Palavras também têm padrinhos". In: ELIA, Sílvio *et alii*. *Na Ponta da Língua*. Rio de Janeiro: Editora Lucerna/Liceu Literário Português, v. 1, 1998, p. 126-129.

"Paul Teyssier (1918-2002)". In: BECHARA, Evanildo *et alii*. *Na Ponta da Língua*. Rio de Janeiro: Editora Lucerna/Liceu Literário Português, v. 7, 2005, p. 21-24.

"Pecúnia, pecúlio e sua história". In: BECHARA, Evanildo *et alii*. *Na Ponta da Língua*. Rio de Janeiro: Editora Lucerna/Liceu Literário Português, v. 5, 2003, p. 134-138.

"Pertencer *para* e pertencer *a*". In: MELO, Gladstone Chaves de *et alii*. *Na Ponta da Língua*. Rio de Janeiro: Editora Lucerna/Liceu Literário Português, v. 3, 2001, p. 32-35.

"Poetisa ou poeta?". In: BECHARA, Evanildo *et alii*. *Na Ponta da Língua*. Rio de Janeiro: Editora Lucerna/Liceu Literário Português, v. 4, 2002, p. 228-234.

"Poluição lingüística". In: BECHARA, Evanildo *et alii*. *Na Ponta da Língua*. Rio de Janeiro: Editora Lucerna/Liceu Literário Português, v. 4, 2002, p. 25-34.

"Por que se aprende latim". In: BECHARA, Evanildo *et alii*. *Na Ponta da Língua*. Rio de Janeiro: Editora Lucerna/Liceu Literário Português, v. 4, 2002, p. 66-71.

"Por que segunda-feira em português?". In: BECHARA, Evanildo *et alii*. *Na Ponta da Língua*. Rio de Janeiro: Editora Lucerna/Liceu Literário Português, v. 4, 2002, p. 215-227.

"Português ou brasileiro?". In: BECHARA, Evanildo *et alii*. *Na Ponta da Língua*. Rio de Janeiro: Editora Lucerna/Liceu Literário Português, v. 7, 2005, p. 15-17.

"Primos ricos e pobres da língua". In: ELIA, Sílvio *et alii*. *Na Ponta da Língua*. Rio de Janeiro: Editora Lucerna/Liceu Literário Português, v. 1, 1998, p. 138-143.

"Que ensinar de língua portuguesa". In: ELIA, Sílvio *et alii*. *Na Ponta da Língua*. Rio de Janeiro: Editora Lucerna/Liceu Literário Português, v. 1, 1998, p. 89-91.

Bibliografia

"Que se entende por 'correção de linguagem'?". In: BECHARA, Evanildo *et alii*. *Na Ponta da Língua*. Rio de Janeiro: Editora Lucerna/Liceu Literário Português, v. 4, 2002, p. 119-140.

"Repasse crítico da gramática portuguesa. Alguns aspectos aproveitáveis em sala de aula de nível fundamental e médio quanto à política do idioma e à descrição da língua". In: BECHARA, Evanildo *et alii*. *Na Ponta da Língua*. Rio de Janeiro: Editora Lucerna/Liceu Literário Português, v. 7, 2005, p. 74-92.

"Revisitando um texto de D. Carolina: a Carta de Caminha". In: BECHARA, Evanildo *et alii*. *Na Ponta da Língua*. Rio de Janeiro: Editora Lucerna/Liceu Literário Português, v. 7, 2005, p. 44-56.

"Sesquicentenário de um grande mestre". In: ELIA, Sílvio *et alii*. *Na Ponta da Língua*. Rio de Janeiro: Editora Lucerna/Liceu Literário Português, v. 1, 1998, p. 119-124.

"Silva Ramos: mestre da língua". In: BECHARA, Evanildo *et alii*. *Na Ponta da Língua*. Rio de Janeiro: Editora Lucerna/Liceu Literário Português, v. 7, 2005, p. 117-130.

"*Sob* e *debaixo de*". In: MELO, Gladstone Chaves de *et alii*. *Na Ponta da Língua*. Rio de Janeiro: Editora Lucerna/Liceu Literário Português, v. 3, 2001, p. 11-15.

"Sobre a Retórica e as chamadas figuras". In: BECHARA, Evanildo *et alii*. *Na Ponta da Língua*. Rio de Janeiro: Editora Lucerna/Liceu Literário Português, v. 7, 2005, p. 17-20.

"Sobre a sintaxe dos demonstrativos". In: BECHARA, Evanildo *et alii*. *Na Ponta da Língua*. Rio de Janeiro: Editora Lucerna/Liceu Literário Português, v. 6, 2004, p. 7-22.

"Última flor do Lácio". In: MELO, Gladstone Chaves de *et alii*. *Na Ponta da Língua*. Rio de Janeiro: Editora Lucerna/Liceu Literário Português, v. 2, 2000, p. 8-13.

"Um eco de S. Agostinho na língua de Vieira". In: BECHARA, Evanildo *et alii*. *Na Ponta da Língua*. Rio de Janeiro: Editora Lucerna/Liceu Literário Português, v. 6, 2004, p. 23-29.

"Um novo dicionário do Português". In: BECHARA, Evanildo *et alii*. *Na Ponta da Língua*. Rio de Janeiro: Editora Lucerna/Liceu Literário Português, v. 7, 2005, p. 166-172.

"Um processo sinonímico em D. Duarte". In: BECHARA, Evanildo *et alii*. *Na Ponta da Língua*. Rio de Janeiro: Editora Lucerna/Liceu Literário Português, v. 7, 2005, p. 102-112.

"Uma justa homenagem". In: BECHARA, Evanildo *et alii*. *Na Ponta da Língua*. Rio de Janeiro: Editora Lucerna/Liceu Literário Português, v. 7, 2005, p. 190-191.

"Usos da inicial maiúscula". In: BECHARA, Evanildo *et alii*. *Na Ponta da Língua*. Rio de Janeiro: Editora Lucerna/Liceu Literário Português, v. 4, 2002, p. 212-215.

"Valor evocativo da grafia". In: ELIA, Sílvio *et alii*. *Na Ponta da Língua*. Rio de Janeiro: Editora Lucerna/Liceu Literário Português, v. 1, 1998, p. 190.

"Vieira como padrão de exemplaridade". In: BECHARA, Evanildo *et alii*. *Na Ponta da Língua*. Rio de Janeiro: Editora Lucerna/Liceu Literário Português, v. 5, 2003, p. 195-201.

Artigos em revistas

"A Carta de Valério sobre Etéria". In: *Romanitas*. Rio de Janeiro: v. 6-7, 1965.

"A concordância com *um dos que* na tradição gramatical do português". In: *Confluência*. Rio de Janeiro: Liceu Literário Português, n.º 20, 2.º semestre de 2000, p. 95-102.

"A língua dos modernistas: revolução ou tradição?". In: *Revista Brasileira*. Rio de Janeiro, Academia Brasileira de Letras, n.º 31, abr.-mai.-jun. 2002, p. 121-139.

"A língua portuguesa hoje". In: *Revista Brasileira*. Rio de Janeiro: Academia Brasileira de Letras, n.º 35, abr.-mai.-jun. 2003, p. 129-134.

"A língua portuguesa na concepção dos fundadores da ABL". In: *Revista Brasileira*. Rio de Janeiro, Academia Brasileira de Letras, n.º 50, out.-nov.-dez. 2007, p. 149-156.

"A língua rústica de Gil Vicente". In: *Delfos*. Rio de Janeiro, 1970.

"A lingüística, a gramática escolar e o ensino da língua portuguesa". In: *Idioma*. Rio de Janeiro: Instituto de Letras da UERJ, ano XVII, 1.º e 2.º semestres de 1998, p. 37-42.

BIBLIOGRAFIA

"A nossa português casta linguagem: para a diacronia de um fato morfológico". In: *Confluência*. Rio de Janeiro: Liceu Literário Português, n.º 7, 1994, p. 65-70.

"A tradição gramatical luso-brasileira". In: *Confluência*. Rio de Janeiro: Liceu Literário Português, n.º 10, 1995, p. 67-76.

"Alberto Faria, um filólogo diferente". In: *Matraga* — Revista do Programa de Pós-Graduação em Letras. Rio de Janeiro: UERJ/Ed. Caetés, 2004, p. 163-171.

"Antônio Houaiss: influências e afinidades no seu labor lingüístico-filológico". In: *Revista Portuguesa de Humanidades*. Braga: Universidade Católica Portuguesa, v. 4, 2000, p. 209-218.

"Clássicos portugueses". In: *Idéias e Livros*. 1954.

"Considerações em torno do *usus scribendi* de Luís de Camões". In: *Idioma*. Rio de Janeiro: Instituto de Letras da UERJ, ano XVII, 1.º e 2.º semestres de 1998, p. 43-54.

"Considerações sobre duas estâncias de *Os Lusíadas*". In: *Revista Brasileira de Filologia*. Rio de Janeiro, 1958.

"Correção e exemplaridade de língua: suas repercussões no estudo e ensino da língua portuguesa". In: *Revista Brasileira*. Rio de Janeiro, Academia Brasileira de Letras, n.º 34, jan.-fev.-mar. 2003, p. 31-52.

"Da latinidade à lusofonia". In: *Revista Brasileira*. Rio de Janeiro, Academia Brasileira de Letras, n.º 50, jan.-fev.-mar. 2007, p. 43-64.

"De etimologia, de etimologia portuguesa e da contribuição de Joan Corominas". In: *Idioma*. Rio de Janeiro: Instituto de Letras da UERJ, ano XVII, 1.º e 2.º semestres de 1998, p. 63-72.

"Estudos sobre *Os Lusíadas*, de José Maria Rodrigues". In: *Revista Camoniana*. Bauru, SP: Editora da Universidade do Sagrado Coração, v. 12, 2002, p. 29-53.

"Eugenio Coseriu: arquiteto de uma lingüística integral da linguagem". In: *Confluência*. Rio de Janeiro: Liceu Literário Português, n.º 25-26, 2003, p. 19-23.

"Filologia Românica hoje?". In: *Cadernos do CNLF*. Rio de Janeiro: Cifefil, v. IV, n.º 13, p. 25.

"Fonética histórica do português". In: *Delfos*. Rio de Janeiro: n.º 6, 1966.

"Francisco Adolfo Coelho". In: *Confluência*. Rio de Janeiro: Liceu Literário Português, n.º 12, 2.º semestre de 1996, p. 11-26.

"Gladstone Chaves de Melo e o nosso Instituto de Língua Portuguesa". In: *Confluência*. Rio de Janeiro: Liceu Literário Português, n.º 22, 2.º semestre de 2001, p. 84-86.

"Herculano de Carvalho: *in memoriam*". In: *Veredas-Revista da Associação Internacional de Lusitanistas*. Porto: Fundação Engenheiro António de Almeida, 2000, p. 693-704.

"Homenagem a Augusto Epifânio da Silva Dias". In: *Confluência*. Rio de Janeiro: Liceu Literário Português, n.º 2, 2.º semestre de 1991, p. 8-10.

"Incursões de Sousa da Silveira na romanística: em torno de um inédito". In: *Confluência*. Rio de Janeiro: Liceu Literário Português, n.º 15, 1.º semestre de 1998, p. 47-60.

"Inovações sintáticas no português moderno". In: *Idioma*. Rio de Janeiro: Instituto de Letras da UERJ, ano XVII, 1.º e 2.º semestres de 1998, p. 55-62.

"João da Silva Correia". In: *Confluência*. Rio de Janeiro: Liceu Literário Português, n.º 21, 1.º semestre de 2001, p. 9-20.

"José de Alencar e a língua do Brasil". In: *Linguagem – Revista do Instituto de Letras da UFF*. Niterói, RJ: n.º 1, 1978.

"José de Alencar e a língua do Brasil". In: *Revista Brasileira*. Rio de Janeiro, Academia Brasileira de Letras, n.º 28, jul.-ago.-set. 2001, p. 73-93.

"Manoel Pacheco da Silva Júnior e sua contribuição para os estudos filológicos no Brasil". In: *Littera*. Rio de Janeiro: Grifo, v. 15, jan.-jun. 1976, p. 72-77.

"Manuel Rodrigues Lapa". *Confluência*. Rio de Janeiro: Liceu Literário Português, n.º 14, 2.º semestre de 1997, p. 9-11.

"Manuel Said Ali Ida". In: *Letras – Revista dos Cursos de Letras da Universidade do Paraná*. Curitiba, n.º 536, 1956.

"Na (DE)rota das erratas d'*Os Lusíadas*". In: *Confluência*. Rio de Janeiro: Liceu Literário Português, n.º 3, 1992, p. 68-78.

"O emprego da preposição e o problema da transitividade verbal em português". In: *Imprensa Nova*. Florianópolis: outubro de 1968. (reeditado em *Cadernos da PUC*, 1974).

"Pronúncia de nomes próprios: o problema Gandavo ou Gândavo". In: *Confluência*. Rio de Janeiro: Liceu Literário Português, n.º 16, 2.º semestre de 1998, p. 89-93.

"Razões do I Colóquio Internacional: a língua portuguesa no mundo". In: *Confluência*. Rio de Janeiro: Liceu Literário Português, n.º 29-30, 2005, p. 11-14.

"Silva Ramos: mestre da língua". In: *Revista Brasileira*. Rio de Janeiro, Academia Brasileira de Letras, n.º 37, out.-nov.-dez. 2003, p. 205-220.

"Subsídios à *Sintaxe Histórica* de Epifânio Dias". In: *Confluência*. Rio de Janeiro: Liceu Literário Português, n.º 19, 1.º semestre de 2000, p. 45-61.

"Sugestões para a unificação racional do sistema ortográfico comum ao Brasil e a Portugal". In: *Littera*. Rio de Janeiro: Grifo, v. 1, jan.-abr. 1971, p. 43-47.

"Terminologia lingüística para os ensinos básico e secundário em Portugal". In: *Confluência*. Rio de Janeiro: Liceu Literário Português, n.º 21, 2001, p. 101-117.

"Testemunho de *Os Lusíadas* em fatos de fonética sintática". In: *Lusitanica et Romanica. Festschrift für DieterWoll*. Hamburg: Helmut BuchVerlag, 1998, p. 251-260.

"Um aparente desconcerto de adjetivação em Camões e as áreas semânticas de puro n'*Os Lusíadas*". In: *Confluência*. Rio de Janeiro: Liceu Literário Português, n.º 4, 1992, p. 101-172.

"Uma obra preciosa ao romanista: a Lateinische Umgangssprache, de J.B. Hofmann". In: *Revista da Academia Brasileira de Filologia*. Rio de Janeiro: v. 1, n.º 1, 2002, p. 41-43.

"Uma questão de gramática francesa: fonética sintática e o emprego das formas pronominais átonas e tônicas". In: *Atualidades pedagógicas*. São Paulo: n.º 43, 1955.

Verbetes de dicionário

Correção. *Dicionário Temático da Lusofonia*. Lisboa: Associação de Cultura Lusófona/Texto Editora, 2005.

Exemplaridade. *Dicionário Temático da Lusofonia*. Lisboa: Associação de Cultura Lusófona/Texto Editora, 2005.

Língua funcional. *Dicionário Temático da Lusofonia*. Lisboa: Associação de Cultura Lusófona/Texto Editora, 2005.

Língua histórica. *Dicionário Temático da Lusofonia*. Lisboa: Associação de Cultura Lusófona/Texto Editora, 2005.

Vernáculo. *Dicionário Temático da Lusofonia*. Lisboa: Associação de Cultura Lusófona/Texto Editora, 2005.

Artigos em jornais

"A língua exemplar". In: *O Mundo Português*. Rio de Janeiro: 14, 21, 28 de janeiro de 1999, p. 3.

"A língua portuguesa e sua contribuição". In: *O Mundo Português*. Rio de Janeiro: 22, 29 de março e 5, 12, 19 de abril de 2001, p. 3.

"A missão dos consultórios gramaticais". In: *O Mundo Português*. Rio de Janeiro: 7 de janeiro de 1999, p. 3.

"As palavras da hora". In: *Folha de São Paulo, Caderno Mais!* São Paulo: 1 de setembro de 2002, p. 4-5.

"Cá e lá más fadas há". In: *O Mundo Português*. 11, 25 de junho; 2, 9, 16, 30 de julho e 13 de agosto de 1998, p. 3.

"Educação lingüística às avessas". In: *O Mundo Português*. 13 de fevereiro de 1997, p. 3.

"Elementos clássicos e a história de micróbio". In: *O Mundo Português*. Rio de Janeiro: 6, 20 de maio de 1999, p. 3.

"Forró: uma história ainda mal contada". In: *O Mundo Português*. 2 de abril de 1998, p. 3.

"Gramáticas e caturras". In: *O Mundo Português*. 4, 11, 18 de dezembro de 1997, p. 3.

"No tempo em que se lia". In: *O Mundo Português*. 27 de agosto e 17, 24 de setembro de 1998, p. 3.

"Nosso primeiro dicionário". In: *O Mundo Português*. 20, 27 de novembro de 1997, p. 3.

"O novo vocabulário ortográfico da ABL". In: *O Mundo Português*. 8, 22 de outubro de 1998, p. 3.

"Os escritores e a gramática". In: *O Mundo Português*. 2, 9 de janeiro de 1997, p. 3.

"Os esquecidos inesquecíveis: Mário Barreto". In: *O Mundo Português*. 24, 31 de julho; 7, 14, 21 de agosto de 1997, p. 3.

"Pecúnia, pecúlio e sua história". In: *O Mundo Português*. Rio de Janeiro: 22, 29 de abril de 1999, p. 3.

"Poetisa ou poeta?". In: *O Mundo Português*. 16, 23 de abril de 1998, p. 3.

"Por que segunda-feira em português?". *O Mundo Português*. 5, 12, 19, 26 de fevereiro e 5 de março de 1998, p. 3.

"Português e espanhol". In: *O Mundo Português*. Rio de Janeiro: 4 de março de 1999, p. 3.

"Que se entende por 'correção da linguagem'?". In: *O Mundo Português*. 20, 27 de fevereiro; 10, 17 de abril; 8, 15 de maio; 12, 26 de junho e 3 de julho de 1997, p. 3.

"Sejam bem-vindos os consultórios gramaticais!". In: *O Mundo Português*. 25 de dezembro de 1997, p. 3.

"Um filho e um afilhado enjeitados de Camões". In: *O Mundo Português*. 14, 21, 28 de maio de 1998, p. 3.

"Usos da inicial maiúscula". In: *O Mundo Português*. 15, 29 de janeiro de 1998, p. 3.

Teses de concursos

"A contribuição de M. Said Ali para a filologia portuguesa". Cátedra de Língua e Literatura Portuguesa do Instituto de Educação do Rio de Janeiro, 1964.

"A evolução do pensamento concessivo em português". Cátedra de Língua Portuguesa. Colégio Pedro II, 1954.

"A sintaxe nominal na *Peregrinatio Aetheriae ad loca sancta*". Cátedra de Filologia Românica. Universidade do Estado da Guanabara (atual Universidade do Estado do Rio de Janeiro), 1964.

"As fases históricas da língua portuguesa: tentativa de proposta de nova periodização". Professor titular de Língua Portuguesa. Universidade Federal Fluminense, 1985.

"O futuro em românico". Livre-Docência em Filologia Românica. Universidade do Estado da Guanabara (atual Universidade do Estado do Rio de Janeiro), 1962.

Tradução

COSERIU, Eugenio. *Lições de lingüística geral*. Rio de Janeiro: Ao Livro Técnico, 1980.

Resenhas

AGUIAR, Martinz de. "Notas de português de Filinto e Odorico". In: *Letras 7 e 8*. Revista dos Cursos de Letras da Universidade do Paraná. Curitiba: 1957.

ARAGÃO, Maria do Socorro Silva de. "Linguagem regional popular na obra de José Lins do Rego". In: *Confluência*. Rio de Janeiro: Liceu Literário Português, n.º 2, 1991, p. 83-84.

Arquivo Mattoso Câmara. In: *Confluência*. Rio de Janeiro: Liceu Literário Português, n.º 27-28, 2004, p. 275.

BERARDINELLI, Cleonice; MENEGAZ, Ronaldo (orgs.). In: "António Ribeiro Chiado (autos e práticas)". *Confluência*. Rio de Janeiro: Liceu Literário Português, n.º 7, 1994, p. 81-82.

BESSELAAR, José van den. "As palavras têm a sua história". In: *Confluência*. Rio de Janeiro: Liceu Literário Português, n.º 8, 1994, p. 97-98.

Biografia de Adolfo Coelho. In: *Confluência*. Rio de Janeiro: Liceu Literário Português, n.º 12, 1996, p. 11-12.

BLANCH, Juan M. Lope. El estudio del español hablado culto. In: *Idioma*. Rio de Janeiro: UERJ, v. 23, 2003, p. 47-49.

BORK, Hans Dieter. "Die Lateinisch-romanischen Zusammensetzungen Nomen + Verb und der Ursprung der romanischen Verb – Ergänzung – Komposita". In: *Confluência*. Rio de Janeiro: Liceu Literário Português, n.º 2, 1991, p. 105-106.

CANTEL, Raymond. "La Littérature populaire brésilienne". In: *Confluência*. Rio de Janeiro: Liceu Literário Português, n.º 7, 1994, p. 81.

CHAVES JUNIOR, Eurípedes. "Nomes e expressões vulgares da medicina no Ceará". In: *Confluência*. Rio de Janeiro: Liceu Literário Português, n.º 2, 1991, p. 81.

COELHO, Adolfo. "Obra etnográfica, v. 2. Cultura popular e educação". In: *Confluência*. Rio de Janeiro: Liceu Literário Português, n.º 9, 1995, p. 109-111.

_____. "Obra etnográfica". In: *Confluência*. Rio de Janeiro: Liceu Literário Português, n.º 7, 1994, p. 93-103.

CORREIA, João da Silva. *A rima e sua ação lingüística, literária e ideológica*. 2.ª ed. Lisboa: Imprensa Nacional/Casa da Moeda.

Depoimentos sobre Mattoso Câmara. In: *Confluência*. Rio de Janeiro: Liceu Literário Português, n.º 27-28, 2004, p. 41-48.

Dicionário de formas e construções opcionais da língua portuguesa. In: *Confluência*. Rio de Janeiro: Liceu Literário Português, n.º 21, 2001, p. 123.

DIONISIO, Angela Paiva; BEZERRA, Maria Auxiliadora. "O livro didático de português: múltiplos olhares". *Confluência*. Rio de Janeiro: Liceu Literário Português, n.º 9, 1995, p. 111-113.

ELIA, Sílvio. "El português en Brasil, história cultural". In: *Confluência*. Rio de Janeiro: Liceu Literário Português, n.º 5, 1993, p. 81.

_____. *Fundamentos histórico-lingüísticos do português do Brasil*. Rio de Janeiro: Editora Lucerna, 2003.

_____. "Preparação à Lingüística Românica". In: *Littera*. Rio de Janeiro: Grifo, n.º 13, ano V, jan.-jun. 1975, p. 165-168.

FÁVERO, Leonor Lopes; MOLINA, Márcia A.G. *As concepções lingüísticas no século XIX: a gramática no Brasil*. Rio de Janeiro: Editora Lucerna, 2006.

FERREIRA, Carlos *et alii*. "Diversidade do português do Brasil: estudos de dialectologia rural e outros". In: *Confluência*. Rio de Janeiro: Liceu Literário Português, n.º 2, 1991, p. 80-81.

FERRONHA, Antonio Luís *et alii*. "Atlas da língua portuguesa na história e no mundo". In: *Confluência*. Rio de Janeiro: Liceu Literário Português, n.º 5, 1993, p. 82-83.

HENRIQUES, Claudio Cezar. *Atas da Academia Brasileira de Letras (1896-1908)*. Rio de Janeiro: ABL, Coleção Austregésilo de Athayde, 2001.

HOFMANN, Johann Baptist. "Lateinische Umgangssprache". In: *Confluência*. Rio de Janeiro: Liceu Literário Português, n.º 31, 2006, p. 83-86.

_____. "Lateinische Umgangssprache". *Revista da Academia Brasileira de Filologia*. Rio de Janeiro: Abrafil, v. 1, n.º 1, 2002, p. 41-43.

Homenagem a Cleonice Berardinelli. In: *Confluência*. Rio de Janeiro: Liceu Literário Português, n.º 16, 1998, p. 142.

KEHDI, Valter. "Mofemas do português". In: *Confluência*. Rio de Janeiro: Liceu Literário Português, n.º 1, 1991, p. 105.

LEAL, João (org.). "Coelho, Adolfo. Obra etnográfica, v. II. Cultura Popular e Educação". In: *Confluência*. Rio de Janeiro: Liceu Literário Português, n.º 11, 1.º semestre de 1996, p. 115-118.

LIMA, C.H. da Rocha. "Gramática normativa da língua portuguesa". In: *Confluência*. Rio de Janeiro: Liceu Literário Português, n.º 2, 1991, p. 125-127.

MACEDO, José Tavares de. "Obras inéditas: ensaio sobre o estudo histórico das línguas e elementos de grammatica portugueza". In: *Confluência*. Rio de Janeiro: Liceu Literário Português, n.º 8, 1994, p. 97-98.

MALER, Bertil. "A Bíblia na consolaçam de Samuel Usque (1553)". In: *Littera*. Rio de Janeiro: Grifo, n.º 13, ano V, jan.-jun. 1975, p. 169-170.

_____. "Synonimes romans de l'interrogatif *qualis*". In: *Revista Brasileira de Filologia*. Rio de Janeiro: 1956.

MARTINS, Nilce Sant'Anna. "O léxico de Guimarães Rosa". In: *Confluência*. Rio de Janeiro: Liceu Literário Português, n.º 21, 2001, p. 128-129.

MARUYAMA, Toru. "Keyword-in-context índex of the Grammatica da lingoagem portuguesa (1536) by Fernão de Oliveira". In: *Confluência*. Rio de Janeiro: Liceu Literário Português, n.º 24, 2002, p. 150-151.

MONGELLI, Lênia Márcia de Medeiros. "Do Cancioneiro de D. Dinis". In: *Confluência*. Rio de Janeiro: Liceu Literário Português, n.º 9, 1995, p. 108.

_____; MALEVAL, Maria do Amparo Tavares; VIEIRA, Yara Frateschi. "Vozes do trovadorismo galego-português". In: *Confluência*. Rio de Janeiro: Liceu Literário Português, n.º 8, 1994, p. 107-108.

PRETI, Dino. "A linguagem dos idosos". In: *Confluência*, n.º 2, Rio de Janeiro: Liceu Literário, 1991, p. 79-80.

PRISTA, Luís; ALBINO, Cristina. "Filólogos portugueses entre 1968 e 1943". In: *Confluência*. Rio de Janeiro: Liceu Literário Português, n.º 13, 1997, p. 199-122.

RANAURO, Hilma. "Contribuição à historiografia dos estudos científicos da linguagem no Brasil: Sílvio Elia e João Ribeiro". In: *Confluência*. Rio de Janeiro: Liceu Literário Português, n.º 13, 1997, p. 125-126.

Revista lusitana, nova série v. 9. In: *Confluência*. Rio de Janeiro: Liceu Literário Português, n.º 2, 1991, p. 77.

Revista portuguesa de filologia, v. 19. In: *Confluência*. Rio de Janeiro: Liceu Literário Português, n.º 2, 2000, p. 77-78.

RIBEIRO, Maria Aparecida. "História crítica da literatura portuguesa (Realismo e Naturalismo)". In: *Confluência*. Rio de Janeiro: Liceu Literário Português, n.º 7, 1994, p. 81.

RODRIGUES, José Luís (org.). "Estudos dedicados a Ricardo Carvalho Calero". In: *Confluência*. Rio de Janeiro: Liceu Literário Português, n.º 21, 2001, p. 123-124.

ROSÁRIO, Pe. Manuel da Penha do. "Questões apologéticas". In: *Confluência*. Rio de Janeiro: Liceu Literário Português, n.º 9, 2.º semestre de 1995, p. 109-113.

SAID ALI, Manuel. In: *Investigações filológicas*. 3.ª ed. Rio de Janeiro: Editora Lucerna, 2006.

SALOMÃO, Sônia N. Vieira (ed.). "Vieira, Antônio. Sermão da sexagésima. Com uma rara tradução italiana de 1668". In: *Confluência*. Rio de Janeiro: Liceu Literário Português, n.º 14, 2.º semestre de 1997, p. 115.

SANTOS, Emmanoel dos. "Certo ou errado? Atitudes e crenças no ensino de língua portuguesa". In: *Confluência*. Rio de Janeiro: Liceu Literário Português, n.º 13, 1997, p. 123.

SARAIVA, A.J. e HESS, Rainer. "*Os Lusíadas*". In: *Internationales Repertorium der Lusitanistik und Brasiliamstik. Studia 9*. Rio de Janeiro, 1979.

SCHÄFER-PRIESS, Bárbara. "Die Portugiesische Gramatikschreibung von 1540 bis 1822". In: *Confluência*. Rio de Janeiro: Liceu Literário Português, n.º 21, 2001, p. 125-127.

Seminário de Filologias Clássica e Românica (1, Rio de Janeiro, 1997), realizado pelo Instituto de Letras da Universidade do Estado do Rio de Janeiro, entre os dias 5 e 6 de novembro de 1997. In: *Confluência*. Rio de Janeiro: Liceu Literário Português, n.º 14, 1997, p. 132.

SENNA, Homero (org.). "O mês modernista". In: *Confluência*. Rio de Janeiro: Liceu Literário Português, n.º 9, 2.º semestre de 1995, p. 113-118.

_____. "O mês modernista". In: *Confluência*. Rio de Janeiro: Liceu Literário Português, n.º 21, 2001, p.127-128.

SMUDERS, Frits. "Tese de doutoramento". In: *Confluência*. Rio de Janeiro: Liceu Literário Português, n.º 11, 1996, p. 102.

SPINA, Segismundo. "Estudos de língua e literatura". In: *Confluência*. Rio de Janeiro: Liceu Literário Português, n.° 2, 1991, p. 78-79.

_____. "Estudos de língua, literatura e história". In: *Confluência*. Rio de Janeiro: Liceu Literário Português, n.° 24, 2002, p. 148-150.

TEYSSIER, Paul (ed.). "Triomphe de l'hiver & du printemps (Triunfo do inverno e da primavera), de Gil Vicente". In: *Confluência*. Rio de Janeiro: Liceu Literário Português, n.° 13, 1997, p. 92-93.

Uniletras: Revista do Departamento de Letras da UEPG. In: *Confluência*. Rio de Janeiro: Liceu Literário Português, n.° 2, 1991, p. 78.

VERDELHO, Telmo. As origens da gramaticografia e da lexicografia latino-portuguesas. In: *Confluência*. Rio de Janeiro: Liceu Literário Português, n.° 11, 1996, p. 119-121.

VIEIRA, Antônio. "Sermão da Sexagésima". In: *Confluência*. Rio de Janeiro: Liceu Literário Português, n.° 14, 1997, p. 115.

_____. "Sermão pelo bom sucesso das armas de Portugal contra as de Holanda". In: *Confluência*. Rio de Janeiro: Liceu Literário Português, n.° 1, 1991, p. 102-104.

VIII Seminário Brasileiro de Lingüística. In: *Littera*. Rio de Janeiro: Grifo, v. 15, jan.-jun. 1976, p. 186.

Prefácios, introduções e apresentações

"A questão ortográfica". In: *Littera*. Rio de Janeiro: Grifo, v. 1, jan.-abr. 1971, p. 58.

"Aniceto dos Reis Gonçalves Viana". In: *Confluência*. Rio de Janeiro: Liceu Literário Português, n.° 23, 2002, p. 11-12.

"Antenor Nascentes, romanista". In: *Confluência*. Rio de Janeiro: Liceu Literário Português, n.° 1, 1991, p. 37-42.

"Antonio Geraldo da Cunha (9.3.1924-7.7.1999)". In: *Confluência*. Rio de Janeiro: Liceu Literário Português, n.° 17-18, 1999, p. 306.

"Antonio Houaiss (15.10.1915-7.3.1999)". In: *Confluência*. Rio de Janeiro: Liceu Literário Português, n.° 17-18, 1999, p. 304.

"Estudo introdutório". In: RODRIGUES, José Maria. *Estudos sobre* Os Lusíadas. Rio de Janeiro: Editora Lucerna, 1992.

"Eugenio Coseriu: arquiteto de uma lingüística integral da linguagem". In: *Confluência*. Rio de Janeiro: Liceu Literário Português, n.° 25-26, 2003, p. 19-23.

"Gladstone Chaves de Melo e o nosso Instituto de Língua Portuguesa". In: *Confluência*. Rio de Janeiro: Liceu Literário Português, n.° 22, 2001, p. 84-85.

"Harri Meier". In: *Littera*. Rio de Janeiro: Grifo, n.° 14, ano V, jul.-dez. 1975.

HENRIQUES, Claudio Cezar. *Sintaxe portuguesa para a linguagem culta contemporânea*. Rio de Janeiro: Oficina do Autor, 1997.

"*In memoriam* Antenor Nascentes". In: *Littera*. Rio de Janeiro: Grifo, n.° 6, ano II, set.-dez. 1972.

"*In memoriam* Martinz de Aguiar e Hernâni Cidade". In: *Littera*. Rio de Janeiro: Grifo, n.° 13, ano II, jan.-jun. 1975.

"*In memoriam* Wilson Guarany". In: *Littera*. Rio de Janeiro: Grifo, v. 16, jul.-dez. 1976, p. 7-8.

"Introdução". In: *Philologica – arquivo de estudos de orientação*. Rio de Janeiro, 1948.

"J. Mattoso Câmara Jr.". In: *Littera*. Rio de Janeiro: Grifo, v. 1, jan.-abr. 1971, p. 57.

"João da Silva Correia". In: *Confluência*. Rio de Janeiro: Liceu Literário Português, n.° 21, 2001, p. 21-23.

"Joseph M. Piel". In: *Confluência*. Rio de Janeiro: Liceu Literário Português, n.° 3, 1992, p. 111-112.

"Manuel Rodrigues Lapa". In: *Confluência*. Rio de Janeiro: Liceu Literário Português, n.° 14, 1997, p. 9-10.

"Oskar Nobiling". In: *Littera*. Rio de Janeiro: Grifo, v. 12, set.-dez. 1974, p. 79.

"Paul Teyssier". In: *Confluência*. Rio de Janeiro: Liceu Literário Português, n.° 24, 2.° semestre de 2002, p. 11-13.

"Quaderni di filologia e lingue romaneze. Ricerche svolte nel 'Università di Macereta". In: *Confluência*. Rio de Janeiro: Liceu Literário Português, n.° 24, 2002, p. 147-148.

"Questoens apologéticas, de Manuel da Penha do Rosário". In: *Confluência*. Rio de Janeiro: Liceu Literário Português, n.° 11, 1996, p. 115-118.

RANAURO, Hilma. *Contribuição à historiografia dos estudos científicos da linguagem no Brasil – Sílvio Elia e João Ribeiro*. Rio de Janeiro: Tempo Brasileiro/FEUC, 1997.

"Razões do I Colóquio Internacional: a língua portuguesa no mundo da lusofonia". In: *Confluência*. Rio de Janeiro: Liceu Literário Português, n.º 27-28, 2004, p. 11-13.

"Sesquicentenário de um grande mestre". In: *Confluência*. Rio de Janeiro: Liceu Literário Português, n.º 2, 1991, p. 8-10.

SILVA NETO, Serafim da. *Introdução ao estudo da filologia portuguesa*. Rio de Janeiro: Grifo, 1976.

"Sílvio Elia". In: *Confluência*. Rio de Janeiro: Liceu Literário Português, n.º 17-18, 1999, p. 44-46.

TORRES, Amadeu. *Gramática e lingüística. Ensaios e outros estudos*. Braga: Universidade Católica Portuguesa, 1998.

Até ao Prof. Evanildo Bechara
nos meus caminhos da gramática e filológico-linguísticos

Amadeu Torres
Universidade Católica Portuguesa
Universidade do Minho

A minha relação com a gramaticografia e gramaticologia brasileiras não é de agora. Já vem dos tempos dos longínquos quarto e quinto anos secundários sob a batuta de um perito mestre de português, Joaquim António Alves, o mais abalizado que tive nessa época inicial e era, além de poeta, um apaixonado pela matéria da cadeira cuja responsabilidade lhe incumbia não há mais de um quadriénio. A passagem no exame com a mais alta qualificação impulsou-o a oferecer-me a 8.ª edição da *Gramática histórica* de Eduardo Carlos Pereira, que fora lente catedrático do Gymnasio Official do Estado de São Paulo. Pelos elogios impressos nas laudas finais do grosso volume, fiquei logo inteirado de tratar-se de uma obra de notável importância, sobretudo nos capítulos dedicados à semântica e à sintaxe, "um trabalho completo, e nem mais se podia exigir do autor, um nome já consagrado na philologia portuguesa" (Pereira, 1935: 597). Creio uma prenda destas, tão diferente dos compêndios de uso escolar, visou sublinhar o apreço do dedicadíssimo docente por um neófito entusiasmado com semelhante aprendizagem. Bastantes lustros volvidos, iria ser regalado com a *Gramática expositiva* eduardina, na 81.ª edição, pelo colega que Deus já levou e se chamava João Pereira Penha, com quem teve a cortesia de me relacionar o Prof. Brian Head, que da Universidade de Campinas o vice-reitor da Universidade do Minho, Prof. Aguiar e Silva convidou, sob minha informação, para Braga.

1. Reatando de linhas atrás, julgo que na vida há ocasionalidades de factos cujo carácter premonitório ou simplesmente reorientador, de algum modo impositivo, parece inegável. Seria fácil ilustrá-los com encaminhamentos do ser ou do agir em eventos perfunctórios do presente ou do passado que enraizaram a fundo em direcção ao futuro. Efectivamente, nunca mais perdi o gosto de vasculhar gramáticas e conhecer-lhes os meandros, ora no ponto de vista da estruturação da língua, ora no histórico-filológico, retórico e sintáctico-mórfico, quer aquando da leccionação no ensino liceal, quer no superior. Para tal concorreram os mestres de latinidade de alto coturno, Arlindo Ribeiro da Cunha e Joaquim Martins Torres. Em consequência comecei naturalmente a coleccionar autores nossos, europeus e de além-Atlântico, a partir dos citados por Eduardo Carlos Pereira num "Prólogo" datado de Dezembro de 1915: Gonçalves Viana, Leite de Vasconcelos, Garcia Ribeiro de Vasconcelos, José Joaquim Nunes, Júlio Moreira, Ernesto Carneiro, Mário Barreto, João Ribeiro, Lameira de Andrade, Pacheco Júnior, bem como os corifeus da moderna filologia de então, nomeadamente Diez, Meyer-Lübke, Bourciez, Darmesteter, Whitney, Bréal, Brugmann. A estranheza de certos nomes foi-se paulatinamente atenuando, questionados estes nas aulas. Contudo, a respeito da maior parte a solução vinha de consulta na biblioteca, lugar de momentos livres. Como se fora hoje, nunca mais me esqueceram as prendas que coroaram o exame do ensino pré-universitário, etapa em que parava o maior número em busca de emprego: a *Gramática histórica da língua portuguesa* de Garcia Ribeiro de Vasconcelos, *A Língua Portuguesa* de Adolfo Coelho que com esta obra de 1868 inaugurou entre nós, como se sabe, o método filológico; a *Gramática portuguesa* do polígrafo João Ribeiro e *Através do dicionário e da gramática* de Mário Barreto, adquiridos por Monsenhor Lopes da Cruz, fundador da Rádio Renascença e meu padrinho dos estudos, num alfarrabista alfacinha.

Nas Universidades de Coimbra e de Lisboa outras autoridades gramaticais e filológicas alargaram horizontes: J. Mattoso Câmara Jr., Manuel de Paiva Boléo, Lindley Cintra e J. Herculano de Carvalho, enquanto, ou a conselho de entendidos ou por busca de complementação se não de curiosidade, me andei apetrechando: *Dificuldades da língua portuguesa* de Said Ali, a quem Paiva Boléo enaltecia destacadamente; *O meu idioma* e *Lições de português* de Otoniel Mota, que na Universidade de São Paulo sucedeu a Rebelo Gonçalves catedrático de

Coimbra e de Lisboa, de quem tive a honra de ser aluno na cidade do Tejo, além de primeiro catedrático dessa Universidade que guarda a honra de ter sido a primeira do Brasil; *Uma gramática* de José Oiticica, azedo e polémico na critica a Sílvio Elia e ao método histórico-comparativo em voga no campo filológico-linguístico, livro esse que concidadão minhoto estacionando em terras da Baía me enviou; e ainda alguns trabalhos acerca dos quais o Prof. Maximiano de Carvalho e Silva em *Sousa da Silveira: o homem e a obra* (1984) me suscitou interesse, e pouco depois me ajudou a estabelecer contacto com Olmar Guterres da Silveira por causa da edição em fac-símile da *Gramática* (1536) de Fernão de Oliveira que publicou, com introdução e notas, em 1954, e de uma próxima edição crítica há muito por mim programada e que ele já não teve ensejo de ver, como tanto ansiava quando me remeteu um exemplar amavelmente autografado (Oliveira, 2000: 64). Mas já desde há duas ou três décadas me eram familiares na docência Silveira Bueno, Ismael de Lima Coutinho, e Sílvio Elia, este mormente pelas propostas da linguística contemporânea.

Não obstante, até 1980 o meu contacto com os filólogos e gramáticos de além-Atlântico era, no geral, livreiro, quer dizer, através da rede comercial, como o caso da Livros do Brasil. O primeiro face-a-face pessoal aconteceu com o Prof. Celso Cunha, em Outubro desse ano, durante o Colóquio Internacional sobre Camões e a Civilização do Renascimento, realizado em Paris na Fundação Gulbenkian, o que redundou nos vários reencontros e convívios em Braga pelo espaço de quase vinte anos. Quando em 1987, de 20 a 24 de Julho, ocorreu a V.ª Reunião Internacional de Camonistas, nas Universidades de São Paulo e na de Campinas nas relações pessoais entraram, além de outros que também muito prezo, os Profs. Maximiano, acima citado, Leodegário A. de Azevedo Filho e Evanildo Bechara, o grande homenageado deste excurso percorrido entre tufos de gramáticos quase todos simultaneamente cultores das filologias e linguísticas.

É o Prof. Bechara membro eminente da Academia Brasileira de Letras e Vice-Presidente da Academia Brasileira de Filologia, da qual muito honrado me sinto na qualidade de sócio-correspondente. De vasto saber poliforme e verdadeiramente superior, a sua presença em colóquios, congressos e conferências por Portugal além faz destaque e provoca merecidos aplausos que acabam por multiplicar-lhe os convites, quer para temáticas em que a teoria comanda quer para as de intercâmbio entre as duas nações que o Atlântico separa mas entre as quais levantou pontes sempre em exercício, o mais variado. Por isso todos acharam mais que justo o Doutoramento *honoris causa* há anos outorgado pela Universidade de Coimbra, e não menos a nomeação para sócio-efectivo da Academia Internacional de Cultura Portuguesa, recentemente levada a efeito, deste ilustre Prof. Titular Emérito da Universidade do Estado do Rio de Janeiro e da Universidade Estadual Fluminense.

2. Quando Montaigne sentenciou, no *Essais*, que *la plupart des occasions de trouble du monde sont grammairiennes*, isto é, resultam de desentendimentos morfossintático-semânticos, decerto não excluiu a possibilidade do contrário; por outros termos, proferiu um sintagma apenas assertivo sem qualquer mescla de exclusividade. É que, de outra forma, restar-me-ia desmenti-lo directa e em absoluto, porquanto se ficou devendo à *Moderna gramática portuguesa* evanildiana, saída em 1999 na sua 37.ª edição, a minha aproximação, afectiva e efectivamente, em mais elevado grau de respeito e admiração por tão culto homem de Letras e pelo pluriacadémico de gema, perspicazmente empenhado em dosear nos seus escritos a tradição e a modernidade.

Para uma espécie de pista às raízes desta por parte de alguém menos convencido, um facto inesperado concorreu com o da morte do Prof. Eugenio Coseriu, no sete de Setembro de 2002, em Tubinga, aos 81 anos. Com efeito, parcos dias volvidos, recebia eu do Prof. Evanildo Bechara, conhecedor que era de algum relacionamento meu, o pedido insistente de um artigo *in memoriam* para o n.º 26 de *Confluência*, da sua direcção, revista carioca do Instituto de Língua Portuguesa. Na pesquisa que a incumbência, aliás devotadamente aceite, entre o elenco bibliográfico coseriano com facilidade vim logo a descobrir o Prof. Bechara como pioneiro na tradução para português, em 1980, no Rio de Janeiro, das *Lecciones de lingüística general*, cerca de três centenas e meia de páginas, a partir do texto em italiano, e bem assim, em 1993, agora com base no espanhol, do estudo intitulado "Do sentido do ensino da língua literária", inserto no n.º 5 de *Confluência*. Nada admira, pois, que na *Moderna gramática portuguesa* o Índice nos apresente 15 obras de Eugenio Coseriu, a par de 8 de J. Mattoso Câmara Jr., 7 de Mário Barreto, 6 de João Ribeiro, Sousa da Silveira e Said Ali, 4 de J. Herculano de Carvalho, Antenor Nascentes e Walter Kehdi, 2 de Mário Vilela, entre outras autoridades, na linguística ou filologia, nomeadamente Lindley Cintra, Adolfo Coelho, Leite de Vasconcelos, Rodrigues Lapa, Epifânio, Graça Rio-Torto, Júlio Moreira, Paiva Raposo, Meyer-Lübke, Alarcos Llorach, Leo Spitzer, Charles Bally, von Wartburg, Bourciez, Sapir, Bevoeniste, Geckeler, Bloomfield, Karl Brugmann, Diez, Dag Norberg, Väänänen, Pottier, etc. Nas palavras prefaciais da 1.ª edição (1961) a menção honrosa concreta vai para M. Said Ali, "que para nós é tão caro pelo muito que contribuiu para a nossa formação linguística"; nas da última edição (1999) estende-se a Emilio Alarcos Llorach, Mário Barreto, Epifânio, e sobretudo àqueles a quem de ânimo grato a dedica: Said Ali, Eugenio Coseriu, J. Herculano de Carvalho e J. Mattoso Câmara Jr., precisamente por esta ordem.

Após várias tiragens que a presente 37.ª edição já proporcionou, consta-me estar para breve a 38.ª, o que indubitavelmente expressa uma aceitação fora do comum quanto a docentes e discentes, seja no parque escolar médio seja no universitário. O seu lastro teórico inovador coloca-a à frente, pela sua extraordinária actualização, de outras gramáticas de alto estofo, que me dispenso de citar. Trata-se de uma gramática normativa, humanística e descritiva, cuja fecunda existência conta apenas 46 anos.

3. Normativa, mas não rigorosamente impositiva como rotulava Barthes qualquer compêndio ou tratado similar. Coseriu achava tal aspecto como consequência natural de a linguagem exercer fundamentalmente uma função criativa, "produção contínua de elementos novos e portanto neste sentido, 'liberdade'", sem por outro lado deixar de ser "historicidade", "vínculo com outros falantes presentes e passados", em solidariedade e interdependência (Coseriu, 1980: 101).

Humanística, isto é, alicerçada nos modelos dos melhores escritores, a fim de fazer sobressair uma língua-padrão expedita, bela, límpida, fidalga, dignificante e acolhedora para os utentes. Neste objectivo, o Prof. Bechara foi um gramático-abelha e não um gramático-aranha. Embora sejam termos de Francisco Bacon ao distinguir entre o saber medieval e o que a experiência nos traz, não lhes falece a aplicação na leitura gramatical. O autor-aranha regista as normas, explica-as e exemplifica imediatamente com fraseado que adrede inventa; o autor-abelha procede em parte, de igual jeito, mas os exemplos confirmatórios da normatividade que insinua vai laboriosamente procurá-los a escritores selectos cuja linguagem honraram e continua a honrar a toda uma comunidade. Assim procedendo, o Prof. Bechara colheu a sua exemplificação na vasta seara de autores brasileiros e portugueses, através de um ou de grupos de escritos. Entre mais antigos ou mais recentes, figuram textos de Camões, Vieira, Casimiro de Abreu, Ribeiro Couto, Gonzaga, Santa Rita Durão, Filinto, Bocage, João de Deus, Bilac, Afonso Arinos, Mário de Andrade, Manuel Bandeira, Graciliano Ramos, Humberto de Campos, de alguns dos quais se indicam as obras completas. Os que aparecem com elas discriminadas são, por ordem do seu número: Camilo (14), Castilho (11), Machado de Assis (9), Herculano (7), Garrett e Eça de Queirós (5), Rui Barbosa (4), Gonçalves Dias, Rebelo da Silva, José de Alencar e Lins do Rego (3).

A descritividade, que também enriquece esta gramática, ressalta consequentemente do equilíbrio metodológico com que o festejado A. a construiu, combinando sabiamente e sem exagero a tradição com a inovação, bom perito que se mostra no domínio e aplicação das teorizações linguísticas coevas.

E aqui está onde terminam, por agora, os meus caminhos da gramática e filológico-linguísticos com o excerto que pode ler-se na contra-capa desta *Moderna gramática portuguesa*, o qual peço vénia para parafrasear, por perfeita concordância: "Com a evolução dos estudos linguísticos e das pesquisas em Língua Portuguesa, há muito que não saía uma gramática completa que pudesse dar conta deste progresso. Esta lacuna preenche-a a edição actualizada e revista do Prof. Evanildo Bechara, eminente estudioso e pesquisador do nosso idioma. Acertando o passo com este progresso, ela põe nas mãos dos professores, alunos e estudiosos a mais ampla soma de factos e soluções de dúvidas em língua portuguesa".

Com uma gramática destas estão de parabéns o Prof. Evanildo Bechara, o Brasil, Portugal e, sem dúvida, toda a Lusofonia. E não menos a minha caminhada entre duas gramáticas, a de Eduardo Carlos Pereira, ponto de partida, e esta última, ponto de chegada, que marcaram e marcam épocas.

Bibliografia

COSERIU, Eugenio. *Lições de lingüística geral*. Rio de Janeiro: Ao Livro Técnico, trad. de Evanildo Bechara, a partir do texto italiano, 1980.

OLIVEIRA, Fernão de. *Gramática da linguagem portuguesa (1536)*. Edição crítica, semidiplomática e anastática por Amadeu Torres e Carlos Assunção. Lisboa: Academia das Ciências, 2000.

PEREIRA, Eduardo Carlos. *Gramática histórica*. 8.ª ed. São Paulo: Companhia Editora Nacional, 1935.

Estruturas de negação reforçada nas Cantigas de Santa Maria

Ângela Vaz Leão
Universidade Federal de Minas Gerais
Pontifícia Universidade Católica de Minas Gerais

1. O estatuto da negação

Já se observou que a negação não pode ser considerada uma forma primitiva da proposição como o é a afirmação. E isso parece lógico: não se pode conceber uma negação sem a idéia prévia da afirmação correspondente, isto é, não é possível negar a existência de qualquer coisa sem a concepção prévia dessa mesma existência que se nega. Talvez se possa até considerar esse caráter de concepção derivada, não primitiva, próprio da negação, como um postulado da Lógica, que se torna evidente em determinadas situações. Pensemos, por exemplo, na aquisição de estruturas negativas da língua materna pela criança ou no aprendizado de estruturas negativas de línguas estrangeiras por um estudante. Se na evolução da linguagem gestual ou mímica a expressão da afirmação e da negação podem aparecer contemporaneamente, já na linguagem verbal a precedência das estruturas afirmativas sobre as negativas parece ser observável quer na cronologia da aquisição da língua materna, quer na aprendizagem de línguas secundárias. Talvez não seja difícil explicar o fato.

Observando as formas da expressão afirmativa e negativa de um mesmo estado de coisas, pode-se verificar um maior grau de complexidade na estrutura lingüística da negação do que na da afirmação. Isso é tão verdade para a língua portuguesa e para um grande número de línguas românicas e de outras indo-européias, que seria dispensável comprová-lo através de exemplos. Entretanto, não obstante essa obviedade, preferimos, por uma questão de metodologia da exposição, exemplificar o fato[1].

Concretamente, tomemos o francês, na sua modalidade escrita. Na língua culta, a negativa mais simples se opõe à afirmativa pelo recurso a um morfema descontínuo, composto dos elementos **ne** e **pas**, que enquadram o verbo, sendo **ne** uma herança latina e **pas** um reforço da negação, de criação românica. Comparem-se os exemplos seguintes, nos quais contrastamos uma afirmativa com a negativa correspondente e traduzimos em seguida esta última, marcando com negrito os significantes da negação

Afirmativa	Negativa	Tradução
(1) Je sais.	Je **ne** sais **pas**.	[**Não** sei]
(2) Sortons d'ici.	**Ne** sortons **pas** d'ici.	[**Não** saiamos daqui]

2. A gramaticalização na origem da negação reforçada do francês

O falante médio do francês de hoje já não sente o **pas** como reforço, ou, melhor dito, não sente a negação realizada por **ne... pas** como uma negação reforçada. Em que circunstâncias teria ela surgido e evoluído?

O elemento pré-verbal, **ne**, como já ficou dito, é hereditário, isto é, ele continua o *ne* arcaico que o francês herdou do latim **non**, quando em posição proclítica, portanto átona. Quanto ao elemento pós-verbal, **pas**, surgido já dentro do francês, é um caso de gramaticalização[2], cuja história se pode sintetizar na seqüência de fatos a seguir: O substantivo **pas** 'passo', continuador do latim *passu(m)*, podia exercer (como ainda pode) as diferentes funções de qualquer sintagma nominal. Uma dessas funções era a de objeto direto de verbos transitivos do campo semântico da locomoção. É aí que o substantivo **pas** nos interessa. Suponhamos as frases:

(3) *Je **ne** fais **pas** vers lui. [Eu **não** dou um **passo** na direção dele]
(4) *Je **ne** marche un **pas** sans tomber. [Eu **não** caminho um **passo** sem cair]

---

[1] Os exemplos que se lêem neste trabalho não resultam de recolha feita em pesquisa oral ou em textos escritos. Excetuados os exemplos colhidos nas *Cantigas de Santa Maria*, os outros são hipóteses da autora, que tem o francês como segunda língua. Os asteriscos, em alguns casos, podem indicar frases pouco prováveis ou já em desuso.

[2] Entende-se por gramaticalização o processo mediante o qual uma palavra se esvazia de seu conteúdo significativo para converter-se em mero instrumento gramatical. Por exemplo: o substantivo *mente*, posposto a um adjetivo no feminino, converte-se em sufixo formador de advérbios de modo: *justamente, claramente, judiciosamente*, etc.

O efeito de sentido do uso que tentamos imaginar nas frases anteriores é a redução do percurso da locomoção a uma medida mínima, o **passo**. Hipoteticamente, podemos imaginar frases desse tipo também no português: *Eu não dou um passo*, significando simplesmente 'eu não ando', 'eu não me movo'. A freqüência de tal uso no francês antigo acaba por produzir um contágio semântico em que o sentido negativo do **ne** transmite-se ao elemento **pas**, e este, por sua vez, perde o seu sentido originário e também a sua função nominal, como se vê pelo desaparecimento do artigo. Em síntese, o substantivo **pas** migra para a classe dos advérbios. Embora separados pelo verbo, **ne** e **pas** passam a constituir um todo negativo, um morfema descontínuo, cabível, por generalização, em outros contextos, mesmo quando a idéia de locomoção ou de passo não se acha presente. O resultado é uma mudança morfossintática e semântica de amplas proporções. Quando usado depois de um verbo já negado por **ne**, o elemento **pas** não significa 'passo', isto é, não é mais um substantivo de conteúdo nocional, mas compõe, juntamente com o **ne**, uma negativa aplicável a qualquer verbo. Lembre-se, entretanto, que a mudança só ocorre nas frases em que o verbo se acha precedido por **ne**, cuja atonicidade enfraqueceria o sentido negativo. É o **pas**, tônico, que dá força à expressão negativa, como se vê na fala coloquial de hoje, em que o **ne** chega a ser suprimido. Confira-se essa supressão em frases da linguagem oral corrente, como em:

(5) Je veux **pas** manger, moi; j'ai **pas** faim.   [**Não** quero comer; **não** tenho fome]
(col.)

Aí está, em síntese, como se deu o surgimento do morfema descontínuo **ne... pas**. Dizemos que houve contágio semântico e funcional, do que resultou a gramaticalização do **pas**. A mudança foi lenta e deve ter tido o seu momento crucial no século XII, quando **pas** substituiu a partícula negativa **mie**, integrante do morfema **ne... mie**.

3. Casos análogos de gramaticalização nas línguas românicas

O mesmo processo de gramaticalização ocorreu com o francês **point**, 'ponto', do latim *punctu(m)*, 'momento', 'minuto', 'segundo'. Significando, originariamente, uma medida mínima tanto de espaço quanto de tempo, o substantivo **point** podia formar um sintagma nominal objeto direto. Exemplifiquemos com as seguintes frases hipotéticas:

(6)*Je **ne** vois **un point** devant moi. (espaço)   [**Não** vejo **um ponto** na minha frente]

(7)* Il **ne** reste **un point** avec moi. (tempo)   [Ele **não** fica **um momento** comigo]

É fácil imaginar uma mudança em que, ao mesmo tempo que se suprime o artigo, o substantivo **point** perde seu caráter nominal e se gramaticaliza, isto é, deixa de ser objeto direto e passa a ser integrante da negação, aliás, um instrumento gramatical com maior força negativa do que o próprio **ne**:

(8) Je **ne** vois **point** devant moi.   [**Não** enxergo na minha frente (silicet: **nada**)]
(9) Il **ne** reste **point** avec moi.   [Ele **não** fica comigo (silicet: **um momento**)]

Provavelmente, tal mudança se efetivou no século XII. Houve outros processos análogos de gramaticalização em francês arcaico, com substantivos como **mie**, do lat. *mica(m)*, 'migalha de pão' (provavelmente anterior a pas); **goutte**, do lat. *gutta(m)*, 'gota'; **grain**, do lat. *granu(m)*, 'grão'. A forma **mie** foi ainda usada como partícula de reforço da negação até o século XVII, embora com freqüência sempre decrescente. Hoje, só se usa em dialetos do leste da França. No francês padrão, considera-se um arcaísmo. De todos esses complementos de **ne** só se usam hoje **pas** e **point**.

Foulet, em sua *Petite syntaxe de l'ancien français*, resume a história da negação frasal em francês, dizendo que, se a partícula *ne* basta para tornar negativa a frase no francês antigo, o mesmo não ocorre no francês médio, quando se faz necessário reforçá-la por uma série de palavras que recebem valor negativo unicamente pela sua associação com *ne* (Foulet, 1990: 244). Bourciez, na sua obra clássica *Éléments de linguistique romane* (1946), informa que, ainda mesmo no francês médio, vários desses vocábulos complementares de ne deixam de ser usados.[3]

Convém ressalvar que, na sincronia do francês oral de hoje, admite-se, como vimos no exemplo (5), a supressão de **ne** ficando a idéia negativa con-

---

[3] "Les divers mots qui servaient autrefois à renforcer la négation *ne* sont sortis d'usage pendant le moyen français, sauf *pas* et *point*." (Bourciez, 1946: 704)
[As diversas palavras que serviram outrora para reforçar a negação *ne* saíram de uso durante o francês médio, exceto **pas** e **point**.]

centrada nos elementos que, originariamente, eram apenas um reforço da negação. Esse traço da língua oral, entretanto, pode aparecer na língua escrita, inclusive na literária, em textos que registrem atos da língua oral, como se vê nos seguintes exemplos, o primeiro do século XIX e os três últimos do século XX:

(10) C'est **pas** un soir à rentrer sans rien d'chaud dans le ventre (Maupassant, 1988: 90). [**Não** é uma noite para se voltar pra casa sem **nada** quente na barriga]

(11) J'aime **pas** le piano, dit-il dans un murmure. (...) J'aime **pas** lês gammes. (Duras, 1958: 11 e 52) [**Não** gosto de piano, disse ele num murmúrio. **Não** gosto de escalas]

(12) C'est **pas** tous les jours qu'on rigole comme ça dans notre foutu métier. (Duras, 1990: 118) [**Não** é todo dia que a gente se diverte assim, no nosso ofício fodido]

(13) J'étais **pas** pour me faire insulter. Je savais bien que j'étais **pas** chez moi ici. (Gary, 1985: 222) [Eu **não** estava para me deixar insultar. Eu sabia bem que **não** estava em minha casa]

Deixando o francês, observe-se que também no italiano, embora com menor freqüência, a negação podia ser reforçada por diversas palavras, das quais se usam ainda hoje **punto** e **mica**[4].

(14) **Non** voglio **mica** di te. [**Não** quero **nada** de você; ou: **Não** quero saber de você]

(15) **Non** è **punto** morto. [**Não** está **mesmo** morto]

Também em espanhol, há substantivos que reforçam a negação, geralmente designativos de frutos pequenos ou de moedas de valor insignificante (**nuez**, **grano**, **paja**, **maravedí**). São hoje menos usados, mas é possível ainda ouvir **higo** (arc. figo):

(16) Su palabra **non** val **un higo**. [Sua palavra **não** vale **um figo**]

---

[4] "La lingua letteraria è piuttosto discreta nell'uso di queste particelle. Parole come *punto* e *mica* erano note già alla lingua del passato, ma il loro uso non è stato generalizzato (come accade invece nel francese). Se ne fa uso quando si vuol veramente rafforzare la negazione" (Rohlfs, 1970: 304).
[A língua literária é, de preferência, sóbria no uso dessas partículas. Palavras como *punto* e *mica* eram já conhecidas na língua do passado, mas o seu uso não se generalizou (como, ao contrário, ocorre no francês). Faz-se uso delas quando se quer reforçar a negação.]

Também em português temos a forma **migalha**, que se prende à família românica de **mica**. **Migalha** provém do diminutivo latino: *micacula* (*micacula* > *micacla* > *migalha*). Na língua arcaica, pela aglutinação de um elemento negativo, formava **nemigalla**, forte reforço da idéia de negação.

No português coloquial de hoje, podemos encontrar outras formas de reforço do não, como, por exemplo, **pingo**, **patavina**, **bulhufas**, algumas vezes exprimindo negação total:

        (17) Ele **não** tem um **pingo** de vergonha na cara.
        (18) **Não** entendo **patavina** de mecânica de carro.
        (19) **Não** entendi **bulhufas** do que ele disse.

Segundo alguns lingüistas, tratar-se-ia, nas línguas românicas, de dois morfemas negativos simultâneos, um precedendo e outro seguindo o verbo, formando a assim chamada negativa dupla. Essa é a opinião de Furtado da Cunha, que, citando Dryer (1989), esclarece que o uso da negativa dupla fornece um caminho para a mudança se o morfema originalmente obrigatório mais tarde se torna opcional, como está acontecendo com o *ne* pré-verbal no francês (Furtado da Cunha, 2001: 13).

A observação é justa, quanto a um caminho para a mudança. Cabem, porém, no nosso entender, duas ressalvas. Em vez de dois morfemas negativos simultâneos e de negativa dupla, seria mais adequado falar, em relação ao francês, de um morfema negativo descontínuo e de negativa reforçada. E, quanto ao uso opcional do morfema originariamente obrigatório (**ne**), como está acontecendo com o **ne** pré-verbal do francês, é preciso ressalvar que é um fenômeno normal de apagamento de certas sílabas átonas na frase e que, além de obviamente ocorrer na língua oral, pode também ocorrer em segmentos escritos que a reproduzam, tais as cartas familiares, os bilhetes, os diários íntimos, os diálogos nas obras ficcionais ou teatrais. Desse último tipo de ocorrência vimos os exemplos de (10) a (13).

4. A negação reforçada nas *Cantigas de Santa Maria*

Após essa rápida introdução no campo da lingüística românica, fixemo-nos no português arcaico, onde pretendemos recolher exemplos da negação reforçada no galego-português do século XIII, utilizando o texto das *Cantigas de Santa Maria*, de Afonso X, o Sábio.

4.1. Non... nemigalla

Na língua arcaica, como já mencionamos, o substantivo **migalha**, então escrito **migalla**, se aglutina à partícula negativa **nen** (<*nec*), formando o substantivo composto **nemigalla**, que se gramaticaliza. Passa a ser elemento componente da negação: **non... nemigalla**, onde funciona como pronome indefinido negativo, equivalente a 'nada'. O fato tem paralelo no castelhano arcaico onde se encontra **nimigaja**, também como sinônimo de 'nada'.

A negação **non... nemigalha**, de maior freqüência no português do século XIII, aparece várias vezes nas *Cantigas de Santa Maria*:

(20) Mais el por aquesto **non** deu **nemigalla**. (C. 65, v. 25)

[Mas ele **não** deu **nada** por isto]

(21) (...) **non** minguou **nemigalla**. (C. 253, v. 33)

[(...) **não** faltou **nada**]

(22) mas pero algũas vezes fillava pescado/ que dava **sen** aver en dïeyro **nen mealla**. (C. 95, v. 24-25)

[porém algumas vezes apanhava pescado / que dava **sem** receber por isso dinheiro **nem nada**]

Nesses exemplos, **nemigalla** e **nem mealla** são pronomes substantivos indefinidos. No último caso, a expressão **nen mealla** aparece sem aglutinação (idéia negativa que se reforça ainda pela presença da preposição **sem**) equivalendo a 'nem nada'.

Nas *Cantigas de Santa Maria* encontram-se outros casos de gramaticalização em curso, com substantivos que se acham a meio caminho do processo que os transformaria em elementos de reforço da negação. Trata-se sempre de substantivos denotativos de objetos muito pequenos, de pouco valor ou de pouco peso.

4.2. Non... gota

Uma das ocorrências mais interessantes parece ser a da palavra **gota**, encontrada no decurso de um processo de gramaticalização que não chegou a perfazer-se e não durou até o português atual:

(23) e com seu pichel por agua foi, mas ela lle fugiu dũa fonte que sol **gota non** pode dela fillar. (C. 155, v. 34-35) [e com seu pichel foi buscar água; mas ela lhe fugiu/ de uma fonte de modo que dela **não** pode pegar sequer **gota**]

No exemplo em causa, a palavra já sofreu mudança funcional de substantivo para pronome indefinido negativo, como se vê pela ausência do artigo. Entretanto, do ponto de vista semântico, não se deu ainda o esvaziamento do significado, que é uma das características da gramaticalização: a palavra **gota** continua a designar 'pequena quantidade de líquido', num contexto que apresenta grande coerência semântica, no plano do léxico (**pichel, água, fonte, gota**). Esse exemplo nos pareceu particularmente interessante como testemunho que é de uma mudança em curso.

4.3. Non... palla

Acha-se em situação parecida a palavra **palla**, 'palha', usada sem determinante em uma das duas ocorrências que citamos:

(24) **nen** preçou sa escomoyon hũa **palla**. (C. 65, v. 26) [**nem** deu por sua excomunhão **uma palha**]

(25) Muitas físicas provaron en ela, que **palla non** lle valveron. (C. 117, v. 26-27) [Nela experimentaram muitos remédios, que **palha não** lhe valeram]

No primeiro exemplo, a presença do artigo indefinido (**hũa palla**) nos mostra que a gramaticalização se acha em curso, enquanto, no segundo, a ausência do artigo é índice de gramaticalização já consumada. Ambos os casos são comparáveis aos exemplos citados para **nemigalla** e **gota**, numa acumulação de negações reforçadas.

O exemplo seguinte é uma construção interessante, porquanto deixa implícito o valor de **palla**, através de uma comparação:

(26) ca lles **non** valeu bom vento quant' é **hũa palla**. (C. 95, v. 46) [pois **não** lhes valeu bom vento tanto quanto (vale) **uma palha**]

4.4. Non... ponto

Também **ponto** de que falamos ao tratar da negação nas línguas românicas, já se encontra gramaticalizado como reforço da negação nas *Cantigas de Santa Maria*:

(27) mas en aquel mõesteiro **ponto** d'agua **non** avia. (C. 48, v. 16)	[mas naquele mosteiro **nenhuma** água **não** havia" (**não** havia água **nenhuma**)]

Trata-se de uso arcaizado, ao contrário do que ocorre em francês, onde **point** pode, ainda hoje, complementar o morfema **ne**, reforçando-o, como em "il **n**'y avait **point** d'eau dans le réservoir" [**Não** havia (**nenhuma**) água no reservatório].

Curiosa é uma ocorrência de **ponto**, equivalendo a 'nada', como complemento da preposição negativa **sem**:

(28) Porend' era mui coitado en aver a jejũar e comer versas de prado **sem** sal **nen pont**' y deitar. (C. 88, v. 24-27)	[Por isso sofria muito por ter de jejuar e comer ervas do campo **sem** sal **nem nada** pôr nelas]

4.5. Non... ren

Também o pronome indefinido negativo **ren**, hoje arcaico, cognato do francês **rien**, brota da gramaticalização de um substantivo. **Rien** conserva toda sua força negativa no francês, onde são usuais frases como "je **ne** mange **rien**" [**não** como **nada**] ou "**rien ne** lui plaît" [**nada** lhe agrada]. O pronome negativo **rien** não é aí apenas simples componente da negação, já que, além disso, desempenha a função de objeto direto no primeiro caso e de sujeito no segundo.

Nas *Cantigas de Santa Maria*, o uso de **ren**, equivalendo ao pronome indefinido 'nada', já se acha completamente gramaticalizado:

(29) mas de grand'algo que poren lle davan ela **ren non** pres. (C. 5, v. 160)	[mas de pagamento que por isso lhe davam ela **não** aceitou **nada**]
(30) Sennor, tod'esto filla que **non** leixes **ren**. (C. 35, v. 62)	[Senhora, recebe tudo isso e **não** deixes **nada**]

4.6. Non... nada

Originado do particípio passado feminino **nata(m)**, 'nascida', que era componente da expressão **nulla res nata**, o pronome indefinido **nada** se acha a meio caminho entre a gramática e o léxico, como outros pronomes indefinidos. É também um caso de gramaticalização.

(31) mas o demo enton (...) **nona** connoceu **nen** lle disse **nada**. (C. 17, v. 68)   [mas o demo então **não** a reconheceu **nem** lhe disse **nada**]

(32) caeu-ll' o colar do colo, que se **non** deteve **nada**. (C. 325, v. 81)   [o colar lhe caiu do pescoço e **não** se deteve em **nada**]

5. Gramaticalizações abortadas

Nas *Cantigas de Santa Maria*, outros substantivos aparecem completando o **non**, com tendência à gramaticalização, porém, estão sempre precedidos de um determinante, o que nos leva a considerá-los como casos de gramaticalização em curso, não consumados. É o caso de **formiga** ('formiga'), **pepion** ('moeda sem valor, tostão, vintém'), **col** ('couve'), **noz** ('noz')...

(33) *non* dava por matá-lo sol **hũa formiga**. (C. 229, v. 20)   [por matá-lo **não** dava sequer **uma formiga**]

(34) **non** lhe ficaron sol **dous pepiões**. (C. 145, v. 28)   [**não** lhe ficaram sequer **dois vinténs**]

(35) **hũa folla de col/ non** demos mais por ele. (C. 419, v. 142-143)   [**não** demos mais por ele sequer **uma folha de couve**]

(36) **Hũa noz non** daria por esto. (C. 419, v. 152-153)   [**Não** daria por isto **uma noz**]

Quanto a **pepion**, tem valor tão insignificante, tão nulo, que o poeta tenta compensar o fraco sentido pelo uso de um determinante numeral (**dous pepiões**). O mesmo ocorre com **noz**.

(37) Sol **duas nozes/ non** vales. (C. 25, v. 107-108)   [**Não** vales sequer **duas nozes**]

Também o substantivo **figo**, denotando o fruto, porém conotando pouco valor, comparece nas *Cantigas de Santa Maria* em construções negativas, onde o valor denotativo mal se reconhece, embora persista a função nominal do vocábulo, indicada pela presença de um determinante:

(38) sol **non** demos/ pelo demo **un figo**. (C. 210, v. 27-28) [**não** demos pelo demônio sequer **um figo**]

(39) **non** querria por mia culpa/ que vos **valia dun figo**/ perdessedes. (C. 376, v. 51-53) [**não** gostaria que, por minha culpa, vós perdêsseis o **valor de um figo**]

O poeta enfatiza o pouco valor ou o valor nulo de **figo** pelo uso do numeral, como já vimos que faz com **pepion** e **noz**:

(40) macar que eran muitos, **nonos** preçaron **dous figos**. (C. 181, v. 42) [se bem que (seus inimigos) fossem muitos, **não** lhe deram o valor de **dois figos**]

Também ocorre **figa**, no feminino, o que talvez possa entender-se como uma oscilação de gênero ligada à morfologia histórica, já que **ficus** é um substantivo feminino em latim, gênero que passa para o francês **une figue** e eventualmente para o galego-português das *Cantigas de Santa Maria*.

(41) e a madre pelo demo/ **non** deu **hũa figa**. (C. 399, v. 60) [e a mãe pelo demo **não** deu **uma figa**]

Como se vê, todos os casos de negação reforçada pertencem à esfera da gramaticalização. Algumas vezes ela se consuma e persiste, aparecendo na fase moderna da língua, mas outras vezes é abortada num momento do percurso, permanecendo o termo apenas como arcaísmo, uma espécie de relíquia, em textos antigos.

6. Um caso singular de gramaticalização

Um caso significativo de gramaticalização, ainda na história da negação nas línguas românicas, ocorreu na evolução da expressão pronominal latina *nulla res nata*, literalmente 'nenhuma coisa nascida'. Dela vieram alguns dos pronomes indefinidos românicos que exprimem a negação absoluta, significando 'nada'.

A forma lexicogênica é o acusativo *nullam rem natam*, que sofreu a apócope da nasal final, exceto no elemento monossilábico: *nulla- rem nata-*.

Originariamente, o elemento de valor negativo dentro da expressão é apenas *nulla*, 'nenhuma'. Em decorrência do uso freqüente, esse elemento negativo contagia semanticamente os outros componentes do sintagma. Com valor global negativo, o sintagma vai sendo usado nas línguas românicas em formação, segundo a tendência dominante na prosódia de cada uma, isto é, segundo os padrões de entoação frasal de cada uma delas. Essa entoação frasal dará ênfase, em cada língua, a um dos elementos do sintagma, a tal ponto que, ao fim de longo tempo de uso, haverá o apagamento de várias sílabas e só aquele elemento enfatizado persistirá, porém com forma diferente de uma língua românica para outra, segundo a estrutura entoacional de cada uma. Esse elemento assumirá o valor negativo de todo o sintagma, passando a significar 'nada' e funcionando como o pronome indefinido denotativo da negação absoluta. Assim, a evolução do latim vulgar *nulla(m) rem, nata(m)*, realizada através de pelo menos três fenômenos de mudança (contágio semântico, entoação frasal e elipse ou apagamento), resultará em novos itens gramaticais nas línguas românicas: **nulla** no italiano, **rien** no francês, **ren** no português arcaico, **nada** no espanhol e **nada** no português. O quadro a seguir mostra os resultados da mudança, também ela do âmbito da gramaticalização diacrônica:

latim:	línguas românicas:
nulla(m)	it. **nulla**
rem	port. arc. **ren**
	franc. **rien**
nata(m)	port. **nada**
	esp. **nada**

Nas *Cantigas de Santa Maria*, **nulla** conserva sua função de determinante nas expressões **nullla ren**, "nada" e **per nulla ren**, "de forma alguma". Como pronomes indefinidos, funcionam **ren** e **nada**:

(42) já **ren non** falava **nen** oya. (C. 63, v. 33)   [já **não** falava **nem** ouvia **nada**]

(43) ... de Santa Maria **non** creya **nada**. (C. 89, v. 19)   [...a respeito de Santa Maria **não** acreditava em **nada**]

7. Considerações finais

Esta viagem através das estruturas de negação reforçada em algumas das línguas românicas, com parada no galego-português, mas precisamente nas *Cantigas de Santa Maria*, faz-nos assistir a um movimento de acomodação entre léxico e gramática, em que itens lexicais perdem o seu conteúdo significativo e passam a funcionar como instrumentos gramaticais, compondo o morfema descontínuo da negação. É o processo da gramaticalização, considerado hoje como dos mais produtivos na evolução das línguas, no campo da morfossintaxe. Vimos casos em que essa acomodação se achava ainda em curso, ao lado de outros em que o processo já se achava consumado. É evidente que esse processo de mudança, escalonado em mais de uma etapa, verificou-se primeiro na língua oral, para só depois receber um registro escrito. Na impossibilidade de surpreender o momento exato em que se deu tal passagem, no âmbito da língua portuguesa (mesmo porque foi uma passagem gradual), optamos por recolher exemplos no cancioneiro religioso de Afonso X (século XIII), obra que constitui não só um documento do galego-português da época, mas também, ao mesmo tempo, um testemunho de deslocamentos no sistema, em busca de reacomodações que levariam a língua a um novo ponto de equilíbrio, também esse instável e provisório. Confirma-se, assim, que a língua é uma estrutura maleável, sujeita às pressões do uso. Admite-se, além disso, que a gramática de qualquer língua exibe padrões morfossintáticos estáveis, sistematizados pelo uso, ao lado de mecanismos emergentes de codificação, de uso ainda oscilante. Desses últimos poderão resultar mudanças sintáticas, muitas delas no sentido da gramaticalização, as quais integrarão uma nova sincronia, por sua vez sujeita a novas pressões do uso, que, mais uma vez, poderão — ou não — determinar, ao longo do tempo, novas estruturas sintáticas. Nesse jogo evolutivo constante, a gramaticalização atua, na verdade, como um processo pancrônico.

Bibliografia

Textos teóricos

BOURCIEZ, Edouard. *Éléments de linguistique romane*. 4.ª ed. Paris: Klincksieck, 1946.

CUNHA, Maria Angélica Furtado da. "O modelo das motivações competidoras no domínio funcional da negação". *DELTA*, v. 17, n.º 1, 2001, p. 1-30.

FLORICIC, Franck. "La négation dans les langues romanes". *Lingvisticæ Investigationes Supplementa 26*. Amsterdã: John Benjamins, 2007.

FOULET, L. *Petite syntaxe de l'ancien français*. Paris: Champion, 1990.

GARCIA DE DIEGO, Vicente. *Gramática histórica española*. Madrid: Gredos, 1951.

LALANDE, André. *Vocabulaire technique et critique de la philosophie*. Paris: Presses Universitaires de France, 1956.

NEVES, Maria Helena de Moura. "Aspectos da gramaticalização em português". In: *Para sempre em mim (homenagem à Professora Ângela Vaz Leão)*. Belo Horizonte: CESPUC, 1999, p. 221-233.

_____. *A gramática: história e análise; ensino*. São Paulo: UNESP, 2002.

ROBERTS, Ian. "Some remarks on the diachrony of french negation". In: *DELTA.*, v. 16, n.º especial, 2000, p. 201-219.

ROHLFS, Gerhard. *Grammatica storica della lingua italiana e dei suoi dialetti: sintassi e formazione delle parole*. Torino: Einaudi, trad. di Temistocle Franceschi e Maria Caccagli Fancelli, 1970.

Textos literários

AFONSO X, o Sábio. *Cantigas de Santa Maria*. Ed. crítica de Walter Mettmann. Coimbra: Universidade de Coimbra, 4 v., 1959-1972.

DURAS, Marguerite. *La pluie d'été*. Paris: Gallimard, 1990.

_____. *Moderato cantabile*. Paris: Les Editions de Minuit, 1958.

GARY, Romain. *La vie devant soi*. Paris: Folio, 1985.

MAUPASSANT, Guy de. *Contes du jour et de la nuit*. Paris: Albin Michel, 1988.

Anchieta, o Brasil e a função catequista do seu teatro

Cleonice Berardinelli
Universidade Federal do Rio de Janeiro
Pontifícia Universidade Católica do Rio de Janeiro

Começo por explicar a origem do ensaio que aqui se imprime e por pedir a meu caríssimo amigo e colega, Evanildo Bechara, que me perdoe o ter trazido para homenageá-lo, neste livro que tão justamente lhe é dedicado, um texto já utilizado em outra circunstância. Quando recebi o convite para participar da tão justa homenagem, só podia responder, do fundo do coração, um "sim!" Havia, porém, um impedimento que bem conhecemos todos nós, oficiais do mesmo ofício: o terrível e ameaçador tempo. Não me seria possível redigir um texto novo, buscando, de preferência, um assunto que o interessasse. Entre os já escritos, encontrei este, que me pareceu capaz de satisfazer essa exigência que me fiz: o autor estudado é do século XVI, época do nosso especial agrado. É autor de uma gramática, como o nosso homenageado — é claro que suas gramáticas são muito diferentes, mas revelam uma semelhante preocupação com a língua; é uma personalidade marcante no início da história do nosso país; é fundamentalmente um mestre. Bastaria? Achei que sim e, por isso, trouxe-lhe, querido amigo, um breve estudo sobre o primeiro dramaturgo brasileiro, o Pe. José de Anchieta.

***

Não fui, nem sou, uma especialista em Anchieta. Nunca me detive a estudá-lo profundamente, até que recebi o convite honroso e irrecusável do meu Amigo, o Prof. Sebastião Tavares de Pinho. Era impossível dizer-lhe não. O sim, no entanto, me encheu de medo — o medo de meter-me por caminho quase desconhecido. Por onde seguiria? Tratava-se de um autor que escrevera em quatro línguas: a sua, uma segunda, muito semelhante à sua, uma terceira que aprendeu nos bancos escolares e uma quarta que veio a conhecer aos 19 anos, ao aportar ao Brasil, dela tornando-se o seu primeiro gramático, nela escrevendo, oito anos depois de começar a ouvi-la, o seu primeiro auto, em versos rimados, de redondilha maior; um autor multifacetado que, poeta nato, o primeiro do Brasil, cantou em verso a Virgem Maria, entoou a gesta do governador Mem de Sá (ambos em latim), escreveu versos líricos e autos, todos de devoção. Que faceta escolheria?

Optei pelo dramaturgo, por três razões principais: por achar que o melhor veículo para a persuasão é o teatro: alia ao poder do texto as inflexões da fala dos atores, a expressividade dos gestos, as vestes, os movimentos em cena, algum cenário, mesmo natural, enfim, todos os recursos constantes da dramatização, possíveis já àquele tempo; pela ternura que demonstra por alguns de seus tipos, pela profunda religiosidade, pela utilização de processos vicentinos, dando-lhes o seu cunho profundamente pessoal, como, por exemplo, no tratamento dado aos diabos, personagens marcantes de seu teatro, aos quais deu nomes indígenas; enfim, por fazer de seu teatro a arma que brandia contra os vícios e os erros, o escudo com que tentava proteger aqueles a quem queria ensinar a doutrina e a moral cristãs. Foi sobretudo como dramaturgo que este sacerdote, sempre sobrecarregado de trabalho, mais de uma vez Superior e Provincial, catequista acima de tudo, achou tempo para cantar mais insistentemente o seu amor e a sua devoção a Deus e à Virgem Maria, entremeando os ensinamentos da fé e da virtude, *docens et delectans* ou expôs os males da humanidade — sobretudo os da pequena humanidade com que convivia, feita de brancos e índios, criticados e louvados sem discriminação.

De cerca de 1561 até ao ano de sua morte, 1597, Anchieta terá escrito 12 autos, dos quais nos ficaram textos completos ou fragmentários. Destes, dois são trilíngües, quatro bilíngües, os outros seis monolíngües — três em tupi, dois em espanhol e um em português. O tupi está em oito autos, o português em sete e o espanhol em cinco. Das três línguas, o tupi é a mais empregada em número de autos e de versos. Isso se explica facilmente: os "atores" e os ouvintes eram predominantemente índios; a eles se dirigia em especial a mensagem do autor.

Como chegaram até nós esses textos? O Pe. Armando Cardoso, jesuíta, na Apresentação do seu Teatro de Anchieta, de 1977, diz que dispôs de cópias fotográficas do Opúsculo Poético 24 do Arquivo Romano da Companhia de Jesus, trazidas para o Brasil por um padre da Companhia, e compulsou, em Roma, o próprio livro de Anchieta, podendo estudar como se uniram seus caderninhos, autógrafos e apógrafos, num volume.

Já no ano de 1947, essas cópias tinham sido cedidas à tupinóloga Maria de Lourdes de Paula Martins, que, em 1954, editou a obra completa de Anchieta, traduzindo os textos tupis. Acrescenta o sacerdote que por muitos anos estudou o "texto impresso — cotejando-o com o das cópias fotográficas, corrigindo alguns senões de interpretação, e outros de avaliação histórica." e nele encontrando o caminho para novas pesquisas que o levaram a novas convicções. Destaca — e isso é importante para a compreensão do teatro anchietano — a observação de Maria de Lourdes de Paula Martins sobre a divisão em atos do auto de Anchieta, pondo-o em paralelo com o de Gil Vicente. Chega o autor a duas conclusões que me parecem indiscutíveis: a de que, em sua estrutura, Anchieta "se inspirara nos costumes indígenas, e em sua prosódia e métrica, no estilo de Gil Vicente".

Observa ele que nos autos de Anchieta se encontra sempre uma parte introdutória, seguida de uma parte central em diálogo, que nas composições maiores se divide em dois atos; para finalizar, outros dois atos, dança e despedida, com música e canto. Essa disposição de cenas corresponde "ao cerimonial indígena do Recebimento de personagem insigne que visita a taba ou aldeia. Das quatro ou cinco partes ou atos, só a parte central contém a ação dramática através do diálogo".

O Pe. Cardoso passa para o português os versos em espanhol e em tupi, utilizando os originais autógrafos ou apógrafos; no caso do tupi, valeu-se também da tradução em prosa da tupinóloga. O verso escolhido é a redondilha maior, usada por Anchieta na quase totalidade dos seus versos. O *quase* contém alguns decassílabos bem medidos, uns poucos versos de arte-maior e uns tantos mais em redondilhas menores. O número de versos de cada auto vai de 154 a mais de 1.700, não incluído o fragmento do auto de S. Sebastião, que tem apenas 27 versos, em tupi.

É importante assinalar que o editor do teatro "montou" os autos com bocados que encontrou no "caderno" de Anchieta, alguns próximos, outros, nem tanto. Parece-me convincente a sua decisão: tais como os apresenta, os autos têm nexo e são, na verdade, homólogos entre si; não podemos, contudo, esquecer que nunca saberemos qual a verdadeira estrutura que lhes teria dado o autor.

Dos 12 autos, oito encenam de fato um recebimento no porto da vila, seguido de procissão até ao adro da igreja, onde a representação continua. Em quatro, recebem-se sacerdotes que vêm pela primeira vez à aldeia; nos outros, a recepção é feita a imagens ou relíquias. Destes últimos é o auto comumente chamado de Santa Úrsula, uma das virgens mártires decapitadas em Colônia, na Alemanha. O auto é a ela dedicado: ela é a sua personagem central, embora só profira 7% dos versos que o compõem; é ela quem traz nas mãos a relíquia — a cabeça de uma das mártires —; a ela são dirigidos os oitenta versos da saudação em português, cantada ou recitada por dois meninos, e que constituem um dos mais altos momentos do lirismo religioso do nosso autor. Dividida em duas partes, cada uma delas começa por um mote de quatro versos, o qual será glosado em estrofes de oito versos.

O primeiro mote é:

> Cordeirinha linda,
> como folga o povo!
> Porque vossa vinda
> lhe dá lume novo.

onde o Pe. Cardoso vê, na metáfora "lume novo", "a pureza dada pela confissão"; no segundo,

> Padeirinha linda,
> quer Deus dar ao povo,
> com a vossa vinda,
> pão de trigo novo.

o mesmo sacerdote vê, na metáfora "trigo novo", "a vida dada pela comunhão". Será talvez uma inadmissível ousadia minha discordar da sua interpretação do primeiro mote, mas o que o texto me parece encarecer é que Úrsula é e será para o povo da Vila de Vitória "lume novo", nova luz, já que com "trigo novo" amassou dentro em seu peito o pão que "é o amor perfeito/ com que a Deus am[ou]". Este "trigo novo", não tenho dúvida, é a comunhão.

E é cheia de graça, nos últimos versos da primeira parte, a passagem de "cordeirinha" a "padeirinha", dois epítetos que aproximam a virgem mártir do Cristo, mártir ele também: "cordeirinha", como ele, "agnus Dei"; "padeirinha", ela; ele, o próprio pão. Mas ouçamos algumas coplas da primeira parte:

> Nossa culpa escura
> fugirá depressa,
> pois vossa cabeça
> vem com luz tão pura.
> Vossa formosura
> honra é do povo,
> porque vossa vinda
> lhe dá lume novo.
> [...]
> Vós sois cordeirinha
> de Jesus formoso,
> mas o vosso esposo
> já vos fez rainha.
> Também padeirinha
> sois de nosso povo;
> pois com vossa vinda
> lhe dais lume novo.

Aqui termina a primeira parte, com a metamorfose da cordeirinha em padeirinha, dois diminutivos afetivos, bem aplicados a essa jovem mártir, cujas últimas palavras — proferidas ao ser chamada por São Maurício para abrigar-se no santo altar, onde será venerada —, não são de vaidade ou de orgulho satisfeito, mas de um grande amor:

> Seja assi!
> Recolhamo-nos aí,
> com nosso Senhor Jesus,
> por cujo amor padeci,
> abraçada com a cruz
> em que ele morreu por mi.

A peça é em redondilha maior; só a canção da Cordeirinha é em redondilha menor, o verso mais curto, mais leve e gracioso da métrica de então, quando versos menores, como o trissílabo, só eram usados como quebrados do setessílabo. Esta canção, esclarece o Pe. Cardoso, foi por ele acrescentada ao auto como seu Prólogo, embora houvesse quem a julgasse feita em honra de Santa Inês, que não teve "Virginal cabeça/ Pela fé cortada.", como se diz na terceira copla. Sem dispormos da estrutura original, resta-nos dizer que, se Anchieta não a escreveu para introduzir o pequenino belo auto, temos de convir que aí ela calhou bem. Não estou discutindo critérios ecdóticos, apenas tentando respigar nos autos, tais como chegaram às minhas mãos na montagem inteligente do seu editor, o que me pareceu mais belo ou mais significativo no teatro anchietano, a fim de poder chegar à conclusão que se insinua no título desta despretensiosa palestra: que a sua mais eficaz, e ao mesmo tempo mais prazerosa catequese se exerceu através do seu teatro.

Também o primeiro auto — Auto da Pregação Universal ou da Festa de Natal —, provavelmente do fim de 1561 (era Anchieta ainda irmão), foi montado pelo Pe. Cardoso que o encontrou em partes dispersas, agrupando-as, como nos outros, em cinco atos, e considerando o diálogo em tupi — sua parte central, de que se conservou o autógrafo — como o ato II. A este antepôs a composição do Pelote domingueiro, de que disse o editor que "serve otimamente de prólogo ou introdução (ato I) e de epílogo ou despedida (ato V)" (e é verdade). Acrescenta que completou o ato III, "de que restam apenas duas estrofes, das dez ou doze que deveriam ser", com estrofes inspiradas no próprio Anchieta, tiradas da poesia 'Desdichado pecador'. "[...] O ato IV ficou inteiro no caderno de Anchieta: é a dança de dez indiozinhos, cantando cada qual uma quintilha." Assim fica constituído de todas as suas partes um dos mais interessantes autos anchietanos, o quarto mais extenso, com mais de novecentos versos nas três línguas, como convinha a uma "pregação universal".

Nas partes medianas do auto falam ou cantam 27 personagens: três no ato II — um anjo e dois diabos (Guaixiara e Aimbirê), todos empregando o tupi —; no III, os 12 brancos pecadores, acorrentados e conduzidos pelos diabos, falando português, e no IV, 12 meninos índios que dançam fantasiados, falando sete em português, três em tupi e dois em espanhol. Nas partes extremas, como ficou dito, está a dupla composição do Pelote domingueiro, canção muito popular ao tempo, cuja letra foi refeita por Anchieta que a aprimorou "em dar-lhe sentido bíblico". Na primeira parte, apresenta-se "o pobre moleiro Adão", abatido sob o peso da desgraça que lhe aconteceu: roubaram-lhe o pelote domingueiro, isto é, a roupa melhor, de sair ao domingo, e, para mais, com todo o seu dinheiro.

Ainda pior, quem lho roubou foi Lucifer (na pronúncia da época). Recebera o pelote de graça, "porque Graça se chamava". Ao longo de 170 redondilhas vai o narrador (presente ou em *off*) contando a triste história de Adão (personagem muda, que apenas vai mimando a narração) e carregando nas tintas quando fala da mulher (não nomeada):

> Ela, nua e esbulhada,
> fez furtar ao moleiro
> o seu rico domingueiro.
> Toda bêbeda do vinho
> da soberba que tomou,
> o moleiro derrubou
> no limiar do moinho.
> Acodiu o seu vizinho
> Satanás, muito matreiro,
> e rapou-lhe o domingueiro.

Ela é "a cachopa embonecada", "feia regateira", que se associa a Satanás para roubar o pelote do "triste do moleiro". Envergonhado, despido, ele se esconde do amo que "vai espancá-lo/ e, coberto c'ua pele,/ fora de casa lançá-lo". Esta parte inicial termina com alguma esperança para o moleiro Adão: o amo "não quis de todo matá-lo/ esperando que o moleiro/ cobraria o domingueiro".

O mote da segunda parte é alvissareiro: "Já tornaram ao moleiro/ seu pelote domingueiro." e, logo de início, diz-nos o narrador:

> Mas depois de muitos anos,
> um seu neto lho tornou;
> por isso carne tomou
> dua filha do moleiro,
> por pelote domingueiro.
> Por querer ser mais subido,
> não fez conta do pelote
> o seu neto sem capote;
> jaz nas palhas encolhido,
> para ser restituído
> ao pobre do moleiro
> seu pelote domingueiro.

Resgatado Adão, há que resgatar-se a mulher: Maria resgatará Eva. E o auto termina em glória a Jesus e alegria geral:

> Viva o segundo Adão,
> que Jesus por nome tem!
> Viva Jesus, nosso bem!
> Jesus, nosso capitão!

Nos autos de Anchieta, como nos vicentinos, dois tipos de personagens necessitam, mais que todas, do dom de persuadir: os anjos e os diabos, estes mais que aqueles, pois, em geral, são eles os grandes sedutores, cabendo aos anjos o oporem-se-lhes, na tentativa de salvar as almas.

Permita-se-me um parêntese saboroso: os anjos são apresentados na didascália como trazendo "asas de canindé" (canindé é uma espécie de arara), justificando a surpresa e a dúvida de Saravaia, ao ver um deles: "Oh! que é aquilo a brilhar?/ azul como um canindé? Parece arara de pé...", ao que Aimbirê responde: "Eis dá ordens de afogar:/ oh! um anjo de Deus é!" No mesmo Auto de São Lourenço, é Aimbirê que diz, assustado: "talvez mais prisão me dê/ este pássaro-pessoa".

Fechado o parêntese, volto aos diabos anchietanos que, embora nunca atinjam a graça e a desenvoltura dos diabos vicentinos, são, como aqueles, oniscientes dos erros dos homens, podendo arrolá-los em libelos acusatórios indefensáveis. Nessas listas de pecados revelados pelos demônios ficam patentes as faltas da humanidade, que delas se poderá livrar pela graça de Deus, intermediada pela Igreja e, mais diretamente, pela atuação benéfica da Virgem, dos Santos e dos anjos. Em seus autos, Anchieta faz comparecer 19 diabos e dez anjos. Estes, como em Gil Vicente, não são nomeados; aqueles, sim, com nomes indígenas. Dois apenas são comuns aos dois autores: Satanás e Lucifer. Aparecem no Breve Sumário da História de Deus e no Auto de São Maurício. Em ambos se caracteriza a rivalidade entre os demônios: embora seja este último o "maioral do Inferno", o outro se lhe dirige com pouca cerimônia, chegando mesmo, em Anchieta, a lançar-lhe pragas e, vale lembrar, fala em espanhol:

> Mal mes e peores años
> te dé Dios en el infierno!
> Acresciéntense tus daños
> en aquellos frescos baños
> de tu fuego sempiterno!
> Donde vás,
> sin llevar a Satanás,
> tu leal siervo, contigo?

> Tienes otro tal amigo?
> Que te doy a Barrabás
> y con Judas te maldigo!
> Con Mahoma y con Lutero,
> con Calvino y Melantón,
> te cubra tal maldición,
> que te quemes todo entero,
> ardiendo como tizón!

Lucifer lhe responde em português. Mais um parêntese: este auto de São Maurício, em português e espanhol, um dos últimos que escreveu (datado de 1595), é o mais extenso de Anchieta, com 62% dos versos em espanhol. Não encontro explicação lógica para a atribuição de uma ou outra língua a um ou outro personagem. Satanás fala espanhol, bem como São Vítor, companheiro de São Maurício, a Vila de Vitória e duas personagens alegóricas marcadas pelo bem: Amor e Temor de Deus, sendo que este último, depois de dialogar com o Governador, dá início a um Sermão bipartido — cada parte consta de mote e extensa glosa — a primeira, em português, a segunda, em espanhol, e vale a pena acentuar que, ao fim do diálogo que a Vila de Vitória vinha mantendo com ambos, ela lhes pede que falem a seus filhos, respondendo-lhe Temor de Deus:

> Movido por vuestros ruegos,
> yo les quiero predicar
> de los infernales fuegos.
> Si de todo no son ciegos,
> consigo me harán quedar.
> Mas, para darles más gusto,
> começaré en portugués.

É digna de nota esta preferência pelo português, como a língua que dá mais gosto aos ouvintes, para nela só falar do que os ameaça se não temem o pecado. Na impossibilidade de alongar-me muito, quero ler-lhes os motes que lhes dão origem:

> Pecador,
> feito escravo, de senhor,
> se do pecado não temes,
> do fogo por que não tremes?
>
> e
>
> Oh, que pena
> será estar en la cadena,

> y vivir siempre muriendo,
> y morir siempre viviendo!

São terríveis as duas glosas, a lembrar todo o tempo os castigos infernais, o "bravo fogo infernal" onde o pecador será "sempre assado", a cama em que se deitará "há de ser de fogo ardente", onde ele será pasto de "bichos que [o] hão de roer,/ os quais nunca hão de morrer"; no texto espanhol, o tom ameaçador continua, mas o nível poético se eleva (dando "más gusto" ao ouvinte, aventuro eu).

A Vila de Vitória, impressionada com o vigor das suas ameaças, gostará de ouvir a voz do Amor de Deus, que lhe chegará também em espanhol, também glosando um mote:

> Tu Señor
> cayó, vencido de amor,
> sobre un palo.
> Esto tuvo por regalo,
> porque seas vencedor.

e, glosando-o, insistirá no amor de Deus pelos homens, que só se pode retribuir com amor:

> Si pecas, a Dios no amas.
> Ama siempre, y vencerás
> Mundo, Carne y Satanás,
> y, pues "cristiano" te llamas,
> no te dejes vencer más.

Falam português, indiferentemente, bons e maus. Não há, pois, um critério moral ou religioso na escolha da língua a empregar. Neste auto, especificamente, o que parece predominar é o emprego das duas línguas nos diálogos, o que pode dar-lhes mais expressividade pelo estranhamento provocado: Lucifer e Satanás, a Vila de Vitória e o Governador, o Embaixador e a Ingratidão alternam as falas e as línguas.

Eis uma personagem alegórica inteiramente original, essa Ingratidão, criada por Anchieta, misturando os ingredientes necessários para dar origem a um ser compósito, que diz coisas muito sérias, ao mesmo tempo que se apresenta de forma ridícula, já denunciada na didascália: "Ingratidão, como velha disforme, de grande ventre". Logo de início, em monólogo, diz quem é e a que vem (não esqueçamos que o auto de São Maurício começa pelo recebimento de "ossos dos martirizados"):

> Eu farei, quanto puder,
> que não sejam estimados;
> porque sou mãe de pecados
> e não quero agradecer
> quanto bem pode fazer
> Deus, com todos seus criados,
> e tudo deixo esquecer.

Dialogando com o Embaixador, explica a origem da sua enorme barriga:

> Ouve! Saberás meu trato
> e natural condição.
> A primeira emprenhidão
> foi de Lucifer ingrato,
> a outra do velho Adão.

Impede-me o tempo de que disponho de continuar a destacar a importância desta figura criada *de toutes pièces* por Anchieta, até porque quero trazer aqui também uma menos original, mas com sua peculiaridade — a alma de Pirataraka, que acabou de morrer (como as dos autos das barcas) e que, perseguida por quatro diabos, acaba por livrar-se deles porque não tem culpa: confessou-se, limpando-se dos pecados, fez penitência e arrependeu-se. Diante da insistência dos diabos, apela para a Mãe de Deus — e o Padre Cardoso, na sua tradução para o português, teve o bom gosto de conservar, para a expressão "mãe de Deus", a forma tupi Tupansy, na súplica da pobre alma:

> Tupansy, lembra-te de mi!
> Vem, que me estão atacando!
> Venha o anjo venerando
> guardar-me deles aqui
> e afugentar o bando.

Já que estou tentando demonstrar a função catequista do auto anchietano, insisto ainda em falar nos diabos que, como em Gil Vicente, são aqueles que denunciam os pecados dos homens, tornando-os patentes aos que os ouvem e, paradoxalmente, concorrendo para a moralização da sociedade em que estão inseridos. Gil Vicente, autor da corte, criador de autos a que acorriam reis e nobres, membros da justiça e do clero, vilãos e rústicos, satirizava-os a todos, na razão direta de sua posição social e responsabilidade funcional, através, sobretudo, dos seus insuperáveis — diria mesmo inimitáveis — diabos. Anchieta busca atingir, como dizia eu atrás, a pequena humanidade que o cerca. E, enquanto mestre Gil atacava até as mais altas esferas do poder político e religioso, no intuito de trazer à tona, para condená-lo, todo o mal que impunemente se praticava — o que é, sem dúvida, moralizante —, nosso Anchieta apontava os erros para mostrar ao povo, brancos e índios, que estava errado e era preciso e possível emendar-se. Mais requintados, os diabos vicentinos; mais simples, mais próximos à mentalidade da gente rude, os anchietanos.

Que vícios verberam estes? Os mesmos que vem o Diabo vender no Auto da Feira: hipocrisia, "mentiras vinta três mil" e "muitos enganos infindos".

Que vícios apontam os diabos anchietanos? Com maior insistência, a bebida, quase sempre o cauim, que leva o homem a cometer desatinos. Há mesmo o verbo cauinar, que ouvimos de Saravaia: "cauinar é meu prazer!" (152, 227). No Auto de São Lourenço, diz o maioral dos diabos:

>
> Eu sou bem conceituado,
> eu sou o diabão assado
> que se chama Guaixará,
> em toda a terra afamado!
> [...]
> É boa coisa beber,
> até vomitar, cauim.
> É isto o maior prazer,
> isto só, vamos dizer,
> isto é glória, isto sim.

Nem os velhos escapam ao vício e à crítica. Uma Velha, que apenas diz dez versos, caracteriza-se como bebedora, lembrando-nos Maria Parda:

> Quanto juntei, dias há,
> irei bebê-lo, oh! irei.

Não fica, porém, na bebida a lista de pecados cometidos. Aimbirê, de volta de uma visita às tabas, diz, radiante:

> Em suma, fiquei contente;
> e, ao ver a depravação,
> tranqüilizei-me: eles dão
> aos vícios de toda a gente
> abrigo no coração.

Esses e outros pecados se cometem por indução dos demônios, como confessa Aimbirê: "eu induzo meus fregueses/ a tudo que é indecente." Pecam as mulheres "as desvergonhadas" "tecendo mil intrigas"; os rapazes "são donos/ em perseguir as mulheres;/ buscam as de vis misteres/ em as casas dos colonos/ e fogem sem perceberes.", concluindo: "pecadora é toda a gente.", mesmo as velhas, como diz Guaixará:

> As velhas são más de fato:
> fazendo suas magias
> exaltam as fantasias,
> lançam a Deus desacato
> e a mim enchem de honrarias.

Gostaria ainda de lhes falar do indiozinho fantasiado de periquito que conversa com outro, vestido de colono português; dos 12 meninos que dançam e cantam a pedir a proteção do Menino Jesus e de Maria, mas o tempo urge. De Maria lhes lerei, porém, as últimas palavras de esperança, amor e paz que ela pronuncia no Auto da Visitação de Santa Isabel:

> Yo os dejo mi bendición,
> y haced gran regocijo,
> pues, por mi visitación,
> os alcanzaré perdón
> de mi Dios, Señor e Hijo.
> Pido al Padre soberano
> y al Hijo, Nuestro Señor,
> y al Espíritu dador
> de vidas, ponga su mano
> sobre vos, com dulce amor.

Com esta bênção e o perdão que traz consigo, termino. Que também eu o alcance dos meus caros leitores e do Amigo que aqui homenageio, se os tiver decepcionado.

Bibliografia

ALMEIDA, Francisco de (org.). *Orfeu basílico ou exímio harmosta do mundo elemental, o venerável Padre José de Anchieta, taumaturgo do Novo Mundo e apóstolo do Brasil*. Edição fac-similada com introdução de Maria Aparecida Ribeiro. Coimbra: Imprensa de Coimbra, 1998.

ANCHIETA, Pe. José de. *De beata virgine*. Versão portuguesa do Pe. Armando Cardoso S.J. Rio de Janeiro: Edição do Arquivo Nacional, 1940.

_____. *Teatro de Anchieta*. Edição do Pe. Armando Cardoso S.J. São Paulo: Edições Loyola, 1977.

_____. *Capitania de São Vicente*. Atualização de texto de António Lampreia. Lisboa: Parque EXPO 98, 1997.

_____. *De gestis Mendi de Saa*. Edição fac-similar. Rio de Janeiro: Fundação Biblioteca Nacional, apresentação de Eduardo Portela e introdução de Paulo Roberto Pereira, 1997.

ANÔNIMO. *O venerável P. José de Anchieta S.J. apóstolo do Brasil*. Imprimatur Archiep. Joseph Palica. Rio de Janeiro: Mensageiro do S.C. Jesus, 1927.

CARDOSO, Pe. Armando, S.J. *O bem-aventurado Anchieta*. São Paulo: Edições Loyola, 1991.

MINDLIN, Dulce Maria Viana. *José de Anchieta: no limiar da santidade*. Goiânia: Kelps, 1997.

UMA ANTOLOGIA DE OS LUSÍADAS

Leodegário A. de Azevedo Filho
Universidade do Estado do Rio de Janeiro
Universidade Federal do Rio de Janeiro

Entre as boas edições brasileiras de *Os Lusíadas*, obra magna de Camões, além da edição escolar organizada por Antenor Nascentes, em 1930, pela Livraria Francisco Alves, cumpre mencionar a que foi publicada pela Biblioteca do Exército Editora, em 1980, com reimpressão em 1999, que tivemos a honra de prefaciar e que foi enriquecida, desde o início, com textos introdutórios assinados pelo General Jonas Correia Filho (prefácio à edição de 1980), por Pedro Calmon (aspecto histórico), por Sílvio Elia (aspecto filológico) e por Gladstone Chaves de Melo (aspecto literário). A nova edição, de 1999, traz pequeno texto inicial assinado por António Gomes da Costa, Presidente do Real Gabinete Português de Leitura. Em pequena "Nota para a edição de 1980", lê-se:

> Esta edição reproduz basicamente a edição comemorativa do IV centenário da publicação de *Os Lusíadas*, vinda a lume em 1972, sob os auspícios do Departamento de Assuntos Culturais do Ministério da Educação e da Cultura. Não se trata, porém, de simples reprodução, mas, rigorosamente, de nova edição. (*Os Lusíadas*. Rio de Janeiro: Biblioteca do Exército Editora, 1998, p. 9).

E prossegue, na mesma página 9:

> Na edição anterior, o texto foi preparado pelo Prof. Dr. Gladstone Chaves de Melo e os comentários dos diferentes cantos couberam aos seguintes especialistas: cantos I e IX, Prof. Hamilton Elia; canto II, Prof. Albino de Bem Veiga; cantos III e X, Prof. Raimundo Barbadinho Neto; canto IV, Prof.ª Sonia de Lima Cavalcanti; canto V, Prof.ª Amália Beatriz Cruz Costa; canto VI, Prof.ª Maria

Amélia Pontes Vieira; canto VII, Prof. Carlos Eduardo Falcão Uchôa; canto VIII, Prof.ª Lia Corrêa Dutra. (*op. cit.* p. 9).

E conclui:

> No intervalo entre a primeira e esta, perderam as nossas letras dois saudosos colaboradores: o Prof. Hamilton Elia e a Prof.ª Amália Beatriz Cruz Costa. A revisão dos cantos I a IX ficou, assim, a cargo do irmão do ilustre mestre desaparecido, Prof. Sílvio Elia. Por motivos alheios à nossa vontade, não pudemos contar com a revisão do trabalho da Prof.ª Amália Beatriz Cruz Costa, razão pela qual os comentários do respectivo canto foram entregues à notória competência do Prof. Olmar Guterres da Silveira. A revisão do texto do poema coube ao seu antigo preparador, Prof. Gladstone Chaves de Melo. E a revisão dos demais cantos aos anteriores comentaristas. A parte introdutória se viu acrescida com as contribuições do Prof. Dr. Pedro Calmon e Prof. Dr. Sílvio Elia. (*op. cit.* p. 9).

Rendo aqui a minha homenagem póstuma aos colegas e amigos já falecidos, mas que permanecem vivos em nossa lembrança e admiração, e, mais adiante, passo a considerar alguns pontos do Prefácio à 2.ª edição, que me foi confiada pelo Doutor António Gomes da Costa, amigo de todos nós. (*Os Lusíadas*, 2.ª edição. Rio de Janeiro: Biblioteca do Exército Editora, 1999).

No que se refere a antologias, sem sombra de qualquer dúvida, a que foi publicada por Evanildo Bechara e Segismundo Spina (1999) ocupa lugar de realce. No caso, coube a Evanildo Bechara, prezado colega e amigo aqui justamente homenageado, o estabelecimento do texto, as notas explicativas que vêm após as estrofes da grande epopéia, bem assim a segura "Introdução Gramatical – Morfologia e Sintaxe". A rigor, tem-se aqui uma pequena gramática de *Os Lusíadas*, esperando-se que o seu competente autor ainda venha a publicar, para maior glória dos estudos filológicos no Brasil, a grande e esperada *Gramática de* Os Lusíadas.

A Segismundo Spina coube a elaboração de precisa introdução literária, relacionando os textos, aglutinando-os com ricas exposições explicativas, sem quebrar a unidade do poema. Após a "Introdução literária" e após a "Introdução gramatical" acima referidas, aparecem os textos selecionados pelos editores da preciosa antologia, a saber:

> Canto I: Proposição e Invocação; O Consílio dos Deuses; e A Refrega em Moçambique.

Canto II:	O Vaticínio de Júpiter; e Recepção a Bordo.
Canto III:	Invocação do Gama; Egas Moniz; e Inês de Castro.
Canto IV:	A Batalha de Aljubarrota; Sonho de D. Manuel; e As Despedidas e o Velho do Restelo.
Canto V:	O Gigante Adamastor.
Canto VI:	Baco no Palácio de Netuno; Os "Doze de Inglaterra"; e A Visão de Calecut.
Canto VII:	Recepção do Gama, Visita ao Samorim.
Canto VIII:	A Segunda Visita do Gama ao Samorim.
Canto IX:	A Ilha dos Amores, a que os editores dão o nome de "Ilha Enamorada"; e No Palácio de Tétis.
Canto X:	A Máquina do Mundo; e Chegada a Portugal e Fim do Poema.

Os episódios foram selecionados pelos editores, com bom gosto literário, o que não significa que seja a única seleção possível. Como é normal, em outras antologias, a seleção pode ser outra, dependendo sempre de fatores de escolha subjetiva. Mas, a nosso ver, a seleção apresenta perfeita continuidade, não quebrando a unidade do poema.

A "Biografia" de Camões foi, sinteticamente, apresentada por Segismundo Spina, a partir da observação de que nem sempre há dados seguros, como no caso de outros grandes escritores universais: Homero, Aristófanes, Fedro, Fernão Lopes, Shakespeare, Gil Vicente. Segura síntese biográfica de Camões, exatamente por não ser fantasiada ou romanceada. Na verdade, a vida de Camões "não oferece mais que uma dezena de datas de autenticidade assegurada". Ao certo, não se sabe, com segurança, o ano de seu nascimento, onde realmente nasceu e onde passou sua adolescência, como decorreu a sua vida no Paço, que e quantas mulheres realmente amou, qual a sua formação intelectual e até mesmo as circunstâncias e o lugar em que morreu, embora haja muitas hipóteses e conjecturas a esse respeito. A rigor, apenas quatro datas estão ligadas a sua vida literária, como Spina indica: em 1563 foram publicados os *Colóquios dos simples e drogas e cousas medicinais da Índia*, de Garcia da Horta, impresso em Goa, com uma "Ode ao Conde do Redondo", naturalista português e amigo do Poeta, que se encontrava no Oriente; em 1572, presente em Lisboa, publicou *Os Lusíadas*, obra que tem, basicamente, duas tradições impressas: a que, na portada do volume apresenta a cabeça de um pelicano com o bico voltado para a esquerda do leitor (a chamada edição **Ee**, certamente a autêntica) e a que apresenta o mesmo pelicano com o bico voltado para a direita do leitor (certamente inautêntica, a chamada edição **E**). Isso porque, logo no sétimo verso da primeira estrofe do poema, na edição **Ee**, lê-se: "E entre gente remota edificarão", lendo-se: "Entre gente remota edificaram", sem a conjunção aditiva **E** no início do verso e com diferença gráfica da palavra em rima: <u>edificarão</u> (**Ee**) e <u>edificaram</u> (**E**). Se fosse apenas esta a diferença, o texto do poema não daria margem a tantas divergências em relação a qual das duas impressões seria a, verdadeiramente, autêntica. Aqui, na Antologia por nós comentada, certamente por manifesto erro de revisão, assim aparece o quinto verso da primeira estrofe: "**E** em perigos e guerras esforçados", com a conjunção aditiva **E** inicial, no lugar de "Em perigos e guerras esforçados", sem a conjunção **E**. Tal possível lapso de revisão tipográfica vai refletir-se no verso seguinte, que é o sétimo: "Entre gente remota edificaram", no lugar de: "E entre gente remota edificaram", que é a leitura de **Ee**. Afora isso, as transcrições seguem a boa leitura da edição **Ee** e não da edição **E**, filologicamente inaceitável. Aliás, tal equívoco já vem da primeira edição.

O ideal seria que todos os exemplares da epopéia camoniana, datados de 1572, apresentassem o mesmo texto, sem qualquer variante grave, secundária ou puramente gráfica. Mas isso, bem sabemos, não ocorre, compreendendo-se assim que, ao longo dos séculos, tão delicada questão textual tenha ocupado dezenas de investigadores, a começar mesmo por M. de Faria e Sousa, o grande editor do século XVII. Como não se ignora, partiu ele de uma tradição textual dupla e divergente, confrontando então dois exemplares dessa tradição, embora sem observar neles a posição do colo do pelicano voltado para a esquerda ou para a direita do leitor na portada dos volumes. Como texto base, a nosso ver de forma ecdoticamente recusável, escolheu o exemplar que apresentava, no sétimo verso, da primeira estrofe, no Canto I, a seguinte leitura: "Entre gente remota edificaram", em confronto com as leituras divergentes de outro exemplar, que seria, por suposição equivocada, de uma segunda tiragem da mesma edição datada de 1572, com a seguinte leitura para o verso acima citado: "E entre gente remota edificaram". Bem mais tarde, com W. Storck e outros estudiosos, as duas tiragens passaram a ser denominadas assim: edição **E**, a que Faria e Sousa, sem razão aceitável, considerou original, e edição **Ee**, a outra. Seja aqui observado que, naquela época, erros detectados durante a impressão tipográfica de um livro eram corrigidos, sem que as páginas já impressas fossem inutilizadas. Explica-se assim a ocorrência freqüente de variantes graves ou simplesmente gráficas no confronto de dois textos de uma só e mesma edição, muitas e muitas vezes optando Faria e Sousa pela leitura mais apurada da edição **Ee**, nas numerosas emendas que ia fazendo ao texto da edição **E**. Praticamente, a partir daí, várias teorias foram surgindo pelos séculos afora, distribuindo-se em verdadeiras escolas de interpretação textual, como observa o nosso ilustre colega K. David Jackson em sua admirável pesquisa publicada e editada em *CDROM*, em 2003. A propósito, estudo excelente também se encontra na primorosa introdução teórica assinada por Vítor Manuel de Aguiar e Silva para a edição fac-similada de um exemplar de *Os Lusíadas*, da edição **Ee**, pertencente à Sociedade Martins Sarmento (Braga, Universidade do Minho, 2004). Nem é nosso objetivo retornar aqui ao minucioso histórico da questão já plenamente feito pelos dois colegas acima indicados. Em resumo, teríamos, como principais, as seguintes posições sobre o problema aqui discutido:

a) A edição original ou *princeps* seria a edição **E**, assim considerada por Faria e Sousa, com erros de toda espécie, fato que teria motivado nova tiragem, com numerosas correções, muito provavelmente feitas sob as vistas do próprio Camões, que vivo estava, em Lisboa, no ano de 1572.

b) Em segunda posição, passou-se a admitir que a *editio princeps* seria a edição **Ee**, dela fazendo-se uma ou mais tiragens certamente clandestinas, pois visavam a lucros financeiros, em face da crescente aceitação nacional da epopéia camoniana, verdadeira Bíblia do povo português, em momento delicado de sua gloriosa história. Assim, como aliás pensamos, a edição original seria a edição **Ee**, não passando a outra de simples contrafação ou mesmo fraude, cheia de erros clamorosos, que jamais poderiam ser atribuídos a Camões.

E o professor David Jackson já indicou que há mesmo um terceiro tipo de edição, que chega a misturar as leituras de **E** com as leituras de **Ee**, não de forma crítica, mas de forma inteiramente arbitrária. Observamos aqui que temos usado, de propósito, o termo "leitura" e não "lição", como fazem outros autores, exatamente porque não se dispõe de autógrafo de Camões, inteiramente perdido. Portanto, a rigor, não se deve falar em "lições", mas simplesmente em "leituras".

Chegamos assim ao ponto central da questão: para uma edição crítica de *Os Lusíadas*, bem sabemos que todas as tiragens ou edições da obra devem ser criticamente trazidas à colação, em busca do que o Poeta verdadeiramente teria escrito. E, para essa busca, sem sombra de qualquer dúvida, a teoria dos erros, especialmente na parte que se volta para o fenômeno da ultracorreção ou hipercorreção, vai trazer subsídios importantíssimos, como igualmente pensa e sugere o nosso colega Nicolás Extremera Tapia, da Universidade de Granada. Sem pretender esgotar o assunto, a seguir indicaremos alguns exemplos gritantes de ultracorreção, depois da necessária conceituação do fenômeno aqui referido.

Para nós, ultracorrigir ou hipercorrigir um texto consiste em interpretar, como incorreta, uma forma rigorosamente correta de linguagem, para, em seguida, substituí-la por uma forma errada, mas que se acredita seja a certa. Tais formas se dizem ultracorrigidas, já que se elevam acima da correção. Portanto, a ultracorreção ou hipercorreção resulta de uma ação no sentido de querer corrigir o que está certo, errando-se por falta de adequado conhecimento lingüístico ou adequada formação cultural. Assim, em face de uma *lectio difficilior*, muitas vezes, trivializa-se ou banaliza-se um verso de Camões, tanto na poesia épica, como na lírica ou mesmo nas redondilhas dos autos, com o enganoso propósito de corrigir um erro inexistente, ferindo a norma culta ou exemplar da língua. Mais que isso: afastando-se do próprio Código, entendendo-se por Código o lugar onde se fixa uma cultura, conforme a conhecida conceituação de Michel Foucault, em *Les mots et les choses*.

Passemos à exemplificação, com alguns exemplos já comentados por nós no Prefácio à 2.ª edição de *Os Lusíadas*, publicada pela Biblioteca do Exército, já aqui referida:

> Canto II, 1.ª estrofe, v. 7:
> Edição **Ee**: Quando as <u>infidas</u> gentes se chegarão
> Edição **E**: Quando as <u>fingidas</u> gentes se chegárão

Observação: aqui se encontra um dado realmente importante para caracterizar a edição **Ee** como a *princeps*, por duas razões. Facilmente verifica-se que o Poeta deve ter escrito *infidas* e não *fingidas*. Com efeito, por *conformatio textus*, a palavra *infidas* é a que melhor se ajusta ao pensamento de Camões. Entretanto, sendo pouco usada tal palavra, vinda diretamente do latim, e aí está a segunda razão, mesmo em face da manifesta relatinização da língua no português quinhentista, por clara *lectio difficilior*, fica evidente a banalização ou trivialização do verso, com o uso de *fingidas*, recusando-se o latinismo *infidas*. Daí se conclui que a tiragem posterior só pode ser a edição **E**, que se apresenta ultracorrigida, substituindo o termo erudito pelo vulgar e mais usado.

> Canto II, 56.ª estrofe, v. 2
> Edição **Ee**: Filho de Maia aa terra, por que tenha,
> Edição **E**: Filho de Maria aa terra porque tenha

Observação: Faria e Sousa, *op. cit.* p. 475, da edição fac-similada, do exemplar de 1629, publicada pela Imprensa Nacional-Casa da Moeda, de Lisboa — Portugal, em dois volumes, em dezembro de 1972, — Faria e Sousa indica, eruditamente, a fonte greco-latina do verso: Homero e Virgílio. E corrige o erro, em sua edição (II, 56, 2), que parte de **E** como texto base, para Filho de Maia e não Filho de Maria, baseando-se na boa edição **Ee**. Com efeito, o verso se refere a Mercúrio, que jamais poderia ser filho de Nossa Senhora, mãe de Jesus Cristo. Pela mitologia, sabe-se que Maia é uma filha de Atlas e mãe de Hermes (Mercúrio). Como se vê, estamos diante de mais um caso de *lectio difficilior*, banalizando-se grosseiramente o verso na edição **E**, por ultracorreção e por ignorância da mitologia.

> Canto III, estrofe 130, v. 8:
> Edição **Ee**: Feros vos amostrais, e cavalleiros?
> Edição **E**: Feros vos mostrais, e cavalleiros.

Observação: na edição **Ee**, por mais de dez vezes, Camões usa a forma protética *amostrar* (latim: *monstrare*), como recurso métrico, ou seja, para assegurar a medida e o ritmo do verso. Mas a forma mostrar é a mais usada, também na edição **Ee**. No caso, é manifesto o erro de revisão tipográfica, ficando o verso com nove sílabas e com o ritmo alterado. Além disso, o verso é interrogativo, não havendo ponto de interrogação na edição **E**. Tudo isso indica que a edição **E** é clara contrafação da edição **Ee**, a verdadeira *editio princeps*. Na *Antologia* (Evanildo Bechara e Segismundo Spina, São Paulo: Ateliê Editora, primeira edição de 1973 e segunda de 1999) feita pelos filólogos Evanildo Bechara e Segismundo Spina, aqui, como em outras estrofes, aparece a leitura da edição **Ee**, como deve ser, inclusive com o ponto de interrogação no fim do verso, o que não aparece na edição **E**. Portanto, não se compreende que, nela — a não ser que tenha havido lapso de revisão tipográfica — o 7.º verso da primeira estrofe, tanto na primeira como na segunda edição da obra, apareça assim: "Entre gente remota edificaram", que é a falsa leitura da edição **E** e não a leitura da edição **Ee**. Ainda na primeira estrofe, desloca-se, na citada *Antologia*, a conjunção aditiva inicial do 7.º verso para o início do 5.º verso, criando-se uma variante que não encontra respaldo nem na edição **Ee**, nem na edição **E**. Naturalmente, tal lapso de revisão tipográfica será corrigido numa terceira e desejável edição da excelente *Antologia*, aqui comentada.

Outra observação aqui feita, em relação à técnica do verso: sem dúvida, na epopéia, domina o verso decassílabo heróico, acentuado na sexta e décima sílabas, em todas as oitavas. Mas é preciso notar que, em determinados casos, há variedade rítmica dentro do metro, aparecendo decassílabos sáficos acentuados na quarta, oitava e décima sílabas, além do verso decassílabo de arte-maior, acentuado na quinta e décima sílabas e do decassílabo de gaita galega, acentuado na quarta, sétima e décima sílabas. Exemplos:

Decassílabo sáfico: "Se te parece inopinado feito", verso acentuado na quarta, oitava e décima sílabas. (*Lus.*, VIII, 69, v. 1) Citamos, é claro, pela edição **Ee**.

Decassílabo de arte-maior: "Lágrimas ruciadas, e a manjarona", verso acentuado na quinta e décima sílabas. (*Lus.*, IX, 62, v. 2)

Decassílabo de gaita galega, acentuado na quarta, sétima e décima sílabas: "De vossos reinos, será certamente". (*Lus.*, VII, 62, v. 7)

E até mesmo versos acentuados na quarta e décima sílabas, recriando ritmos esquecidos da antiga lírica trovadoresca, como neste exemplo: "Cujo pecado e desobediência". (*Lus.*, IV, 98, v. 2)

Como se vê, Camões também retoma ritmos esquecidos dentro da tradição rítmica do idioma, além do decassílabo heróico, em seu poema épico.

Para concluir, vejamos a exemplificação de versos claramente ultracorrigidos ou hipercorrigidos na edição **E**. Ou seja: mais três chocantes exemplos de ultracorreção, entre mais de cem casos por nós indicados no estudo histórico-crítico que redigimos para a edição fac-similada do exemplar de *Os Lusíadas* que pertenceu ao Imperador Pedro II, edição **Ee**, e que hoje se encontra entre as raridades bibliográficas integrantes da Biblioteca do Instituto Histórico e Geográfico Brasileiro. *Fac-simile* publicado, sob a nossa responsabilidade, no ano de 2007, pela sesquicentenária Editora Francisco Alves. Vamos à exemplificação:

> Canto IV, estrofe 38, v. 6:
> Edição **Ee**: E <u>sopesando</u> a lança quatro vezes,
> Edição **E**: E <u>soprando</u> a lança quatro vezes

Observação: na edição **E**, o verso se apresenta com uma sílaba a menos, além da estranha e ridícula substituição do verbo <u>sopesando</u> (sentido de pesar ou avaliar o peso com a mão), que é a leitura certa da edição **Ee**, pelo estranho verbo <u>soprando</u>. Aqui também Faria e Sousa (*op. cit.* p. 306) repeliu a ridícula leitura ultracorrigida da edição **E**, ficando com a leitura evidentemente certa da edição **Ee**, por nós considerada como a autêntica *editio princeps*.

    Canto VI, estrofe 85, v. 6:
    Edição **Ee**: De quem foge o ensifero <u>Orionte</u>,
    Edição **E**: De quem foge o ensifero <u>Oriente</u>.

Observação: O uso de <u>Orionte</u> (ou Orion) nada tem a ver com a forma ultracorrigida da edição **E**: <u>Oriente</u>. Em mitologia, <u>Orionte</u> ou <u>Orion</u> é um caçador gigantesco, mas formoso, que foi colocado entre as constelações. A espada que trazia nas mãos (ensífero é igual a portador de espada) denotava a aspereza com que tratava o mundo, submetendo-o a chuvas e tempestades, que Vênus acalmava. Trata-se de mais um caso de *lectio difficilior*, que induziu o editor de **E**, por ignorância, a substituir <u>Orionte</u> por <u>Oriente</u>, trivializando o verso por ultracorreção. Aqui também Faria e Sousa (v. II, p. 173), bem avisado, novamente se afastou da má leitura da edição **E**, para ficar com a leitura certa da edição **Ee**.

    Canto VIII, estrofe 32, v. 3:
    Edição **Ee**: Português <u>Cipiam</u> chamar se deve,
    Edição **E**: Português <u>capitam</u> chamar se deve

Observação: Faria e Sousa (v. II, p. 422), como era de esperar-se de sua erudição, rejeitou de novo a má leitura de **E** para ficar com a boa leitura de **Ee**. <u>Cipiam</u> muito contribuiu, como procônsul, para o êxito da segunda Guerra Púnica. Também foi vencedor de Aníbal, que invadiu a Itália, 202 a.C., do mesmo modo que D. Nunes Álvares Pereira venceu D. João I, de Castela, invasor de Portugal. Portanto, reduzir D. Nuno Álvares Pereira, o Condestável, cognominado "o segundo Pai da Pátria", por ser o vencedor da famosa Batalha de Aljubarrota, a um simples e subordinado capitão, seria rebaixá-lo, sem perceber o grande elogio de Camões ao herói português. Trata-se de outro flagrante caso de *lectio difficilior*, esta de caráter histórico, gerando ultracorreção, que trivializou o verso na edição **E**, impiedosamente.

Acima há, apenas, meia dúzia de exemplos de gritante e recusável ultracorreção, entre mais de uma centena deles, por nós indicados no estudo histórico-crítico que redigimos para a edição fac-similada (edição **Ee**) do exemplar que pertenceu ao Imperador Pedro II, e que hoje se encontra na Biblioteca do Instituto Histórico e Geográfico Brasileiro, por generosa doação do Príncipe de Orleans e Bragança. Edição que Arno Wehling, Diretor do I.H.G.B., nos confiou.

Retornando aos nossos comentários em torno de *Os Lusíadas: antologia*, publicada por Bechara e Spina, ressalte-se o rigor filológico das notas de pé-de-página ao longo dos textos selecionados pela competência do colega e amigo Professor Evanildo Bechara, meu companheiro na Academia Brasileira de Filologia, aqui justamente homenageado com esta miscelânea de estudos filológicos. Ressalte-se ainda a precisão informativa dos comentários literários da "Introdução" redigida por Segismundo Spina, com nota biográfica, caracterização perfeita da Obra, a partir do título do poema épico, em seguida passando ao argumento de *Os Lusíadas*, estrutura e método (Proposição, Invocação, Dedicatória e Narração), fontes da epopéia, elementos do poema e projeção universal da obra. Portanto, do ponto de vista didático-filológico-literário, os dois autores prestam relevante contribuição universitária para segura iniciação de uma análise, em profundidade, da obra inteira do vate português. Afinal de contas, é esta a finalidade das boas antologias, em seu caráter motivador de leitura e análise da obra inteira. E Camões vale, segundo a crítica universal, por si só, uma literatura inteira.

Bibliografia

BECHARA, Evanildo; SPINA, Segismundo. *Os Lusíadas: antologia*. 2.ª ed. revista e ampliada. Grifo/INL-MEC e Ateliê Editorial, (1999) [¹1973].

As transcrições de versos da Ed. **Ee**, naturalmente, vêm da edição fac-similada do exemplar que pertenceu ao Imperador Pedro II, hoje guardado na Biblioteca do I.H.G.B., edição que preparei, com longa Introdução Filológica, e que foi publicada pela Editora Francisco Alves, do Rio de Janeiro, nos fins do ano de 2007. E as transcrições dos versos da Ed. **E** vêm da edição de *Os Lusíadas*, feita pela Imprensa Nacional-Casa da Moeda, de Lisboa; em maio de 1982, em confronto com a edição **Ee**.

A GRAMÁTICA NO ENSINO DA LEITURA

Carlos Eduardo Falcão Uchôa
Universidade Federal Fluminense
Liceu Literário Português
Academia Brasileira de Filologia

El objetivo de la enseñanza idiomática no es que los alumnos se conviertan en lingüistas y gramáticos, sin que adquieran conocimiento reflexivo y fundado de las estructuras y posibilidades de su lengua y lleguen a manejarlas de manera criativa.

Eugenio Coseriu

A primeira observação que faço quanto aos conteúdos de ensino da língua diz respeito à necessidade de integrar os três conteúdos fundamentais desse ensino: a produção textual, a leitura e a gramática. Necessidade de integrar, pois, o ensino do texto com o da gramática. Sabe-se que, em muitos colégios, há uma separação rígida entre aulas de redação e aulas de gramática, com professores distintos, o que se constitui numa aberração lingüístico-pedagógica. A gramática, antes de ser um "livro de etiquetas sociais" ou um manual descritivo, é, de início, um saber lingüístico que todo falante possui, em elevado grau de domínio e perfeição. Ela está sempre presente em qualquer enunciado, por mais simples que ele seja. Por isso, não pode ser considerado como verdade que a gramática nada tenha a ver com o ensino da produção e da compreensão do texto (Franchi, 1987: 42).

Com efeito, a gramática não deve ser um estudo isolado e autônomo no campo da aprendizagem da língua, como também o texto não deve ser reduzido a mero pretexto para o estudo gramatical, como se constata no exame de muitas séries didáticas. É profundamente frustrante, apresentado, por exemplo, um poema, constatar que a sua presença só serviu para responder um questionário sobre aspectos técnicos do texto poético (número de sílabas dos versos, tipos de estrofe, rimas), ou como estímulo para uma produção textual ou como base para classificações gramaticais, longe, pois, de ele ser considerado em si mesmo, com a formulação de questões pertinentes que orientem sobre o valor da poesia.

É claro que do texto já lido, alcançada a sua compreensão, podem ser tirados exemplos que sirvam de ponto de partida seja para a explicação de uma noção gramatical que se queira firmar, o conceito de oração, digamos, seja para um aspecto descritivo da língua, como o emprego do relativo. Estes textos podem ser também pinçados de um texto de aluno ou da própria exposição do professor, o que ajudará a conscientizar o discente da idéia de que a gramática não é uma criação arbitrária ou mesmo já pronta, mas que, ao contrário, se assenta na linguagem viva, atividade livre e finalística, que comporta, pois, variações de acordo com o uso adotado.

É preciso, contudo, entender que a integração entre os três conteúdos de ensino mencionados não significa, de nenhuma maneira, confusão entre tais conteúdos. É de todo inconveniente, por exemplo, misturar comentários gramaticais com a atividade de leitura, salvo, naqueles casos, em que tais comentários contribuam, de algum modo, para a compreensão global do texto ou de certas ocorrências dele. Com tal procedimento, a atenção se dispersa, prejudicando a leitura do texto como uma unidade de sentido, cuja produção, por parte do aluno-leitor, com a mediação atenta do professor, é o objetivo fundamental deste conteúdo de ensino (Piccardo, 1956: 15). Já a gramática, considerada aqui apenas no nível do texto, é o conjunto de recursos utilizados, para, através deles (como o emprego de termos anafóricos, a ordem dos constituintes frasais, a regência, a pontuação, entre outros) contribuir para a compreensão no processo da leitura, ao lado de outros recursos igualmente importantes, como o léxico da língua (ainda no plano idiomático), o conhecimento do mundo e da organização textual adotada, própria de ser utilizada em certa situação ou evento da vida social.

Este artigo visa a mostrar como o ensino gramatical pode contribuir significativamente para a prática da leitura, de uma leitura menos superficial, menos ingênua. Para tanto, a fim de elucidar melhor o objetivo desta proposição, vou deter-me, antes, na fundamentação teórica de que me vali, no caso, os três níveis de linguagem preconizados pela ideologia lingüística de Eugenio Coseriu (1980, 1992), sem dúvida, uma das suas mais importantes contribuições ao estudo das línguas.

Ao afirmar que "A linguagem é uma atividade humana *universal* que se realiza *individualmente*, mas sempre segundo técnicas *historicamente* determinadas ('línguas')" (Coseriu, 1980: 91), o lingüista distingue três níveis de linguagem: o universal, a que corresponde, na metalinguagem dele, o saber elocucional, o saber falar em geral; o histórico, a que corresponde o saber idiomático, o saber falar certa língua; e o individual, a que corresponde o saber expressivo, o saber organizar um texto em circunstâncias determinadas.

A distinção entre estes níveis da linguagem deve ser feita também para as disciplinas lingüísticas parciais, incluída, portanto, a gramática, já que, como assevera o lingüista romeno, as tarefas dessa disciplina são diferentes consoante o nível a que se reportam. Assim, teremos em relação à gramática, nos três níveis da linguagem, respectivamente, a gramática geral ou teórica, a gramática descritiva de uma língua, ou, mais precisamente, de uma variedade dessa língua, e a análise gramatical de certo texto.

Cabe a uma gramática geral fundamentar uma teoria gramatical, cujo propósito consiste em definir as chamadas partes do discurso, as funções e os procedimentos gramaticais. O que é um verbo ou um nome, como definir as categorias de pessoa ou tempo, como caracterizar os processos de coordenação ou subordinação, são tarefas de uma gramática geral. Já uma gramática descritiva, sustentada por um conjunto de postulados teóricos, é que irá dizer, por exemplo, se esta ou aquela categoria se acha ou não representada numa língua e, em caso afirmativo, precisar-lhes as formas de expressão e as funções que pode desempenhar. É inteiramente equivocado querer definir, por exemplo, "o tempo em português". A definição do tempo terá de ser a mesma para qualquer língua. Na descrição do português, qualquer gramática caracterizará os tempos verbais com que ele conta, cada um deles com a sua marca formal e com os valores invariantes que eles denotam. Por fim, no nível individual, que é o nível do texto, a tarefa da gramática é a análise, ou seja, precisar os valores das unidades e recursos gramaticais presentes em um determinado texto, como o caso de explicitar a acepção de certa forma verbal (em "O apartamento era de fundos", por exemplo, registrar a acepção de "fato passado concebido como contínuo ou permanente", manifestado por *era*) e apontar o recurso formal utilizado para a sua expressão (no caso, o recurso à forma do imperfeito do indicativo).

Será sempre, pois, no nível do texto que, através da análise gramatical, iremos determinar o valor específico seja de um diminutivo ("Ela era miudinha"), do tempo e modo de uma forma verbal ("Era uma vez uma encantadora jovem"), de um adjetivo ("Triste dia foi aquele domingo"), de um possessivo ("Ele já teve seus apertos de dinheiro"), de um artigo ("Tinha os olhos rasos d'água"), de uma interrogação ("Afinal, fiz bem ou não em falar com ele?"), para me ater a estas ocorrências.

Esta análise não se identifica com a análise tradicional, predominante em nosso ensino de língua, atividade quase mecânica, reduzida a rotular cada afixo, palavra ou unidade mais complexa com o termo gramatical adequado, segundo sua forma (palavra simples, composta ou derivada...) ou função (objeto direto ou indireto, complemento nominal...), exercício que tem sua utilidade como meio de comprovação, mas que se mostra, em geral, insuficiente, em relação a ocorrências de um texto concreto. Piccardo (1956:12), que trabalhou com Coseriu na década de 1950 em Montevidéu, caracteriza bem o objeto da análise gramatical que se tem em vista:

> (...) en él no nos limitamos a reconocer las categorías y sus rasgos formales, lo cual sería permanecer en el campo de la "lengua", sino que entramos a considerar todas las posibles determinaciones del "hablar"; *aquí hay que atender al tiempo y lugar en que ocurre el hablar, a los matices de las palabras, a las consideraciones subjetivas de quien interpreta el texto* [destaco], a todo aquello que, de una manera u otra, contribuye a iluminar el sentido.

Piccardo, que reconhece e adota os três níveis da linguagem delimitados por Coseriu, fala, na citação feita, no campo da "língua" e no da "fala" (ou texto, como produto desta). Se os três níveis se aplicam a disciplinas parciais, como a gramática, esta distinção alcança também os "tipos" de conteúdo lingüístico. Teremos, então, a designação, referência à realidade, relação entre uma expressão lingüística e um "estado de coisas", que se reporta, deste modo, à linguagem em geral; o significado, conteúdo de um signo enquanto dado numa determinada língua, e o sentido, conteúdo próprio de um texto, o que o texto exprime além e através da designação e do significado.

É da maior relevância neste artigo a distinção entre significado e sentido, estratos semânticos, respectivamente, dos campos da "língua" e do "texto". Não é difícil que o aluno venha a distinguir estes dois níveis semânticos. Bastará fazê-lo ver que a palavra isolada tem significado, mas não sentido. Se ele a conhece saberá a que conceito se refere, caso contrário, poderá recorrer a um dicionário (código da língua, como uma gramática descritiva, com finalidade normativa ou não). Pode-se mostrar, então, a ele que, se apoiar, em dadas circunstâncias, em uma entoação, a palavra isolada ganhará uma intenção significadora, que passará a exprimir o que com ela quer dizer, caso em que já se falará em sentido, pois se constituiu um texto.

A análise gramatical ainda predominante em nosso ensino, ainda que com base em ocorrências textuais, mas em frases muitas vezes, é verdade, isoladas, permanece, não obstante, no campo da "língua", como já, na década de 1950, reconhecia Piccardo também em relação ao espanhol. Assim, nesta análise tradicional, qualquer oração iniciada por um *e* será uma coordenada sindética aditiva, sem se considerar, no nível do texto, "*todas las posibles determinaciones del hablar*", ou seja, as mais variadas possibilidades contextuais das construções em que a mencionada conjunção pode ocorrer. Fica-se, então, mesmo no nível da língua, pela mera explicitação de marcar uma relação de adição entre segmentos coordenados por meio de um conector. Esta classificação leva em conta os critérios formal (sindética), funcional (coordenada) e também semântico (aditiva), mas este último caracterizando o significado, estrato semântico invariante, próprio da língua, e não do texto. Desta maneira, em enunciados como "Carlos estudou muito e não fez boa prova" e "Carlos sentou-se e escreveu até tarde da noite", tem-se, em geral, no ensino, a mesma classificação, automatizada, para estas duas orações encabeçadas pelo *e*, embora os contextos lingüísticos sejam bem diversos, por isso mesmo os sentidos, estrato semântico do texto, também diferentes. No primeiro exemplo dado, não se pode deixar de explicitar uma relação de contraste entre as orações coordenadas, ao passo que, no segundo, cabe observar que as duas orações devem ser consideradas obrigatoriamente na ordem em que se apresentam, já que se visa a marcar a seqüência ou etapas de um evento. A relação de contraste, presente no primeiro período aludido, se manteria se se dissesse "Carlos não fez boa prova e estudou muito". É imprescindível distinguir-se, deste modo, descrição gramatical (nível da língua, do significado) de análise gramatical (nível do texto, do sentido).

Muitas obras que têm por objetivo a análise textual não consideram o significado e o sentido como níveis semânticos diferentes. Em geral, empregam indistintamente os dois termos. Por isso, há a dificuldade de fundamentar consistentemente, no campo do significar, através de uma metalinguagem unívoca, uma piada, por exemplo, num discurso corrente da língua.

> Uma piada, sobre ter o seu "significado", isto é, além do significado que tem cada palavra e cada oração dela, tem também um sentido particular, cujo entendimento se faz necessário para compreendê-la; e "piada" (o fato de um discurso constituir "piada") é, por sua vez, um "sentido". (Coseriu, 1980: 99)

Mesmo um simples gracejo, como em "Lá vem o magrinho", dito por alguém em certa situação, para se reportar a um rapaz bem gordo, mostra claramente a necessidade de separar significado de sentido no discurso metalingüístico.

Um outro importante campo de estudo da linguagem, relacionado ao da leitura, o da tradução, pertence, na verdade, à lingüística do texto, como evidencia Coseriu em denso ensaio. Com efeito, pondera o mestre romeno: "hay que decir que no se traducen los "significados", los contenidos de lengua como "tales", más aún que la traducción no atañe siquiera al plano de las lenguas, sino al plano dos textos (...) Sólo se traducen textos" (Coseriu, 1977: 219).

Para, poucas páginas adiante, complementar: "El 'contenido comunicado' de un texto consta exclusivamente de *designación* y *sentido* [destaco]" (Coseriu, 1977: 224).

O plano do sentido pode, evidentemente, coincidir com o do significado, quando se trata de texto informativo. No caso, no entanto, de certos textos, sobretudo do literário, é especialmente importante a distinção desses dois estratos do significar, considerada a singularidade de tais textos, cujo objetivo essencial é o da criação estética ou artística.

> O plano do sentido [nestes textos] é, por assim dizer, duplamente semiótico, porque nele um significante e um significado de língua constituem uma primeira série de relações, seguida de outra série em que o significado de língua passa, por sua vez, a ser "significante" para o conteúdo do texto ou "sentido".

Os significados lingüísticos (e o que eles designam) constituem a parte material do texto ou da obra literária sendo a parte material, o significante, de um outro signo cujo "significado" é o sentido do texto. (Coseriu, 1980: 99-100)

Pode-se, então, dizer, ainda com Coseriu, mas recorrendo a um romance brasileiro, que Machado de Assis, em *Dom Casmurro*, não fala de Capitu e de Bentinho, mas *com, mediante* Capitu e Bentinho, enquanto símbolos, fala de outra coisa, que é o sentido do seu romance.

Piccardo (1956: 17), ao sintetizar, afinal, sua posição de valorização do estudo da gramática no nível da análise, conclui:

> El análisis no debe deter-se en el reconicimiento de las formas; detrás de ellas buscará los contenidos conceptuales, volitivos, afectivos, fantasísticos; todo lo que la expresión comunica, lo que con ella se quiere, lo que traduce del sentir del hablante y de sus representaciones imaginativas.

Entendida deste modo, a análise gramatical se apresenta, no ensino, como um recurso importante para a compreensão do texto e, assim, como recurso de que o professor deve valer-se para ajudar os alunos na depreensão do sentido do que se está lendo, uma mensagem global de complexidade de graus diversos. Ela adquire relevância especial no estudo da construção do texto literário, cuja linguagem, por traduzir elaborado intento estético, por representar a plena funcionalidade da língua, ao se valer de potencialidades inusitadas do agir lingüístico de uma comunidade, por ser plurissignificativa, possui, em princípio, elevado grau de complexidade.

Como uma breve ilustração, através de alguns exemplos que selecionamos (poderiam ser outros!), da utilidade de recorrer à análise gramatical na atividade de leitura, escolheu-se um conto de Clarice Lispector (Lispector, 1989: 74-6), que se transcreve a seguir:

Uma esperança

Aqui em casa pousou uma esperança. Não a clássica que tantas vezes verifica-se ser ilusória, embora mesmo assim nos sustente sempre. Mas a outra, bem concreta e verde: o inseto.
Houve o grito abafado de um de meus filhos:
5 — Uma esperança! e na parede bem em cima de sua cadeira! Emoção dele também que unia em uma só as duas esperanças, já tem idade para isso. Ante

surpresa minha: esperança é coisa secreta e costuma pousar diretamente em mim, sem ninguém saber, e não acima de minha cabeça, numa parede. Pequeno rebuliço: mas era indubitável, lá estava ela, e mais magra e verde não podia ser.

— Ela quase não tem corpo, queixei-me.

— Ela só tem alma, explicou meu filho e, como filhos são uma surpresa para nós, descobri com surpresa que ele falava das duas esperanças.

Ela caminhava devagar sobre os fiapos das longas pernas, por entre os quadros da parede. Três vezes tentou renitente uma saída entre dois quadros, três vezes teve que retroceder caminho. Custava a aprender.

— Ela é burrinha, comentou o menino.

— Sei disso, respondi um pouco trágica.

— Está agora procurando outro caminho, olhe, coitada, como ela hesita.

— Sei, é assim mesmo.

— Parece que esperança não tem olhos, mamãe, é guiada pelas antenas.

— Sei, continuei mais infeliz ainda.

Ali ficamos, não sei quanto tempo olhando. Vigiando-a como se vigiava na Grécia ou em Roma o começo de fogo do lar para que não apagasse.

— Ela se esqueceu de que pode voar, mamãe, e pensa que só pode andar devagar assim.

Andava mesmo devagar — estaria por acaso ferida? Ah não, senão de um modo ou de outro escorreria sangue, tem sido sempre assim comigo.

Foi então que farejando o mundo que é comível, saiu de trás de um quadro uma aranha. Não uma aranha, mas me parecia "a" aranha. Andando pela sua teia invisível, parecia transladar-se maciamente no ar. Ela queria a esperança. Mas nós também queríamos e, oh! Deus, queríamos menos que comê-la. Meu filho foi buscar a vassoura. Eu disse fracamente, confusa, sem saber se chegara infelizmente a hora certa de perder a esperança:

— É que não se mata aranha, me disseram que traz sorte...

— Mas ela vai esmigalhar a esperança!, respondeu o menino com ferocidade.

— Preciso falar com a empregada para limpar atrás dos quadros — falei sentindo a frase deslocada e ouvindo o certo cansaço que havia na minha voz. Depois devaneei um pouco de como eu seria sucinta e misteriosa com a empregada: eu lhe diria apenas: você faz o favor de facilitar o caminho da esperança.

O menino, morta a aranha, fez um trocadilho, com o inseto e a nossa esperança. Meu outro filho, que estava vendo televisão, ouviu e riu de prazer. Não havia dúvida: a esperança pousara em casa, alma e corpo.

Mas como é bonito o inseto: mais pousa que vive, é um esqueletinho verde e tem uma forma tão delicada que isso explica por que eu, que gosto de pegar nas coisas, nunca tentei pegá-la.

Uma vez, aliás, agora é que me lembro, uma esperança bem menor que esta pousara no meu braço. Não senti nada, de tão leve que era, foi só visualmente que tomei consciência de sua presença. Encabulei com a delicadeza. Eu não mexia o braço e pensei: "e essa agora? que devo fazer?" Em verdade nada fiz.

Fiquei extremamente quieta como se uma flor tivesse nascido em mim. Depois não me lembro mais o que aconteceu. E, acho que não aconteceu nada.

(Clarice Lispector: *O primeiro beijo e outros contos*. São Paulo: Ática, 1989, p. 74-76).

A leitura, na verdade, é uma atividade interativa (com o autor e o texto) altamente complexa de produção de sentidos por parte do leitor, a exigir dele bem mais que o conhecimento lingüístico. Na verdade, é necessário que ele domine não apenas o código lingüístico, mas, como observa Cezar (2007: 103):

> compartilhe bagagem cultural, vivências, experiências, valores; correlacione os conhecimentos construídos anteriormente (de gênero, de mundo, entre outros) com as novas informações expressas no texto; faça inferências e comparações; compreenda que o texto não é uma estrutura fechada, acabada, pronta.

De sorte que é muito variada a gama de saberes que vai interferir no sentido que os usuários constroem a partir do texto. Aqui, não se fará a leitura do conto, não seria o espaço de uma aula de leitura, mas vai-se ater apenas ao conhecimento lingüístico, mais limitadamente ao conhecimento gramatical, no que este, em seu nível de análise, contribua para o alcance do sentido textual do conto.

A leitura deste conto de Clarice Lispector nos revela, no plano lingüístico, a presença freqüente do adjetivo (nome-adjetivo), palavra que tem a função gramatical de termo determinante do substantivo (nome ou pronome). A intencionalidade narrativa de caracterização de seres nomeados ou representados por um substantivo explica a freqüência deste tipo de palavra ao longo do texto, a começar como meio lingüístico para servir de marca, na organização textual, da oposição entre as duas esperanças. Assim, encontram-se, logo no primeiro parágrafo, no discurso da narradora, os adjetivos "clássica" e "ilusória" a contrastar com "concreta" e "verde"; no terceiro parágrafo, "secreta" em oposição a "magra" e "verde". A narradora opõe, desta maneira, a esperança inseto e a esperança sentimento, através de adjetivos bem caracterizadores destes "objetos" dos mundos físico e psíquico. Mas o adjetivo tem ainda um outro papel importante na estruturação textual e, pois, na construção do seu sentido: o de contribuir para traduzir o estado de "desesperança" da narradora: "respondi um pouco trágica" (l. 18); "continuei mais infeliz ainda" (l. 22); "Eu disse fracamente, confusa, sem saber se chegara infelizmente a hora certa de perder a esperança" (l. 33-34); "falei sentindo a frase deslocada" (l. 38-39).

Observe-se ainda, focalizando o adjetivo em ocorrências deste texto, como ele, quando anteposto ao substantivo, adquire um valor subjetivo, emocional: "pequeno rebuliço" (l. 8-9), ou seja, o rebuliço que toca à narradora; "longas pernas" (l. 14), para expressar mais fortemente o sentimento de comiseração da narradora ante a visão do frágil inseto, "que caminhava devagar sobre os fiapos de longas pernas"; "como é bonito o inseto" (l. 45), para realçar a beleza do inseto (confronte-se com "como o inseto é bonito"). Ainda a propósito da colocação do adjetivo, atente-se para esta outra possibilidade: "olhe, coitada, como ela hesita" (l. 19), na fala do filho, e "Eu disse fracamente, confusa, sem saber..." (l. 33). Em ambos os casos, os adjetivos vêm realçados, em seu papel caracterizador, através de uma pausa que se faz na leitura, ao serem eles proferidos.

Após a análise gramatical que o adjetivo comporta no conto, em como ele contribui para a construção do sentido textual, servindo para opor a caracterização das duas esperanças, ou para traduzir o estado de angústia da narradora e o tom emotivo de sua fala e a do personagem filho, passemos a observar o recurso a orações bem próximas, de que se vale a narradora em seu discurso, justapostas aos curtos enunciados em que ela, como personagem, a mãe, dialoga com o filho: "— Sei disso, *respondi um pouco trágica*" (l. 18), "— Sei, *é assim mesmo*" (l. 20) e "— Sei, *continuei mais infeliz ainda*" (l. 22). Tem-se aí um recurso gramatical que retrata a confusão entre as duas esperanças, uma idéia central do sentido textual, de muito facilitada, evidentemente, por terem as duas palavras o mesmo significante (homônimas). Assim, enquanto o "Sei disso" e o "Sei" respondem afirmativamente às perguntas do filho sobre o inseto, as orações destacadas traduzem a dor da narradora, do seu universo existencial, ante o sentimento da esperança, num jogo narrativo em que o intento da enunciação passa a ser outro. Observe-se que, neste comentário, não me moveu a preocupação com a classificação das orações, o que não significa que esta análise gramatical não tenha a sua importância e lugar no ensino da língua. Apenas se quis mais enfatizar, nesta passagem do conto, como esta análise deve levar em conta o contexto lingüístico para poder contribuir mais significativamente para a compreensão textual.

A confusão entre as duas esperanças alcança o seu ponto culminante no conto com enunciados de sentido duplo, em razão do contexto em que ocorrem, próprio, pois, do nível textual: "Eu disse fracamente, confusa, sem saber se chegara infelizmente a hora certa de perder a esperança" (l. 33-34), duplo sentido obtido graças à expressão repetida da língua "perder a esperança", e na frase em que a mãe diria à empregada: "você faz o favor de facilitar o caminho da esperança" (l. 41), duplo sentido criado em razão do sintagma verbal "facilitar o caminho da esperança".

Os signos lingüísticos referentes à esperança inseto e à esperança sentimento não têm em comum apenas o mesmo significante, mas a vulnerabilidade que o sentido textual vai nos passando a propósito delas. Vulnerabilidade física do inseto, expressa, por exemplo, por adjetivos empregados ("mais magra (...) não podia ser" ou "uma forma tão delicada"), por diminutivos ("— Ela é burrinha" ou "um esqueletinho verde"), com eles como que atenuando a carga agressiva que os dois lexemas traduzem ou, ainda, por orações curtas, como esta na fala do filho: "— Ela quase não tem corpo" (l. 11); vulnerabilidade existencial do sentimento, expressa, por exemplo, pelo sentido das três orações justapostas de aqui já se tratou, com a narradora revelando-se frustrada em sua experiência de vida em relação à esperança sentimento, afinal "tantas vezes verifica-se ser ilusória" (l. 1-2).

Outras ocorrências do texto devem suscitar a análise gramatical para uma melhor compreensão do sentido do conto, como o processo da ordem dos constituintes frasais, processo já aqui focalizado no tocante à posição do adjetivo. Mencionaria as três seguintes ocorrências, duas concernentes ao processo da colocação: a) a posposição do pronome adjetivo possessivo em "Ante surpresa minha" (l. 6-7), para efeito de realce (confronte-se, logo a seguir, com "e não acima de minha cabeça"); b) a posposição do sujeito em duas passagens: "Aqui em casa pousou uma esperança" (l. 1), com a expressão de lugar "Aqui em casa" a encabeçar o período, e "saiu de trás de um quadro uma aranha" (l. 29-30). A intenção de criar a expectativa de "quem pousou" e "do que terá saído de trás de um quadro" é plenamente alcançada com tal procedimento. O recurso ao cotejo pode ser eficaz e, portanto, deve ser estimulado. Observe-se como estas duas orações do texto perderiam em sua representação imaginativa, adotada a ordem direta: "Uma esperança pousou aqui na casa" e "Uma aranha saiu de trás de um quadro"; c) o emprego do artigo definido em "mas me parecia 'a' aranha" (l. 30). Nota-se aqui o uso das aspas para acentuar o valor significativo da palavra, certamente proferida com entoação particular, para lhe conferir um sentido aumentativo, a contrastar com o segmento anterior "Não uma aranha", ou seja, uma aranha qualquer. O sentido aumentativo está coerente com a fala do filho, pouco adiante: "— Mas ela vai *esmigalhar* a esperança" (l. 36).

Por fim, penso que, ao trabalhar com a leitura deste conto de Clarice Lispector, seria útil explicitar o sentido de certas orações em que o nexo coesivo várias vezes não é explicitado na narrativa, como em: "Emoção dele também que unia em uma só as duas esperanças, *já tem idade para isso*" (l. 5-6) ou "Três vezes tentou renitente uma saída entre dois quadros, *três vezes teve que retroceder o caminho*" (l. 15-16) ou ainda "senão de um modo ou de outro escorreria sangue, *tem sido sempre assim comigo*" (l. 27-28).

Uma ocorrência textual muito importante para ser explorada pela análise gramatical é a da estruturação do texto através dos parágrafos, com a explicitação dos recursos gramaticais utilizados na relação entre eles. À guisa de exemplificação com base no conto focalizado: o parágrafo "— Ela quase não tem corpo" (l. 11), fala da mãe, e o seguinte "— Ela só tem alma" (l. 12), fala do filho, têm garantida a sua continuidade, na construção textual, repetido o sujeito, em duas orações curtas, com estruturas quase idênticas, que se opõem pelo sentido negativo da primeira, a contrastar com o sentido afirmativo, embora limitador ("só") da segunda, no jogo lingüístico de contrastar semanticamente as duas orações. Já o parágrafo "— Mas ela vai esmigalhar a esperança!" (l. 36) se articula com o anterior "— É que não se mata aranha, me disseram que traz sorte..." (l. 35), através do elo coesivo *mas*, que marca, neste contexto, a oposição entre argumentos, na ordem do mais fraco para o mais forte, que vem a ser o adotado ("morta a aranha", l. 42).

Concluindo, concordo com Piccardo (1956: 17) quando afirma que "el análisis debe constituir la actividad fundamental de la clase de gramática". A análise, claro está, proposta, que leve em conta o contexto em que a unidade ou o procedimento gramatical adotado ocorra. Evidentemente que muitas estruturas gramaticais poderão comportar uma classificação igual à do nível da língua, como, por exemplo, no caso das orações subordinadas substantivas, se não houver qualquer fator contextual que acrescente um matiz semântico a mais a ser considerado na análise (confrontem-se os períodos "O menino comentou que ela é burrinha" e "— Ela é burrinha, comentou o menino"; neste último, deve-se observar o realce atribuído ao conteúdo da oração objetiva direta, a encabeçar o período, o que não se dá com a primeira estrutura.

Não se está, adotada a posição de Piccardo, descartando do ensino os outros dois níveis de estudo gramatical, o teórico e o da descrição gramatical, sobretudo este último. Apliquem-se, no entanto, aqui, as palavras com que Mattoso Câmara finaliza uma das suas obras mais sugestivas (1953: 108): "Cabe, a esta altura, dizer aos leitores como o rapsodo indiano de Rudyard Kipling: 'Isso já é outra história'."

Bibliografia

CÂMARA JR., Joaquim Mattoso. *Contribuição à estilística portuguesa*. Rio de Janeiro: Simões, 1953.

CEZAR, Marina Coelho Moreira. *Do ensino da língua literária e do sentido*. Niterói, RJ: UFF, tese de doutorado, 2007.

COSERIU, Eugenio. *El hombre y su lenguaje: estudios de teoría y metodología lingüística*. Madrid: Gredos, 1977.

_____. *Lições de lingüística geral*. Rio de Janeiro: Ao Livro Técnico, trad. de Evanildo Bechara, 1980.

_____. *Competencia lingüística: elementos de la teoría del hablar*. Madrid: Gredos, 1992.

FRANCHI, Carlos. "Gramática e criatividade". In: *Trabalhos de lingüística aplicada*. Campinas, SP: Unicamp, v. 9, 1987, p. 5-45.

KOCH, Ingedore G. Villaça; ELIAS, Vanda Maria. *Ler e compreender os sentidos do texto*. São Paulo: Contexto, 2006.

LISPECTOR, Clarice. *O primeiro beijo e outros contos*. São Paulo: Ática, 1989, p. 74-76.

NEVES, Maria Helena de Moura. *Gramática de usos do português*. São Paulo: UNESP, 1999.

PICCARDO, Luis Juan. "Gramática y enseñanza". *Anales del Instituto de Professores 'Artigas'*. Montevideo, n.º 1, año 1, 1956, p. 3-23.

GARRETT, UM DRAMATURGO MODERNO LEITOR DOS CLÁSSICOS[1]
Aníbal Pinto de Castro
Universidade de Coimbra

É por demais sabido como a evolução dos códigos estéticos se pode operar por continuidade ou por fractura. E como, no caso do Romantismo, a renovação do gosto literário se fez num espírito revolucionário contra o império dos modelos clássicos, mantidos durante mais de dois séculos por um sistema pedagógico basicamente sustentado pelos colégios da Companhia de Jesus, e que projectava, no plano da arte, os mesmos anseios de liberdade que a Revolução Francesa proclamara e fizera triunfar.

Na verdade, não era de modo algum inocente o grito que, em 1834 (e em França!), Victor Hugo lançava no poema *Réponse à un acte d'accusation,* incluído nas *Contemplations:* "guerre à la Rhetorique et paix à la syntaxe" (Hugo, 1922: 55).

Mas Garrett, que certamente o leu e entendeu, como se prova pelo indiscutível papel que desempenhou na renovação da língua e do estilo, num texto literário singularmente novo, não foi tão radical nos caminhos que escolheu para criar a sua obra. Preferiu o ecletismo de uma atitude que se me afigura muito semelhante à de Camões; como ele, escrevendo direito ainda que pelas linhas sinuosas da ironia, lembrou no Cap. VI das *Viagens,* ao divagar, como só ele sabia, acerca da fusão da mitologia pagã com o maravilhoso cristão. Aí escreveu, com efeito, referindo-se ao tempo estético do épico:

---

[1] Tendo ouvido em tempo a apresentação oral deste artigo, manifestou a minha Mestra e Amiga, Senhora Doutora Maria Helena da Rocha Pereira, algum empenho em vê-lo publicado. É na convicção de que o seu juízo possa superar o carácter de síntese, porventura excessivo, da sua formulação, que hoje resolvi trazê-lo a público nesta homenagem a um querido Colega e Amigo da estirpe do Professor Evanildo Bechara.

> Não havia ainda então românticos nem romantismo, o século estava muito atrasado. As odes de Vítor Hugo não tinham ainda desbancado as de Horácio; achavam-se mais líricos e mais poéticos os esconjuros de Canídia, do que os pesadelos de um enforcado no oratório; chorava-se com as *Tristes* de Ovídio, porque se não lagrimejava com as meditações de Lamartine. Andrómaca, despedindo-se de Heitor às portas de Tróia, Príamo suplicante aos pés do matador de seu filho, Helena lutando entre o remorso do seu crime e o amor de Páris, não tinham ainda sido eclipsados pelas declamações da mãe Eva às grades do paraíso terreal. O combate de Aquiles e Heitor, das hostes argivas com as troianas, não tinha sido metido num chinelo pelas batalhas campais dos anjos bons e dos anjos maus à metralhada por essas nuvens. Dido chorando por Eneias não tinha sido reduzida a donzela choramingas de Alfama carpindo pelo seu *Manel* que vai para a Índia...
> (Garrett, 1963: 42)

Não tiremos a este trecho a ironia que tão finamente o marca, mas entendamo-lo para além dessa ironia. Veremos que ele exprime com meridiana clareza uma consciente e deliberada atitude estética.

E é o lugar dos clássicos nessa atitude que eu me proponho hoje pôr em relevo, na senda da investigação que, com tanta finura e saber, desenvolveu a minha distinta Colega e Amiga Doutora Ofélia Paiva Monteiro[2], à luz da investigação que eu próprio tenho feito no campo da teorização retórica e da poética na época de Setecentos e daquela a que continuo a proceder no sentido de estabelecer as linhas essenciais e os fundamentos da poética garrettiana.

Qualquer leitor, mesmo pouco atento, não terá, aliás, dificuldade em identificar na sua escrita essa permanente presença da leitura dos clássicos. Aduzirei breves provas dessa memória literária e da sua importância no trabalho de Garrett como criador. Já o estabelecimento das relações de intertextualidade profunda que existem entre o texto garrettiano e essa leitura levanta problemas vários, cuja solução depende radicalmente da existência de uma edição crítica genética, cujos primeiros passos estão agora a ser dados em Coimbra.

Como deixava entrever acima, o Romantismo português surgiu com manifesto atraso em relação outras literaturas europeias. Já a explicação desse atraso e, sobretudo da ausência de um verdadeiro pré-romantismo entre nós, carece ainda de precisões e aprofundamentos críticos que urge elaborar. Seria demasiado simplista explicar o fenómeno, recorrendo apenas ao nosso proverbial atraso de país periférico e eternamente privado das luzes do progresso pelas sombras

---

[2] Veja-se (Monteiro, 1971).

do obscurantismo. Para determinar as causas dessa evolução e da consequente periodização estética que ela determina, temos de recuar um pouco no tempo.

É sabido como o Barroco se prolongou demasiado no tempo português, pois só em 1746 Verney lhe deu o primeiro abalo sério com as famosas cartas do Barbadinho ficcionalmente reunidas no *Verdadeiro método de estudar*. A responsabilidade dessa excessiva duração cabia inequivocamente, como dizia acima, ao ensino das matérias literárias que a Companhia de Jesus mantivera, quase inalterado, desde os finais de Quinhentos, na sua vasta rede de colégios.

Mas quando, em 1759, a sanha iluminista de Pombal destituiu os Jesuítas desse quase monopólio pedagógico, verificou-se um curioso movimento de retrocesso! Com efeito, por alvará de 28 de Junho de 1759 (dois meses antes do decreto de expulsão!), mandava o Rei D. José que, para restaurar o estudo das Letras decaído durante o século anterior pela acção e método dos Inacianos, se tornava necessário repor o "método antigo (isto é, o do século XVI) reduzido aos termos simples, claros e de maior facilidade, que se pratica actualmente pelas nações polidas da Europa".

Esse mesmo diploma determinava a imediata criação de escolas públicas de Retórica em todas as cidades e vilas do Reino que fossem cabeça de comarca, dando lugar a um alargamento da rede de escolas para a qual não havia quadros nem instrumentos didácticos. Daí resultou um sistema de regras, pautado pelas *Instruções para os Professores* que acompanhavam o alvará, que contribuiu decisivamente para acentuar o carácter normativo do código estético-literário, revalorizando, à luz do gosto renascentista, as teorias matriciais de Horácio e de Quintiliano, com natural, embora não total, detrimento de Aristóteles e algum esquecimento de Cícero.

Tudo isto significa que a pretendida renovação literária, mediante a criação do "bom gosto" que autores como Cândido Lusitano haviam haurido de Muratori, se vai fazer por um retrocesso às teorias e paradigmas renascentistas, em vez de se projectar para o futuro na procura de novas ideias estéticas. E a relativa falência da empresa literária consubstanciada na Arcádia Lusitana, apesar de tantos e tão generosos esforços de vários dos seus membros (a começar por Garção!), como teorizadores e criadores, e a melhor prova de que o caminho traçado era o menos adequado para levar os poetas Portugueses à modernidade pretendida por Pombal e pelos seus iluminados conselheiros em tais matérias[3].

---

[3] Veja-se a este respeito o que escrevi em (Castro, 1974).

É neste contexto cultural e pedagógico, em grande parte personificado pelo magistério doméstico de D. Fr. Alexandre da Sagrada Família[4], que vai decorrer a primeira formação literária do jovem Garrett. E não faltam provas dessa realidade.

Assim, sabemos que Francisco Gomes de Amorim possuiu, oferecido por Aníbal Fernandes Tomás, um exemplar da *Arte poética* de Horácio, na tradução de Cândido Lusitano, que Garrett manuseara na sua adolescência, pois tinha manuscritas a sua assinatura *(João Batista da Silva Leitão)*, e a data de 1814 (Garrett, 1884: 581).

E quando, por finais de 1830, regressado de Coimbra à casinha do Vale de Santarém, Carlos, em cuja figura ficcional há tanto do próprio Garrett, apresenta os primeiros sintomas de heterodoxia ideológica à perspicácia desconfiada de Fr. Dinis, personagem na qual a finura crítica de Ofélia Paiva Monteiro viu tanto de D. Fr. Alexandre[5], recebe do austero franciscano uma formal proibição de pensar e indica, como antídoto para o perigoso veneno que já lhe corria nas veias do entendimento, a leitura de dois dos mais celebrados poetas latinos. Vale a pena recordar um passo do diálogo, tirado do capítulo XV das *Viagens*:

> — Carlos, Carlos! nem mais uma palavra a semelhante respeito. Em que más companhias andaste tu, que maus livros leste, tu que eras um rapaz?... Carlos, proíbo-te de pensar nesses desvarios.
> — Proíbe-me... a mim... de pensar!... Ora, senhor...
> — Proíbo de pensar, sim. Lê no teu Horácio se estás cansado das Pandectas. Vai para a eira com o teu Virgílio... Ou passeia, caça, monta a cavalo, faze o que quiseres, mas não penses. Cá estou eu para pensar por ti.
> — Porquê? eu hei-de ser sempre criança? a minha vida há-de ser esta? Horácio! tenho bom ânimo para ler Horácio agora... e a bela ocupação para um homem de vinte e um anos, escandar jambos e troqueus! (Garrett, 1963: 121)

Sob a metamorfose da fantasia ficcional surge com visível transparência a realidade biográfica, onde a formação literária do autor assentava solidamente na leitura dos clássicos.

Tiremos uma terceira prova de duas breves aproximações intertextuais.

Ao acentuar, no prefácio à 1.ª ed. de *Catão*, publicada em Lisboa, em 1822, as dificuldades do género trágico, não se esquece de sublinhar a demora e perseve-

---

[4] Veja-se (Monteiro, 1974).
[5] Veja-se *id. ibid.*

rança com que estudara e cultivara as principais obras nele integradas, vem-lhe espontaneamente à pena a expressão "mão diurna e nocturna" (Garrett, 1972: 31), dos versos 268-269, da *Poética*, quando o Venusino recomendava aos Pisões: *Vos exemplaria graeca / nocturna uersate manu, uersate diurna.*

Podia tratar-se de uma proximidade textual que, presente na sua memória de jovem, lhe viesse ao bico da pena com natural e fácil espontaneidade. Tal memória, porém, perduraria ao longo de toda a vida. Assim, ao afirmar na *Memória* lida ao Conservatório Real de Lisboa, em 6 de Maio de 1843, a propósito do *Fr. Luís de Sousa*, em que pretendera demonstrar como, com um drama moderno, se podia provocar a catarse aristotélica, excitando fortemente o terror e a piedade das plateias então gastas e caquécticas pelo recurso aos ingredientes estafados de que o teatro dito romântico usara e abusara, acrescenta:

> ... não sei se o consegui; sei, tenho fé certa, que aquele que o alcançar, esse achou a tragédia nova, e calçou justo no pé o coturno das nações modernas; esse não aceite das turbas o trago consagrado, o bode votivo; não subiu no carro de Téspis, não besuntou a cara com borras de vinho para fazer visagens ao povo; esse atire a sua obra as disputações das escolas e das parcialidades do mundo, e recolha-se a descansar no sétimo dia dos seus trabalhos, porque tem criado o teatro da sua época. (Garrett, 1973²: 19-20)

Note-se que se trata, não de afirmar uma adesão à doutrina horaciana, mas de traçar os caminhos de uma modernidade dramática, recorrendo a formas metafóricas cunhadas a partir dos versos 275-277 da *Poética* horaciana:

> Ignotum tragicae genus inuenisse Camenae
> dicitur et plaustris uexisse poemata Thespis
> quae canerent agerentque peruncti faecibus ora.

ou, na versão portuguesa de Rosado Fernandes: "Diz-se que Téspis descobriu um género desconhecido da Camena trágica e transportou, em carros, as suas peças, que os actores cantavam e representavam de caras besuntadas com o mosto da uva".

Mas não só dos teorizadores e trágicos se alimentara a formação do jovem Garrett. Dos muitos nomes que poderia aduzir, lembrarei apenas as traduções de Safo na versão de Catulo[6], datadas do Havre, de 1824, e onde, para além de

---

[6] Veja-se (Ramalho, 1966).

outras composições sem título, encontramos outras intituladas *A Cornélio Nepote, Ao pardalzinho de Lésbia,* à *morte do pardalzinho, a Lésbia* (várias), *a Flávio, a Verínio, a Fúrio e Aurélio, a Asínio, a Fábulo, a Calvo Licínio,* etc., alem de, num caderno solto, junto ao mesmo volume, um *Epitalâmio de Pileu e Tétis.*

Vinha de longe, por outro lado, o seu estudo dos tragediógrafos gregos, em especial de Eurípides. Segundo conta no prefácio à *editio princeps* de *Mérope,* datado de Lisboa, de 12 de Agosto de 1841, tinha 12 anos e estava na Terceira, quando se atrevera a lê-lo no original, chegando, com o auxílio do Padre Brumoy, a conhecer sofrivelmente algumas das suas tragédias. Seria gosto que para sempre lhe ficaria ínsito no espírito.

Ao terminar em Coimbra o seu curso de Leis, estava, pois, o jovem Garrett profundamente imbuído do saber literário de Gregos e Latinos. Vejamos apenas uma prova desta afirmação. Ao reunir, em 1821, os seus poemas para os imprimir na Imprensa da Universidade, num volume que há anos adquiri para completar o Espólio que ali se guarda, baseava nesse conhecimento a sua fé na função pedagógica do teatro para a formação das sociedades modernas. E escrevia por isso com grande convicção:

> Se Homero contribuiu muito para formar a grande alma de Alexandre com o exemplo de Aquiles, quanto maior força não devem ter sobre ânimos bem nascidos os modelos de virtudes e esforço de seus concidadãos e avoengos,
> *Em versos divulgados numerosos?*
> Os gregos, nossos mestres em tudo, mas principalmente nas boas artes, este primeiro fito levaram sempre em seus mais afamados poemas.
> Homero, cantando a ira de Aquiles e a sabedoria de Ulisses, celebrou os gloriosos antepassados de seus compatriotas. Tróia abrasada, Príamo vencido, Agamémnon triunfante, eram os exemplos que lhes apresentava para afervorar o amor da glória e aprimorar o esforço e valor nacional.
> Este digno ofício não coube só à epopeia. Os teatros, desde que, pela civilização e bom gosto, foram limpos das fezes da barbaridade, começaram a ser, não só a escola da boa e lídima linguagem, e da moral sã e pura; mas o incentivo da glória e o gérmen das virtudes sociais. As *Coéforas* de Ésquilo, as *Euménides,* a *Ifigénia, o Ájax, o Filoctetes,* e muitas outras de Eurípides e Sófocles que fim tinham senão os louvores de Atenas, e a glória dos Gregos! Ésquilo, o grande pai da tragédia, fez mais; os vencedores de Salamina foram, vivos ainda, publicamente celebrados nos tablados da Grécia: os seus *Persas* (…), tragédia em tudo admirável, outra acção não contém, nem outro fito levou, senão mostrar à triunfante Atenas a consternação e miserável estado, em que seus guerreiros tinham posto a corte do *grande-rei.* (Garrett, 1821: 7-9)

Apesar de longo, este texto parece-me deveras significativo para a determinação da essência da questão e para a delimitação da análise que dela me proponho fazer. E a primeira nota que eu gostaria de sublinhar é que, de todos o géneros que cultivou, o dramático, e em especial o trágico, foi aquele onde melhor se evidenciou a sua formação clássica, talvez porque se adequava mais perfeitamente à sua genial *vis drammatica* e porque conciliava, melhor do que nenhum outro, a força das emoções com a sobriedade da sua expressão. Não que a herança clássica não esteja omnipresente em tudo quanto escreveu, e em especial em alguns poemas como o *Retrato de Venus* e o *Roubo das Sabinas,* onde, ao tema clássico, se vinha juntar um hedonismo antigo renovado pelo espírito libertino e pelo naturalismo algo erótico do Iluminismo de Setecentos, que tão fortemente fazia vibrar os estuantes vinte anos daquele que a si próprio se designara por Alceu da Revolução de 20.

Não que ele abdicasse de satisfazer a insaciável sede que tinha de cultura literária, numa permanente curiosidade de a enriquecer através de uma gama de leituras de que, não sem alguma fatuidade muito própria da sua personalidade, dá conta numa nota subscrita pelos editores da primeira edição em volume das *Viagens na minha terra*, mas que deve ser da sua exclusiva responsabilidade:

> "Orador e poeta, historiador e filósofo, crítico e artista, jurisconsulto e administrador, erudito e homem de Estado, religioso cultor da sua língua e falando correctamente as estranhas — educado na pureza clássica de Antiguidade e versado depois em todas as outras literaturas — da Meia Idade, da Renascença e da contemporânea — o autor das *Viagens na minha Terra* é igualmente familiar com Homero e com Dante, com Platão e com Rousseau, com Tucídides e com Thiers, com Guizot e com Xenofonte, com Horácio e com Lamartine, com Maquiavel e com Chateaubriand, com Shakespeare e Eurípides, com Camões e Calderón, com Goethe e Virgílio, Schiller e Sá de Miranda, Sterne e Cervantes, Fénelon e Vieira, Rabelais e Gil Vicente, Addison e Bayle, Kant e Voltaire, Herder e Smith, Bentham e Cormenin, com os Enciclopedistas e com os Santos Padres, com a Bíblia e com as tradições sânscritas, com tudo o que a arte e a ciência antiga, com tudo o que a arte, enfim, e a ciência moderna têm produzido. (Garrett, 1963: 2-3)

A própria formulação emparelhada da maior parte dessa vasta gama de leituras é bem significativa, não apenas da sua polimórfica diversidade e âmbito cronológico, mas, sobretudo, da permanente contraposição que no seu espírito, consciente ou inconscientemente, se estabelece entre Antigos e Modernos.

Mas atenhamo-nos apenas ao teatro.

As suas primeiras obras são, como é por demais sabido, tragédias à maneira clássica, escritas em decassílabos brancos. Publicou os textos da *Mérope*, tema em que, segundo declara no prefácio da primeira edição, de 1841, começou a pensar aos 12 anos, aliás na senda do Tio Bispo, e que terá escrito em Coimbra, não aos 18, como diz, mas aos 20; e de *Catão* que, representado pela primeira vez em 1822, logo apareceria em letra de forma nesse mesmo ano.

Mas outras tentativas fez no género e com temas tirados do seu saber clássico. E, a crermos no que confessa no prefácio de *Mérope*, escrevera uma suposta tragédia intitulada *Xerxes,* a partir dos *Persas* de Ésquilo, além de uma *Lucrécia* e de outros "atentados dramáticos"!... Dessas tentativas restam no Espólio, entre outros fragmentos, 12 páginas de uma *Iphigenia em Tauride,* que começou em Angra a 24 de Fevereiro de 1816, e o acto I e parte do II de um *Édipo em Colono* cujo autógrafo refere ter sido começado no Porto, em Julho de 1820.

Acerca da primeira escreveu na p. 7 do respectivo autógrafo, com data de Julho de 1820:

> Não passou daqui o meu voo trágico. Fogo de palha; mal aceso e pouco duradouro. Estes poucos versos são, os demais, traduzidos do grego, ou imitados — Racine também tem o seu quinhão, mal roubado e pior escondido. — Conservo isto para me lembrar da minha infância trágica, e poética. — Então me agradou muito; hoje me faz rir. — Tais somos em toda a vida, e em todas as acções dela. (*apud* Lima, 1948: 10)

Este jocoso, mas significativo apontamento me leva a uma outra ordem de considerações.

É por demais evidente que, na esteira do neoclassicismo setecentista francês e italiano, Garrett se preocupou desde muito cedo em actualizar a tragédia clássica, sobretudo na invenção da matéria trágica e na reorganização estrutural dos textos. Esse trabalho fez-se quase sempre a partir da leitura dos clássicos modernos. Mas também, em sentido inverso, sempre que o seu conceito de equilíbrio e de harmonia se via perturbado pelas tentativas algo amaneiradas de trazer os grandes temas da tragédia antiga ao gosto degradado das plateias modernas, patente em muitos dramaturgos franceses e ingleses setecentistas (Addison, com o seu *Cato*, era bem o exemplo dessa adulteração, que já merecera forte censura de Schlegel), o regresso à autenticidade dos grandes tragediógrafos gregos era o seu mais generoso recurso.

Claro está que toda esta busca não se processava sem algum desnorte e confusão. Nem admira que assim fosse. As leituras eram, como vimos, um tanto caóticas e as opiniões que nelas encontrava eram, as mais das vezes, díspares quando não confusas. Não andaria por isso longe da verdade quando confessava no prefácio de *Mérope* que a leitura de Alfieri e de Ducis lhe transtornara as ideias dramáticas, levando-o a perder "toda a fé nas crenças velhas", sem entender as novas nem acertar com elas (Garret, 1973[1]:14). De todas essas preocupações, algo antagónicas, dão conta assaz exacta, entre muitos outros textos espalhados em apontamentos e cartas, os sucessivos prefácios que foi elaborando para as sucessivas edições que de algumas dessas obras foi dando e, com não menor incidência, das alterações, por vezes muito profundas, que nelas foi introduzindo, num *labor limae*, que era, ainda, uma manifestação do seu perfeccionismo horaciano.

Vejamos o prefácio da primeira edição de *Catão*, datado de Lisboa, de 13 de Março de 1822.

Para a leitura dos grandes dramaturgos gregos (e menciona Sófocles, Ésquilo, Eurípides e Aristófanes), não podendo contar em absoluto com um escasso conhecimento da língua original, valera-se "de boas traduções latinas e francesas, e sobretudo da erudita e engenhosa obra" do Padre Brumoy, isto é, dos três volumes de *Le Théâtre des Grecs,* publicados em 1730. E traça, em síntese assaz simplista (cruas e mal digeridas reflexões, lhes chamará num *Nota Bene* acrescentado em 1839!), uma evolução do género dramático.

Em sua opinião, "a tragédia grega, singela e vigorosa em Ésquilo, majestosa e sublime em Sófocles, só em Eurípides decai alguma cousa em certa afectação de *moralizar* que depois em Roma estragou Séneca, e mais posteriormente em Paris *amaneirou* algumas vezes Voltaire" (Garrett, 1972: 31).

Quanto à comédia grega, que considerava simples caricatura dos caracteres contemporâneos, tivera um percurso mais *vago* e *incerto;* nela admirava "a viveza dos ditos picantes" e o engenhoso da imitação *ridícula"*, mas mais nada, tendo formado do género um conceito indeterminado, até por falta de referências posteriores.

Depois de ter vibrado de entusiasmo com as maravilhas helénicas, a produção dramática latina deixava-o desapontado:

A cena romana não me ofereceu senão Plauto, Terêncio e Séneca, ou, mais exactamente, algumas cópias desfiguradas dos originais gregos que, tendo largado o palio de Atenas, vestiram a *toga* do Lácio que se lhes desajeitava nos ombros desafeitos. (Garrett, 1972: 32)

Depois, numa desconcertante mescla, que só não surpreende mais pela juventude de quem a formulava, diz das suas leituras dos modernos, onde se amalgamam a *Sofonisba* de Trissino e a *Castro* de António Ferreira, para a tragédia; Juan del Encina, Gil Vicente, António Prestes e Ariosto, para a comédia, com outros vários, italianos e espanhóis (que não cita), mas que julga terem constituído as primícias do teatro moderno, assim nascido de uma mistura do clássico grego com o "género romântico", entenda-se o *romântico*, aqui, não tornado num sentido periodológico, mas no de 'autóctone vernacular'.

A *conservação* e o *apuro* do género clássico (note-se a flagrante confusão com que usa o conceito de *género* e a palavra que o designava!) deviam-se, por certo, em França, primordialmente a Racine, Voltaire e Crébillon (nova e desconcertante mistura!), mas, embora ao arrepio da opinião corrente, considerava que haviam sido Scipione Maffei e Vittorio Alfieri, quem mais o tinham *apurado* e *sublimado*.

Shakespeare, dando origem ao género *romântico*, formara uma "classe" distinta que, embora irregular e informe, apresentava uma beleza muito própria e única.

Corneille, Ducis, Schiller e os modernos autores ingleses e espanhóis tinham conseguido em quase todas as suas obras a combinação dos dois "géneros".

Tudo isto era na verdade cru e mal digerido!... Mas prova, fundamentalmente, como o conhecimento do teatro moderno lhe servira para o exercício de uma crítica, ainda quando naturalmente mal fundamentada e pior formulada, da qual resultava uma actualização, primeiro, e uma busca de caminhos mais originais, depois. Estava assim aberta a senda que, da tragédia clássica, o havia de levar ao drama do *Fr. Luís de Sousa*.

No prefácio à 2.ª edição, publicada em Londres, em 1830, datado de 15 de Abril, a declaração de compromisso entre o antigo e o moderno é já mais lapidar. Para justificar a profunda remodelação a que sujeitara o texto, escrevia que a ela procedera "sem escrava submissão aos factícios preceitos do teatro francês, nem revolucionário desprezo das verdadeiras regras clássicas (que hoje é moda desatender sem as entender); nem caminhando de olhos fechados pelo estreito e alinhado carreiro de Racine, — nem desvairando à toa pelas incultas devesas de

Shakespeare" (Garrett, 1972: 56). Desta maneira procurara "conciliar (e não era impossível) a verdadeira e bela natureza com a verdadeira e boa arte".

Fora o melhor entendimento de Tito Lívio e Plutarco, "dois grandes fanais da historia antiga", relidos a luz da experiência dos dez anos da revolução portuguesa, que haviam permitido ao jovem dramaturgo aprimorar a sua tragédia "nas reformas que nela fez, no desenho de seus caracteres, e no colorido de muitas cenas que, na primeira edição, visivelmente mostravam a mão inexperta do pintor que as traçava sem ter donde copiar do vivo".

E no prefácio à 3.ª edição, datado de 19 de Novembro de 1839, voltaria a dizer que esta mesma correcção do texto fora elaborada a partir do "estudo profundo e quase teimoso dos autores latinos e gregos que trataram de coisas romanas" (Garrett, 1972: 62).

Fazendo o balanço da sua actividade de dramaturgo, dizia que antes de *Catão* já fizera muitas tragédias e comédias, todas sensabores; por isso as rasgara, deixando apenas a *Mérope*, porque tinha a intenção de a rever. E que, inspiradas do reflexo estrangeiro, apenas tinham de portuguesas as palavras: no mais, eram "pensadas em grego, em latim, em francês, em italiano, em inglês"... Mas, para remodelar *Catão*, fora a Roma, fizera-se romano e, voltando a Portugal, pensara de português para Portugueses.

Fechara-se daquele modo o ciclo que, dos clássicos, o levara aos clássicos, para fazer dele, mais do que um romântico, um clássico moderno. Na matura idade dos quarenta anos, podia, pois, afirmar, já com a serena certeza que lhe ditara um conhecido passo das *Viagens*:

> O clássico rabugento é um velho teimoso de cabeleira e polvilhos que embirra em ser taful, e cuida que morrem por ele as meninas. O romântico desvairado é um peralvilho ridículo que dança o galope pelas ruas, e toma por sorrisos de namorada o superciliouso olhar da senhora honesta que se riu de pasmo de o ver tão doudo e tão presumido — mas tão sensabor. (Garrett, 1972: 65)

Garrett só era ambas as coisas quando cuidava que morriam por ele as meninas!... Mas a síntese ia-se fazendo no espírito do artista. E o resultado mais visível dela aí está nas suas grandes obras finais, em especial nas *Viagens* e no *Fr. Luís de Sousa*. E porque ao teatro me venho atendo, limito-me desta vez ao drama, começando pela *Memória ao Conservatório*.

Visivelmente marcado já pelo culto da tradição nacional, que o levara a coligir com tanto afã as peças do Romanceiro, sublinhava Garrett que os mais belos acontecimentos e caracteres da história portuguesa se definiam por "uma extrema e estreme simplicidade" (Garrett, 1973²: 15). Por isso as figuras, grupos e situações da nossa história lhe pareciam "mais talhados para se moldarem e vasarem na solenidade severa e quase estatuária da tragédia antiga, do que para se pintarem nos quadros, mais animados talvez, porém menos profundamente impressivos, do drama novo — ou para se interlaçarem nos arabescos do moderno romance".

Via por isso que, na história feita lenda do famoso frade dominicano, que lera num curto romance histórico de Paulo Midosi, publicado no *Panorama* e que vira representado, quando muito jovem, por uma companhia ambulante, na Póvoa de Varzim, havia "toda a simplicidade de uma fábula trágica antiga. Casta e severa como as de Ésquilo, apaixonada como as de Eurípides, enérgica e natural como as de Sófocles", tinha, a mais do que elas, "aquela unção e delicada sensibilidade que o espírito do Cristianismo derrama por toda ela, molhando de lágrimas contritas o que seriam desesperadas ânsias num pagão, acendendo até nas últimas trevas da morte, a vela da esperança que se não apaga com a vida".

A catástrofe dramática era "um duplo e tremendo suicídio"; mas esse suicídio não se cometia pelo punhal ou pelo veneno; era consumado por duas mortalhas que caíam sobre dois cadáveres vivos. E as comparações surgem-lhe de imediato, não sem evidentes reminiscências da *Poética* aristotélica:

> A desesperada resignação de Prometeu cravado de cravos no Cáucaso, rodeado de curiosidades e compaixões, e com o abutre a espicaçar-lhe no fígado, não é mais sublime. Os remorsos de Édipo não são para comparar aos exquisitos tormentos de coração e de espírito que aqui padece o cavalheiro pundonoroso, o amante delicado, o pai estremecido, o cristão sincero e temente do seu Deus. Os terrores de Jocasta fazem arripiar as carnes, mas são mais asquerosos do que sublimes: a dor, a vergonha, os sustos de D. Madalena de Vilhena revolvem mais profundamente no coração todas as piedades, sem o paralisar de repente com uma compressão de horror que excede as forças do sentimento humano. (Garrett, 1973²: 17)

O tema era, pois, o de uma verdadeira tragédia e se lhe não dera tal classificação, fora apenas para não abrir guerra com "os estafermos respeitados dos séculos que, formados de peças que nem ofendem nem defendem no actual guerrear", ainda conseguiam, apesar de tudo, alguma veneração dos contemporâneos.

Sendo o drama, na sua teoria, "a expressão mais verdadeira do estado da sociedade", importava-lhe pintar do vivo, desenhar do nu, e não buscar poesia nenhuma nem de invenção nem de estilo fora da verdade e do natural". Havia, pois, que adaptar as formas literárias à sociedade contemporânea.

Vivia-se num século democrático e por isso — escrevia — "tudo o que se fizer há-de ser pelo povo e com o povo... ou não se faz". Os príncipes já não eram, nem podiam ser, Augustos, que recebessem mecenaticamente a celebração áulica dos poetas, como Horácio e Virgílio tinham feito. Mas os poetas dramaturgos, feitos cidadãos, teriam de ir como Eurípides e Sófocles, pedir na praça pública os sufrágios do povo. Quer dizer que, sendo modelos de arte, os dramaturgos gregos eram também mestres de cidadania. E esse era mais um motivo da sua adesão àquela escola perene de beleza. O drama assumia, assim, na modernidade, a forma e a função pedagógica e social que a tragédia antiga desempenhara na *pólis* grega. E a análise do texto de *Frei Luís de Sousa* confirma em pleno esta posição do autor.

Estas considerações não esgotam — claro está — o problema, pois muito importará, em meu entender, por exemplo, procurar na leitura que Garrett fez do teatro setecentista, e em especial da obra de Diderot (que aliás cita repetidas vezes), outras raízes desta teoria.

Uma conclusão, porém, julgo podermos tirar desde já.

A herança dos clássicos, fosse recebida na sua inteireza original (mesmo quando não directamente tomada na língua original), fosse filtrada através dos autores que os tinham continuado desde o Renascimento, traduzindo-os, imitando-os ou adaptando-os, ofereceu a Garrett as linhas essenciais que determinaram a sóbria contenção, o cristalino equilíbrio e a serena beleza da sua alma de romântico: pela disciplina com que o fizeram dominar o fogo das paixões, pelo calmante sedativo que trouxeram aos impulsos naturais e naturalistas do seu temperamento, pela consciência que aperfeiçoaram da sua cidadania e da intervenção pública que, em nome dela, teve como político e como artista, pela configuração "nobilitante" que deram à poesia que, bem dentro dos cânones da sua época, encontrou e valorizou na tradição nacional, na tradição histórica e na memória literária.

Bibliografia

AMORIM, Francisco Gomes. *Garrett: memorias biographicas*. Lisboa: Imprensa Nacional, v. II, 1884, p. 581, nota.

CASTRO, Aníbal Pinto de. "Alguns aspectos da teorização poética do Neoclassicismo português". In: *Sep. de "Bracara Augusta XXVIII*. Braga: Câmara Municipal de Braga, fasc., 1974, p. 65-66 (77-78).

GARRETT, Almeida. *Poesias de João Baptista Leitão de Almeida Garrett*. 1821, manuscr.

_____. *Viagens na minha terra*. Lisboa: Portugália Editora, intr. e notas de Augusto da Costa Dias, 1963.

_____. *Obras completas. Teatro 1*. Lisboa: Parceria A. M. Pereira, 1972.

_____. *Obras completas. Teatro 2*. Lisboa: Parceria A. M. Pereira, 1973[1].

_____. *Obras completas. Teatro 4*. Lisboa: Parceria A. M. Pereira, 1973[2].

HUGO, Victor. *Les contemplations*. Nouv. 6.ª ed. publie par Joseph Vianey. Paris: Hachette, t. I, 1922.

LIMA, Henrique de Campos Ferreira. *Inventario do espólio literário de Garrett*. Coimbra, Biblioteca Geral da Universidade, 1948.

MONTEIRO, Ofélia M. Caldas Paiva. *A formação literária de Almeida Garrett. Experiência e criação*. Coimbra: Centro de Estudos Românicos, 1971.

_____. "D. Fr. Alexandre da Sagrada Família. A sua espiritualidade e a sua poética". *Acta Universitatis Conimbrigensis*. Coimbra: Biblioteca Geral da Universidade de Coimbra, 1974.

RAMALHO, Américo da Costa. "Versões garrettianas de Safo". *Sep. de "Humanitas"*. Coimbra: Instituto de Estudos Clássicos, FLUC, v. XVI-XVII, 1966.

Reflexões sobre a crônica na literatura brasileira

Domício Proença Filho
Universidade Federal Fluminense
Academia Brasileira de Letras

Para Evanildo Bechara.

A crônica é uma modalidade de manifestação literária em prosa cuja configuração emerge da dinâmica do tempo de cujos limites se libera por força da linguagem estética em que se concretize. O próprio nome indica o ponto de partida: Cronos, Saturno para os romanos, é, na mitologia grega, o deus do tempo.

Na sua concreção, faz-se do relato de fatos da realidade próxima ou distante, reais ou inventados, acompanhados de comentários do autor, mas sempre a partir de um olhar atualizado, que privilegia o fragmento.

Exemplos de apoio em fatos reais podem ser encontrados, entre muitos, desde Machado de Assis até João Ubaldo Ribeiro.

Fatos e até personagens inventados povoam textos de Sérgio Porto e Luis Fernando Verissimo: é ver o nefando primo Altamirando, ou tia Zulmira, nas crônicas do primeiro, é apreciar as deliciosas cartas de Dora Avante ou as atribulações da falecida Velhinha de Taubaté.

Vale dizer, ainda em relação ao *modus faciendi*: o cronista parte de um acontecimento qualquer, de uma paisagem, de uma sensação, de um pensamento, de um personagem, e os faz objeto de considerações as mais variadas. Num texto necessariamente curto. Assim configurada, a crônica alimenta-se de subjetividade e corresponde às exigências da fragmentariedade e da rapidez da vida moderna. Além disso, é assumidamente urbana. E crítica. E insere-se no processo de mudança da vida citadina. Como assinala a percuciência de Eduardo Portella:

> A crônica acompanha, se acumplicia, e exprime os movimentos e os gestos, os sons e as cores, todo o desenlace sobressaltado da cidade que se transforma. Porque a crônica jamais se deixa imobilizar; preferindo, pelo contrário, soltar-se, como ente poliglota, pelas ruas e curvas da cidade imprevisível. A crônica muda com a cidade que muda. (Portella, 1986: 9)

E acrescento: traz as marcas da sincronia sociocultural em que emerge. E há que ser oportuna.

Seu espaço de mobilização é, sobretudo, o emocional. Suas marcas fundamentais a diversificação e a mobilidade. A crônica é proteiforme. Resiste às camisas-de-força dos modelos preestabelecidos. Faz-se, fazendo-se. E exige linguagem de marcada atualidade.

Como se liga imediatamente ao real, seja a partir dos fatos destacados, seja a partir dos comentários do cronista, situa-se na fronteira entre o literário e o não-literário. Daí a complexidade que sempre acompanhou e acompanha a sua conceituação.

Outro aspecto a ressaltar é o público-alvo que mobiliza.

Nos começos, o texto dirigia-se às mulheres; logo universalizou seus espaços em termos de assuntos e temas, aprofundou comentários, e passou a interessar a uma clientela mais ampla. Não é sem razão que continua tendo lugar garantido nos espaços da mídia. E constitui uma forma de expressão que influiu e influi no comportamento de determinadas camadas da sociedade.

Em termos de veiculação, trata-se de uma modalidade de expressão que encontrou nos meios de comunicação de massa, notadamente nos jornais e revistas, seus aliados e alimentadores, seus principais e dominantes instrumentos de divulgação. Embora, em segundo plano, mas não menos relevante, ocupe também os espaços do livro, onde chega após a depuração da primeira leitura naqueles veículos. Com o advento do rádio, e logo da televisão, passou, em determinado momento, a ser escrita para ser falada. Assim situada, vincula-se à notícia alimentadora da expectativa do leitor da mídia impressa e, em menor escala, oralizada, mas a ela não se escraviza. Permite-se ultrapassar a efemeridade inerente ao noticiário jornalístico. Converte-se em nutriente da memória. E por vezes até em criadora de fatos.

É ler, a título de exemplo, *Cadeira de balanço*, de Carlos Drummond de Andrade. Permite assim sustentar-se e permanecer, de forma peculiar, em termos da universalidade e da polissemia que marcam tradicionalmente os textos de literatura. Claro que, outra peculiaridade, tal característica não habita o espaço da generalização. Há crônicas que, por datadas e estreitamente vinculadas ao imediatismo dos acontecimentos, não conseguem ultrapassar a circunscrição do momentâneo.

Mas qual a origem dessa modalidade de texto?

Inicialmente, o termo designava uma forma de expressão serva dos fatos da História. É o que revelam, por exemplo, os antigos relatos portugueses que tratam da vida e das ações dos soberanos. Como a *Crônica de Portugal de 1419*, centrada no governo do conde D. Henrique e nos reinados dos sete primeiros reis portugueses, cujo primeiro manuscrito foi descoberto em 1942 e publicado em 1945, com o título de *Crônica de cinco reis de Portugal*, e logo, com o achado de outro códice, deu origem ao lançamento, em 1952, da *Crônica dos sete primeiros reis de Portugal*. Em destaque, a preciosa *Crônica de D. João I*, de Fernão Lopes e os textos de Gomes Eanes de Azurara. Essa acepção de relato histórico é a que se mantém tradicionalmente na literatura européia, exceto em Portugal.

Depois, possivelmente no século XIX, não se sabe ao certo, é que a palavra, notadamente no Brasil, passa a identificar, de início, o comentário leve, publicado na imprensa, sobre os acontecimentos mais variados e comuns da vida social e nacional, pretexto para os passeios da inteligência, da sensibilidade e da agudeza do autor.

Esse tipo de texto em prosa, publicado nos jornais e revistas, começa conhecido, um pouco antes, entretanto, com outro nome: *folhetim*.

Por que *folhetim*?

A palavra traduz o termo francês *feuilleton*, ou seja, "pequena folha". No fim do século XVIII, quando surge nos jornais, indica um espaço impresso, situado na parte inferior de uma página, separado por uma linha horizontal.

Recordemos o testemunho de Machado de Assis, em texto de 30 outubro de 1859:

> O folhetim nasceu do jornal, o folhetinista, por conseqüência, do jornalista. Esta última afinidade é que desenha as saliências fisionômicas na moderna criação. O folhetinista é a fusão admirável do útil e do fútil, o parto curioso e

singular do sério, consociado com o frívolo. Estes dois elementos, arredados como pólos, heterogêneos como água e fogo, casam-se perfeitamente na organização do novo animal. Efeito estranho é este assim produzido pela afinidade assinalada entre o jornalista e o folhetinista. Daquele cai sobre este a luz séria e vigorosa, a reflexão calma, a observação profunda. Pelo que toca ao devaneio, à leviandade, está tudo encarnado no folhetinista mesmo: o capital próprio. O folhetinista, na sociedade, ocupa o lugar do colibri na esfera vegetal: solta, esvoaça, brinca, tremula, paira e espaneja-se sobre todos os caules suculentos, sobre todas as seivas vigorosas. Todo o mundo lhe pertence: até mesmo a política. (Assis, 2001: 559)

Pouco a pouco, nesse mesmo lugar, publicam-se outras modalidades de textos. *Folhetim* passa então a designar, de um lado, a própria seção; de outro, sentido que é o atual, um tipo de narrativa de ficção com marcas específicas, centramento em aventuras, crime, mistério, e destaque para o *suspense*, capaz de prender o leitor.

É então que o termo *crônica* passa a indicar aquele tipo de texto que, na realidade do Brasil, ganha, desde os seus começos pioneiros, caracterização própria. De tal forma que alguns especialistas chegam a considerá-la uma forma eminentemente brasileira. Pouco a pouco: na língua inglesa, como assinala Afrânio Coutinho, o tipo de texto que consideramos crônica corresponde ao *personal* ou *familiar essay*, ou seja, ao ensaio de tipo pessoal, familiar, marcado de informalidade. A relação implica, desde logo, o também desafiador conceito de *ensaio*, mas esta é outra história. Acrescente-se ainda que, nos primórdios, o mesmo Machado entendia que "escrever folhetim e ficar brasileiro é, na verdade, difícil". E acentua, premonitório:

> Entretanto, como todas as dificuldades se aplanam, ele podia bem tomar mais cor local, mais feição americana. Faria assim menos mal à independência do espírito nacional, tão preso a estas limitações, a esses arremedos, a esse suicídio de originalidade e iniciativa. (Assis, 2001: 559)

A dificuldade, afinal, não foi tão grande. Desde os textos pioneiros de José de Alencar e do próprio Bruxo do Cosme Velho, a crônica delineou-se brasileiramente. Num percurso de marcada e acelerada autonomia.

No processo literário brasileiro, inúmeros poetas e prosadores a ela se dedicaram e se dedicam. E sua presença associa-se, por força de sua própria história, à história da imprensa brasileira:

> O jornal brotou e cresceu no Brasil sob a atmosfera do Romantismo, o que contribuiu para que o acento lírico tivesse predominado sobre a crônica desde as suas primeiras manifestações. Quem percorre os jornais desse período observará que, no seu bojo, atenuando as exuberâncias da paixão política, insinuava-se algo que tinha principalmente um objetivo: entreter. Era a crônica destinada a condimentar de maneira suave a informação de certos fatos da semana ou do mês, tornando-a assimilável a todos os paladares. Quase sempre visava sobretudo o mundo feminino. (Coutinho, 2001: 560)

A identificação das primeiras manifestações divide os estudiosos. O destaque inicial privilegia o folhetim do *Jornal do Comércio*, do Rio de Janeiro, de 2 de dezembro de 1852, de autoria do poeta Francisco Otaviano de Almeida Rosa (1825-1889). O mesmo que assina o folhetim do *Correio Mercantil* até 1854, ano em que é substituído, nesse mister, por José de Alencar, sob cujo correr da pena o texto ganha novas dimensões em termos intelectuais. Uma passagem do autor dos perfis de mulher, a meio de um texto de 1855, por exemplificadora:

> Não brinquem, o negócio é muito sério.
> Vou escrever uma tirada política.
> *
>
> A situação atual apresenta um aspecto muito grave, e que pode ter grandes conseqüências para o país.
> Chegamos talvez a esse momento decisivo em que os sentimentos políticos, por muito tempo adormecidos, vão novamente reaparecer e tomar um grande impulso.
> No meio do indiferentismo e do marasmo em que se sepultavam os antigos partidos políticos, começam a fermentar algumas idéias, algumas aspirações, que talvez sejam o germe de um novo partido.
> Os princípios desapareceram; as opiniões se confundem, as convicções vacilam, e os homens não se entendem, porque falta o pensamento superior, a idéia capital, que deve traçar a marcha do governo.
> A política e a administração, deixando de ser um sistema, reduziram-se apenas a uma série de fatos que não são a conseqüência de nenhum princípio, e que derivam apenas das circunstâncias e das necessidades do momento. (Alencar, 1960: 781)

Contemporâneos são textos do gênero, assinados por Ferreira de Araújo e Ferreira de Meneses (1854-1881). Já o professor Alamir Aquino Correia, citado na *Enciclopédia de literatura brasileira*, indica como pioneiros textos de Josino

Nascimento Silva (1811-1886) publicados, entre 1837 e 1839, na gazeta significativamente denominada *O cronista*. Destaca também textos do Padre Miguel do Sacramento Lopes Gama (1791-1851) que freqüentaram as páginas de *O Constitucional*, de 1829 a 1831, e as de *O Carapuceiro*, de 7 de abril de 1832 a 1847. Entre eles o artigo — crônica cujo título dá a medida da natureza de seus escritos: "A nova sociedade das senhoras viúvas ou a sociedade das desgostosas". Concede relevo também a Luís Carlos Martins Pena (1815-1848) autor de textos como "Minhas aventuras numa viagem de ônibus" e "Uma viagem na barca de vapor". Como quer que seja, a crônica começa romântica, pela pena de escritores representativos do romantismo brasileiro.

A esse tempo, José de Alencar divide seu espaço folhetinesco no citado *Correio Mercantil* com Manuel Antônio de Almeida, espaço significativamente intitulado "Páginas menores", numa aceitação do juízo de valor que marcava, ao tempo, aquela modalidade de escrita.

Vale assinalar que a crônica em certos casos, é a prévia do romance, identificado, desde logo, pela marca da diferença, ao ser publicado em folhetim: lembre-nos as *Memórias de um sargento de milícias*, do citado Manuel Antônio de Almeida, inicialmente objeto de publicação naquele mesmo periódico.

A consolidação da crônica como tal vem, entretanto, com Machado de Assis. Na linha do modelo inglês. Com seções em inúmeras publicações da época, como *O Espelho*, onde estréia em 1859, aos vinte anos de idade, o *Diário do Rio de Janeiro* (1861-1867), a *Semana Ilustrada* (1872-1873), a *Ilustração Brasileira* (1876-1878), *O Cruzeiro*, a citada *Gazeta de Notícias* (1881-1904). Seiscentas e catorze crônicas, em princípio. Na assinatura, pseudônimos ou, como nas crônicas de "A Semana", a ausência da autoria expressa. Na composição, as marcas que o singularizam nos gêneros em prosa em que se notabilizou, destacada a sutileza da observação a finura e causticidade do humor irônico, as alusões, as citações eruditas. Acrescente-se a imitação deliberada das múltiplas dimensões estilísticas, cultivada com o requinte do conhecedor. Um exemplo, de 13 de agosto de 1889:

<blockquote>
BONS DIAS!

Dizia-me ontem um homem gordo... para que ocultá-lo? ... Lulu Sênior:

— Você não pode deixar de ser candidato à câmara temporária. Um homem dos seus merecimentos não deve ficar à toa, passeando o triste fraque da mo-
</blockquote>

déstia pelas vielas da obscuridade. Eu, se fosse magro, como você, é o que fazia; mas as minhas formas atléticas pedem evidentemente o Senado; lá irei acabar estes meus dias alegres. Passei o cabo dos quarenta; vou a Melinde buscar piloto que me guie pelo oceano Índico, até chegar à terra desejada...
    Já se viam chegados junto à terra,
    Que desejada já de tantos fora.
    —Bem, respondi eu, mas é preciso um programa; é preciso dizer alguma coisa aos eleitores; pelo menos de onde venho e para onde vou. Ora, eu não tenho idéias, nem políticas nem outras.
    — Está zombando!
    — Não senhor; juro por esta luz que me alumia. Na distribuição geral das idéias...Talvez você não saiba como é que se distribuem as idéias, antes da gente vir a este mundo. Deus mete alguns milhões delas num grande vaso de jaspe, correspondente às levas de almas que têm de descer. Chegam as almas; ele atira as idéias aos punhados; as mais ativas apanham maior número, as moleironas ficam com um pouco mais de uma dúzia, que se gasta logo, em pouco tempo; foi o que me sucedeu.
    — Mas trata-se justamente de suprimi-las; não as ter é meio caminho andado. Tem lido as circulares eleitorais? (Assis, 1959: 554)

Uma curiosidade: esse Lulu Sênior é o pseudônimo de Ferreira de Araújo, proprietário da *Gazeta de Notícias*. Com ele e com mais sete colaboradores o titular da coluna se reveza na publicação dos textos que compõem a série conhecida como *Balas de estalo*. Todos sob pseudônimo: Zig-Zag, Décio, José do Egito, Publicola, Blick, João Tesourinha (cf. Luca, 1998: 21).

No percurso da modalidade, despontam nomes como Joaquim Manuel de Macedo (1820-1882), Quintino Bocaiúva (1836-1912), França Junior (1838-1890); Araripe Junior (1838-1890). Na base dos textos, fantasia associada a realidade, em França Junior, trabalho formal, de linhagem parnasiana.

Fim de século: a crônica, então texto fundamentalmente subjetivo e tradicionalmente banhado de lirismo, sofre impactos da crítica realista- naturalista. Mas persiste na pena de autores como Raul Pompéia (1863-1895) e Coelho Neto (1864-1934) e, com destaque, o poeta Olavo Bilac (1865-1918), substituto de Machado de Assis na *Gazeta de Notícias*. Que traz o traço novo de singularizar a matéria-objeto dos comentários. Em que pese o rigor do cuidado formal, não fora ele o poeta parnasiano dos mais representativos. Na esteira de Bilac, os textos de Constâncio Alves (1862-1933). De qualquer forma, a modalidade vive, na época, instâncias de crise. Atacada pelo excesso de fantasia e falta de objetividade, entre outros aspectos.

A superação virá com João do Rio, pseudônimo de Paulo Barreto (1880-1921). Colaborador da mesma *Gazeta,* e ainda de *O País*, de *Rio-Jornal* e de *A Pátria*, com ele a crônica assume, na chamada *belle époque* (1890-1920), a sua feição moderna, marcada pelo paradoxo. Seu texto busca espaços de história social. Eleva a crônica à categoria de forma influente e dominante, pretende que seja "o espelho capaz de guardar imagens para o historiador do futuro", observador atento e agudo do vertiginoso percurso do progresso. A ele se juntam, à luz desse mesmo princípio, mas em direções diversas, os textos de Lima Barreto (1881-1922). Vale reencontrá-los na edição organizada por Rachel Valença e Beatriz Resende.

Outros escritores, em tom menos intenso, seguem assegurando a presença da modalidade. Entre eles João Luso (1875-1950), pseudônimo de Armando Erse, com atuação longa no *Jornal do Comércio*, do Rio de Janeiro, José do Patrocínio, filho (1885-1929) e o popularíssimo Humberto de Campos (1886-1934), com seus textos de marcado sentimentalismo. Lugar também de destaque ocupa Orestes Barbosa (1895-1966), o consagrado compositor de "Chão de estrelas". Pontificam ainda Vivaldo Coaraci, Gilberto Amado, Agripino Grieco.

Eclode a revolução modernista. Ampliam-se as configurações da crônica. No rumo da renovação, a sensibilidade lírica de Álvaro Moreyra (188?-1964), de estilo peculiaríssimo. É ver, por exemplo, livros como *O Brasil continua* (1933), e *Porta aberta* (1944). E a mobilidade instauradora de novas dimensões de Antônio de Alcântara Machado (1901-1935), nas suas crônicas quase contos. Leia-se *Cavaquinho e saxofome*, de 1941. É tempo também de Osório Borba (1900-1960), de Genolino Amado (1902-1989) "cronista da vida carioca". No *Jornal do Brasil* pontifica por longo tempo Benjamin Costalat (1897-1961) em crônica diária, centrada no cotidiano. *O Globo* é território de Henrique Pongetti (1898-1979) e seu texto deliberadamente intelectualizado.

Os ventos do modernismo inflam a crônica de prestígio, ampla mobilidade e vária e múltipla configuração. Do gênero ocupam-se escritores como Mário de Andrade, Ribeiro Couto, Manuel Bandeira, Aníbal Machado, Marques Rebelo, Guilherme de Almeida, Ribeiro Couto, Odilo Costa Filho, Luís Martins, Joel Silveira, Raymundo Magalhães Júnior, Guilherme Figueiredo, Sérgio Milliet, José Lins do Rego, Lúcia Benedetti, Dinah Silveira de Queirós, Gustavo Corção, Cecília Meireles, Aparício Torelly (o Barão de Itararé) e muitos outros.

Desses, titulares de espaços em vários jornais e revistas, despertam, durante longo tempo, alto interesse do público-leitor os textos de Rachel de Queiroz, Eneida, Elsie Lessa, Henrique Pongetti, Nélson Rodrigues, Carlos Drummond de Andrade, e Rubem Braga. A crônica começa a desfrutar de altíssimo prestígio. Talvez por força de sua adequação à rapidez da vida contemporânea. E, nessa direção, ganha lugar privilegiado na agência cultural altamente disseminadora do hábito da leitura: a escola.

E na escola, o livro didático e paradidático. A tal ponto que ganha presença em inúmeras coletâneas.

O bom êxito continua ainda por longo tempo e inúmeros outros cultores, freqüentadores assíduos do gosto de público amplo. Entre eles, Otto Lara Resende, Fernando Sabino, Ledo Ivo, José Condé, Sérgio Porto, Paulo Mendes Campos, Almeida Fischer, Saldanha Coelho, Antônio Olinto, José Carlos de Oliveira, Antônio Maria, Clarice Lispector, Carlos Eduardo Novaes, Lourenço Diaféria, Artur da Távola, Roberto Drummond, Ferreira Gullar, Marina Colasanti, cada um com suas marcas próprias: a crônica resiste a modelizações preestabelecidas. Ela vive do seu viver na pena de cada cronista. E desfruta de prestígio no interesse do leitor.

Assim situada, continua a presentificar-se nos periódicos. E ganha força como orientadora e formadora de opinião. Ao assumir posicionamento na direção do interesse social e na vida política do país.

A dimensão política freqüenta a pena de Hermano Alves e Antônio Callado, e segue veemente e denunciadora na originalidade do humor de Millôr Fernandes e Carlos Eduardo Novaes. Humor que freqüentara antes os textos do Barão de Itararé e de Arthur Azevedo.

Cronistas confundem-se com colunistas especializados. Os *fait-divers* do cotidiano cedem lugar aos temas de interesse comunitário. O cronista converte-se, na maioria dos casos, em testemunho de seu tempo e assume, ao lado de textos de marcado interesse humano e existencial, textos-denúncia. Destacados o humor e a ironia. Aprimora-se o trabalho na linguagem. Sem desfigurar as marcas configuradoras da modalidade.

Nessa direção, destacam-se, entre outros, e desde logo solicito desculpas pela injustiça das omissões, o humor crítico do *Festival de besteira que assola o país*, (3 volumes, 1964-1966), do falecido Stanislaw Ponte Preta; a pena denunciadora das mentiras oficiais e as crônicas-espelho de Afonso Romano de Sant'Anna, a coragem denunciadora de *O ato e o fato* (1964), de Carlos Heitor Cony, que continua atento aos rumos da política nacional, o humor e a densidade aliada à leveza no texto de Luis Fernando Verissimo; o texto impaciente e denunciador de João Ubaldo Ribeiro, a pena atenta aos acontecimentos sociais de Zuenir Ventura, e, mais recentemente, entre vários, a letra de Lya Luft, Marta Medeiros e Joaquim Ferreira dos Santos.

Ao lado da crônica publicada em periódicos ou em livros, há que assinalar a crônica escrita para ser falada, notadamente a veiculada pelo rádio, durante algum tempo presença obrigatória na programação de emissoras. E, de uns tempos a esta parte, o texto que aguarda a configuração da pesquisa: as possíveis crônicas que habitam o território da internet.

Na direção da tentativa de uma tipologia, configuram-se, na nossa literatura, na classificação de Afrânio Coutinho:

a) a crônica narrativa, centrada numa estória ou num episódio, próxima do conto. Ex.: Fernando Sabino;

b) a crônica metafísica, nuclearizada em reflexões de cunho mais ou menos filosófico, ou em meditações sobre acontecimentos ou pessoas. Exs.: Machado de Assis, Carlos Drummond de Andrade;

c) crônicas-poema-em-prosa: conteúdo lírico, extravasamento da alma do artista diante do espetáculo da vida, para o cronista carregado de significado. Exs.: Álvaro Moreyra, Rubem Braga, Manuel Bandeira, Ledo Ivo, Eneida, Rachel de Queiroz;

d) crônica-comentário centrada em acontecimentos, em especial de caráter político. Ex.: João Ubaldo, Arnaldo Jabor;

e) crônica-informação, mais próxima do sentido etimológico.

Como quer que seja, a crônica seguiu e segue buscando a cumplicidade do leitor. A partir da assunção deliberada do coloquial. Preocupada, cada vez mais, com o apuro da linguagem.

A tal ponto que há crônicas que roçam e por vezes ultrapassam os limites difusos da sua configuração para aproximar-se do conto. É o caso de vários textos de Rubem Braga, de Fernando Sabino, entre outros. A sutileza desafiadora da distinção tem levado até a pequenas antologias que re-situam os textos antes publicados como crônicas.

Ressalte-se, entretanto, que o que singulariza a crônica como forma literária é o trabalho na linguagem que nela se caracteriza, destacados o enfoque e o estilo do autor.

Assim, para citar alguns exemplos, entre os falecidos: as crônicas de Carlos Drummond de Andrade trazem sua marca na linguagem cuidada e têm caráter universalizante, centrado na preocupação existencial, puxando a brasa para a sardinha do homem-no-mundo das pequenas coisas do cotidiano: Nélson Rodrigues tira partido das metáforas e hipérboles para ironizar a tragédia diária do brasileiro comum e mitificar o futebol-arte; os textos de Sérgio Porto, na pena de Stanislaw Ponte Preta, assumem o coloquial distenso e carregam-se de humor carioca; a cidade e as gentes transparecem vivas nos encantos e desencantos das crônicas de Fernando Sabino.

Mas é com Rubem Braga que atinge a culminância o processo de renovação da crônica iniciado no modernismo.

No seu texto, o fato funciona como pretexto para o refinado passeio de sua sensibilidade e de seu lirismo. Ele sabe tirar partido das palavras e delas se utiliza, seja para refletir sobre o presente vivido, seja para resgatar o passado na memória afetiva, revisitando sua infância e Cachoeiro do Itapemirim, destacadas sua família, a gente da vizinhança, as árvores, os bichos, a paisagem. Tudo isso retorna, carregado de nostalgia. O cronista embala os momentos felizes no berço da recordação valorizada na linguagem. E se ultrapassa. Na maioria dos mais de 15 mil textos que produziu. Nesse processo, vai além de sua biografia pessoal, a tal ponto que conduz o leitor-cúmplice a identificar-se com as sensações que destaca. Objetividade e subjetividade se aliam num processo criador altamente elaborado, traduzido em tom de conversa. E marca seu texto com a liricização dos acontecimentos, a ironia fina, a melancolia e, em menor escala, o humor, no seu melhor sentido. Tudo isso num estilo a que não falta o trabalho de construção nas imagens e sobretudo no ritmo. E nesse fazer do texto, capta e expressa aspectos com que se identifica a emoção profunda dos seus leitores. O grande mistério de sua crônica, como a beleza do pavão que comenta em uma delas, é a simplicidade, é atingir o máximo de matizes com o mínimo de elementos. Rubem Braga é o único escritor que integra a história literária brasileira fundamentalmente como cronista. Os poemas, reunidos e dados a público em edição póstuma por Roberto Seljan Braga, não alteram, por eventuais, este posicionamento. Com ele, a crônica assume dimensões e contornos diferentes do que então marcava, sem divergências, essa manifestação em prosa, até então classificada como gênero literário menor. Seus textos contribuem em grande, apesar das limitações inerentes à modalidade a que se dedica e que consolida, para conferir à crônica o estatuto de forma literária representativa e carregam-se de dimensões universalizantes que asseguram sua permanência.

Bibliografia
ASSIS, Machado de. "Bons dias!" In: COUTINHO, Afrânio (org.). *Obra completa*. Rio de Janeiro: J. Aguilar, v. III, 1959, p. 554.
COUTINHO, Afrânio; SOUSA, J. Galante. "Assis, Machado de". In: Crônica. *Enciclopédia de Literatura Brasileira*. 2.ª ed. revista, ampliada, atualizada e ilustrada sob a coordenação de Graça Coutinho e Rita Moutinho. Rio de Janeiro: MEC/Fundação Biblioteca Nacional/Academia Brasileira de Letras; São Paulo: Global, 2001, p. 559.
COUTINHO, Afrânio; SOUSA, J. Galante. *Enciclopédia de Literatura Brasileira*. 2.ª ed. revista, ampliada, atualizada e ilustrada sob a coordenação de Graça Coutinho e Rita Moutinho. Rio de Janeiro: MEC/Fundação Biblioteca Nacional/Academia Brasileira de Letras; São Paulo: Global, 2001.
LUCA, Heloísa Helena Paiva de (org.). *Balas de estalo de Machado de Assis*. São Paulo: Annablume, 1998.
PORTELLA, Eduardo. "A crônica brasileira da modernidade". In: PROENÇA FILHO, Domício (org.). SOUZA, Roberto Acízelo Q. de (col.). *II Bienal Nestlé de Literatura Brasileira. Ensaios/Seminário 1 Literatura Brasileira: crônica, teatro, crítica*. São Paulo: Norte, 1986.

ANALOGIA E ANOMALIA NA HISTÓRIA DAS IDÉIAS LINGÜÍSTICAS

Maria Helena de Moura Neves
Universidade Presbiteriana Mackenzie
Universidade Estadual Paulista-Araraquara

1. Introdução

Este texto retoma uma questão que apontei em conferência plenária sobre a experiência grega da linguagem que pronunciei no IX ICHOLS, realizado na Universidade de São Paulo em agosto de 2002[1]. Para isso parti da poesia, buscando especialmente refletir sobre a ligação entre aquela rica experiência de vida da linguagem e a reflexão sobre a língua que então se desenvolveu. Nas considerações finais, fiz, sinteticamente, um retorno histórico, para apontar que a proposição da dicotomia analogia/ anomalia acompanhou as considerações sobre o fenômeno[2] da linguagem. É a esse tema que retorno, hoje, nesta homenagem a meu sempre mestre Evanildo Bechara, a quem, pelo incentivo e pelo exemplo, de certo modo devo o percurso de vida acadêmica que fiz.

Nas reflexões que aqui desenvolvo, quero, particularmente, demonstrar que a dicotomia analogia/ anomalia, discutida historicamente segundo pressuposições e direções muito diferentes, sempre se revelou determinante para a consideração das relações gramaticais.

Retomando a síntese então oferecida, marco quatro momentos da história do pensamento lingüístico, para a análise da questão. Parto dos estóicos, ponto em que

---

[1] Título da conferência: "Reflexions sur l'experience grecque du langage".

[2] Lembro a acepção etimológica da palavra *fenômeno*: "manifestação".

coloco a chave de interpretação da dicotomia, e chego a Saussure, passando pelos gramáticos alexandrinos e pelos neogramáticos. Neste estudo, detenho-me particularmente nos dois pontos polares: no início, os estóicos, como revelação da tensão que fundou a dicotomia (dentro da lógica, e centrada na linguagem) e, por último, Saussure, como representação de uma visão moderna (dentro da ciência lingüística, e centrada na língua), visão que superficialmente estendo até estudos atuais.

Apresento, a seguir, o trecho do final da conferência[3], no qual, fazendo um retorno histórico, a partir da modernidade de Saussure, indico quatro tópicos para a incursão:

1) Em Saussure, quanto à conceituação, analogia se opõe a uso, no sentido de que é mecanismo de criação de formas novas. Quanto ao terreno em que a questão é colocada, trata-se da sincronia. A atitude de análise é não-valorativa, simples verificação de simetria na língua. Quanto à finalidade de invocação do conceito, o que está em jogo é a acentuação da dicotomia língua/ fala.

2) Nos neogramáticos, analogia também se opõe a uso, mas no sentido de que é mecanismo produtor de agrupamentos de formas divergentes em relação às primitivas leis de formação. O terreno é o da gramática diacrônica. A análise também é não-valorativa, simples verificação de divergência na cadeia evolutiva. Quanto à finalidade da invocação do conceito, o que se busca é, precipuamente, explicar as 'exceções' às 'leis' fonéticas.

3) Nos gramáticos alexandrinos analogia se opõe, dicotomicamente, a anomalia, que é considerada como 'in-conformidade', 'ir-regularidade' (mas que, no fundo, é ligada também ao uso). O terreno é a sincronia. Entretanto, a atitude de análise é valorativa, já que as formas analógicas são as que se prescrevem como padrão. E quanto à finalidade de invocação do conceito, o que se busca é o estabelecimento de paradigmas.

4) Nos estóicos, afinal — e chega-se de volta à filosofia, nessa regressão — analogia se opõe a anomalia, esta vista como 'contrariedade à natureza' (mas detectada no uso). O terreno é claramente o da lógica. A atitude é marcadamente valorativa, já que as anomalias são apontadas como distanciamento do natural, e, portanto, do verdadeiro. Quanto à finalidade de invocação do conceito, o que se quer provar é exatamente o caráter natural da linguagem.

---

[3] A conferência foi publicada em (Guimarães e Barros, 2007: 171-182). A apresentação (com adaptações) do trecho retomado se faz, aqui, em português.

Como se vê, o que eu propus — e hoje desenvolvo, de uma maneira bem geral — é a existência de quatro centros de interesse na controvérsia entre analogia e anomalia: a) a conceituação; b) o terreno de exame; c) a atitude de análise; d) a finalidade da invocação do conceito.

2. A avaliação do percurso histórico da noção de analogia lingüística

2.1. A experiência grega de reflexão lingüística

Para tratar desses centros de interesse no estudo da dicotomia analogia/ anomalia, faço, aqui, o percurso histórico de tempo real. Parto do conceito do termo grego *analogía*, o qual, etimologicamente, se opunha a *anomalía*, mas que, interessantemente, não é usado pelos estóicos, os grandes pioneiros da busca e da valorização da não-anomalia na linguagem.

Vinha a tradição helênica de um desenvolvimento reflexivo notável das noções sobre linguagem, contando com um veio lógico-filosófico fundante, ao lado do qual se desenvolveu um culto retórico que sustentou a transição do território filosófico para o território propriamente lingüístico das refexões. Avaliada com base no trabalho de uma grande parte de seus cultores (especificamente os sofistas e discípulos)[4], a retórica é lembrada como contra corrente da filosofia, e, entretanto, a legitimidade e a importância do culto retórico para a reflexão sobre a linguagem foram destacadamente reveladas no papel que um filósofo como Aristóteles assumiu nesse terreno[5]. Ora, se a linguagem era o apoio da dialética (lógica), e se a língua é o instrumento da linguagem, necessariamente os filósofos — sem trair a filosofia, isto é, sempre a serviço do culto do *lógos* — se debruçaram sobre as entidades e as questões lingüísticas.

---

[4] A linguagem retórica não começa com os sofistas, nós já a vemos até nos heróis gregos que falavam nas assembléias. Como aponta Neves (2005: 24-25), à medida que se formava a pólis grega, ao lado da linguagem poética, em que são as Musas que falam pela voz do poeta, criava-se uma outra tradição de linguagem, a linguagem dos oradores, a linguagem retórica, pessoal por definição, em que o homem fala por si.

[5] Aristóteles cuidou especificamente de cada uma das duas grandes manifestações da linguagem referidas na nota anterior, nas obras *Poética* e na *Retórica*, respectivamente.

Foi nessa direção que Platão[6] e depois Aristóteles e os estóicos fincaram suas reflexões no equacionamento da relação entre o conceito e aquilo que hoje chamamos *signo lingüístico*.

Nesse campo do estabelecimento das relações entre a linguagem e as coisas, aponte-se, em primeiro lugar, que o *Crátilo* de Platão — texto que tanta atenção desperta nos círculos especializados e também nos mais leigos[7] — não é um episódio avulso no pensamento da época. Nesse diálogo, as personagens Crátilo e Hermógenes discutem sobre a prevalência da base 'natural' (*phýsei*), ou da base 'convencional' (*nómoi*) para o nome[8]. Havendo, entretanto, a clara indicação de que o *ónoma* (o 'nome') em si nada diz, verifica-se que não é por aí que se pode buscar a relação entre a linguagem e as coisas, e, por isso, o diálogo não pode aprovar nenhuma das duas teses[9], deixando evidente, apenas, que se trata de um problema falso. Indo muito mais além, o diálogo platônico *Sofista*[10] começa a revelar, na construção da lógica, a verdadeira relação — a relação de verdade ou falsidade, expressa no *lógos* — entre um enunciado e aquilo que ele diz, já que o discurso não enuncia simplesmente uma coisa, mas enuncia, de uma coisa, algo existente em relação a ela. É nesse caminho que Aristóteles (*Da interpretação*) nomeia *apóphansis* ('manifestação', 'revelação') ao *lógos* ('proposição') e institui declaradamente uma instância que representa a verdadeira expressão do ser ou do não-ser, a meta da filosofia clássica. Como se vê, em Aristóteles, como em Platão, o empenho não se fixa em uma busca de analogia ou não-analogia nas relações, embora o território de incursão seja o mesmo em que esse empenho se vai instalar.

---

[6] É sempre bom lembrar que Platão (*Carta VII*) deixava entender que recorrer à manifestação lingüística é, de certo modo, transigir, já que representa partir de um nível inferior, muito distante do nível da "idéia", o único em que as coisas são afirmadas ou negadas (Neves, 2005: 58).

[7] A propósito, não é legítima a visão por vezes meio folclórica com que esse diálogo é invocado, quanto à controvérsia que o dirige.

[8] Hermógenes representa o filósofo Demócrito (c. 460-370 a.C.), que acreditava na linguagem como instituição humana, já que tudo se institui pela opinião geral. Entre os quatro fatos — a homonímia, a polionímia, a metonímia e a anonímia — que, segundo Proclo (Lersch, 1838: 13), provavam para Demócrito que a linguagem é obra da convenção, merece menção, neste estudo, o último deles — a anonímia — que assim se enuncia: podem faltar formações lingüísticas análogas (mesmo) quando existe analogia factual (Neves, 2005: 33). Essas indicações evidenciam a atenção de um convencionalista para a existência de anomalia.

[9] Aliás, como não poderia deixar de ocorrer tratando-se de um diálogo platônico, o final é de aporia.

[10] Não importa que, pela própria complexidade da questão discutida, e, conseqüentemente, pelo tom em que o texto é vazado, esse diálogo receba pouca atenção na visão leiga da história.

2.2. A analogia na lógica estóica

É com os estóicos que uma relação entre a linguagem e as coisas se conduz fortemente pelo caminho dessa controvérsia, em conseqüência da própria base do pensamento estóico, assentado na crença do caráter natural da linguagem, o qual levaria a buscar uma analogia entre as relações (e as formas) encontradas na linguagem e as existentes na natureza: necessariamente a regularidade e a semelhança dos objetos se refletiriam na regularidade e na semelhança de sua expressão.

São os estóicos, pois, que configuram fortemente, na história do pensamento ocidental sobre a linguagem, uma forte reflexão sobre a dicotomia de que aqui se trata. Entretanto, há de ser observado que, no longo espaço de tempo em que o pensamento estóico sobre a linguagem se exerceu, os próprios filósofos dessa corrente se aperceberam das tensões que complicavam a proposta[11]. Muita água correu, muita reflexão se fez, muitos subsídios se somaram no entorno da construção do pensamento sobre a linguagem, mas — acredito — uma recuperação do foco das reflexões e da mútua implicação das propostas pode clarear a compreensão dos modos de entendimento da dicotomia em pauta.

Em primeiro lugar, os estóicos não concebem o pensamento fora do enunciado. O enunciado, por sua vez, é uma combinatória de dois elementos: ele é o *lektón* ("aquilo que é dito" de uma outra coisa), ficando implicado, pois, que ele procede do estabelecimento de uma relação. Como explicita Baratin (1982: 14), para os estóicos o pensamento não se efetua a não ser por uma combinação, e, desse modo, o que é pensado são as relações (os eventos), ou seja, não são objeto do pensamento as coisas, mas as relações nas quais elas entram.

A partir daí, a busca de conformidade com a natureza, que caracteriza a especulação estóica, não se resume à busca de uma simples relação entre a coisa e seu nome, entre naturalismo e convencionalismo nas designações (*phýsei* X *nómoi*). Embora essa relação entre nome e coisa seja a mais comumente lembrada quando se fala da busca de analogia dos estóicos, esse não é o aspecto principal no desenvolvimento do pensamento estóico sobre a relação entre a linguagem e as coisas.

---

[11] Observe-se, ainda, que o pensamento estóico não era homogêneo, especialmente na dependência da época em que se inseriu o pensador. Desse modo, a reunião de filósofos de direções de pensamento diferentes em uma mesma chancela é, na verdade, uma simplificação.

O termo *anomalía*, que aparece freqüentemente entre eles, de fato vem referido como uma 'desigualdade de palavras (em relação aos objetos)', o oposto de 'igualdade' (os *homoía onómata*), que seria a 'analogia'[12]. Crisipo, como registra Varrão (1979: IX, I, 1), escreveu sobre o fato de coisas iguais se designarem por palavras diferentes e coisas diferentes se designarem por palavras iguais *(similes res dissimilibus uerbis et similibus dissimiles esse uocabulis notatas)*, o que significa que a anomalia na linguagem é algo que pode ser esperado[13]. Na verdade, os estóicos se mostram impressionados com o elemento irregular na língua e com as inconsistências entre forma e significado (como em *máchomai, paidíon, Thêbai*)[14], às quais chegaram exatamente porque buscavam conformidade.

Entretanto, como acabo de indicar, a lógica estóica, que não é uma lógica de termos, mas uma lógica de predicados, coloca os eventos, não as palavras, como objeto do pensamento. O *lektón* constitui não apenas a representação que a percepção provoca na mente — que seria a *phantasía* — mas "o que há de espiritual no som", a verdadeira "apresentação das coisas por meio da linguagem" (Neves, 2005: 90). Ele remete ao significado, que é diferente, segundo o modo de existência, tanto do objeto como da representação mental e do que existe (Neves, 2005: 91).

Desse modo, para os estóicos, a relação buscada entre a linguagem e as coisas é de congruência: a linguagem se origina do anseio de fazer os sons semelhantes aos objetos, o que não se refere aos elementos da linguagem isolados, mas ao seu todo (as relações entre os elementos). Steinthal (1863: 332) e Lersch (1838: 46) citam um trecho de Orígenes, *Contra Celso*, em que explicitamente se declara que os estóicos acreditavam ser a linguagem um produto da natureza, não da convenção.

Buscar o caráter natural da linguagem, nesse contexto, é nada mais do que buscar nela a justeza e a verdade. Exatamente por isso, é em *lektá* completos (os *axiómata*), mais especificamente nas proposições, que se faz essa busca, já que interrogações, ordens, imprecações, juramentos, etc. também são enunciados

---

[12] O termo *analogía* ocorre entre eles apenas em relação a entidades psicológicas. A analogia é invocada entre os processos mentais pelos quais se formam alguns conceitos gerais que não são diretamente derivados de percepção sensorial, a qual é a base que os estóicos indicam como produtora do pensamento (Neves, 2005: 87). Como aponta Long (2001: 38), Epicuro e Lucrécio já se referiam freqüentemente a 'analogia' ou 'similaridade' para apoiar uma inferência que vai do visível ao invisível. Ele aponta, também, que o tema principal do *Dos signos* de Filodemo é a 'inferência analógica'.

[13] Está em Diógenes Laércio (VII, 192) que Crisipo escreveu quatro livros *Sobre a anomalia*, e está em Varrão (*De lingua latina*, IX, I, 1) que Crisipo escreveu três livros com esse título (Neves, 2005: 104).

[14] *Máchomai* tem forma passiva mas indica atividade; *paidíon* tem forma neutra mas se refere a homem ou a mulher; *Thêbai* tem forma plural mas é nome de uma entidade única.

completos, ou frases, mas não são nem verdadeiros nem falsos em si mesmos. É nesse mesmo sentido, o das representações de valor geral — por exemplo, a do justo, a do bom —, as quais se criam por si mesmas nos homens, que a linguagem é natural.

Entretanto, a visão estóica admite que nem sempre se cumpre esse papel, e nem sempre há a linguagem justa, certa (o *orthòs logos*), aquela que se mostra conforme à natureza das coisas. Daí a importância da noção de *orthótes*, 'justeza', a qual atua no empenho de conferir à linguagem — especificamente aos escritos — as características de perfeição que, afinal, configuram o que se considera a linguagem autenticamente grega. Fica evidente, como diz Lersch (1838: 50), que a questão se liga com a qualidade das designações (*perì orthótetos onomáton*), exatamente com o helenismo, bem como com discussões teóricas etimológicas. O que não pertence ao helenismo é marcado como uso lingüístico assistemático (*eikaía synetheíai*). Há, pois, o veio teórico de suporte da visão (as especulações etimológicas) e o veio prático (a caça de helenismos), o qual vai levar à instituição de paradigmas. A ambos subjaz a noção de analogia.

Lersch (1838: 48) mostra que, já muito anteriormente, os sofistas tinham buscado a diferença entre as palavras autenticamente helênicas e as palavras vindas dos bárbaros, e Aristóteles também tinha invocado, na *Retórica*, um *hellenízein* (a linguagem autenticamente grega), na *Poética*, um *barbarismós* (a linguagem não-grega, e, portanto, não-autêntica), e, nas *Refutações sofísticas*, um *soloikismós* (a linguagem que se desvia da regra). O autor conclui indicando que, assim, já estava de certo modo preparada a divisão entre uma linguagem puramente helênica e uma linguagem defeituosa, divisão que os estóicos sistematizam.

Para os estóicos, porém, havia um aspecto determinante sob o qual o helenismo podia ser considerado: era o da analogia, ou seja, o da comparação, sendo tomado como medida o autenticamente grego.

2.3. A analogia no contexto da gramática ocidental emergente

A gramática ocidental (alexandrina) — em parte contemporânea do estoicismo, mas não instituída segundo seus princípios — se funda numa descrição pretendidamente lingüística do que é análogo, sem que, para isso, já tivesse a capacidade de observar os fenômenos lingüísticos abstraídos daquela relação lógica entre os nomes e os objetos, que vinha de toda a reflexão filosófica da Grécia (e cuja marca mais primitiva está na controvérsia entre *phýsei* e *nómoi*).

A tarefa de estabelecimento de padrões que os gramáticos assumiam apoiava-se especialmente na leitura dos poemas homéricos, que ofereciam um emaranhado de formas, pois deles não existia uma versão única. A finalidade da tarefa era a uniformização, a nivelação das diferenças, a segregação do espúrio, o que exigia o estabelecimento de algum princípio. Esse princípio foi exatamente a analogia, e é fácil entender que a gramática começasse por uma classificação do análogo, que, entretanto, como aponta Lersch (1838: 50), não teria como chegar a uma classificação da analogia dos fenômenos lingüísticos segundo sua natureza intrínseca, antes se prendia à materialidade, captada pela percepção.

A gramática alexandrina era voltada para as formas, já que tinha uma tarefa prática, objetiva, de estabelecimento de paradigmas, e já não a movia a especulação puramente idealista, como na filosofia. Entretanto, ela conservou a visão psicológica de proceder a associações, transferindo para o exame das formas lingüísticas a noção de que, se algo que vemos é igual ou semelhante a algo que já vimos e que no momento está ausente, esperamos que lhe seja atribuído tudo o que se atribuía ao elemento lembrado; e só há satisfação se a 'conformidade' esperada se confirmar, sendo a 'inconformidade' tida como desarmonia, como desproporção, como anomalia. Com as formas se trabalha, é a fenomenologia empírica da língua que está em vista, mas a observação não se restringe à relação dos elementos lingüísticos entre si, o que tem uma explicação: não havia regras sobre a construção das palavras, sobre as diferenças dialetais, nem mesmo sobre o que seria específico de Homero. Desse modo, a busca de harmonia, simetria, regularidade nos textos enquadrava-se, ainda, no quadro da filosofia, representando a moldagem do padrão por via do 'natural'. No terreno das formas, a tarefa se reduzia à correção das 'anomalias', reflexo da atitude valorativa da análise.

Dos primeiros gramáticos diz Saussure (1960) que eles não compreenderam a natureza do fenômeno da analogia, a qual eles denominavam como 'falsa analogia'. Eles acreditavam que a criação latina de *honor*, a partir de *honos*, consistia em um engano. Para eles, tudo o que se afastasse de uma ordem dada era uma irregularidade, uma infração à forma ideal. Isso ocorria porque, por uma ilusão muito característica da época, via-se no estado original da língua algo de superior e perfeito, sem que houvesse nenhum questionamento sobre esse estado ter sido, ou não, precedido de outro. Qualquer liberdade que se tomasse a esse propósito era, então, uma anomalia[15].

2.4. O contexto da ciência lingüística

2.4.1. Os neogramáticos

No final do século XIX, antes, portanto de Saussure — e, até, 'preparando' Saussure — vêm os neogramáticos alemães[16], que explicavam pelo princípio da analogia todas as exceções às leis fonéticas das línguas isto é, as discrepâncias do uso.

O regular são as mudanças, e os neogramáticos se fixam particularmente nas mudanças fonéticas, que são de curso ilimitado e que constituem o fator preponderante de evolução nas línguas[17]. A regularidade se quebra exatamente com a analogia. Como explicita Serafim da Silva Neto (1956), "foi a escola alemã dos neogramáticos (*Junggrammatiker*) que, entre 1875 e 1880, desenvolveu o estudo das *leis* atribuindo-lhes a *inexceptualidade* (*Ausnahmlosigkeit*) e sustentando que qualquer desvio era sempre causado pela analogia".[18] Assim, os neogramáticos julgavam que as 'aparentes' exceções às normas fonéticas se explicavam exclusivamente pela ação da analogia, o que significa que eles alocavam a ambas (as leis e suas aparentes exceções) no terreno da diacronia, diferentemente do que vai fazer Saussure, que trata dicotomicamente esse par, o que, aliás, lhe tem valido críticas, como se indicará adiante.

---

[15] Original: "Les premiers linguistes n'ont pas compris la nature du phénomène de l'analogie, qu'ils appelaient 'fausse analogie'. Ils croyaient qu'en inventant *honor* le latin 's'était trompé' sur le prototype *honos*. Pour eux, tout ce qui s'écarte de l'ordre donné est une irrégularité, une infraction à une forme idéale. C'est que, par une illusion très caractéristique de l'époque, on voyait dans l'état originel de la langue quelque chose de supérieur et de parfait, sans même se demander si cet état n'avait pas été précédé d'un autre. Toute liberté prise à son égard était donc une anomalie." (Saussure, 1960: 223)

[16] Lembre-se o que aponta Leroy (1971 [1967], em tradução: 51) a respeito do grupo dos *Junggrammatiker* de Leipzig: "Opondo-se à concepção schleicheriana da linguagem como um organismo natural, consideravam a língua, pelo contrário, um produto coletivo dos grupos humanos."

[17] Citação de Hermann Paul, em tradução: "Em geral, a concordância parcial da significação é acompanhada duma concordância parcial no aspecto fonético, a qual por sua vez costuma basear-se numa correlação etimológica." (Paul, 1966 [1880]: 117). Diz Leroy (1971 [1967]: 51) a respeito da consideração das leis fonéticas pelos neogramáticos: "o método positivo que aplicaram com rigor pode ser ilustrado pela proclamação das 'leis' fonéticas e pela crença em sua ação cega e necessária".

[18] Silva Neto (1956: 19) acrescenta: "Os chefes dessa escola foram os indo-europeístas Brugmann e Osthoff, além do eslavista Leskien e do germanista Hermann Paul."

Do mesmo modo que fará Saussure, o neogramático Hermann Paul (1966 [1880]: 126) fala em 'criação' por analogia, definindo-a como "uma equação de proporções", para a qual "têm de existir já pelo menos três membros que sirvam para início duma tal equação"[19], e observando, na exemplificação, que "podemos por exemplo estabelecer no latim a equação *animus : animi = Senatus : X*, mas não *animus : animi = mensa : X*".

Diferentemente de Saussure, porém, os neogramáticos incluem a 'criação' nas 'mudanças'. Saussure (1960), de todo modo, reconhece e destaca o papel dos neogramáticos na avaliação da analogia, registrando que foi essa escola a primeira a atribuir à analogia seu verdadeiro lugar. A isso Saussure acrescenta que os neogramáticos colocaram a analogia juntamente com as mudanças fonéticas, como um grande fator da evolução das línguas, constituindo o procedimento pelo qual estas passam de um a outro estado de organização[20]. Aliás, são indicações como essa que, pelo que podem representar de contradição, têm sido invocadas pelos estudiosos que fazem crítica a Saussure quanto à alocação da analogia exclusivamente na sincronia.

2.4.2. Saussure

A concepção de analogia de Saussure (1960) está na sua definição de forma analógica como uma forma feita à imagem de outra, ou de várias outras, segundo uma regra determinada[21]. O fato se reduz a uma proporção, em que se busca a quarta proporcional: *oratoris: orator :: honoris : X* (o genitivo *oratoris* está para o nominativo *orator* assim como o genitivo *honoris* está para o nominativo *X*, ou seja, *honor*). A tradução do grego ἀνὰ λόγον é exatamente *pro portione* (Varrão, 1979: X, III, 37)[22].

---

[19] E, em consonância com seu aparato de análise, que conjuga 'grupos de matéria' e grupos de forma', Paul (1966 [1880]: 126) prossegue: "Cada um tem de ser de qualquer modo comparável aos outros, isto é, neste caso tem de mostrar uma certa concordância com um no factor material, com o outro no factor formal."

[20] Original: "C'est l'école néogrammairienne qui a pour la première fois assigné à l'analogie sa vraie place en montrant qu'elle est, avec les changements phonétiques, le grand facteur de l'évolution des langues, le procédé par lequel elles passent d'un état d'organisation à un autre." (Saussure, 1960: 223).

[21] Original: "une forme analogique est une forme faite à l'image d'une ou plusieurs autres d'après une règle déterminée". (Saussure, 1960: 220)

[22] Observem-se estas citações de Varrão, Cícero e Quintiliano, que a seguir se apresentam (apud Carvalho, 2002) acompanhadas da tradução portuguesa de Carvalho (2002: 87; 89; 100, respectivamente): "Sequitur tertius locus, quae sit ratio pro portione; [e] a Graece vocatur ἀνὰ λόγον; ab analogo dicta analogia." / "Segue-se a terceira colocação, qual seja, a razão *pro portione*. Essa, em grego, chama-se ἀνὰ λόγον; do *análogo*, diz-se a *analogia*." (Varrão, 1979: X, III, 37); "quae Graece *analogía*, Latine — audendum est enim, quoniam haec

Para Saussure (1960), o princípio de funcionamento da analogia é apenas mais um, dentre tantos que regem as criações lingüísticas[23]. Ele se pergunta, textualmente, qual a natureza dos fenômenos analógicos, e, especificamente, se eles constituem mudanças, como se crê comumente[24]. A resposta que ele sugere é negativa, pois, classificando a analogia como um fenômeno de ordem gramatical, pelo que supõe de consciência e compreensão das relações que unem as formas entre si[25], ele classifica como fraca a ação desse processo na substituição de uma forma por outra, tanto que freqüentemente se produzem pela analogia formas que não substituem nada[26]. Afinal, para ele, a analogia não implica 'substituição' de formas, mas 'criação' de outras formas novas ao lado das existentes. E é desse modo que a analogia é colaboradora eficaz das forças que modificam sem cessar a arquitetura de um idioma, constituindo um poderoso fator de evolução[27].

A essência da visão de Saussure está na afirmação de que tudo é gramatical na analogia, mas com a ressalva explícita de que a criação que constitui o ponto de chegada da analogia só pode pertencer à fala (*parole*), constituindo obra ocasional de um sujeito isolado. É nessa esfera, à margem da língua (*langue*), que ele coloca o fenômeno[28].

---

primum a nobis novantur — comparatio pro portione dici potest." (Cícero, *Timaeus*, 161[b], 15-18); "o que em grego pode ser chamado *analogía*, em latim — de fato, deve-se ousar, já que essas coisas primeiramente são inovadas por nós — pode ser chamado *'comparação por parte'*." "*Omnia tamen haec exigunt acre iudicium, analogía praecipue, quam proxime ex Graeco transferentes in Latinum proportionem uocauerunt.*"/ Todavia, todas essas coisas exigem uma avaliação profunda, sobretudo a *analogia*, que, proximamente do grego, os que traduziram para o latim chamaram *proportionem*." (Quintiliano, *Institutio Oratoria*, I, 6, 3-6 não consta na bibliografia)

[23] Original: "son principe se confond tout simplement avec celui des créations linguistiques en général." (Saussure, 1960: 226)

[24] Original: "Mais quelle est la nature des phénomènes analogiques? Sont-ils, comme on le croit communément, des changements?" (Saussure, 1960: 224)

[25] Original: "L'analogie est d'ordre grammatical: elle suppose la conscience et la compréhension d'un rapport unissant les formes entre elles." (Saussure, 1960: 226)

[26] Original: "l'analogie a si peu pour caractère de remplacer une forme par une autre, qu'on la voit souvent en produire qui ne remplacent rien." (Saussure, 1960: 225)

[27] Original: "Elle [la analogie] est la collaboratrice efficace de toutes les forces qui modifient sans cesse l'architecture d'un idiome, et à ce titre elle est un puissante facteur d'évolution." (Saussure, 1960: 235) Esta é outra passagem de Saussure invocada no tipo de crítica que indiquei quando me referi à passagem citada na nota 20.

[28] Original: "Ainsi tout est grammatical dans l'analogie; mais ajoutons tout de suite que la création qui en est l'aboutissement ne peut appartenir d'abord qu'à la parole; elle est l'oeuvre occasionnelle d'un sujet isolé. C'est dans cette sphere, et en marge de la langue, qu'il convient de surprendre d'abord le phénomène." (Saussure, 1960: 227)

A afirmação da essência gramatical da analogia, de sua conceituação como algo que supõe a relação que une as formas entre si — ou seja, que supõe o sistema — é exatamente o que, no prefácio (crítico) que após à sua tradução espanhola de Saussure (1959), Amado Alonso, invoca como impedimento para a colocação dos fatos analógicos no terreno da sincronia[29].

Uma avaliação que, neste momento, se faça da visão gramatical da analogia de Saussure, em comparação com a dos neogramáticos, dirá que, na morfologia (estruturalismo), a analogia foi especialmente chamada a equacionar/ ilustrar uma generalização de mecanismos regulares de formação nem sempre ativados, sendo vista como uma 'recusa' — distante de qualquer valoração — à disparidade e à multiplicidade, como uma 'resistência' à quebra de regularidade de processos operantes, enquanto na fonética (e na etimologia), a analogia foi invocada para explicar a desobediência a mecanismos gerais (a desobediência às 'leis' fonéticas).

De qualquer modo, seja na diacronia seja na sincronia, a invocação da analogia representou nesses dois momentos o reconhecimento de discrepâncias em relação a formas em uso: na sincronia, ela explica a existência de um mecanismo de regularização do sistema (*langue*), operante independentemente do uso (*parole*); na diacronia, por outro lado, ela explica 'desvios', 'perturbações' na direção evolutiva que constituiria a regra. Saussure usa o princípio da analogia como argumento para, mais uma vez, justificar a dicotomia *langue/ parole*, afirmando que esse fenômeno mostra que a 'fala' depende da 'língua', e permite ver claramente o jogo do mecanismo lingüístico assim descrito[30]. Para ele, qualquer criação vem precedida de uma comparação inconsciente dos materiais depositados no tesouro da língua, na qual as formas geradoras são dispostas segundo as relações sintagmáticas e as associativas[31].

---

[29] Transcrevo, a partir de Lucchesi (2004: 72), o referido trecho do prefácio: "Es, pues, evidente que las formas analógicas suponen un especial manejo del sistema, se deben siempre a reacomodaciones del sistema. Saussure llama a los neologismos fonéticos *cambios* y a los analógicos *creaciones*; pero unos y otros son hechos de diacronía, y los analógicos, tal como Saussure los compreendia, destruyen su principio propuesto: sin possible escape, las creaciones analógicas son a la vez sincronía y diacronía."

[30] Original: "L'analogie nous apprend donc une fois de plus à séparer la langue de la parole (voir p. 36 sv.); elle nous montre la seconde dépendant de la première et nous fait toucher du doigt le jeu du mécanisme linguistique, tel qu'il est décrit." (Saussure, 1960: 179)

[31] Original: "Toute création doit être précédée d'une comparaison inconsciente des matériaux déposés dans le trésor de la langue où les formes génératrices sont rangées selon leurs rapports syntagmatiques et associatifs." (Saussure, 1960: 227)

Fica preparado um caminho para a observação dos diversos processos de criação lingüística. Meillet, discípulo de Saussure, vem a seguir e acrescenta à analogia (o surgimento de novos paradigmas a partir de semelhança formal com paradigmas já estabelecidos) outro processo pelo qual novas formas gramaticais emergem: a gramaticalização, que é a passagem de uma palavra autônoma ao papel de um elemento gramatical (Meillet, 1965 [1912]: 131). Para ele, a gramaticalização é mais importante do que a analogia, porque esta apenas "pode renovar os detalhes das formas, deixando intacto o plano geral do sistema existente", enquanto aquela "cria novas formas, introduz categorias que não eram usadas para receber expressão lingüística, e transforma o sistema como um todo" (Meillet, 1965 [1912]: 133).

2.4.3. A analogia pós-Saussure

Modernamente, em especial na linha funcionalista, tem havido muito espaço para o estudo do que se vem chamando 'gramaticalização'[32], e no contexto desses estudos sempre vem invocado Meillet como aquele que pela primeira vez usou esse termo.

Segundo Hopper e Traugott (1993: 56), na época em que Meillet escreveu era muito restrita a interpretação da analogia, considerada como um processo pelo qual, particularmente no nível morfológico, as irregularidades na gramática eram regularizadas[33].

Esses e outros lingüistas funcionalistas (Givón, 1984 e 1991; Traugott; Heine, 1991) têm invocado a analogia para, particularmente, contrastá-la com a 'reanálise', principal mecanismo operante na gramaticalização, embora não deixem de indicar que ambas, reanálise e analogia, são significativas para a 'mudança' em geral, especialmente a mudança morfossintática[34].

---

[32] A gramaticalização é definida por Hopper; Traugott (1993: 56) como o "desenvolvimento de novas formas e arranjos gramaticais".

[33] Eles recordam que o mecanismo era então visto como uma 'proporção', ou equação, e exemplificam tal modo de conceber a analogia: dada a alternância singular-plural *cat-cats*, é possível conceber, por analogia, *child-children* como *child-childs*, do mesmo modo que, realmente, ocorre na linguagem infantil. O original é: "The mechanism was seen as one of 'proportion' or equation. Thus, given the singular-plural alternation *cat-cats*, one can conceive of analogizing *child-children* as *child-childs* (as indeed occurs in child language)" (Hopper; Traugott, 1993: 56).

[34] Esta indicação que aqui faço não representa considerar a gramaticalização como um processo diacrônico. Como diz Givón (1991), trata-se, antes, de um processo pancrônico, que, do ponto de vista cognitivo, é

A Lingüística moderna continua ressalvando que a analogia "estritamente falando, modifica manifestações superficiais e por si não produz mudança de regra, embora produza expansão de regra, ou dentro do próprio sistema lingüístico ou dentro da comunidade" (Hopper; Traugott, 1993: 32)[35]. Entretanto, o contexto de uma visão funcionalista da linguagem leva a direções de análise que, sem afastar-se das relações sistêmicas, se mostram bastante comprometidas com o uso. Hopper e Traugott (1993) dizem que tanto a reanálise quanto a analogia envolvem inovação, mas a reanálise — um processo não-evidente — se refere ao desenvolvimento de estruturas novas a partir de estruturas velhas, e, daí, ao desenvolvimento de novas formas e arranjos gramaticais, enquanto a analogia — um processo evidente — se refere a uma atração entre formas gramaticais ainda existentes e formas que começam a existir. Ambas envolvem inovação, mas têm diferentes efeitos porque operam em eixos diferentes: a reanálise opera no eixo sintagmático, envolvendo uma reorganização linear, enquanto a analogia opera no eixo paradigmático de opções, envolvendo mudança em alguns padrões de uso.

Com base funcionalista, pode-se facilmente opor analogia a reanálise por via da ligação da primeira com o processo metafórico (uma inter-relação de domínios conceptuais, portanto, associativa, do eixo paradigmático) e da segunda com o processo metonímico (uma inter-relação de constituintes, portanto, do eixo sintagmático).

2.5. Uma ilustração da ação da analogia

Parece que, no território da gramática, é possível afirmar que a regularização de base conceptual é o efeito mais evidente da analogia. Referindo-se especialmente

---

instantâneo, envolvendo um ato mental pelo qual uma relação de similaridade é reconhecida e explorada. Defendo essa posição em Neves (2002: 176-177): "Numa visão bem ampla, a gramaticalização é um processo pancrônico que consiste na acomodação de uma rede que tem áreas relativamente rígidas e áreas menos rígidas. Às peças 'exemplares' (Nichols; Timberlake, 1991: 130), isto é, de propriedades características, vêm acrescentar-se novas peças convencionalizadas como 'exemplares' (gramaticalizadas), assentando terreno para mais inovações. A cada momento histórico definem-se as propriedades dos enunciados — tanto de seus elementos como de sua organização — e em todas as camadas. Trata-se, funcionalmente, do acionamento de possibilidades existentes em um mesmo estágio de convívio de paradigmas, possibilidades representativas de diferentes graus de coalescência, tanto na sintaxe como na semântica dos enunciados."

[35] Original: "Analogy, strictly speaking, modifies surface manifestations and in itself does not effect rule change, although it does effect rule spread either within the linguistic system itself or within the community." (Hopper; Traugott, 1993: 56)

à fonética, Sapir (1980 [1921]) diz muito bem que a analogia não só regulariza irregularidades que se introduziram no sulco do processo fonético, mas introduz distúrbios, geralmente em favor de maior simplicidade ou regularidade num longo sistema de fonemas estabelecidos.

Indo da *parole* para a *langue*, Saussure (1960) acentua que a analogia se dá em favor de uma regularidade, que tende a unificar os procedimentos de formação e de flexão[36]. Ele exemplifica, dizendo que, em francês, se disse, durante muito tempo, *il preuve, nous prouvons, ils preuvent*, e atualmente se diz *il prouve, ils prouvent*, formas que não têm uma explicação fonética. Também exemplifica com *il aime*, que remonta ao latim *amat*, enquanto *nous aimons* é uma forma analógica para *amons*[37].

Observa-se que a atenção para a produção regular de formas no sistema (Saussure) e para as divergências de formas na cadeia evolutiva (neogramáticos) leva a que a observação da ação da analogia encontre campo particularmente propício na classe dos verbos (exatamente pelo fato geral de que o verbo é a palavra em que se opera o maior número de flexões, e de que, numa visão gramatical do processo, essa classe é a mais envolvida). Lembre-se, já nos neogramáticos, o trecho em que, logo após "pôr em proporção casos do singular com os do plural" de substantivos (*hortus : horti : horto = horti : hortorum : hortis*), Paul (1966 [1880]: 119), diz: "um sistema verbal produz proporções muito mais variadas", e exemplifica com "equações como *amo : amas = amavi : amavisti = amabam : amabas*", encerrando com um "etc.". Lembre-se, ainda, a invocação invariável da analogia para a explicação que se dá à denominação 'formas fortes' de determinados verbos irregulares: "Há formas que resistem à analogia e que, por isso, se dizem irregulares. São também chamadas **formas fortes**, em oposição às **formas fracas** — aquelas que se deixam regrar pela analogia." (*apud* Sequeira, 1950: 18)[38].

Podemos ir até o indo-europeu para ver a ação analógica modelando formas verbais: os verbos do presente em *-mi*, mais antigos que os de presente em *-o*,

---

[36] Original: "l'analogie s'exerce en faveur de la régularité et tend à unifier les procédés de formation et de flexion". (Saussure, 1960: 222)

[37] Original: "En français on a dit longtemps: il preuve, nous prouvons, ils preuvent. Aujourd'hui on dit il prouve, ils prouvent, formes qui ne peuvent s'expliquer phonétiquement; il aime remonte au latin amat, tandis que nous aimons est analogique pour amons." (Saussure, 1960: 222)

[38] Vendryès continua, logo a seguir: "As formas fortes devem a sua resistência à freqüência de seu emprego, freqüência que as mantém presentes ao espírito e não tolera que sejam alteradas."

e numerosíssimos, foram afetados, ficando, por exemplo, em grego, reduzidos a uma centena, enquanto em latim só resistiu o verbo *sum* (*ésumi*). Já está em Homero *deiknýo*, em lugar de *deíknymi*[39].

Com efeito, na visão gramatical, a inevitabilidade da analogia decorre da forte estruturação interna das línguas. E os sintagmas verbais, fortemente estruturados, são o campo preferencial das nivelações analógicas. Um exemplo em português também muito invocado é a tendência de acrescentar um *-s* à forma de segunda pessoa do singular do pretérito perfeito do indicativo (*tu andastes* por *tu andaste*), o que regulariza o paradigma verbal, já que em todos os outros tempos essa pessoa termina em *-s*. Outro exemplo em português é a formação em *-ido* (originariamente *-udo*, mas alterado a partir do final do século IV) dos particípios passados dos verbos da segunda conjugação[40], alterados por analogia com os particípios dos verbos da terceira conjugação (tema em *i*, particípio original em *-ido*).

O que se pode dizer é que, como tendência niveladora que se exerce sobre palavras agrupadas pelo sentido e pela função gramatical, a analogia encontra no sistema de flexões verbais o seu verdadeiro campo de ação. Além disso, as formas verbais são de uso constante, e o hábito das aproximações favorece a ação da analogia.

3. Considerações finais

O que divide o curso das reflexões, no campo da dicotomia de que aqui tratei, é, em primeiro lugar, a linha epistemológica que se pode traçar entre a 'especulação' da filosofia e a 'arte' (pré ou pós-ciência) da gramática, ou entre um sistema filosófico, concebido para dar sustentação aos conceitos, e uma sistematização gramatical, resultante de uma aplicação a fatos. Complica a análise do esquema a possibilidade de encontrar-se, na filosofia, uma situação externa que conduza à necessidade de atitudes e atividades práticas, e, por outro lado, na atividade crítico-gramatical, a possibilidade de existir um espírito de época que imprima atitudes especulativas à tarefa. De tudo isso temos amostra neste percurso empreendido, o que, de certo modo, enriquece a análise, pelas provocações que aporta.

---

[39] Confira-se o verbete em Bailly (1950), Liddell; Scott (1968), Montanari (1999) e Malhadas, D.; Dezotti, M.C.C.; Neves, M.H.M. (2006).
[40] Particípios de tema em **e**, e resultantes da fusão da segunda e da terceira conjugação latinas.

O nó de nossas reflexões — insisto — se situa na visão estóica. Os estóicos buscavam, na linguagem, a conformidade com a natureza, e, portanto, a analogia, mas encontravam a anomalia. Era exatamente o uso, que eles nunca deixaram de reconhecer e explicar. O importante é que esse *desideratum* nada tem de infeliz, pela própria maneira como ele foi conduzido e aproveitado por aqueles filósofos. O que resultou foi — e isso tem de ser convenientemente pesado, na história das idéias lingüísticas — uma avaliação da natureza da linguagem extremamente enriquecida, no reconhecimento de uma necessária separação de domínios entre as exigências da dialética e a condução das formas de expressão.

Veio a 'arte' da gramática, veio o rigor da ciência, e, percorridos tantos caminhos de exame das relações entre as formas e os sentidos, hoje se pode tranqüilamente falar em 'relações icônicas' na linguagem[41] sem que se leve alguém a pensar na sugestão de uma motivação estrita dos signos lingüísticos[42].

Bibliografia

ARISTOTE. *De l' interprétation*. Paris: Vrin, trad. par J. Tricot, 1936.

_____. *Poétique*. 5.ª ed. Paris: Les Belles Lettres, texte établi et traduit par H. Hardy, 1969.

_____. *Rhétorique*. Paris: Les Belles Lettres, texte établi et traduit par M. Dufour et A. Wartelle, 1973.

_____. *Les réfutations sophistiques*. Paris: Vrin, trad. par L.A. Dorion, 1995.

BAILLY, A. *Dicctionnaire grec-français*. Paris: Librairie Hachette, 1950.

BARATIN, M. "L'identité de la pensée et de la parole dans l'ancien stoïcisme". *Langages*. Paris, n.º 65, 1982, p. 9-21.

CARVALHO, A.C.S. de. *Analogia: história, conceituação e aplicação*. São Paulo: Universidade de São Paulo, tese de doutorado em Letras Clássicas, Departamento de Letras Clássicas e Vernáculas da Faculdade de Filosofia, Letras e Ciências Humanas, 2002.

---

[41] Cite-se, especialmente, Givón (1984).

[42] Entenda-se o alargamento da noção no seguinte sentido: "A relação comumente considerada nos estudos [funcionalistas] sobre iconicidade na linguagem diz respeito à motivação icônica, que corresponde ao reflexo, nos elementos estruturais, de relações análogas existentes na estrutura semântica." (Neves, 1997: 105). Como diz Croft (1990: 164), "a estrutura da língua reflete de algum modo a estrutura da experiência, ou seja, a estrutura do mundo, incluindo (na maior parte das visões funcionalistas) a perspectiva imposta sobre o mundo pelo falante".

CROFT, W. *Tipology and Universals*. Cambridge: Cambridge University Press, 1990.

Diogène Laërce. *Vie, doctrines et sentences des philosophes illustres*. Paris: Garnier, 2 v., (s.d.).

GIVÓN, T. *Syntax I*. New York: Academic Press, 1984.

_____. "Serial verbs and the mental reality of "event": Grammatical vs. Cognitive Packing". In: TRAUGOTT, E.C.; HEINE, B. (eds.). *Approaches to Grammaticalization*. Amsterdam/Filadélfia: John Benjamins, v.1, 1991, p. 81-127.

GUIMARÃES, Eduardo; BARROS, Diana Luz Pessoa de (eds.). *History of Linguistics 2002. Selected papers from the Ninth International Conference on the History of the Language Sciences*. Amsterdam/Philadelphia: John Benjamins, 27-30 August 2002 (2007).

HOPPER, P.J.; TRAUGOTT, E.C. *Grammaticalization*. Cambridge: Cambridge University Press, 1993.

LEROY, M. *As grandes correntes da lingüística moderna*. São Paulo: Cultrix, Trad. de I. Blikstein; J.P. Paes, 1971, [^{1}1967].

LERSCH, L. *Die Sprachphilosophie der Alten*. Bonn: H.P. König, 1838.

LIDDELL, H.G.; SCOTT, R. *A Greek-Englisk lexicon*. Oxford: Clarendon Press, 1968.

LONG, A.A. *La filosofía helenística*. Madrid: Alianza Universidad, versión española de P. Jordán de Urries, 2001.

LUCCHESI, D. *Sistema, mudança e linguagem: um percurso na história da lingüística moderna*. São Paulo: Parábola, 2004.

MALHADAS, D.; DEZOTTI, M.C.C.; NEVES, M.H.M. *Dicionário grego-português*. São Paulo: Ateneu, v. 1, 2006.

MEILLET, A. "L'évolution des formes grammaticales". *Linguistique Historique et Linguistique Générale*. Paris: Libraire Honoré Champion, 1965 [^{1}1912], p. 130-148.

MONTANARI, F. *Vocabolario della lingua greca*. Trento: Loescher Editore, 1999.

NEVES, M.H.M. *A gramática funcional*. São Paulo: Martins Fontes, 1997.

_____. *A gramática: história, teoria e análise, ensino*. São Paulo: UNESP, 2002.

_____. *A vertente grega da gramática tradicional: uma visão do pensamento grego sobre a linguagem*. 2.ª ed. revista. São Paulo: UNESP, 2005.

NICHOLS, J.; TIMBERLAKE, A. "Grammaticalization as retextualization". In: TRAUGOTT, E.C.; HEINE, B. (eds.). *Approaches to Grammaticalization*. Amsterdam/Philadelphia: John Benjamins, 1991, p. 129-146.

PAUL, H. *Princípios fundamentais da história da língua*. Tradução de M. L. Schemann. Lisboa: Calouste Gulbenkian, 1996.

PLATON. *Lettres*. 3.ª ed. Paris: Les Belles Lettes, texte établi et traduit par Joseph Suilhé, 1960.

_____. *Le sophiste*. 5.ª ed. Paris: Les Belles Lettres, texte établi et traduit par A. Diès, 1969.

_____. *Le Cratile*. 4.ª ed. Paris: Les Belles Lettres, texte établi et traduit par L. Meridier, 1969.

SAPIR, E. *A linguagem: introdução ao estudo da fala*. São Paulo: Perspectiva, tradução e apêndice de J. Mattoso Câmara Jr., 1980.

SAUSSURE, F. de. *Curso de lingüística general*. 3.ª ed. Buenos Aires: Editorial Losada, tradução e prólogo de A. Alonso, 1959.

_____. *Cours de linguistique générale*. 4.ª ed. Paris: Payot, 1960 [^{1}1915].

SEQUEIRA, C.B. de. *A ação da analogia no português*. Belo Horizonte: Imprensa Oficial, 1950.

SILVA NETO, S. *Fontes do latim vulgar*. 3.ª ed. revista. Rio de Janeiro: Livraria Acadêmica, 1956.

STEINTHAL, H. *Geschichte der Sprachwissenschaft bei den Griechen und Römern*. Berlin: Ferd. Dümmler's Verlagsbuchhandlung. Erster Theil. Zweiter Theil Berlin, 1863 [1891].

TRAUGOTT, E.C.; HEINE, B. (eds.). *Approaches to grammaticalization*. Amsterdam/Filadélfia: John Benjamins, v. 1 e 2, 1991.

VARRÃO, M.T. *De lingua latina*. Cambridge, Massachusetts: Harvard University Press/London: Willian Heinemann, 1979.

VENDRYES, J. *Le langage: introduction linguistique à l'histoire*. Paris: Renaissance du livre, 1921.

História da língua e Romanística na bibliografia de Evanildo Bechara

Rosalvo do Valle
Universidade Federal Fluminense
Liceu Literário Português
Academia Brasileira de Filologia

O colega e amigo que estamos homenageando é, certamente, um dos gramáticos mais divulgados no país. Sua *Moderna gramática portuguesa*, de 1961, revista e ampliada em 1999 para acolher novas orientações lingüísticas — de modo especial as do estruturalismo funcional de Eugenio Coseriu —, está hoje na 37.ª edição. Igual destino, e talvez mais ampla indicação em face dos objetivos didáticos claramente expostos no prefácio, tem tido a *Gramática escolar da língua portuguesa*, bem como as *Lições de português pela análise sintática*.

Mas não é do gramático que desejo falar. É do estudioso da língua que aprendeu com o seu sábio mestre Said Ali a estudá-la historicamente, e não perde o seu percurso histórico, certo de que a visão diacrônica pode explicar certos fatos que no plano sincrônico se apresentam como anomalias, exceções, irregularidades, etc.

É hoje verdade palmar que uma língua funciona sincronicamente, mas se forma diacronicamente. Subscrevo a afirmação da lingüista coimbrã, Clarinda de Azevedo Maia, de que "qualquer estudo sólido da língua tem que atender também à perspectiva histórica, pelo fato de a historicidade ser uma dimensão essencial das línguas naturais [...]; uma plena compreensão de certas características do momento presente da língua portuguesa só tem lugar se se conhecer a sua gênese e seu desenvolvimento histórico" (1996-1997: 444).

Mesmo em artigos jornalísticos para o grande público, Bechara recorre com freqüência a fases anteriores, para, num confronto rápido que seja, despertar ou avivar no leitor a consciência da historicidade da língua. Às vezes chega a fazer incursões no campo românico, até à origem comum no latim vulgar. Essas as duas feições que pretendo focalizar: o historiador da língua e o romanista. Em outros tempos, eu diria, simplesmente, a feição filológica do nosso homenageado.

1. Língua portuguesa

Em 1954, Bechara publicou os *Primeiros ensaios sobre língua portuguesa* (Bechara, 1954²), reunindo artigos de semântica e sintaxe históricas, etimologia, periodização da língua e um estudo sobre Said Ali — uma homenagem ao mestre e amigo inesquecível, falecido em 27 de maio de 1953. Diz no prefácio que foi seu intuito "registrar a fase de atividade lingüística" de seus "dezoito aos vinte e cinco anos de idade". Pede que "o leitor benévolo [...] saiba perdoar as fraquezas". O "leitor benévolo" de hoje, afeiçoado à história da língua, agradecerá as lições ao confrontar a língua atual com a de quinhentos e seiscentos, especialmente aquinhoada.

Livro esgotado, coletânea de assuntos tratados sempre pelo viés histórico, convém conhecer o índice desses ensaios dos verdes anos, que já revelam reflexões amadurecidas na leitura dos melhores autores daquele rico momento dos estudos então ditos filológicos.

ÍNDICE
Prefácio, 5
O sentido psicológico de *cristal* e cristalino, 7
Nação — seu histórico, 25
Notas soltas de linguagem:
I – Buscar, 37
II – Ir por, vir por, tornar por, mandar por, enviar por, 49
III – Notícia e nova, 55
IV – Boato, fama, voz, rumor e soar, 63
V – Fórmulas e gestos de cumprimento entre vários povos, 71
VI – Sob e debaixo de, 81

Digressões etimológicas: Bacharel, 91
História e estória, 107
Pertencer para e pertencer a, 121
As fases lingüísticas do português na *Syntaxe histórica* de A. E. da Silva Dias, 129
As locuções esquecidas *dar de vara* e *dar de couces*, 147
M. Said Ali, 163

Como candidato a concursos públicos de provas e títulos, Evanildo Bechara escreveu seis teses: quatro de Língua Portuguesa e duas de Filologia Românica. Em todas se revela o filólogo no sentido de Filologia que aprendemos em Leite de Vasconcelos e que marcou a orientação lingüística dos oitentões que nos formamos sob o signo do latim e do historicismo, época em que — como disse Sílvio Elia com plena verdade, lembrando a conhecida fábula — a parte do leão nos estudos universitários cabia à diacronia.

A primeira tese é de 1954, para concorrer a uma cátedra de Português no Colégio Pedro II: *Estudos sobre os meios de expressão do pensamento concessivo em português*.

Dedicada à memória de Said Ali, "mestre diletíssimo e amigo inesquecível", a quem o autor deve sua "formação filológica", a tese aborda três itens: "Fundamentos psicológicos da concessão"; "Excurso histórico: A — Fase latina até o período clássico; B — Fase romântica"; e "Histórico de algumas conjunções concessivas com especial atenção para o português quinhentista e seiscentista" (*ponhamos que, posto que, suposto que, que* e *quando* seguidos de subjuntivo, *ainda que, ainda quando, apesar de* e *embora*). E conclui com proposições de ordem geral e de ordem particular.

Transcrevo a segunda proposição de ordem geral, que me parece importante: quadra com a inclinação para estudos diacrônicos revelada desde cedo, e registra os dois autores que marcaram sua iniciação nesses estudos — Said Ali e Epifânio Dias, freqüentemente reencontrados nos textos becharianos:

> As investigações sintáticas sobre o idioma português ainda não são tais, que caracterizem uma determinada fase lingüística nos aspectos sincrônico e diacrônico. A atividade dos estudiosos neste campo nos permitirá conhecer melhor as criações novas de cada época e determinar até que ponto influíram na sintaxe as relações do português com outras línguas, através dos empréstimos. Bons guias representam os trabalhos de *M. Said Ali* e *Augusto Epifânio da Silva Dias*. No

capítulo das conjunções concessivas, o *Altportugiesisches Elementarbuch* de Huber pouco acrescenta às lições da ainda insubstituível sintaxe elaborada por Diez. (Bechara, 1954[1]: 55)

A segunda tese é de 1962[1], para concorrer a uma cátedra de Língua e Literatura do Instituto de Educação do Estado da Guanabara. Intitula-se *M. Said Ali e sua contribuição para a filologia portuguesa*.

O artigo publicado no *Jornal do Comércio* em 25 de outubro de 1953 e reproduzido nos *Primeiros ensaios*; as muitas referências ao mestre na tese de 1954; e os nove artigos no mesmo *Jornal do Comércio* em maio, junho e julho de 1955 — todo esse rico material já fazia pensar num trabalho mais extenso sobre as luminosas contribuições de Said Ali. Esta segunda tese formalizou as considerações de Bechara sobre a obra do mestre, focalizando-lhe as reflexões de natureza estruturalista, idéias inovadoras que só bem mais tarde viriam a consolidar-se entre nós com o Prof. J. Mattoso Câmara Jr., o consagrado introdutor do estruturalismo lingüístico no Brasil e renovador dos estudos gramaticais.

Como sempre escrevo pensando nos alunos de Letras de hoje, não é demais relembrar que a disciplina *Lingüística* só foi introduzida oficialmente nos cursos universitários a partir de 1963, como disciplina curricular obrigatória, nos termos do parecer 283/62 do Conselho Federal de Educação. Antes, no Rio de Janeiro, só os cursos de Letras da antiga Faculdade Nacional de Filosofia da Universidade do Brasil (hoje UFRJ), desde 1948 tinham essa disciplina — e com o privilégio da regência de Mattoso Câmara.

Esta nota é importante para contextualizar as considerações de Bechara, em 1962, época em que nem todos souberam beneficiar-se das orientações da lingüística moderna, apesar da rica bibliografia já disponível, sobretudo a partir dos anos cinqüenta. Aliás, um ligeiro confronto com a tese anterior revela sensível transição do modelo filológico tradicional para o novo modelo lingüístico — mudança que a *Moderna gramática portuguesa* já denunciara, em 1961, com a clara influência de Mattoso Câmara.

Eis o índice da tese:
ÍNDICE DE ASSUNTOS
I – *Excurso biobibliográfico:*
A – *Traços biográficos*, 1
B – Bibliografia, 14

II – *Sincronia e diacronia na obra de Said Ali*, 23
III – *A língua e o indivíduo na obra de Said Ali*, 27
IV – *A fonética na obra de Said Ali*, 32
V – *A morfologia na obra de Said Ali*, 36
   1. Lexeologia x Morfologia, 36
   2. Lexeologia semântica, 38
   3. Conceito de pronome como vocábulo dêitico, 38
   4. O termo dêitico, 39
   5. *Quem* pronome relativo indefinido, 40
   6. O aspecto verbal e os verbos auxiliares, 42
   7. Tempos compostos e conjugação perifrástica, 42
   8. O futuro do presente e o do pretérito, 43
VI – *Sintaxe e Estilística na obra de Said Ali*
   1. Investigações sintáticas, 45
   2. Conceito de Estilística na obra de Said Ali, 46
   3. Estudos tratados em cartas a Capistrano de Abreu, 47
VII – *Gramática histórica na obra de Said Ali*
   1. Gramática histórica portuguesa X Gramática do português histórico, 53
   2. As fases históricas da língua portuguesa, 54
   3. O purismo lingüístico, 58
   4. As pesquisas etimológicas, 62

Aqui limito-me a três destaques: a) as considerações sobre sincronia e diacronia, que levam a refletir sobre a "fisionomia filológica" (a expressão é de Mattoso Câmara) de Said Ali, que — diz Bechara — "procurou reagir, em diversas ocasiões de sua vasta obra, contra o excesso do método histórico-comparativo, apesar de aí ter muitos dos seus autores preferidos" (Bechara, 1962[1]: 23). Said Ali já em 1919, no prefácio da 2.ª edição das *Dificuldades da língua portuguesa*, faz referência à dicotomia saussuriana, divulgada em 1916 no *Curso de lingüística geral*, e assume posições que o distinguem dos seguidores ortodoxos dos neogramáticos; b) as ponderações quanto ao que em geral se entende por gramática histórica. Diz Bechara que Said Ali "desejou empreender uma *gramática do português histórico*, isto é, a partir da língua já documentada, e não uma *gramática histórica do português*". (Bechara, 1962[1]: 53-54). Fora dos propósitos do autor, a 2.ª edição com o título de *Gramática histórica da língua portuguesa* só mereceu "treze páginas minguadas" sobre "Alterações fonéticas do latim vulgar" — uma lição inexpressiva, destoante do conjunto da obra, a demonstrar "a pouca importância que o mestre dava aos excessos do positivismo das evoluções fonéticas dos *junggrammatiker*" (Bechara, 1962[1]: 54); c) "As fases históricas da língua portuguesa" (Bechara, 1962[1]: 54-58), em que Bechara comenta a proposta do mestre, "excelente", lamentando que tenha sido "injustamente pouco aproveitada pelos que posteriormente trataram do assunto" (Bechara, 1962[1]: 57), já que "não foi levada em consideração, nem em Portugal nem no Brasil" (Bechara, 1985: 70).

Sobre a terceira tese — *Estudos sobre "Os Lusíadas", de José Maria Rodrigues: uma fonte importante para o conhecimento da língua portuguesa no séc. XVI* — não posso falar agora. Estou aguardando o prometido exemplar do concurso, que não se realizou, para Professor Titular de Filologia Românica da Universidade Federal do Rio de Janeiro, em 1980.

A quarta tese é de 1985: *As fases históricas da língua portuguesa. Tentativa de proposta de nova periodização.*

É a tese de concurso para Professor Titular de Língua Portuguesa da Universidade Federal Fluminense.

Eis o sumário:

>Introdução, 5
>Capítulo I: *As várias propostas de periodização*, 11
>   1. As primeiras tentativas, 11
>   2. Antônio das Neves Pereira, 12
>   3. Francisco Adolfo Coelho, 18
>   4. Manuel Pacheco da Silva Júnior, 25
>   5. José Leite de Vasconcelos, 29
>   6. Carolina Michaëlis de Vasconcelos, 32
>   7. Augusto Epifânio da Silva Dias, 36
>   8. Manuel Said Ali Ida, 41
>   9. Paul Teyssier, 45
>Resumo, 47
>Capítulo II: *Na tentativa de uma nova proposta*, 49
>   1.ª fase: *arcaica*, 50
>   2.ª fase: *arcaica média*, 54
>   3.ª fase: *moderna*, 62
>   4.ª fase: *contemporânea*, 65
>Conclusões, 69
>Notas à Introdução, 72
>Notas aos Capítulos 1 e 2, 74
>Bibliografia, 84

Como vimos, Bechara tratou desse assunto mais de uma vez: em 1952, no artigo publicado no *Jornal do Comércio* e reproduzido nos *Primeiros ensaios* (Bechara, 1954²: 133 a 146): "As fases lingüísticas do português na *Sintaxe histórica* de A.E. de Silva Dias"; e na tese sobre Said Ali, no capítulo "As fases históricas da língua portuguesa" (Bechara, 1962¹: 54-58).

Sempre atento à bibliografia qualificada mais recente, Bechara inicia com uma transcrição da síntese magistral *História da língua portuguesa*, de Paul Teyssier (1982), obra moderna, de orientação estruturalista, que tem em grande conta. Aliás, várias vezes manifestou seu enorme apreço à obra e à figura humana de Paul Teyssier — como no artigo *in memoriam* publicado na revista *Confluência* n.° 24 (Bechara, 2002). Mas, sobre periodização da história da língua, já na introdução Bechara manifesta sua discordância ao critério do autor, configurado nesta transcrição: "É possível determinar na história da língua portuguesa do século XIV até aos dias atuais, períodos que permitam esclarecer-lhe satisfatoriamente a evolução?" Não é fácil a resposta. Alguns estudiosos distinguem na evolução do português dois grandes períodos: "o 'arcaico', que vai até Camões (séc. XVI) e o 'moderno', que começa com ele" (Bechara, 1962¹: 5).

A *História da língua portuguesa* estuda no capítulo II "O galego-português (de 1200 a aproximadamente 1350)" e no capítulo III "O português europeu (do século XIV aos nossos dias)", de onde Bechara extrai a citação. Sua proposta é outra:

> Prefiro submeter ao critério de periodização todo o momento histórico em que, falando, ou escrevendo através de textos literários ou não, se utilizou a língua portuguesa, quer na fase dessa realidade complexa — mas organicamente unitária do ponto de vista lingüístico e representativa de uma unidade espiritual e cultural — que tem por base os falares da Galiza e do Norte de Portugal, quer no período em que, desgarrada politicamente do galego, a nossa língua prosseguiu sua trajetória até nossos dias. (Bechara, 1985: 6)

Reconhece que é um "árduo e pedregoso caminho" (Bechara, 1962¹: 51), esse de divergências de língua nos inícios da fase arcaica. Ainda assim, relaciona, com a maioria dos especialistas, alguns fatos tipicamente portugueses e fatos tipicamente galegos, advertindo, porém, que muitos "concorrem no mesmo texto dessa fase primitiva"; só "um profundo estudo da freqüência de determinados fatos" é que "vai decidir a procedência galega ou portuguesa dessa unidade entendida por galego-português" (Bechara, 1985: 52).

No capítulo I discute as propostas dos autores nomeados no sumário, ressaltando os fatos lingüísticos considerados característicos de cada fase. No capítulo

II apresenta a sua "tentativa de uma nova proposta", e arrola os fatos balizadores, guiando-se "fundamentalmente pela freqüência relativa do emprego da forma lingüística eleita como baliza" (Bechara, 1985: 49).

Sua proposta é a seguinte:

Fases históricas da língua portuguesa	a) *arcaica*: vai do séc. XIII ao final do XIV b) *arcaica média*: vai do séc. XV à 1.ª metade do séc. XVI c) *moderna*: vai da 2.ª metade do séc. XVI ao final do séc. XVII d) *contemporânea*: vai do séc. XVIII ao XX (Bechara, 1985: 49)

A tese, apesar da insistência dos colegas que lidam com história da língua, continua inédita. A proposta, contudo, está na introdução da *Moderna gramática portuguesa*, 37.ª edição, e no capítulo 31 da *Gramática escolar*, com o mesmo título "Breve história externa da língua portuguesa", bem como nos artigos "A língua exemplar — 3" e "Da latinidade à lusofonia", publicados em *Na ponta da língua,* n.º 5 e 6, respectivamente.

Mais afortunados terão sido os leitores europeus que puderam consultar o texto *As fases da língua portuguesa escrita*, de que nos dá notícia a Prof.ª Ana Maria Martins, da Faculdade de Letras e do Centro de Lingüística de Lisboa, no artigo "Mudança sintática e história da língua portuguesa" (Martins, 2002).

A autora registra "as mais relevantes propostas de periodização da história da língua portuguesa apresentadas entre 1911, por José Leite de Vasconcelos, e 1991, por E. Bechara". São as de Leite de Vasconcelos, Carolina Michaëlis de Vasconcelos, Manuel Said Ali, Pilar Vásquez Cuesta, Luis Filipe Lindley Cintra e Evanildo Bechara (Martins, 2002: 267).

Afinal, o não acolhimento da proposta de Said Ali, tão lamentado por Bechara, desfaz-se agora, e, para orgulho ainda maior do discípulo, é posta ao lado da sua.

No início do texto referi-me a artigos jornalísticos para o chamado grande público em que Evanildo Bechara aborda questões de história da língua.

O quinzenário carioca *O Mundo Português* publica desde 1990 a seção *Na ponta da língua*, linha jornalística proposta pelo nosso homenageado para tratar de assuntos referentes à língua portuguesa. Pelo teor dos artigos, a partir de 1998 a direção superior do Instituto de Língua Portuguesa, do Liceu Literário Português, resolveu em boa hora reuni-los em livro, mantendo-se o título *Na ponta da língua* (Bechara *et alii*, 1998-2005). Até hoje foram publicados sete volumes desses textos, "escritos para uma leitura amena, não porém superficial, onde a fundamentação científica deverá estar antes latente que patente", como escreveu na apresentação do primeiro volume nosso mestre e diretor sempre lembrado, Sílvio Elia.

Nesses sete volumes, dos numerosos artigos de Evanildo Bechara, talvez a maior parte caiba à história da língua, já em textos redigidos com esse intuito, já em freqüentes incursões diacrônicas, quase inevitáveis na pregação lingüístico-filológica do autor.

Lembrarei alguns:

"Última flor do Lácio", "Na seara de um dicionário histórico", "A língua dos modernistas: revolução ou tradição?" (v. 2), "*Sob* e *debaixo de*", "História e estória", "O carnaval na cultura e nas línguas", "Lendo os cadernos de Mário Barreto" (v. 3), "A erudição de Camões", "Por que se aprende latim", "Os escritores e a gramática", "Nosso primeiro dicionário", "Por que segunda-feira em português?" (v. 4), "Forró: uma história ainda mal contada", "Um filho e um afilhado enjeitados de Camões", "No tempo em que se lia", "A língua exemplar", "Português e Espanhol", "Pecúnia, pecúlio e sua história", "Elementos clássicos e a história de micróbio", "Esquecidas riquezas do português", "Vieira como padrão de exemplaridade", "O Natal em línguas do mundo", "As palavras têm seu destino", "Gandavo ou Gândavo?" (v. 5), "Um eco de S. Agostinho na língua de Vieira", "Da latinidade à lusofonia", "A língua portuguesa e sua contribuição" (v. 6), "Português ou brasileiro?", "Contribuições lingüísticas de Filinto Elísio", "Revisitando um texto de D. Carolina: *a Carta de Caminha*", "Em torno da expressão comparativa *Que nem*", "Ainda uma vez a *Carta* de Caminha anotada por D. Carolina Michaëlis de Vasconcelos", "Antônio de Morais Silva (1-8-1755 – 11-4-1824)", "Um processo sinonímico em D. Duarte", "Etimologia como ciência", "Epifânio Dias e Eça de Queiroz" (v. 7).

2. Filologia Românica

Como romanista, Evanildo Bechara iniciou sua carreira como assistente de Filologia Românica do consagrado mestre Antenor Nascentes, e chegou a titular da cadeira, laurel que conquistou depois de dois concursos.

Em 1962[2], defendeu a tese *O futuro românico – considerações em torno de sua origem*, apresentada à Congregação da Faculdade de Filosofia, Ciências e Letras da Universidade do Estado da Guanabara, atual UERJ, para o concurso de livre-docência de Filologia Românica.

Eis o Índice:

Capítulos
1. A filiação do futuro românico antes do aparecimento da Romanística, 1
2. As duas explicações tradicionais do futuro românico, 2
    2.1. A explicação "morfológica", 2
    2.2. A explicação "semântico-estilística", 3
    2.3. A explicação dada por E. Coseriu pelo influxo do latim cristão, 4
3. Fundamentos das explicações, 9
    3.1. A explicação dita "morfológica", 9
    3.2. A explicação dita "semântico-estilística", 12
    3.3. A explicação pelo influxo do latim cristão, 17
4. Críticas às explicações, 20
    4.1. Críticas à explicação "morfológica", 20
    4.2. Críticas à explicação "semântico-estilística", 23
    4.3. Críticas à explicação pelo influxo do latim cristão, 25
Conclusão, 41
Bibliografia, 46

Bechara inicia a tese apontando, já no século XV, em Antônio de Nebrija (1444-1532), a explicação que as gramáticas históricas até hoje registram para a origem do futuro românico: a perífrase infinitivo + *habeo* com que o latim vulgar substituiu o latim clássico em *-bo* (*amabo*) e *-am, -es* (*legam, leges*). A origem de perífrases verbais para expressão do futuro tem provocado polêmicas.

Na verdade, como disse Sílvio Elia, "o futuro não é um tempo como um outro qualquer; não exprime uma *realidade* (como o presente e o passado) e sim uma *possibilidade*", o que o leva a adquirir caráter "modal", "pois o modo representa a interferência do sujeito no processo verbal. O não ser puramente um tempo verbal leva-o a um refazimento constante na língua viva, isto é, ali mesmo onde as línguas se elaboram" (Elia, 1979: 278-228).

Entre as polêmicas sobre o futuro românico, para nós foi grandemente enriquecedora a que publicou em dois números a gloriosa *Revista Brasileira de Filologia* entre Eugênio Coseriu (1957) e J. Mattoso Câmara. Jr. (1957) — os dois mestres que marcaram a fase "lingüística" do nosso homenageado. Bechara retoma esse tema instigante, examina as duas explicações tradicionais (que também denomina "morfológica" e "semântico-estilística") e discute a hipótese (que não acolhe) de ter sido o Cristianismo o principal agente da ampla aceitação da construção perifrástica no latim vulgar — hipótese defendida por Eugenio Coseriu, que tem raízes naquela famosa e bela reflexão de Santo Agostinho sobre o tempo e a co-presença dos momentos temporais, no livro 11 das *Confissões*.

Não cabe examinar aqui as críticas de Bechara. Mais vale transcrever a parte da conclusão que resume seu pensamento:

> Realmente só se emprega o "futuro" (de origem perifrástica) revestido de significação modal, com os mais variados matizes. Na idéia mesma de futuridade, usa-se, em português, o presente do indicativo, mais freqüentemente, enquanto o latim se servia ora do indicativo, ora do subjuntivo presente. Com o tempo, desgastava-se a significação modal e a perífrase "temporalizava-se", levando o falante a procurar outro circunlóquio para o sentido modal. É justamente este o histórico dos futuros latino e românico. Ao lado das formas em *-am/ -es (legam, audiam)* — meros subjuntivos a serviço da idéia de futuridade —, desenvolveu o latim, em época posterior, um futuro em *-bo* (do radical *bheu* = tornar-se), aglutinado ao verbo principal, seguramente com significação modal. Perdida esta e reduzida a forma em *-bo* a mero futuro, voltou o latim a socorrer-se de outra ou outras perífrases modais, sendo de especial atenção para o português, a construção de *habere + infinitivo,* ou melhor, dada a colocação do auxiliar, *infinitivo + habere*. No português, como nas demais línguas românicas, o futuro *cantarei*, por exemplo, encontra representantes com idéia modal em construções como *vou cantar, quero cantar, pretendo cantar*, etc. Nas línguas germânicas pode-se traçar histórico paralelo.
> Assim sendo, não se precisa buscar como razão suficiente, para o futuro em românico, nem causa extralingüística (como o Cristianismo), nem o influxo de outra língua. (Bechara, 1962[2]: 43)

Uma recomendação para concluir este item: que numa esperada publicação Bechara traduza as transcrições de autores estrangeiros, em particular os alemães, de cuja leitura pouquíssimos podem se beneficiar.

A tese para a cátedra de Filologia Românica da Faculdade de Filosofia, Ciências e Letras da Universidade do Estado da Guanabara é de 1963. Intitula-se *Estudos sobre a sintaxe nominal na* Peregrinatio Aetheriae. Eis o índice:

I Mudança de declinação, 1
II Gênero, 2
III Número, 2

IV Sentido abstrato para o concreto, 7
V Casos, 8
   a) Nominativo:
      1- Nominativo denominativo com valor universal, 8
      2- Nominativo absoluto, 10
   b) Genitivo:
      1- Genitivo x adjetivo: <u>dies dominica</u>, 13
      2- Genitivo para indicar o ponto de partida da determinação temporal, 15
      3- Genitivo definitivo: <u>de terra aegypti</u>, 16
      4- Genitivo x dativo, 12
      5- Genitivo explicado por elipse do substantivo, 22
      6- Genitivo partitivo, 24
      7- Genitivo em lugar de um predicativo, 22
   c) Dativo:
      1- Dativo x acusativo de objeto, 30
      2- Dativo x <u>ad</u> + acusativo, 31
   d) Acusativo:
      1- Acusativo pelo dativo como complemento verbal, 33
      2- Acusativo como complemento direto de verbos passivos, 37
      3- Acusativo de nome grego como forma petrificada, 37
      4- Acusativo em lugar de nominativo como sujeito, 39
   e) Ablativo: Ablativo de duração x acusativo de duração, 40
Bibliografia, 42

Esse notável diário de viagem do século IV, também conhecido por *Itinerarium Egeriae*, vem sempre relacionado nas gramáticas históricas entre as fontes do latim vulgar, e, como documento precioso dessa variedade lingüística, é, naturalmente, citado com mais freqüência em obras especializadas. Porém, como objeto formal de pesquisa, a tese de Bechara, se não me engano, é no Brasil o primeiro estudo.

Noutro momento, em breve notícia escrevi que Bechara não pretendeu fazer um levantamento exaustivo do emprego dos casos na *Peregrinatio*. O seu propósito foi trazer à discussão aqueles empregos que atestam o tom coloquial da obra e interessam à Lingüística Românica.

Sempre bem informado, o autor não incorre no vezo de considerar os exemplos arrolados como traços privativos de Etéria. Prudentemente, confronta-os com os de outros autores, frisando a continuidade de certos fatos da língua, presentes também em autores arcaicos e em autores da latinidade tardia. Como seu alvo é a Romanística, Bechara recorre a todo momento às línguas românicas para apontar a continuidade do fato latino-vulgar ou para confrontar construções românicas relacionadas com o item examinado. Ressalte-se a valorização da contribuição cristã, que o autor viu com muita propriedade. É também muito de notar a influência de autores nórdicos e alemães na formação científica do autor, em particular esse admirável Löfstedt, cuja obra *Philologischer Komentar zur Peregrinatio Aetheriae* continua de consulta obrigatória. Pena é que nem todos possam beneficiar-se da leitura dessa grande obra que — *mirabile dictu* — até hoje continua no original alemão (Valle, 1975: 26-27). Renovo aqui o apelo antes feito: tradução dos textos estrangeiros.

Hoje, felizmente, a bibliografia sobre a *Peregrinatio Aetheriae*, em língua portuguesa, é mais extensa. Entre nós os interessados já podem contar com o precioso auxílio do *Repertório brasileiro de língua e literatura latina (1830-1996)*, do professor Eduardo Tuffani (2006).

Bechara voltou à obra em 1965, no artigo *A Carta de Valério sobre Etéria* (Bechara, 1965), para ressaltar a importância desse texto latino do século VII na "elucidação do nome e da região natal da devotíssima peregrina". Detendo-se no nome da autora, cita sete formas que a crítica textual abalizada registrou da lição dos manuscritos: *Echeria, Etheria, Eiheria, Aiheria, Egeria, Heteria e Aetheria*. Acredita que *Aetheria* e *Egeria* "são formas independentes, e não *variantes*", como alguns estudiosos tentaram demonstrar, em torno das quais giram as outras. "A prudência de muitos estudiosos modernos [...], escrevendo *Aetheria vel Egeria*, é perfeitamente compreensível."

Com boas razões lingüísticas, contesta a opinião dos que vêem "em todas as variantes de *Aetheria* um processo normal de evolução, típico da Romania". Quanto à sua preferência por *Aetheria*, ou, em português, Etéria, diz filiar-se ao "uso tradicional entre brasileiros e portugueses", além de ser *Aetheria* a forma que se habituou a ler em dois mestres eminentíssimos, Heraeus e Löfstedt. Hoje — e Bechara está muito bem informado — à nossa *Peregrinatio Aetheriae* publicações confiáveis mais recentes preferem *Itinerarium Egeriae*.

Concluindo, tenho de dizer que na elaboração deste texto às vezes me senti desvelando "páginas do meu interno", ao revolver mais de cinqüenta anos de convivência com Evanildo Bechara, relembrando os percalços de uma longa, intensa vida de magistério, carreira que (permitam-me a vaidade desta orgulhosa inclusão) temos exercido por vocação e com amor. Oitentões, somos da geração que se formou "em sino de latim", sob o signo do latim e do historicismo.

Ao comemorar os oitenta anos do nosso homenageado, não é fora de propósito trazer à memória, relembrar (lat. *commemorare*) os textos que retratam o diacronista dos *Primeiros ensaios*, que continua nas teses e no sem-número de artigos que tem publicado, mesmo quando, a partir dos anos sessenta, o sincronista se manifesta no consagrado autor da *Moderna gramática portuguesa*. Tem assim a nossa bela ocidental flor do Lácio, nas duas perspectivas, um cultor devotado e competente no filólogo, lingüista e gramático Evanildo Bechara.

Bibliografia

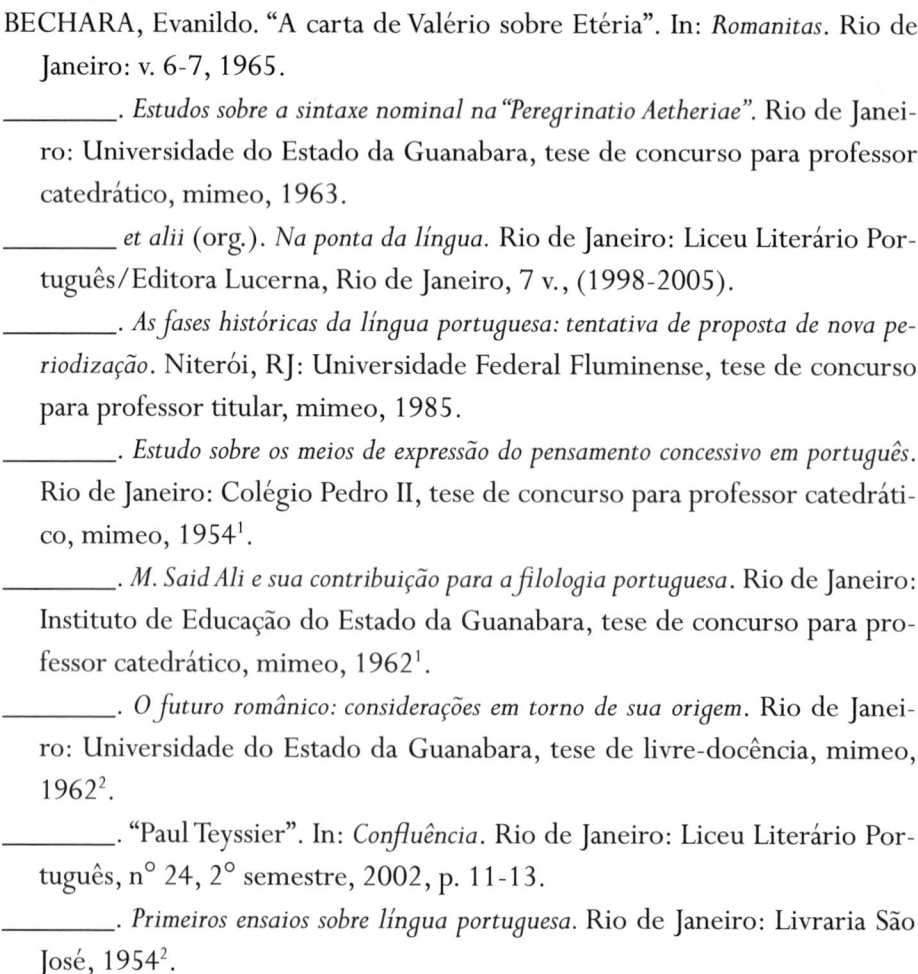

BECHARA, Evanildo. "A carta de Valério sobre Etéria". In: *Romanitas*. Rio de Janeiro: v. 6-7, 1965.

_____. *Estudos sobre a sintaxe nominal na "Peregrinatio Aetheriae"*. Rio de Janeiro: Universidade do Estado da Guanabara, tese de concurso para professor catedrático, mimeo, 1963.

_____ et alii (org.). *Na ponta da língua*. Rio de Janeiro: Liceu Literário Português/Editora Lucerna, Rio de Janeiro, 7 v., (1998-2005).

_____. *As fases históricas da língua portuguesa: tentativa de proposta de nova periodização*. Niterói, RJ: Universidade Federal Fluminense, tese de concurso para professor titular, mimeo, 1985.

_____. *Estudo sobre os meios de expressão do pensamento concessivo em português*. Rio de Janeiro: Colégio Pedro II, tese de concurso para professor catedrático, mimeo, 1954[1].

_____. *M. Said Ali e sua contribuição para a filologia portuguesa*. Rio de Janeiro: Instituto de Educação do Estado da Guanabara, tese de concurso para professor catedrático, mimeo, 1962[1].

_____. *O futuro românico: considerações em torno de sua origem*. Rio de Janeiro: Universidade do Estado da Guanabara, tese de livre-docência, mimeo, 1962[2].

_____. "Paul Teyssier". In: *Confluência*. Rio de Janeiro: Liceu Literário Português, n° 24, 2° semestre, 2002, p. 11-13.

_____. *Primeiros ensaios sobre língua portuguesa*. Rio de Janeiro: Livraria São José, 1954[2].

CÂMARA JR., Joaquim Mattoso. "Sobre o futuro romance". In: *Revista Brasileira de Filologia*. Rio de Janeiro: Livraria Acadêmica, v. 3, t. 5, 1957, p. 121-225.

COSERIU, Eugenio. "Sobre el futuro romance". In: *Revista Brasileira de Filologia*. Rio de Janeiro: Livraria Acadêmica, v. 3, t. 5, 1957, p. 1-18.

ELIA, Sílvio. *Preparação à lingüística românica*. 2.ª ed. revista e aumentada. Rio de Janeiro: Ao livro Técnico Indústria e Comércio, 1979.

HEAD, Brian F. *et alii* (org.). *História da língua e história da gramática. Actas do Encontro*. Minho: Universidade do Minho, 2002.

MAIA, Clarinda de Azevedo. "Algumas reflexões sobre a disciplina história da língua portuguesa". In: *Revista Portuguesa de Filologia*. Coimbra, v. XXI, (1996-1997), p. 444.

MARTINS, Ana Maria. "Mudança sintática e história da língua portuguesa". In: HEAD, Brian F. *et alii* (org.). *História da língua e história da gramática. Actas do Encontro*. Minho: Universidade do Minho, 2002, p. 265-267.

TEYSSIER, Paul. *História da língua portuguesa*. Lisboa: Sá da Costa Editora, trad. Celso Cunha, 1982.

TUFFANI, Eduardo. *Repertório Brasileiro de Língua e Literatura Latina (1830-1996)*. Cotia: Íbis, 2006.

VALLE, Rosalvo do. *Considerações sobre a "Peregrinatio Aetheriae"*. Niterói, RJ: Universidade Federal Fluminense, tese de livre-docência, 1975.

Post-scriptum.

Já estava este artigo em fase de revisão quando li o texto de Ricardo Cavaliere "Os primeiros ensaios de Evanildo Bechara", em *Homenagem: 80 anos de Evanildo Bechara*, organização de Neusa Barbosa Bastos *et alii* (Rio de Janeiro: Nova Fronteira/Editora Lucerna, 2008). O autor comenta excelentemente, e com a visão de um lingüista moderno, os 13 estudos dos verdes anos do homenageado, fazendo sugestões que Bechara saberá apreciar numa nova edição. E conclui com este voto que também fazemos todos os estudiosos da história da língua portuguesa: "Com essa nova edição dos *Primeiros ensaios* decerto renorvar-se-ia o estímulo aos jovens pesquisadores para infiltrarem-se nas maravilhosas sendas dos estudos diacrônicos do português."

O ITINERÁRIO DE UM MESTRE

Tarcísio Padilha
Academia Brasileira de Letras
Presidente do Centro DomVital

Era uma vez um menino, nascido no Recife, primogênito de um quarteto cujo pai se foi precocemente aos 27 anos deixando sem amparo a jovem mãe que deveria levar adiante a pesada tarefa de educar tantas crianças. Daí sua decisão de ficar com os dois menores e encaminhar para lares de parentes os dois mais velhos. O primogênito viajou para o Rio de Janeiro, a fim de se abrigar no lar aconchegante de um velho tio-avô, então oficial de marinha e, adiante, oficial da novel arma da Aeronáutica. Com bom preparo intelectual e muita bondade na alma, o tio-avô e sua esposa deram primorosa educação ao menino que receberam como um filho, o filho que eles não tiveram. A casa era bem fornida de livros, muitos dos quais clássicos da língua portuguesa. E o menino curioso se deleitava com a leitura, que se tornaria sua paixão.

O leitor já sabe de quem lhes falo, do notável patrício que se alteou aos píncaros dos mestres em língua portuguesa: Evanildo Cavalcante Bechara, colega de magistério e dileto confrade e amigo, cujos oitenta anos intelectuais de todas as especialidades cuidaram necessário homenageá-lo por sua contribuição exponencial para os estudos de lingüística e de filologia entre nós.

O magistério que haveria de ocupar os espaços de sua vida rica e fecunda não pareceu atraí-lo de pronto. As visitas às instalações da aeronáutica e os aviões que lhe despertaram naquele então a vocação a se tornar um engenheiro do ar cederam passo ao múnus de dar aulas particulares de matemática, sua disciplina preferencial. Ocorre que o anúncio que o menino fez divulgar de seu intento de lecionar em torno dos números surpreendeu-o pela demanda de aulas de português e de latim, matérias em que o jovem Evanildo também se distinguia. Foi o início de uma carreira magisterial que o projetou no cenário dos estudos sobre a língua de Camões e de Machado de Assis.

Principiou seus estudos no Recife, onde freqüentou o colégio dos maristas. No Rio, foi matriculado no Ginásio Levergé, para adiante seguir estudando no Colégio La-Fayette, cujas instalações serviram de base para a implantação de uma Faculdade de Filosofia, Ciências e Letras da futura Universidade do Distrito Federal e atual Universidade do Estado do Rio de Janeiro. Dela se tornaria professor assistente do emérito cultor da nossa língua, o saudoso amigo e colega Antenor Nascentes, a quem a ABL deve a elaboração em quatro volumes do *Dicionário da língua portuguesa*. Mais tarde Bechara será o professor catedrático de Filologia Românica.

A vida de Bechara é um rosário de concursos. Nada menos de dez em que sempre logrou aprovação, seja no Colégio Pedro II, no Instituto de Educação, na Universidade do Estado do Rio de Janeiro e na Universidade Federal Fluminense, para citar apenas algumas instituições que muito se beneficiaram de seu talento e da clareza com que apresenta seus pontos de vista, ao ministrar suas aulas ou proferir conferências aqui e na Europa.

Por indicação de Leônidas Sobrino Porto e do Jesuíta Padre Artur Alonso, foi indicado para seguir, em Madri, as aulas do mestre Damaso Alonso. O preclaro mestre espanhol lhe abriu ainda mais a visão da lingüística e da filologia, sendo certo que o então discípulo não se limitará a lhe seguir os cursos que ministrou, senão que fez questão de acompanhar aulas de todas as matérias que lhe foi possível freqüentar. A sólida formação recebida aqui e alhures bem explica seu renome nacional internacional, a ponto de se haver tornado professor visitante na Alemanha e *doctor honoris causa* pela Universidade de Coimbra.

Ainda adolescente Bechara já amealhava cultura invulgar. Para mais bem se adentrar nos meandros da língua portuguesa para ministrar suas aulas, Bechara ampliou a leitura de gramáticas de escol. Foi quando se deu o encontro com obras de Said Ali, que haveria de lhe inspirar os passos e ajudá-lo a construir uma das maiores vocações de filólogo entre nós.

O adolescente não mediu esforços para conhecer o mestre. Recorreu ao catálogo telefônico e pediu uma audiência ao velho mestre. Como todo homem de elevado corte cultural, Said Ali se prontificou a receber o talentoso jovem e ficou impressionado com a precocidade intelectual de Bechara. No primeiro encontro, o jovem falou de um caderno que recolhia suas observações a respeito das leituras que empreendia. O mestre pediu que o trouxesse e ficou agradavelmente surpreso com a cultura do adolescente. E chegou ao extremo de se oferecer para ensinar-lhe o alemão, para o professor, sua língua materna. Ao mesmo passo, Bechara freqüentaria livros de uma pilha da biblioteca do mestre que, ao cabo das leituras, passaria definitivamente às suas mãos. Destarte, Bechara, que já se beneficiara dos livros da biblioteca de seu tio-avô, passou a ler os clássicos reunidos por Said Ali e que, um a um, lhe seriam doados. O convívio se estendeu por 12 anos, equiparando-se a um curso de alto nível. Daí haver Bechara se antecipado à escolaridade convencional ganhando alguns anos de estudo.

Bechara nos ensina a arte de ser poliglotas em português, uma vez que há diversas modalidades de falar a mesma língua. E compara tais situações à dos trajes com que nos vestimos para ir a múltiplos lugares e cerimônias. O aureolado mestre sustenta que o ideal é sermos poliglota de nossa própria língua, acomodando-nos às situações em que estamos inseridos. Rachel de Queiroz certa feita me asseverou que, ao conversar com os empregados de sua fazenda, se valia da mesma linguagem deles, assim se acercando de seus assuntos, das peculiaridades de seu viver. Cativava os peões e a língua servia de ponte ao seu jeito acolhedor e simples de viver a vida. O mesmo ocorreu, no sul da França, com o filósofo Louis Lavelle. O pensador deixava de lado seu estilo de rara beleza, superior mesmo ao de Henri Bergson, no sentir de Bernard Delfgaauw, para se aproximar de modo mais humano dos habitantes da pequena aldeia de Parranquet em que passava suas férias. É a vivência do humanismo em que a distância cultural não constitui obstáculo à comunhão entre seres humanos.

Bechara tem sempre presente o caráter mutável das línguas, e sabe preservar a norma culta sem desmerecer os falares que dela se distanciam. A língua das gramáticas é a que preserva a norma culta, busca manter o elo puro de uma lenta evolução que nos legou um patrimônio cultural fulcro de valores maiores de um país. Mas a língua se manifesta e se explicita de formas as mais diversas. Nas ruas, nos bares, nos teatros, nos congressos, nas academias registra-se a presença de múltiplas línguas de que cuidam os lingüistas, sempre atentos às mudanças que se verificam no evolver do processo dinâmico dos falares de um mesmo idioma. A manutenção dos esforços em favor da língua padrão não obscurece a consciência da acolhida às formas variegadas com que a língua se apresenta em circunstâncias distintas da que molda a norma culta. Bechara atenta invariavelmente para sua luta em benefício da língua padrão, sem prejuízo de sua nitidez consciente de que a língua oriunda de situações específicas pode determinar, ao longo do tempo, mudanças que se irão incorporando ao dominante padrão que, como gramático, lhe incumbe assegurar.

O poliglotismo desejável não tem guarida em nosso sistema educacional. Via de regra, a norma culta é apresentada como padrão, sem pôr em devido realce a riqueza dos falares que irão traduzir, *pari passu*, o lento evoluir das línguas, como selo progressivo de manifestações do ser humano no fluir do tempo histórico. Bechara atira a barra mais longe e não se furta a dar a atenção devida a todas as modulações da língua e das linguagens que lhe vincam o perfil mutável. Quando menciona as gírias, em vez de lhes negar o papel e, sobretudo, a presença indefectível num dado momento, aponta-lhes a fugacidade de sua vigência. Em seu senso realista, o mestre as vê como modas passageiras que até mesmo podem voltar após certo tempo decorrido.

Aqui e ali, o professor homenageado aproveita os ensejos para passar suas mensagens. É o caso da procedente crítica que se contrapõe ao abuso e mesmo uso indevido do verbo colocar. Língua rica em formas de expressar a idéia de se posicionar ante uma questão, emerge com excessiva presença o verbo colocar. Colocar passa a sinônimo de opinar, de externar o pensamento, de simplesmente dizer. Perde o caráter originário e expande seus tentáculos ao mundo da cultura, propiciando o seu empobrecimento. E o pior em tais casos é que o seu uso por intelectuais, comunicadores vem cercado de uma aura de pretensa riqueza de expressão.

Mais do que nunca, Bechara se vale do brocardo clássico *in medio virtus*. Não há por que reagir com virulência ao uso de estrangeirismos, nem incorporá-los em demasia ao cotidiano uso de nossa língua. Por que, pergunta o filólogo, valer-se da expressão *coffee-break* se temos uma palavra simples e direta para exprimir a mesma idéia: intervalo. Mas há que evitar um dom quixotismo terminológico e, portanto, devemos ceder ao uso de expressões que já se incorporaram ao vernáculo como *know-how*. É sempre o balanceamento nascido da sabedoria de um sadio equilíbrio que serve de suporte às teses sustentadas por Bechara. Certa feita assim se manifestou o filólogo: só devemos evitar o uso dos estrangeirismos quando temos na prata da casa o equivalente.

A linguagem é um instrumento de três pés, reza o professor: a cultura, a língua e o texto. Por aí se verifica que Bechara não quer realçar em demasia a função da gramática, absolutizá-la. Apenas lhe restitui o lugar que lhe pertence. A cultura em que estamos mergulhados é ponto de partida para as arremetidas e avanços no terreno de difícil praticagem da lingüística. A língua se situa no meio do caminho como suporte indispensável. Seu conhecimento deve ser lingüisticamente adequado para permitir a riqueza da emergência da expressividade humana.

Razão assistiu a Goethe quando assentiu que a aquisição de uma nova língua é uma nova janela aberta para o mundo. Assim o são também as linguagens de que nos valemos em obediência às circunstâncias que moldam o rico filão de ambientes e situações que nos incumbe vivenciar.

Bechara é filólogo, gramático, dicionarista. Escreveu cerca de vinte livros, um dos quais é a nossa bíblia de língua portuguesa, a *Moderna gramática portuguesa*, que alcançou a significativa cifra de 37 edições.

Atualmente, dirige o setor de Lexicologia e Lexicografia da Academia Brasileira de Letras, com invulgar competência. Seu múnus exige fôlego excepcional na preparação do vocabulário e de dicionários, além de uma coleção de livros voltados para a língua pátria.

Discípulo de Said Ali, Bechara é, sem dúvida, mestre de língua portuguesa de todos nós.

André de Resende e a relatinização ortográfica da língua portuguesa

Sebastião Tavares de Pinho
Universidade de Coimbra

No conhecido movimento de relatinização do português, que teve a sua maior expressão no ambiente renascentista do século XVI, assume incontestável protagonismo o humanista André de Resende, cuja merecida fama não se deve apenas à vasta e variada produção literária escrita em elegante latim, ou por ter sido o inventor da palavra "Lusíadas" e de outro vocabulário épico, como o nome das "Tágides", mas também porque conquistou um justo lugar de relevo entre os principais escritores de língua portuguesa de Quinhentos.[1]

É nessa produção literária em vernáculo que o humanista eborense evidencia a sua declarada propensão para a ortografia latinizante do português, como pretendemos demonstrar com base nos textos de grafia autêntica chegados até nós, a saber:

> 1. *Carta a D. João de Castro*, Lisboa, 16 de Março de 1547 (ANTT, *Ms. São Lourenço*, IV, fol. 52-53);
> 2. *Historia da antiguidade da cidade Evora. Fecta per Meestre Andree de Resende* (Évora, 1553 e 1576);
> 3. *Fala que Meestre Andree de Reesende fez aa Princepsa Domna Ioanna [...] na entrada da ciidade de Evora* (incluída na obra anterior deste elenco, fols. f vij-viij da edição de 1553, e fol. f vj-vij v da de 1576);

---

[1] Serafim da Silva Neto emitiu a seu respeito o seguinte juízo: "André de Resende foi exímio e brilhante estilista em língua portuguesa. A sua prosa é das mais vivas e graves do século em que viveu. [...] é serena e corrente, cheia de naturalidade e expressão." (Silva Neto, 1947: 84)

4. *Sermam que pregou ho doctor meestre Andree de Resende [...] en o synodo [...] de Evora [...] ho primeiro domingo do mes de Feuereiro M D LXV* (Lisboa, 1565);
5. *Fala que Meestre Andree de Reesende fez a el rey Dom Sebastiam a primeyra vez que entrou en Euora* (incluída na obra do n.º 2 desta lista, Évora, 1576, fols. f viij - g v);
6. *Ha sancta vida e religiosa conuersaçam de Frey Pedro [...] Scripta per ho doctor Meestre Andree de Reesende* (Évora, 1570);
7. *Testamento de André de Resende* (Dezembro de 1573).

Todas estas obras foram publicadas pelo autor, com excepção evidentemente do seu testamento. Mas, deste, existe publicação póstuma a partir do original, que respeita a primitiva ortografia, conforme esclarece o seu editor (Leitão Ferreira, 1916: 130-131) e como podemos comprovar pelo confronto com o sistema ortográfico das restantes obras supracitadas.

Por outro lado, conservou-se o autógrafo da Carta a D. João de Castro, cuja primeira página aqui reproduzo no Anexo I.

Existe também um manuscrito autógrafo do pequeno discurso (da "Fala" que ocupa o terceiro lugar da lista anterior, cuja página inicial vai igualmente aqui reproduzida no anexo II) pronunciado por Resende em finais de Novembro de 1552 e publicado em apêndice à *História da cidade de Évora* saída a lume em 26 de Outubro de 1553 e em edição póstuma de 1 de Fevereiro de 1576, feita sobre um texto ainda emendado pelo autor, conforme se declara na sua portada: "E agora nesta segunda impressam emendada pelo mesmo autor."

Fica fora deste elenco de pesquisa a *Vida do Infante Dom Duarte*, escrita em 1567, mas publicada pela primeira vez apenas em 1789, por ordem da Academia das Ciências de Lisboa, e em segunda edição em 1842 pela *Revista Literária* (Porto, v. IX), e cuja ortografia, tanto num como noutro caso, está modernizada e claramente não respeitou a escrita do texto autógrafo, entretanto desaparecido. Por isso não serve aos objectivos do presente estudo.

Vejamos o testemunho dos próprios textos resendianos e comecemos por transcrever alguns extractos da primeira Fala, isto é, da pequena oração de entrada pronunciada em finais de Novembro de 1552 perante da princesa Joana de Áustria, filha de Carlos V, aquando da sua entrada em Portugal como noiva do príncipe D. João, filho de D. João III, e no momento em que ela passava pela cidade de Évora. O humanista André de Resende, um dos oradores mais conceituados da época, assume a missão de lhe dar as boas-vindas em nome da capital alentejana e do seu povo, num discurso breve que contém todos os ingredientes oratórios do protesto de modéstia pessoal e da exaltação da destinatária, numa grafia sobrecarregada de formas latinizantes[2]:

> <u>Princepsa</u> <u>exclarescida</u>, <u>Princepsa</u> de nos tãto desejada. Se <u>ho</u> <u>immenso</u> & excessiuo <u>plazer</u> que hoje <u>en</u> nos <u>triumpha</u>, <u>per</u> palauras se podesse explicar, mui pouco seria, <u>ho</u> que <u>hos</u> poetas <u>en</u> <u>has</u> cousas arduas & <u>difficiles</u> <u>costumauan</u>, desejar <u>cent</u> <u>boccas</u>, & <u>cent</u> linguas, & hũa voz aceira & incansauel. <u>Qua</u> <u>non</u> è <u>tam</u> leue nem tã mediocre <u>ho</u> alegre mouimento de tãtos corações, que <u>per</u> <u>tam</u> poucos instrumentos assi facilmente se <u>lexasse</u> declarar. Mas ja que desta parte <u>ha</u> impossibilidade nos <u>tẽe</u> <u>desengannado</u>, & de outra, <u>nõ</u> padesce <u>ha</u> qualidade do tempo que com longa oraçã detenha V. A. & <u>impida</u> esta <u>commun</u> alegria, & <u>acceso</u> desejo de vos <u>veer</u> que nem pode <u>tẽer</u> silencio, nem <u>soffre</u> dilaçam: reduzindo me a <u>ho</u> que breuissima & <u>summariamente</u> <u>non</u> consente <u>ha</u> razam que <u>lexe</u> de dizer. <u>Princepsa</u> serenissima, esta vossa <u>cijdade</u> [...] en sua <u>origẽe</u> & fundaçam antiquissima, <u>en</u> <u>ha</u> <u>fee</u> <u>catholica</u> & religiã <u>christãa</u> entre todas <u>has</u> de <u>Hispania</u> ou mais <u>antigua</u>, ou tãto quanto <u>ha</u> que mais, <u>en</u> <u>nobleza</u> de estes <u>regnos</u> <u>ha</u> segunda, & <u>en</u> lealdade, amor & seruiço da real <u>corõa</u> <u>delles</u> <u>sen</u> duuida <u>ha</u> primeira, <u>beisa</u> vossas reaes mãos, & <u>per</u> <u>hũo</u> publico & <u>gẽeral</u> voto, com os animos <u>chẽos</u> de tanto contentamento, de quanto <u>ho</u> humano <u>intellecto</u> é capaz, pede a d's omnipotente que vossa vinda a estes <u>regnos</u> seja felicissima. Entrae senhora <u>per</u> <u>hos</u> muros dos vossos, & <u>appousentae</u> vos entre <u>hos</u> vossos, <u>quomo</u> lhes ja entrastes <u>per</u> <u>hos</u> corações, que logo <u>ficaron</u> <u>entreghes</u> [...] (Veja-se *Fala à Princesa*, 1553: fol. vij-vij v; e fol. viij).

Os vocábulos que aqui sublinhámos apresentam na sua maioria grafias que, por uma ou outra razão, indiciam uma clara preocupação etimológica latina. É o caso da palavra 'Princepsa', que, independentemente da proveniência da sua importação (francesa? ou castelhana?) põe à evidência a forma etimológica latina 'princeps' assente no próprio nominativo mediante a simples adjunção do sufixo indicativo do feminino e sem permitir a assimilação da oclusiva -p- por parte da sibilante -s-. É um artifício, ao que parece da responsabilidade de Resende, mas representa sem dúvida uma motivação etimológica. Isto acontece por quatro vezes nesta "Fala", e vamos encontrá-lo também na *Vida de Frei Pedro* (fol. a ij - ij v).

A grafia do vocábulo 'exclarescida' mostra-nos a dupla curiosidade de apresentar, por um lado, o prefixo latino *ex-*, que deu origem à correspondente for-

---

[2] Servimo-nos do texto impresso, que apresenta algumas pequenas variantes da responsabilidade do autor relativamente ao seu manuscrito autógrafo, ainda existente, que ele reviu e aperfeiçoou para efeitos de publicação. Acerca da prioridade de um sobre o outro, veja-se (Pinho, 2006: 232-238).

ma vernácula *es-* presente em grande número de vocábulos portugueses desde a Idade Média, e, por outro, o conjunto incoativo -sc-, igualmente herdado do latim, que entrou na formação de verbos de tema em *e* (*-scer*), dos quais a maior parte perdeu, desde longa data o *-s-* do referido conjunto (dos cerca de 280 verbos dessa formação, apenas perto de 50 conservam hoje a terminação *-scer*). Resende optou por esta grafia em mais de duas dezenas de formas verbais e mesmo de nomes delas derivadas. Só na *Vida de Frei Pedro* encontramos mais de cinquenta passos com os seguintes exemplos: accontescer, admanhescer, cognoscer/ cognoscidas, desaparescer, desfallescer/ fallescer/ fallescido/ fallescimento, exvãescer, favorescer, merescer, offerescer, padescer, parescer (mais de vinte cinco vezes), pretenscer, resplandescer.

Outra opção da ortografia resendiana respeita ao uso persistente de consoantes geminadas, de tradição latina, como se vê pelos exemplos colhidos neste texto: o adjectivo 'immenso', que decalca o particípio latino *immensus*; 'bocca', que assenta directamente no latim *bucca*, mas que já havia reduzido a geminada na sua forma vernácula do séc. XI, e que o humanista agora adopta; 'desengannado', baseado no latim vulgar *ingannare*, a partir do latim clássico *gannire*, (latir, ganir; chilrear, grunhir; cochichar; caramunhar); 'commum', do latim *communis*; 'acceso', refeito a partir do latim *accensus*, particípio do verbo *accendere*, cuja forma portuguesa já havia reduzido a geminada pelo menos no séc. XIV, em que aparecem grafias como 'acesso' e 'acezo'; o advérbio 'summariamente', que assenta na raiz do substantivo latino *summa*, que já aparece pelo menos desde os finais do séc. XIV mas com o *-m-* radical reduzido e cuja geminação ressurge no século de Resende. Bem como as geminadas do vocábulo 'soffre', recebido do verbo latino *sufferre* (< *sub+ferre*) através da forma deduzida *sufferere; do substantivo 'intellecto' (do latim *intellectus*), assumido na língua portuguesa provavelmente antes do séc. XVI, mas que na época de André de Resende já se apresentava correntemente sem geminada, em grafias como 'inteleito' ou a moderna 'intelecto'; o imperativo 'appousentae', já detectável desde o séc. XIII sem geminação (apousentar, apoussentar e aposentar) e que Resende grafa com a geminada *-pp-* em consonância com a etimologia latina *ad+pausa*, que deu origem a todo o léxico da mesma raiz; e, enfim, o própria formação glutinada 'delles', que o humanista relaciona naturalmente com o pronome latino *ille*.

Um caso de latinismo não apenas gráfico mas também morfológico é o do adjectivo 'difficiles', plural modelado na morfologia do correspondente latino *difficiles*, que passou a ser usado em língua portuguesa no tempo de André de Resende por ele e por outros humanistas amantes da ortografia latinizante. Inclui-se neste caso 'viles', plural de 'vil', e 'horribiles', também usados na *Vida de Frei Pedro* (fol. a iij v: "hos officios mais baixos, & viles"; fol. b: "offerescendo-lhe visões horribiles"). À mesma série morfológica pertence, ainda, 'immobile' (ib., fol. a viij)[3].

Em matéria de uso de nasais, como se vê no texto acima transcrito, o antiquário eborense mais uma vez se aproxima da etimologia latina em vocábulos como o advérbio 'non', usado sistematicamente em toda sua obra quer nesta grafia plena que transcreve o latim *non*, quer na escrita nasalizada 'nõ' que se pode presumir corresponder à pronúncia de ambos. O mesmo se pode dizer do advérbio 'tam', habitualmente escrito à maneira latina; e, ainda, acerca da preposição 'en', em vez de 'em' por ser graficamente mais próxima da original latina 'in', o que acontece igualmente com a preposição 'sen', que surge em toda a obra portuguesa de Resende e cuja grafia aponta, mais directamente do que a sua alternante 'sem', para a fonte latina *sine*. Também latinizante parece ser a grafia do vocábulo 'costumauan' na sua terminação em -n, que alterna frequentemente com -m e que, em termos gráficos, corresponde melhor do que esta à desinência latina -*nt* da 3.ª pessoa do plural das formas verbais.

Um caso de grafia latinizante que envolve elemento nasal e vogais geminadas está também documentado em vários exemplos do extracto acima transcrito. Assim, o substantivo 'corõa' retoma a forma arcaica em que a consoante -n- do original latino *corona* conserva os seus vestígios sob a forma de nasalização da vogal antecedente. O mesmo fenómeno se verifica em 'christãa', derivado do latim *christiana*; em 'chẽos', proveniente do adjectivo latino *plenus*; em 'gẽeral', 'origẽe', 'tẽer' e 'tẽe', evoluídos a partir das respectivas formas latinas *general(em), origine(m), tenere e tenet*.

Fenómeno paralelo a este é o da presença de vogais geminadas que denunciam a consoante latina intervocálica que, por ter esse carácter, ou em associação ele, teve tendência a sincopar-se na evolução do latim ao português. É o caso dos vo-

---

[3] Serafim da Silva Neto cita, a este propósito, mais uma dezena de plurais deste tipo em outros tantos autores contemporâneos de André de Resende, em obras publicadas entre 1553 e 1594 (Silva Neto, 1947: 106).

cábulos 'veer', 'fee' e 'cijdade', que derivam das respectivas formas latinas *uidere, fide(m)* e *ciuitate(m)* e estão bem mais próximos da sua matriz histórica, do que nas formas ulteriores reduzidas 'ver', 'fé' e 'cidade', que já existiam no tempo de Resende, mas que ele preteriu em favor da grafia etimológica e latinizante.

No mesmo sentido merece reparo a grafia das formas verbais 'lexe' e 'lexasse', em vez de 'leixe' e 'leixasse' na sua forma vocalizada, já existente desde o séc. XI. Resende optou pela grafia anterior por ela registar um estádio de evolução mais próximo da etimologia do verbo latino *laxare*; e, como este, também o caso de 'beisa', do verbo 'beisar', em vez de 'beijar' já existente pelo menos desde o séc. XIII, cuja sibilante -s-, em vez de -j-, a coloca foneticamente mais próxima do étimo latino *basiare*.

Como claro latinismo, pelo menos gráfico, deverá ser considerada a grafia de 'regno' bem como outros daí derivados existentes na mesma "Fala" a que pertence o texto acima transcrito e nas restantes obras resendianas em vernáculo, como nos vocábulos 'regnare' e 'regnado', baseados na raiz latina de *regnum*, em substituição da grafia com a consoante -g- vocalizada ('reyno' ou 'reino'), que já existiam desde o séc. XIII.

No âmbito das consoantes devemos ainda mencionar os dois casos das palavras 'nobleza' e 'plazer', preferidas pelo nosso humanista às formas 'nobreza' e 'prazer', embora antigas, por aquelas manterem a sua raiz mais próxima dos respectivos étimos latinos, a saber, o radical de *nobilitas* e de *placere*. E o mesmo se passa com o numeral 'cent', em que Resende retoma a raiz latina de *centum*, apesar de existirem as formas medievais 'çien', 'cem' e outras.

No que respeita ao uso da aspirada h, excluindo os casos da sua presença sistemática na grafia dos artigos definido e indefinido ho, ha, hos, has, e hũo, hũa, que são de tradição antiga e, como se sabe, nada têm que ver com questões de etimologia, três casos há — 'triumpha', 'catholica' e 'christãa' — em que a sua manutenção aponta evidentemente para a origem latina no primeiro caso e greco-latina nos outros dois.

De notar, ainda, o conjuntivo 'impida', forma arcaica que o autor prefere por conservar mais intacto o radical latino do verbo *impedire*; bem como o uso da preposição 'per', na sua forma também arcaica e autónoma, isto é, sem se aglutinar nem sequer ao artigo definido ("per hos muros", "per hos corações"), e igualmente preferida por transcrever a exacta forma da sua origem latina.

Quanto ao topónimo 'Hispania', sendo forma assumidamente portuguesa, não deixa de ser um latinismo que aqui designa toda a Península Ibérica. Recordemos que o mesmo André de Resende, em carta de 4 de Maio de 1567, de resposta ao toledano Bartolomeu de Quevedo, lhe lembrava que portugueses e espanhóis eram todos hispanos: "*Hispani omnes sumus*" (Pereira, 1988: 130-131).

Finalmente, para terminar a análise da ortografia latinizante do extracto da "Fala à Princesa Dona Joana", resta-nos referir os vocábulos 'antigua', 'qua' e 'quomo', formas arcaicas de 'antiga', 'ca' e 'como' e cuja grafia mantém o apêndice bilabial -u- da sua etimologia latina, que os liga graficamente à sua forma original, respectivamente *antiqua*, *quia* e *quomodo*.

Esta mesma preocupação etimológica mantém-se e abrange muito outro vocabulário na *Vida de Frei Pedro* como vamos verificar em alguns extractos do seu texto. O primeiro é colhido do início do Proémio, em que frei André de Resende, aos sessenta e cinco anos de vida, recorda seus tempos de noviço do Mosteiro de São Domingos de Évora, onde pôde conhecer de perto as virtudes do porteiro frei Pedro, e explica como assumiu a missão de escrever a sua biografia:

> Per algũos padres da ordẽe, persõas religiosas & doctas, fui per vezes requerido que screuesse ho que sei da virtude & sanctidade de Frey Pedro porteiro do mõesteiro de Sanct Domingos de Euora. Porque, quomo eu en haǫlla casa me criey, alcansey tẽer delle hũa particular familiaridade, & com ipso muita experientia de suas cousas. Prometti de ho fazer, mas dilatey ho muito tempo. [...] Se de este mundo partijsse sen me desobligar de esta diuida, per ventura, & sen per ventura, tãbẽe me nõ desobligaria de dar cõpta a d's, por escõder has mercees de q̃ a elle aprouue fazer me participante, & quiçá por ipso hacte ho presente me dar vida, para has publicar. Quero pois cõ seu fauor & adjuda, pagarlhe este deuido tributo [...] (Veja-se *Vida de Frei Pedro*, fol. a iij).

Alguns dos vocábulos aqui sublinhados estão incluídos no texto anterior e foram objecto do respectivo comentário, por isso trataremos aqui apenas dos restantes.

O adjectivo indefinido 'algũos', com a vogal -o- distintiva do masculino, evoca mais de perto a sua formação latina [aliqu(is)+unu(s) > alicunu > aliguno > alguno], do que as formas mais "corruptas" como 'algun/ alguns' já existentes no séc. XIII, e constitui, por isso, uma retoma latinizante.

Na palavra 'persõas', Resende prefere e sistematiza a grafia que mantém a líquida -r- do original latino *persona*, outrora assimilada pela sibilante sequente, e assinala a presença da nasal -n- na forma do til sobre a vogal que a antecede, para efeitos pelo menos da sua nasalização.

Sobre o vocábulo 'doctas', importa lembrar que, embora Duarte Nunes de Leão tenha admitido na Regra II da sua *Ortografia*, seis anos depois da publicação desta biografia resendiana de Frei Pedro, que a consoante -c- se pronunciava na palavra 'docto' e em outras suas cognatas como 'doctor' e 'doctrina', também presentes nas restantes obras de Resende, em alternância com a grafia da consoante vocalizada 'douto', etc. (Leão, 1983: 134-135), a verdade é que elas não deixam de ser latinismos.

A mesma consoante da raiz latina é mantida em 'sanctidade' (tal como em 'sancto', 'sancta', 'sanctissima', que aparecem em outros textos resendianos) e na curiosa grafia de 'Sanct' Domingos, que o humanista repete, aproximando-a da forma latina *Sanctus* até ao limite, isto é, sempre que o nome do santo começa por consoante, por exemplo em 'Sanct' Joanninho, 'Sanct' Paulo, 'Sanct' Mancio e 'Sanct' Pedro, em substituição e paralelismo com a forma portuguesa 'Sam' ou 'São' usada em igual circunstância. Isto parece demonstrar que tal grafia não passava de puro grafismo etimológico que nada interferia com a pronúncia de 'Sam' ou 'São', como aliás acontecia muito provavelmente na maior parte dos demais latinismos.

A vocábulo 'screuesse', com ausência do e- protético que, já a partir do latim vulgar, se gerou em palavras começadas pela sibilante s- seguida de uma ou duas consoantes, é mais uma das preferências sistemáticas do programa de relatinização ortográfica de André de Resende, como se vê em muitos outros casos como: scripto e scriptura, scada e scala, scandalizar, scapulario, scasso, scrupulo, scudella, spaço, spelho, sperar, spirito, spiritual, squeecimento, squivo, staca, star (com abundantes exemplos da sua variada morfologia), stilo, stimular, strado, strella, strellado, studioso.

As palavras 'mõesteiro' e 'mercees' são mais dois exemplos de arcaísmos latinizantes, o primeiro porque mantém no til o que resta da nasal -n- de *monasterium*, e o segundo pela presença da vogal geminada denunciadora da consoante intervocálica original do latim *mercedes*, entretanto sincopada.

Também testemunha a sua origem latina a palavra 'desobligar' com a líquida originária -l-, como já vimos acima em 'nobleza' e 'plazer', e como acontece com outros casos da obra de Resende, designadamente em 'blando', 'noble' e 'regla'. E o mesmo se diga das formas 'prometti' com sua geminada latina; 'cõpta' com o radical latino incorrupto herdado de *computare*; e muito claramente a grafia de 'experientia', que, à semelhança de outras terminadas em *-entia*, em vez de -ência, ('notitia', 'negligentia', 'patientia') transcrevem simplesmente o latim.

Caso curioso de latinismo gráfico é o pronome 'ipso', como também as formas masculina 'epse' e femina 'epsa', que resultam do latim *ipse, ipsa, ipsum*, e percorrem sistematicamente os textos portugueses de Mestre André, constituindo o que se me afigura uma raridade ortográfica.

A forma 'hacte', grafia resendiana da preposição e advérbio 'até', tem dividido os etimologistas entre propostas diferentes, uma árabe (*hattā*), outra latina (*ad tenus*). Não será que André de Resende, ao escrevê-la com aspirada inicial, não teria no pensamento uma outra hipótese, ainda que eventualmente errada, nada menos que o advérbio latino *hactenus*, que tem valor semântico muito semelhante?

O demonstrativo 'haquella', bem como os cognatos 'haquelle', 'haquillo', muito recorrentes em todos os textos de Resende, mantêm a geminada da sua origem latina (*eccu+illa, eccu+ille, eccu+illud*); e quanto à aspirada inicial, também aqui o humanista poderia ter feito associação com os pronomes demonstrativos latinos *hic, haec, hoc*. Não é de estranhar tal hipótese, numa época em que os estudos filológicos não dispunham das conquistas e dos meios que a ciência moderna possui.

Passo a transcrever um último trecho da *Vida de Frei Pedro* para confirmar alguns casos já comentados e sobretudo para apreciar algumas situações de particular interesse quanto ao método com que o humanista conseguia, por vezes com um mínimo toque de ortografia, revestir certos vocábulos de uma roupagem latina. No seguinte extracto Resende refere as qualidades de Frei Pedro como antigo grumete da marinha, onde este aprendera alguns rudimentos de navegação e do necessário conhecimento da astronomia:

> Eu vij star frey Pedro arrimado a hūa columna do claustro, com os oclhos para ho ceo, que staua muy sereno & strellado, & chegando me a elle quomo familiar, lhe perguntey que oclhaua. Respondeo me. Haa muito tempo que de nocte, per este certo poncto attento para ho norte, per cima da cabeça de haquelle

> acypreste, & tenho notado ser falso ho que algũos dizem, que ha strella do Norte é ho polo, & que non se moue (veja-se *Vida de Frei Pedro*, fol. a viij).

Deste trecho são de notar a grafia de 'vij' com a dupla vogal a evocar a mesma 1.ª pessoa do singular do pretérito perfeito latino *vidi*, em que o -d- intervocálico veio a cair durante a evolução para vernáculo; a de 'columna', homógrafa da própria forma latina; as de 'nocte' e 'poncto' com manutenção da consoante -c- latina; e os vários casos de consoantes geminadas. Em 'strella' e 'strellado' verifica-se exemplo de contaminação ortográfica das raízes latinas de *stella* e *astrum*. Mas o mais curioso deste trecho é a grafia do substantivo 'oclho' e respectiva forma verbal 'oclhaua' (e outras, como 'oreclha'), em que, pela reinclusão da simples consoante -c- da raiz latina de *oculus* dentro do radical vernáculo 'olh-' dela derivado, e por uma espécie de hipergrafismo ou pleonasmo gráfico, o autor concedeu ao produto assim conseguido um visual mais latinizante.

O sistema ortográfico de André de Resende foi assumido desde jovem e conservado durante a vida inteira, como se vê pelos primeiros trechos em português que dele nos restam, datados de 1535, a saber, dois registos de baptismo que ele ministrou em Évora nos quais já aparecem os mesmos critérios de escrita, incluindo formas latinizadas como 'baptizei', 'assignei' 'octubro' e expressões como 'ho doctor' e 'assignei aos dias & era sobredictos'. E assim persistiu até à beira da morte, ocorrida em Dezembro de 1573, segundo se pode ver no texto do seu Testamento, cuja primeira parte ele ainda redigiu por seu punho e de cujo original restam reproduções com fidelidade ortográfica garantida pelos editores. Vejamos um extracto do seu início, onde facilmente se detectam, sublinhados, vários dos latinismos já acima comentados e se comprova a constância caligráfica do Mestre André de Resende:

> Em nome da Sanctissima Trindade Padre, e Filho, et Spirito Sancto, tres hypostases, ou pessoas, hũa essencia, hũo Deos, non tres Deoses, cuja fee eu indigno sacerdote sempre tive, tenho, e terei quomo catholico filho da Sancta, et universal Egreja Romana, et en nome da perpetua, et nunqua violada Virgen Sancta Maria [...].
> In primis declaro que eu me criei no habito et ordẽe de Sanct Domingos, no mõesteiro desta cijdade, et nelle fiz profissam, et trouxe ho habito passante trijnta annos, hacte que frei Hieronymo Padilla mo fez tirar, por eu ser exempto, et star en seruiço del Rei, et de seus hirmãos teendo elle para ipso hũo breve

da Sancta Sede apostolica quomo constaraa per hũo instromento que sobre ipso tirei, fecto per Philippe Diaz notario [...] (Leitão Ferreira, 1916: 130-131).

A maior parte das formas aqui sublinhadas já foram objecto de comentário, mas não deixarei de notar as grafias greco-latinizantes de 'hypostases', 'Philippe' e 'Hieronymo', bem como a presença da nasal final -n em 'Virgen', que pode ser motivada pela mesma na radical da forma latina *uirgin* [de *uirgo, uirgin(is)*]. Por outro lado, 'exempto' e 'fecto' conservam as marcas latinas nas respectivas consoantes -p- e- c-, como acontece com numerosas formas cognatas de um e outro, principalmente do segundo. A grafia de 'nunqua' reflecte a latina *nunquam*, e a geminada de 'trijnta' adverte para a queda da consoante intervocálica do mesmo numeral latino *triginta*. De resto, em matéria de numerais, Resende usa sistematicamente formas latinizadas como 'cinquo', 'sex' e 'sexcentos', 'septe', 'octo', 'dezocto', 'cent'.

Um texto de capital importância para o estudo da prática ortográfica de Resende é a Carta que ele escreveu em 16 de Março de 1547 a D. João de Castro, dois anos após a passagem deste por Évora na Primavera de 1545 a despedir-se do rei e a preparar a sua partida para o Oriente na qualidade de governador da Índia, recentemente nomeado.

Resende, que "a epse tempo staua en Viana [do Alentejo]", soube depois que o Governador tinha perguntado por ele com intenção de o levar consigo, o que não pôde acontecer, e por isso lhe manifesta o seu reconhecimento por via epistolar. Dessa carta conserva-se, felizmente, o texto autógrafo, cuja primeira página se pode ver reproduzida no fim deste estudo, o que permite verificar o seu estilo ortográfico redigido por sua própria mão e comprovar tudo o que temos dito sobre esta matéria. Vejamos os seus dois primeiros parágrafos:

> Mighel da Arruda, stando V. S. en Cepta, me deu os primeiros motiuos de deseiar seruir V. S. hos quaes eu assi en mi criei & accrescentei, com ho tempo que me descobrio en quem & quam bẽe empregaua este deseio, que fiquei para eu poder stimular & accarretar outrem a ipso, & ia non poder com razam ser en epsa parte mais que outrem stimulado. Porque isto alcançam haquelles que en qualquer genero de virtudes & habilidade se fazem signalados, que ha meesma virtude & habilidade assim quomo hos faz ser cognescidos de todos, assi hos faz de todos hos bõos ser amados. [...] (Veja-se Carta a D. João de Castro, ANTT, *Ms. da C. de São Lourenço*, IV, fol. 52).

A grafia de 'Mighel' com a aspirada -h- exemplifica a função que na ortografia resendiana ela exercia para assinalar o carácter oclusivo da consoante g- quando seguida de *i* ou *e*, expediente que o humanista repete habitualmente em idênticas situações, v.g. em 'entreghe', 'gherra', 'gherreiros', 'fogheado'. Note-se também a grafia alatinada de "signalados", que outras obras igualmente documentam, por exemplo, em 'signal' e 'signo' (o sino da torre); a ausência de nasalização no pronome 'mi', forma que o autor prefere por ser mais condizente com a origem latina *mihi*; e ainda, a palavra 'meesma', cujas vogais geminadas evocam a sua origem do latim *metipsima*, e do mesmo modo a nasal de 'bõos', que denuncia a forma latina *bonos*.

Outro dos textos portugueses de André de Resende que tem especial interesse para a análise da sua ortografia é o Sermão que ele pregou no sínodo de Évora em 1 de Fevereiro de 1565 e publicou em Agosto de mesmo ano. Transcrevemos um pequeno excerto em que o pregador dominicano proclama a obrigação que sobre todos os homens impende, mas principalmente sobre os sacerdotes, de imitarem neste mundo as virtudes celestes. Vejamos por esta amostra o interesse e a novidade ortográfica que ele contém:

> "Et se a todos, quanto mais aa hierarchia ecclesiastica, que na terra mais representa hakella beatissima ordẽe do ceo. Porque quomo esta ciidade de Deos é hũa s[cilicet] hũa Hierusalem, & nos mediãte ha fee, scriptos por ciidadãos de 'lla, [...] posto que inda ca stemos nos arrualdes d'ella, assi quomo tẽemos ha voz & appellido por el Rei quomo hos de dentro, assi tẽemos obligaçam de nos cõformar & unir nos costumes & linguagẽe com hakelles que nas praças & castello d'ella ja moram." (Veja-se *Sermão de 1565*, [p. 1]).

De entre as formas latinizantes sublinhadas, e pondo de parte as que já foram comentadas em outros passos, destaco a grafia greco-latina dos nomes técnicos 'hierarchia ecclesiastica' e 'Hierusalem', o conjuntivo arcaico 'stemos', que transcreve a própria grafia latina, e a presença da líquida originária em 'praças', correspondente à forma latina *platea*, bem como os vários casos de geminadas, quer vogais, quer sobretudo consoantes.

Mas o caso curioso, e que constitui uma novidade, é o uso do -k- em 'hakella' e 'hakelles'. Trata-se de um expediente puramente gráfico para substituir o dígrafo -qu-, talvez para evitar o risco de que o apêndice velar -u- do mesmo dígrafo se pronunciasse nos casos em que ele não tivesse valor fonético[4]. Mas isto nada tem que ver com questões etimológicas. Resende utiliza-o em mais dezassete casos deste Sermão, não apenas neste tipo de adjectivos ou pronomes demonstrativos incluindo 'hakillo', mas também nos seguintes vocábulos: 'frakeza', 'eskeescidos', 'tokeis', 'kebra', 'haki', 'skerda', e nas expressões 'hacté hakelle' e 'hacté haki'. Mais cinco anos depois, veio a usá-lo por duas vezes na *Vida de Frei Pedro*, com as palavras 'keente' e 'kebra' (fol. a vij; e fol. viij v).

Por último, transcrevemos alguns passos da *História da antiguidade da cidade Évora*, preferindo para o efeito o texto da primeira edição, de 1553, uma vez que a segunda, saída a lume postumamente a 1 de Fevereiro de 1576, apesar de ostentar na folha de rosto a notícia de que ainda tinha sido "emendada pelo mesmo autor", falecido havia mais de seis anos, apresenta uma ortografia irregular, incoerente e em muitos casos fora dos critério sempre demonstrado por André de Resende. É verdade que a segunda edição apresenta vários acrescentos ao texto da primeira, os quais poderão constituir a tal operação de emenda do autor nela referida. Mas esse é outro aspecto da crítica textual, que não directamente da ortografia. O confronto das duas edições mostra que o editor da segunda, ou o tipógrafo, ou ambos, nem sempre respeitaram a marca ortográfica de mestre André de Resende.

Posto isto, vamos então ao texto resendiano de 1553 acerca da antiguidade de Évora, cuja transcrição tem o objectivo de demonstrar que aquela marca vinha de longe e se manteve em toda a produção de Mestre André em língua portuguesa. Para isso escolhemos alguns extractos da dedicatória feita ao príncipe D. João, filho de D. João III, que havia nascido naquela mesma cidade áulica:

> A <u>ho</u> principe nosso senhor.
> Muito alto, & muito poderoso principe, & senhor nosso.
> Lembrame que <u>beisando</u> eu <u>ha</u> mão a .V. A. <u>en</u> Almeirin, <u>oclhou</u> vossa A. pera o arcebispo de <u>Lisbõa</u>, & perguntoulhe quem eu era, & tornando se a <u>mi</u>, me <u>dixe</u> que lhe <u>perdõasse</u> que me <u>non</u> <u>cognescera</u>. [...] Mas cõ todo la fica inda <u>ha</u> diuida do seruiço que <u>prometti</u>, por <u>ho</u> qual, <u>per</u> minha <u>meesma</u> <u>bocca</u> <u>stou</u> <u>empegnado</u>. <u>Hora</u> medindo minhas forças, & considerando que <u>hos</u> <u>homẽes</u> dados aas <u>leteras</u>, com <u>leteras</u> seruẽ a <u>hos</u> Reis & principes, & que <u>ho</u> tal seruiço a <u>hos</u> <u>meesmos</u> foi <u>acceptissimo</u>, <u>en</u> isto me determinei. [...] <u>paresceo</u> me <u>bẽe</u>

---

[4] Fernão de Oliveira, em 1536, escrevia a tal respeito no cap. IX da sua *Grammatica da lingoagem portuguesa*: "Tiramos dantras nossas letras .k. porque sem duuida elle antre nos não faz nada: nem eu nunca vi em escritura de Portugal esta letra .k. escrita." Por isso talvez tenha sido esta uma novidade de André de Resende.

tornar ante vossa .A. com esta historia desta sua cijdade Euora. Que por .V. A. en ella nascer, tēemos sabido que vossa A. lhe quer bēe quomo a patria, & ella a V. A. tēe quomo patria, & ella a .V.A. ama quomo a filho, & en elle se reuee quomo en spechlo. (veja-se *História da antiguidade da ciidade Évora*, 1553, fol. a vº e a ij-ij v).

A maioria dos latinismos ou formas latinizantes aqui sublinhadas, e sua motivação, já foram comentadas a propósito de outros textos, mas importa dizer uma palavra sobre outros casos que o não foram, designadamente a forma verbal 'dixe', que assenta no radical latino *dix-* dos tempos do pretérito do verbo *dicere* e que se mantém sistematicamente ao longo da obra resendiana, como em 'dixer', 'dixemos', 'dixesse'; o particípio 'empegnado', cujo -g- denuncia a raiz latina *pignus* (penhor, garantia); a forma 'spechlo', que apresenta o mesmo fenómeno de grafia hiperetimológica de 'oclho' e 'oclhar' já comentados; a palavra 'letera' por 'letra', que reintroduz uma consoante do latim 'littera', e o advérbio 'hora', cognato e simplificação concorrente de 'hagora', derivado do sintagma latino *hac hora*.

Note-se, de passagem, o latinismo sintáctico da expressão 'cijdade Evora', em vez de 'cidade de Évora', que aparece no próprio título do rosto e se repete nesta e em outras obras de Resende e que representa o fenómeno da concordância apositiva, decalcado na sintaxe latina.

Os textos aqui apresentados pretendem apenas dar uma imagem reduzida (porque o espaço mais não permite) do sistema ortográfico da língua portuguesa seguido pelo polígrafo André de Resende na sua produção vernácula, cuja exemplificação exaustiva daria uma relação de largas páginas compactas.

Este vasto caudal de latinismos gráficos ou de arcaísmos latinizantes não foi naturalmente criação exclusiva do nosso humanista. Com efeito, por um lado, muitas grafias representam recuperações de modelos arcaicos mais ou menos recuados, entretanto ultrapassados pela progressiva evolução do português; e, por outro, as mesmas opções ortográficas eram seguidas por muitos autores contemporâneos de Resende. Mas foi ele, talvez como ninguém no seu tempo, que assumiu e praticou com mais largueza, decisão e persistência a ortografia de tendência etimológica.

Além disso, Resende não foi um teorizador, mas antes um etimologista prático que aplicou na sua obra aquilo que pensava ser a melhor ortografia para a língua portuguesa. De facto, das poucas vezes que escreveu sobre esta questão, fê-lo de forma indirecta, como quando, ao anotar para os estudiosos alguns passos mais obscuros do seu poema sobre o mártir São Vicente, padroeiro de Lisboa (*Vincentius Levita et Martyr*, Lisboa, 1545; *Adnotationes*, p. 47, nota 44), se refere à língua comum dos Lusitanos, recebida de seu lendário epónimo Luso, dizendo. "E realmente ainda perduram na nossa língua, que é quase latina, muitos vestígios de helenismo" (*Et reuera, durant adhuc in nostra lingua, quae paene latina est, multa Graecitatis uestigia*).

Acresce ainda que, no comentário acerca da conjugação dos verbos (*De uerborum coniugatione commentarius*, Lisboa, 1540, fol. H v° – Hij), que é a sua única obra de carácter propriamente didáctico, o humanista fala sobre "certos homens, aliás sábios e amigos," com pretensão a cortesãos e muito preocupados com as elegâncias da corte, mas que "Atiram para a maior pobreza a lusitana língua, essa língua dos mais amplos recursos sem dúvida, essa pagem seguidora do falar latino e sua servente doméstica" (*Lusitanam linguam amplisssimam illa quidem, Latinique sermonis pedisequam familiaremque uernaculam, in magnas angustias detrudunt*). E a seguir, falando dos benefícios da importação linguística quando devidamente ponderada como os clássicos sempre fizeram, lamenta os hábitos portugueses e ironiza deste modo: "Nós, é ao contrário. Fazemos, na verdade, tanto descaso do que é nosso, que até da riqueza da língua fugimos com horror. E ninguém julgue que eu digo estas coisas por estar extremamente apaixonado pela língua portuguesa, à qual eu deixarei de todo morrer, desde que ela se transforme na romana que outrora tivemos." (*Nos contra. Adeo enim nos nostri piget, ut etiam ab linguae copia abhorreamus. Nec uero quisquam me haec arbitretur dicere, quod multum Lusitanam linguam deamem, cui per me sane perire licebit, modo in Romanam, quam olim habuimus, mutaretur.*)

Portanto, e à parte as possíveis ironias, Resende parece que veria com muito prazer que a sua Lusitânia voltasse a falar a língua do Lácio como nos tempos áureos da romanização. Este sentimento explica-se por ele ser não apenas um dos maiores humanistas do renascimento português, mas também um dos competentes estudiosos da história da antiguidade portuguesa e mesmo ibérica, e um especialista em epigrafia latina. É nessa qualidade que, a propósito da ortografia da própria língua latina, numa carta que servia de dedicatória de uma obra intitulada *Antiqua Epitaphia* dirigida ao cardeal D. Afonso, irmão de D. João III, defendia que a melhor ortografia é a oferecida pela epigrafia, pura e simplesmente porque as pedras não mudam, ao passo que a erosão humana tudo transforma e adultera (Pinho, 2006: 162-165).

Mestre André de Resende, profundo conhecedor das línguas antigas que estão na base do português, excelente polígrafo em todos os campos da literatura, exímio orador e devotado especialista da história antiga, estava pois especialmente vocacionado para defender e sobretudo praticar uma escrita portuguesa que preservasse a ortografia na sua mais directa matriz original, o padrão da língua latina. Foi isso que ele fez, assumindo na prática o protagonismo de um movimento etimologista de recondução às fontes.

Mas não foi um caminho fácil. Se muitos autores e teóricos seus contemporâneos alinharam na mesma empresa, outros nem por isso.

Entre as vozes autorizadas que elogiaram o critério ortográfico aplicado na sua produção literária vernácula com base na origem da língua latina, conta-se o gramático Pêro de Magalhães de Gândavo, que em 1574 no Diálogo que acompanha as suas Regras, evoca e associa ao nome de João de Barros, o do humanista André de Resende, e onde também ressoa a voz de Camões: "Pois se quereis ver a lingua de que [a portuguesa] he mais vizinha, & donde manou, lede a arte da grammatica la lingua Portuguesa que o mesmo Ioam de Barros fez, e o mesmo podeis ver no liuro da antiguidade de Euora de Mestre André de Resende, onde claramente se mostra, que cõ pouca corrupção deixa de ser Latina." (Gândavo, 1574: fol. D viij).

Mas dois anos depois, o gramático Duarte Nunes de Leão, que na carta-dedicatória da sua *Ortografia* exprime os mesmos conceitos de Resende quanto à preservação da verdadeira ortografia através da epigrafia (Leão, 1983: 44), já na Regra II da mesma obra defende claramente o critério fonético "Porque não consiste a polícia da língua portuguesa em as palavras serem mais conjuntas e parecidas com as latina"; e logo depois lança a seguinte farpa que parece talhada para o humanista eborense: "Pelo que é nojenta escritura e fora de razão a dos que dizem *Princepsa*, por *Princesa*, e *epse*, por *esse*, e *oclho*, por *olho*, e *comptar*, por *contar*, por ser mais conforme ao latim", etc. (Leão, 1983: 133).

Reflexos desta crítica e oposição às propostas radicais da ortografia etimológica e latinizante de André de Resende ainda se verificaram em tempos modernos pela voz da grande filóloga Carolina Michaëlis de Vasconcelos, que, a propósito das anomalias da escrita portuguesa do seu tempo, e da necessidade de uma reforma nacional, escrevia numa das suas lições de filologia portuguesa (Michaëlis de Vasconcelos, s.d.: 104): "Caturrices como *cognoscer* por *conhecer*, *quomo* por *como*, *oclhos* por *olhos*, *hacte* por *até*, *haghora* por *agora*, *ipso* por *isso* — obras do benemérito antiquário André de Resende! — não vingaram felizmente."

Caturrices e exageros ou não, a verdade é que a escrita latinizante praticada pelo humanista eborense e por outros escritores do seu tempo (incluindo, embora de forma hesitante e híbrida, alguns dos gramáticos que teoricamente a contestavam) perdurou, a partir deles e em grande medida, por cerca de quatrocentos anos até à reforma ortográfica simplificada de 1911, que mesmo assim não simplificou de todo algumas das propostas daquele sistema gráfico de tendência histórica e etimológica, ainda hoje vigentes no traje oficial da ortografia da língua portuguesa.

Bibliografia

BARROS, João de. *Grammatica da lingua portuguesa [e] dialogo em louvor da nossa linguagem*. Lisboa: Luís Rodrigues, 1540.

GÂNDAVO, Pêro de Magalhães de. *Regras que ensinam a maneira de escrever e orthographia da lingua portuguesa, com hum dialogo que adiante se segue em defensam da mesma lingua* […]. Lisboa: Officina de Antonio Gonsaluez, 1574.

LEÃO, Duarte Nunes de. *Ortografia e origem da língua portuguesa*. Lisboa: Imprensa Nacional – Casa da Moeda, introdução, notas e leitura de Maria Leonor Carvalhão Buescu, 1983.

LEITÃO FERREIRA, Francisco. *Notícias da vida de André de Resende*. Lisboa, Arquivo Histórico Português, publicadas, anotadas e aditadas por Anselmo Braamcamp Freire, 1916.

MICHAËLIS DE VASCONCELOS, Carolina. *Lições de filologia portuguesa, segundo as prelecções feitas aos cursos de 1911/12 e de 1912/13, seguidas das lições práticas de português arcaico*. Lisboa: Dinalivro, (s.d.).

OLIVEIRA, Fernão de. *Grammatica da lingoagem portuguesa*. Lisboa: Germão Galharde, 1536.

PEREIRA, Virgínia Soares; RESENDE, André de. *Carta a Bartolomeu de Quevedo*. Coimbra: Centro de Estudos Clássicos e Humanísticos da Universidade de

Coimbra, introdução, texto latino, versão e notas, 1988.

PINHO, Sebastião Tavares de. *Humanismo em Portugal. Estudos I*. Lisboa: Imprensa Nacional – Casa da Moeda, 2006.

RESENDE, André de. "Carta a D. João de Castro". Lisboa 16 de Março de. ANTT, *Manuscritos da C. de S. Lourenço*, IV, 1547, p. 52-53.

SILVA NETO, Serafim da. *A santa vida e religiosa conversação de Frei Pedro, porteiro do Mosteiro de S. Domingos de Évora*. Rio de Janeiro: Edições Dois Mundos, 1947.

Anexo I
Primeira página da carta de André de Resende a D. João de Castro

Mighel da Arruda, ſtando v.s. en Cepta, me deu hos primeiros motiuos de
deſeiar ſeruir v.s. hos quaes eu aſſi en mi criei & accreſcentei, com
ho tempo que me deſcobrio en quem & quam bẽe empregaua eſte deſeio,
que figuei para eu poder ſtimular & accarretar outrem a ipſo, & ia
non poder com razam ſer en epſa parte mais de outrem ſtimulado.
Porque iſto alcançam haquelles que en qualquer genero de virtudes &
habilidade ſe fazem ſignalados, que ha meeſma virtude & habilidade
aſſi quomo hos faz ſer cogneſcidos de todos, aſſi hos faz de todos hos
boos ſer amados, & non me tenha v.s. en maa conta, por me eu
tẽer en tam bõa, que me metto en ho numero daquelles que deſeiam
de ho cogneſcer & ſeruir por ſuas virtudes. Porque aſſi quomo noſſo ſñor
liberalmente partio com elle graça para grandes couſas, aſſi non foi
muito ſcaſſo & auaro en partir comigo cogneſcimẽto & ſpirito ſeu
amar ho bẽe, & deſeiar ſeruir hos que de bẽe ſam adornados. Ac-
çendeo ſe muito mais eſte meu deſeio, quando ſoube de Gaſpar Luis criado
do Iſſr, que indo v.s. a Euora deſpidir ſe de ElRei, ante de ſe partir para
ha India, perguntara por mi, com intencam de me querer leuar conſigo.
Eu a eſſe tempo ſtaua en Viana, & com bẽe maa corporal diſpoſicam,
ha qual niſto me foi muito pior, que me priuou de tammagna honra
& mercee. Figuei porem bẽe magoado & triſte quando ho ſoubé. mas
quando eſte anno paſſado recebi carta de meu hirmão Ioam Roĩz que
en epſa cijdade de Goa mora, perque de parte de v.s. me conuidaua
& da ſua me prouocaua que quiſeeſſe ir aa India a metterme en mãos
& ſeruico de v.s. haqui lhe poſſo certificar que me houue por de todo
ponto mal affortunado. Porque eu nhũa couſa tanto deſeiaua, por m͞tas
cauſas, & ſe dixer que principalmente por ſeruico de ds, en ho dizer
non mentirei, nen ſerei hypocrita, porq pois de mi & de minha profiſſam

Anexo II
Primeira página da Fala de André de Resende à princesa D. Joana

Fala que fez mestre Andree de
Resende na entrada da Princessa

Princessa esclarescida. Princessa de nos tanto deseiada, se ho
immenso & excessivo plazer que hoie en nos triumpha
per palauras se podesse explicar, mui pouco seria ho que
hos poetas en has cousas arduas & difficiles costumauan,
deseiar, cent boccas & cent linguas, & hũa voz aceira
& incansauel. Qua non e tam leue, nem tam mediocre
ho alegre mouimento de tantos coraçoes, que per tam
poucos instrumentos assi facilmente se lexasse declarar.
Mas ia que desta parte ha impossibilidade nos tee
desenganado, & de outra non padece ha qualidade
do tempo, que com longa oraçam detenha a V. A. &
impida esta cōmum alegria & deseio de vos veer, que
nem pode teer silencio, nem saffre dilacam, reduzindo me
aho que breuissima & summaria mente non consente
ha razam que lexe de dizer, Princepsa serenissima,
esta vossa cijdade en outro tempo casa & allogiamento
do muito valeroso & muito nomeado Sertorio, & en este
nosso frequente morada & habitaçam dos reis & principes
nossos snores, cijdade en sua origē & fundaçam antiquis-
sima, & en ha fee catholica & religiam Christãa entre
todas has de Hispania ou mais antigua, ou tanto quam-
to ha que mais, en nobleza, destes regnos ha segunda,
& en lealdade, amor, & seruico da real corõa delles
sen duuida ha primeira, beja vossas reaes maos, & per
hũu publico & gēeral voto com hos animos cheos de
tanto contentamento, de quanto ho humano intellecto
e capaz, pede ao omnipotente que vossa vijda
seia felicissima. Entrae snora per hos muros dos
vossos, & apposentae vos entre hos vossos, quomo lhes

SER E *ESTAR* — UM ENFOQUE SINTÁTICO-SEMÂNTICO

Walmirio Macedo
Universidade Federal Fluminense
Liceu Literário Português
Academia Brasileira de Filologia

Ao meu amigo, Evanildo Bechara, agradecendo os 53 anos de amizade, convivência, com muita admiração e respeito.

O objetivo deste artigo é refletir sobre esses verbos tão importantes que, apesar disso, não têm tido o merecido estudo na maioria dos nossos textos gramaticais, salvo raras exceções.

A tradição gramatical coloca *ser* e *estar* no grupo dos chamados verbos de ligação ou copulativos. Tais verbos seriam meras "pontes" entre dois termos. Dessa forma, consideram-nos vazios de significação em oposição a outro grupo de verbos significativos.

Esse enfoque leva à existência de dois tipos de predicado — o nominal e o verbal.

Na oração de predicado nominal, ter-se-ia a estrutura:

S+COP(v.copulativo)+complemento

Na oração de predicado verbal, ter-se-ia a estrutura:

S+V+complemento(objeto)

As estruturas pouco diferem.

O primeiro ponto a ressaltar-se é que fica muito difícil aceitar-se a denominação de vazios para verbos que apresentam uma variedade de significados em diferentes situações.

O que ocorre é que, ao considerar tais verbos como significativos, a noção de predicado nominal terá de ser reconsiderada.

Assim, o enquadramento tradicional de *ser* e *estar* como meros verbos de ligação está a merecer uma discussão mais profunda.

Ser e *estar* não podem, de forma alguma, ser considerados meras pontes.

A oposição *ser / estar* e os demais verbos ditos significativos carece de sentido, não só segundo o ponto de vista sintático como semântico.

Na estrutura da frase, há estreita correlação entre a oração de predicado nominal e a de predicado verbal.

Aliás, tudo na língua é semântico.

Bernard Pottier dá um enfoque especial a esses verbos.

Para o renomado lingüista, quanto ao conteúdo, há os seguintes tipos de frases: existencial, descritiva, equativa, situativa, subjetiva, possessiva.

Esses tipos de frases, na realidade, correspondem a tipos de vozes numa perspectiva de estudo de seu conteúdo.

Assim, no que se refere aos verbos *ser* e *estar*, os casos ocorrem na existencial, na descritiva, equativa e situativa.

Em todos esses casos, *ser* e *estar*, como é óbvio, aparecem como verbos significativos.

Os exemplos são abundantes nos textos literários, na fala culta e na fala corrente.

Assim:

> Significado existencial
> São duas horas.
> Hoje é 9 de julho.
> Enéias viu os campos onde Tróia foi.
> Que é? Que foi?
> Isso foi em 2006.
> Ninguém é sem uma grande ajuda.
> Tudo foi quando a cerimônia acabou.

Todas as frases têm o sentido de existir, acontecer, ocorrer.

Na frase descritiva, há uma integração com o adjetivo para caracterizá-lo, com o sema de permanência para *ser* ou o sema de transitoriedade para *estar*.

> O aluno é estudioso.
> O aluno está estudioso.
> Pedro é bêbedo.
> Pedro está bêbedo.

Na frase equativa, há o significado de uma equação, de estabelecimento de uma igualdade entre dois termos de caráter nominal. (subs–subs)

> Pedro é professor.
> A professora é Ana.
> Ana é a professora.

Difere da descritiva porque une dois substantivos (ou equivalentes) e não um substantivo e um adjetivo.

Isso é o que faz diferentes as frases do tipo:

> Pedro é um trabalhador.
> Pedro é trabalhador.
> Pedro é o bom.
> Pedro é bom.

Na frase situativa, une-se a um complemento circunstancial para indicar um locativo, principalmente espacial.

> O gato está sobre a mesa. / O livro está na gaveta.

O verbo *ser* aparece também acompanhado de locativo, mas com o significado de existir, de acontecer, de ocorrer.

> Isso foi no ano passado.
> Não era assim no meu colégio.
> Não será uma coisa dessa na minha vida, assim espero.

O verbo *estar*, na realidade, pode indicar situação, posição e estados passageiros.

> Situação
>   Permanente
>   Madri está no centro da Espanha.

Transitória
Este ano, estive em Paris.

Posição
Permanente
A Torre de Pisa está inclinada.
Transitória
Estou sentado.

Estados passageiros
O cano está furado. (físico)
Estou furioso. (moral)

A comprovação sensorial (visão, olfato, tato, gosto, audição) enquadra-se nesse item.

Estar para seguido de infinitivo significa iminência de ação.

O trem está para sair.

Estar por seguido de infinitivo significa estar preparado, pronto.

Ele está por defender a tese.

Acompanhado da preposição *de*, assume o significado de "estar fazendo as vezes de".

Hoje estou de professor.
Ser casado indica simplesmente uma situação
Estar casado indica uma nova situação.

Essa classificação de verbos vazios e significativos vem sendo repetida ao longo dos anos, no ensino da Língua Portuguesa como norma intocável, quase um dogma, mas, como estamos observando, não se justifica.

Estamos procurando mostrar que os verbos *ser* e *estar* têm significação real.

Não somos nem pretendemos ser os donos da verdade. Queremos simplesmente colocar o fato para reflexão.

Na verdade, não se trata de inovação pelo prazer de inovar, mas de uma constatação.

As observações feitas aqui devem ser vistas como uma tentativa provisória para solucionar um problema.

A professora espanhola Violeta Demonte (1980), num artigo na *Revista Española de Lingüística*, conclui pela existência de propriedades semânticas diversas nas construções desses verbos.

Sustenta ainda que o chamado verbo de ligação é um verbo principal. Citando Ross, diz que a distinção entre verbos copulativos e os ditos significativos carece de sentido e o considerado atributivo é na realidade um SN abstrato, objeto do referido verbo.

O elo existencial de *ser* se associa, em muitos casos, ao significado locativo.

> A aula será no auditório.

Trata-se de dupla visão semântica: por um lado, existencial e, por outro, locativa.

Alguns estudiosos têm comparado os dois tipos de construção, assinalando que a de verbo *ser* indica um acontecimento, ao passo que a de *estar* apresenta um valor diferente:

> Maceió está em Alagoas.
> Estar significa lugar e seu sujeito é uma "entidade".

Essa posição mereceu contestação de alguns, segundo a qual *ser* e *estar* estariam vinculados ao significado do locativo e assim não seriam dotados de significado próprio.

De qualquer maneira, não seria possível ignorar o significado real nessas orações.

É claro — e isso é indiscutível — que a preposição exerce — e pode exercer — um papel importante nessas estruturas, atuando, muitas vezes, como colaborador eficaz na constituição do sentido frásico.

Maximino Maciel (1931), ao tratar de *ser* e *estar*, chama atenção para as diferenças semasiológicas entre esses verbos, com exemplos do tipo:

> Ele é doente. (efetivamente)
> Ele está doente. (atualmente)
> Ele é morto. (há muito tempo)
> Ele está morto. (agora mesmo)

Ele é de Sergipe. (lugar donde)
Ele está em Sergipe. (lugar onde)
Ele é por mim. (favor)
Ele está por mim. (substituição)

Além desses valores, ressalta ainda os seguintes no significado de *ser*:

Por estar: O Senhor seja contigo.
Por existir: Se não fosses tu...
Por acontecer, ocorrer, suceder: Se assim for...

Gladstone Chaves de Melo (1970), falando do predicado nominal, diz que *estar* é *ser* por algum tempo.

Seria longo e cansativo percorrer todas as gramáticas da Língua Portuguesa para encontrar afirmação categórica sobre o conteúdo significativo de *ser* e *estar*. Todas o proclamam.

Isso não obstante, não dizem uma palavra objetiva sobre o problema do predicado nominal, deixando uma contradição entre a afirmação tradicional de que o significado desse predicado está no nome — daí o rótulo *nominal* — e a colocação de diferentes significados para *ser* e *estar*.

Se *ser* e *estar* escapam do rótulo de verbos vazios, de verbos que sejam "meras pontes", é evidente que o termo predicado nominal teria de ser repensado, reavaliado e reestudado.

Como não podia deixar de ser, o gramático que, com muita argúcia, tocou nesse assunto, foi Evanildo Bechara, com a sua extraordinária capacidade de ir fundo em todos os assuntos gramaticais de que trata.

É, por tantos motivos e agora principalmente por esse, que Bechara é um gramático à frente de seu tempo.

Vejamos o que Bechara diz, em sua *Moderna gramática portuguesa*:

> Vale a pena distinguir predicado verbal e predicado nominal? — Tal esvaziamento do signo léxico representado por esses verbos, esvaziamento que se supre com o auxílio de um nome (substantivo ou adjetivo) e a particularidade de concordar o predicativo em gênero e número com o sujeito levaram a uma distinção entre predicado *verbal* (*Pedro canta*) e predicado *nominal* (*Pedro é cantor, Maria é professora*), o que implicava retirar de tais verbos o *status* de verbo, — pois sua missão se restringiria a "ligar" (daí os nomes de *copulativos*, *de ligação* ou *relacionais* que se lhes atribuíam) o predicativo ao sujeito. A realidade comunica-

da residiria no nome predicativo e o verbo seria apenas o marcador do tempo, modo e aspecto da oração. Ora, do ponto de vista funcional e formal, tais verbos apresentam todas as condições necessárias à classe dos verbos, incluindo-se aí os morfemas de gênero, número, pessoa, tempo e modo, daí acompanharmos neste livro os lingüistas e gramáticos que defendem a não-distinção entre o *predicado verbal* e o *predicado nominal*, incluindo também a desnecessidade de distinguir o *predicado verbo-nominal*. Toda relação predicativa que se estabelece na oração tem por núcleo um verbo. (Bechara, 1999: 426)

Outro também não era o pensamento de Lucien Tesnière, na sua teoria dependencial que coloca o verbo como o elemento hierarquizador, seja ele qual for. Os chamados verbos de ligação estão para o lingüista francês no mesmo nível dos demais verbos. Aliás, para Tesnière, o verbo é o termo mais importante da oração.

O gramático, o lingüista, o profissional da língua devem operar com fatos, e fatos são incontestáveis. Se os fatos vêm de encontro a uma tradição, faz-se necessário refletir, analisar, pesquisar e buscar o(s) caminho(s).

Tudo isso aqui exposto é apenas uma reflexão, uma modesta reflexão.

Bibliografia

ARISTÓTELES. *Obras*. Rio de Janeiro: Aguilar, 1973.

BECHARA, Evanildo. *Moderna gramática portuguesa*. 37.ª ed. Rio de Janeiro: Editora Lucerna, 1999.

CHOMSKY, Noam. *Aspectos da teoria da sintaxe*. 2.ª ed. Coimbra: Armênio Amado Editor, 1978.

DEMONTE, Violeta. "Semántica y sintáxis de las construcciónes con SER y ESTAR". In: *Revista Española de Lingüística*. Madrid: ano 9, fasc. 1, 1980.

JUCÁ (Filho), Cândido. *O fator psicológico na evolução sintática*. 3.ª ed. Rio de Janeiro: Fundação Getúlio Vargas, 1971.

MACEDO, Walmirio. *Elementos para uma estrutura da língua portuguesa*. Rio de Janeiro: Editora Presença, 1978.

_____. *Gramática da língua portuguesa*. Rio de Janeiro: Editora Presença, 1979.

MACIEL, Maximino. *Grammatica descriptiva*, 12.ª ed. Rio de Janeiro, Livraria Francisco Alves, 1931.

MELO, Gladstone Chaves de. *Gramática fundamental da língua portuguesa*. 2.ª ed. Rio de Janeiro, Livraria Acadêmica, 1970.

POTTIER, Bernard. *Lingüística geral. Teoria e descrição*. Rio de Janeiro: Presença, co-edição da Universidade Santa Úrsula, trad. e adapt. de Walmirio Macedo, 1978.

SILVEIRA, Alcir Leopoldo Dias da. *História do verbo "ser"; do latim ao português*. Natal: Editora Universitária, 1980.

Evanildo Bechara, o lingüista

Horácio Rolim de Freitas
Universidade do Estado do Rio de Janeiro
Academia Brasileira de Filologia
Liceu Literário Português

Bechara, desde cedo, demonstrou aptidão para os estudos lingüísticos, sob sólida formação nas letras e sob as sábias orientações de seu Mestre, Manuel de Said Ali Ida. Com apenas 26 anos, traz a público uma de suas primeiras obras (1954): *Primeiros ensaios sobre língua portuguesa*. Nos artigos aí insertos, desponta a veia perspicaz do pesquisador. Fundamenta seus argumentos com precisos exemplos hauridos através de leitura atenta dos bons autores.

No primeiro artigo, intitulado: *O sentido psicológico de 'cristal' e 'cristalino'* comenta e justifica o valor dessas palavras em passagens camonianas, deixando antever aos leitores o grande filólogo que hoje conhecemos.

Destaque-se que a sua formação como filólogo, lingüista, gramático, tradutor, conferencista, mestre pleno no ensino do idioma nunca lhe propiciou um traço de vaidade. Ao contrário, pauta-se pela ética que enobrece o homem, tornando-o digno de admiração por quantos o conhecem e têm a felicidade de privarem de sua amizade. A ele cabe a frase de Cícero: "*Homo summa ingenii praeditus gloria*" (Homem dotado de suprema glória de talento).

Bechara, sem dúvida, ocupa, nos países da lusofonia, um lugar ímpar como a maior autoridade no campo lingüístico-filológico-gramatical.

Apesar do patamar que lhe cabe por direito e mérito, conserva a humildade dos bons, afetividade para com os colegas, amigos e alunos. Sempre solícito, não se furta a responder a todas as dúvidas que lhe apresentam professores e alunos. Chega até a emprestar livros! De memória privilegiada, aponta de imediato autor e obra onde se encontram determinadas explicações sobre os mais variados assuntos no campo lingüístico, quer sejam nacionais ou estrangeiros em qualquer língua românica, ou alemão ou holandês.

A contribuição de Bechara para o conhecimento dos meandros e riquezas da língua portuguesa pode ser constatada nos inúmeros artigos em revistas especializadas, como, para citar algumas, *Revista Brasileira da Academia Brasileira de Letras*, *Confluência*, *Revista da Academia Brasileira de Filologia*, e revistas estrangeiras, como as de Portugal, França, Alemanha, etc. De suas obras, dentre outras, duas merecem destaque especial: a *Moderna gramática da língua portuguesa*, já na 37.ª edição, e a preciosíssima *Lições de português pela análise sintática*.

Fazer referência a gramática pode suscitar ojeriza à velha senhora, tão criticada e tão pouco lida na época atual em que predomina a superficialidade dos estudos.

Não há dúvida de que o advento da Lingüística moderna trouxe novos critérios de caráter científico para o conhecimento e descrição das estruturas lingüísticas. A partir da década de 1950, as gramáticas, aos poucos, afastaram-se da fundamentação lógica e filosófica, haurida das fontes greco-latinas e das idéias da *Grammaire de Port-Royal*. Após a introdução dos modernos estudos lingüísticos no Brasil, principalmente com a publicação de *Princípios de lingüística geral* (Câmara Jr., 1941) de Mattoso Câmara Júnior, antecedida por inúmeros artigos deste autor em revistas especializadas, destacam-se três nomes no campo da gramática: Rocha Lima (1957), Evanildo Bechara (1961) e Celso Cunha (1972).

Embora os méritos das obras de Rocha Lima e de Celso Cunha sejam notórios, é importante destacar-se na gramática de Bechara um capítulo que, desde a 1.ª edição, não encontra correspondente na atualização dos fatos morfológicos, em outro autor. Trata-se do capítulo *Estrutura do vocábulo*. Sob moderna orientação lingüística, Bechara define morfema, destaca os elementos mórficos constitutivos do vocábulo, explica o princípio de variantes, a neutralização, a suplementação, a acumulação. Faz a distinção entre raiz, radical primário, radical secundário, análise que leva em conta os constituintes imediatos, exemplificando: *desregularizar* > *desregulariz* > *regulariz* > *regular* > *regul* (do latim *regula*)

> *reg* (que aparece em *reger* e *régua*). Este último constitui o radical primário que coincide, na língua atual, com a raiz. Em *regul-* temos o radical secundário e, em *regular*, o radical terciário. Bechara cita Mattoso Câmara e Nida. É oportuna a lição de Nida:

> A language is not a departmentalized grouping of relatively isolated structures; it is a functioning whole, and the parts are only fully describable in terms of their relationships to the whole. (Nida, 1970: 2-3)

Bechara, na 1.ª edição de sua gramática, ao tratar da subtração de elemento mórfico, segue a Nida, classificando-a como elemento subtrativo ou zero (Bechara, 1961).

Contudo, na 2.ª edição, Nida distingue com clareza morfema subtrativo de morfema zero. Considera o segundo "uma ausência significativa de um traço formal em alguma parte ou partes numa série" (Nida, 1970: 46), exemplificando: *sheep*, *trout*, *salmon*, sem marca de singular ou de plural. Bechara, na 37.ª edição da *Moderna gramática portuguesa*, também distingue subtrativo de zero e, seguindo lição de Herculano de Carvalho, não reconhece morfema zero em palavras como *pires*, *lápis*, por não haver oposição entre forma marcada e forma não marcada. Defendem o mesmo princípio Sílvio Elia (1991: 100) e Walmirio Macedo (1987: 72).

Na descrição mórfica, constatam-se algumas modificações entre a 1.ª e a 37.ª edição. Nesta, Bechara segue mais de perto a Mattoso Câmara. Aceita o sufixo modo-temporal *-ia* (e não mais o *-a*) para o imperfeito do indicativo da 2.ª e 3.ª conjugações; *-a* sufixo modo-temporal que aparece na 3.ª pessoa do plural do perfeito (não mais como desinência número-pessoal *-ram*). Também admite *-re* como variante do sufixo modo-temporal do futuro do subjuntivo na 2.ª pessoa do singular e na 3.ª pessoa do plural. Na 1.ª edição, analisava como variante da desinência número-pessoal *-es*, naquelas duas pessoas do futuro do subjuntivo e do infinitivo flexionado.

Ao explicar morfema cumulativo, Bechara expõe, primeiramente, o conceito geral aceito, como ocorre com a desinência *-o*, indicativa de 1.ª pessoa, singular, presente e indicativo. Em seguida, cita o conceito de Mathews para quem a referida desinência não é um caso de cumulação, pois não se enquadra no princípio "duas ou mais significações gramaticais nunca serem marcadas por morfemas diferentes" pois, nos demais tempos, a marca da 1.ª pessoa do singular é *zero* ou *-i* no perfeito e no futuro do presente. Tratar-se-á, assim, de um "morfema superposto", ou melhor, "*overlapping exponence*", como o designa Mathews (1974: 149).

No capítulo sobre lexemática ou semântica estrutural, Bechara cita dois eminentes lingüistas cujas contribuições vieram enriquecer os estudos da semântica moderna: Eugenio Coseriu, com a obra *Princípios de Semántica Estructural* (1977), e Bernard Pottier, com *Linguistique Générale — Theorie et Description* (1974), trabalho este que mereceu edição em português, adaptado e enriquecido na exemplificação e nas explicações dos fatos lingüísticos pelo talento de Walmirio Macedo, deixando perceber àqueles que a leram com a devida atenção estar superior à edição francesa.

Bechara, aproveitando exemplo do arquilexema assento, depreende os semas dos seguintes lexemas: cadeira, poltrona, sofá, canapé, banco e divã. Exemplifica vários classemas, como: seres vivos/ coisas; positivo/ negativo; transitivo/ intransitivo.

Ao explicar o processo de composição, Bechara faz referência à lexia complexa, expressão usada por Pottier na seguinte passagem de sua obra (Pottier, 1974: 187): "Lexia complexe est une séquence en vie de lexicalisation, à degrés divers: *la guerre froide, feu rouge, bel* e *bien, hot dogs*."

Pottier inclui, também, na lexia complexa as siglas: "*Les sigles sont un cas particulier de lexies complexes*" (Pottier, 1974).

Bechara explica que essa lexia "é formada de sintagmas complexos que podem ser constituídos de dois ou mais elementos e exemplifica: negócio da China (transação comercial vantajosa)". Também é citado Benveniste que designa esse tipo de composição por "sinapsia" (conexão) cujas características são descritas por Bechara num capítulo esclarecedor sobre esses importantes processos na formação de palavras e de expressões.

Outro capítulo digno de destaque pela atualização é o intitulado *Alterações semânticas*.

Bechara, citando Geckeler (1987), descreve os vários critérios que, em geral, os autores usam no campo semântico, para distinguirem homonímia e polissemia, todos passíveis de crítica por ineficientes.

Ocorre, na realidade, a nosso ver, uma visão distorcida do campo semântico, o que levou Lyons (1970: 312) a afirmar:

> Il y a le problème, défini au cours de l'évolution récente de la sémantique traditionnelle, et qu'on a appelé polysémie. La distinction entre l'homonymie et la polysémie ressoit clairement de l'organisation des dictionnaires dont nous nous servons courament: là où le lexicographe reconnait des homonymes, on aura autant d'articles séparés, tandis que là où il ne trouve qu'un mot unique polysémique, il n'y aura qu'une seule entrée.
> La distinction entre homonymie et polysémie est indéterminée et arbitraire.

Mais uma vez, Bechara cita a maior autoridade da lingüística teórica do século XX, de cuja obra tem profundo conhecimento: Eugenio Coseriu.

Bechara explica que a correta interpretação de polissemia se deve a Coseriu. Sem dúvida, foi o Mestre de Tübingen que a explicitou, diferindo-a de polivalência.

Eis a lição de Coseriu (1977: 187):

> En la polisemia (hecho de lengua), se trata de distintas unidades funcionales, de contenidos lingüísticos distintos que sólo por casualidad coinciden en la expresión material.

Assim, em português, há polissemia nas palavras destacadas nas seguintes frases:

> a) Ana, <u>entre</u> por aquela porta.
> b) O livro estava <u>entre</u> a coluna e a estante.

Entre, verbo, e entre, preposição, constituem significados da língua, destacando-se a noção de 'valor' já bem descrita por Saussure. São distintas unidades funcionais de conteúdos lingüísticos distintos.

Diz-nos Coseriu que não se deve confundir polissemia com polivalência, explicando-a na seguinte passagem:

> En la polivalencia (hecho de habla), se trata siempre de la misma unidad funcional, de un solo significado, alque se añaden varias determinaciones, por el contexto y por la designación, es decir por el conocimiento de los "estados de cosas extralingüísticas".

Um exemplo ilustrativo ocorre no poema "Catar feijão", de João Cabral de Melo Neto, onde a palavra *grão*, de um significado na língua (*grão de feijão*), adquire valores, acepções contextuais, como: *grão* (*pedra*), *grão* (*detrito*), *grão* (*palavra*).

No capítulo sobre Estilística, Bechara faz uma exposição dos aspectos essenciais do assunto, citando três notórios autores: Mattoso Câmara, Amado Alonso e Charles Bally.

De Mattoso Câmra (1971) apresenta a definição de Estilística e os comentários que este autor tece sobre os traços estilísticos.

De Amado Alonso (1952) aproveita as considerações sobre a relação entre Retórica e Estilística.

Merece destaque o grande mestre da Estilística, Charles Bally, que desenvolveu, na obra *Traité de Stylistique Française*, os princípios da Estilística da Expressão, denominação que se deve a Pierre Guiraud.

O cerne das idéias de Bally é bem explicitado por Bechara quando afirma que a Estilística "abarca, semelhante à Gramática, todos os domínios da língua".

Desse modo, teremos a Estilística nos campos: fônico, morfológico, sintático e semântico. De outra obra de Bally, não menos conhecida, *Le Langage et la Vie*, Bechara transcreve passagem esclarecedora de cujo trecho destacamos, apenas, o seguinte período: "Todos os fenômenos lingüísticos, desde os sons até as combinações sintáticas mais complexas, podem revelar algum caráter fundamental da língua estudada."

Finalmente, em apêndice, Bechara exemplifica a aplicação dos princípios estilísticos através da análise de dois poemas: um de Antônio Nobre e outro de Machado de Assis. Encerra, assim, o referido capítulo, unindo a teoria à prática, sob a fundamentação dos métodos atualizados da moderna Estilística.

Arrolamos aqui algumas fontes da lingüística moderna citadas por Bechara e aplicadas por ele à língua portuguesa em sua atualizada Gramática, na 37.ª edição. Contudo, essas referências não constituem nem dez por cento da vasta contribuição que os estudos e os estudiosos de nosso idioma devemos à cultura e à inteligência do renomado lingüista e filólogo. Em palestras, conferências, congressos, cursos e, principalmente, em revistas especializadas, tanto brasileiras como estrangeiras, a obra de Bechara desponta pela clareza e erudição que marcam a figura do Mestre.

Não haveria espaço para tantas citações. Como exemplo, dentre os artigos, escolhemos o intitulado: "Correção e exemplaridade de língua: suas repercussões no estudo e ensino da língua portuguesa" (Bechara, 2006: 526).

Ao tratar do conceito de correção de linguagem e da exemplaridade de língua, Bechara expõe princípios de várias épocas, apresentando os pontos de vista de eminentes lingüistas, como Coseriu, Mattoso Câmara, Jespersen, Vossler, Henrich Morf, Pagliaro entre outros. Chamou-nos a atenção a referência a Adolf Noreen, pouco conhecido, mas de marcante importância nos estudos lingüísticos.

Bechara explica que, no tratamento da problemática correção de linguagem, abordado pelos lingüistas, foi a exposição de Adolf Noreen a que mais provocou comentários. Para este autor, o assunto em pauta depende de três fatores: o histórico-literário, o histórico-natural, fatores estes já considerados por ele inoperantes, e o terceiro, de sua responsabilidade, chamado racional.

O fator histórico-literário baseia-se no prestígio dos autores literários, principalmente dos séculos XVI e XVII. Todavia, como é notório, nem tudo de uso nessa época permanece hoje.

O fator histórico-natural decorre de veiculação do chamado biologismo lingüístico do século XIX, quando se considerava a língua um organismo vivo, resultando daí a aceitação de quase tudo, graças às constantes mudanças e transformações.

O critério racional, defendido por Noreen, fundamenta-se no bom senso. E assim o define: "A melhor expressão é aquela que alia à inteligibilidade necessária a maior simplicidade."

Noreen (cf. Malmberg, 1971: *passim*) foi um precursor da semântica moderna, introduzindo distinções que viriam a ser desenvolvidas mais tarde. Distinguia significação ocasional de significação usual. Esta representa a significação comum ou, como dizemos hoje, significação da língua. Aquela, ocasional, apresenta o conteúdo de uma certa unidade numa dada situação, isto é, aproxima-se do que, nos modernos estudos semânticos, se denomina designação, conforme o uso coseriano, expressa pelas várias acepções que adquire no contexto.

Outro princípio marcante na obra de Noreen pode ser observado na seguinte afirmação: "uma palavra nunca tem a mesma significação ocasional".

A obra de Noreen, publicada em 1923 com o título em sueco *Vart Sprak* (*Nossa língua*), teve pouca divulgação, sendo traduzida apenas para o alemão: *Einführung in die wissenschaftliche Betrachtung der Sprache* (*Introdução à consideração científica da língua*), por Hans Pollack, 1923.

O método estatístico, hoje empregado na teoria da comunicação, já desponta na obra de Noreen, a quem se devem as primeiras pesquisas de freqüências lingüísticas. Nessa obra, faz um levantamento da freqüência relativa das vogais e das consoantes no sueco oficial, num *corpus* de textos de quatro autores, registrando, por exemplo, que o a (breve) anterior é a vogal que apresenta a maior freqüência: aparece 150 vezes por página.

Imensa seria a exemplificação do domínio da Lingüística pelo Mestre Bechara.

Muito se tem escrito, no Brasil, sobre a lingüística teórica, mas poucos são os trabalhos resultantes da lingüística aplicada dignos de menção pela exeqüibilidade.

A contribuição de Bechara já é constatada desde a 1.ª edição de sua *Moderna gramática da língua portuguesa*, vinda a público em 1961.

Não há dúvida de que as lições de Bechara no campo da morfossintaxe, descritas em sua obra, não encontram similares nos países da lusofonia.

Bibliografia

ALONSO, Amado. *Matéria y forma en poesia*. Madrid: Gredos, 1952.

BALLY, Charles. *Le Langage et la vie*. 3.ª ed. Paris: Payot, 1954.

BECHARA, Evanildo. *Moderna gramática portuguesa*. Rio de Janeiro: Editora Lucerna, 1999 [¹Companhia Editora Nacional, 1961].

_____. *A língua portuguesa*. Revista Brasileira. Rio de Janeiro: Academia Brasileira de Letras, tomo 2, 2006, p. 526.

CÂMARA JR., J. Mattoso. *Princípios de lingüística geral*. Rio de Janeiro: Briguiet, 1941.

_____. "Noções de estilística". In: *Littera*. Rio de Janeiro: Grifo, n.º 2, 1971.

COSERIU, E. *Princípios de semántica estructural*. Madrid: Gredos, 1977.

CUNHA, Celso F. da. *Gramática da língua portuguesa*. Rio de Janeiro: FENAME, 1972.

ELIA, Sílvio. Resenha crítica à obra *Princípios de morfologia*. In: *Confluência*. Rio de Janeiro: Liceu Literário Português, 1991.

GECKELER, Horst. *Semántica estructural y teoria del campo léxico*. Madrid: Gredos, 1987.

LIMA, C.H. da Rocha. *Gramática normativa da língua portuguesa*. F. Briguiet, 1957.

LYONS, John. *Linguistique Générale*. Paris: Librairie Larousse, 1970.

MACEDO, Walmirio. *Elementos para uma estrutura da língua portuguesa*. 2.ª ed. Rio de Janeiro: Presença, 1987.

MATHEWS, P.H. *Morphology*. Cambridge: Cambridge University Press, 1974.
NIDA, E. *Morphology*. 2.ª ed. Baltimore: Ann Arbor, 1970.
POTTIER, B. *Linguistique Générale – théorie et description*. Paris: Klincksieck, 1974.
MALMBERG, Bertil. *As novas tendências da lingüística*. S. Paulo: Companhia Editora Nacional, trad. de Francisco da Silva Borba, 1971.

Símile épico / símile paródico

Ivo Barbieri
Universidade do Estado do Rio de Janeiro

1. Proposição e conceitos

Este trabalho se propõe estudar a ocorrência e funções do símile poético a partir da epopéia de Homero, perseguir sua continuidade através dos séculos e avaliar suas transformações em obras, como *Os Lusíadas* (séc. XVI), *Iracema* (séc. XIX) e *O cão sem plumas* (séc. XX).

Geralmente relegado a segundo plano, como um simples detalhe de retórica e confundido com a comparação comum, o símile poético, porém, longe de limitar-se ao papel de ornamento estilístico, desempenha funções relevantes em obras fundamentais da literatura ocidental. Estudiosos dos poemas homéricos são unânimes em reconhecer-lhe o papel de relevo que ele desempenha na poesia épica, onde opera como dispositivo eficaz na composição e intensificação dos eventos narrados bem como na caracterização de personagens, descrição da natureza, reconhecimento de relações, expressão de aspectos fugidios da mente e apreensão do mundo objetivo, interferindo assim em todos os planos da narrativa (Gourbillon, 1981: 15-27, 120). Cabendo sem dúvida a Homero a patente da invenção, o símile épico sofre ao longo da história transformações profundas e passa por Camões sem exaurir seu potencial ativo e inovador.

Não obstante sua proveniência do latim, curiosamente o vocábulo *símile* não consta do repertório lexical ativo do francês moderno, enquanto prima pela ausência nas gramáticas e compêndios de retórica em circulação no Brasil.[1] A honrosa exceção cabe a Mattoso Câmara, que registra, define e exemplifica o termo em seu *Dicionário de fatos gramaticais*. Paradoxalmente, porém, é a bibliografia anglo-americana que, mais afinada com a tradição clássica, define melhor o termo, tornando-o instrumento de grande utilidade e rendimento analítico. Caracterizado como uma modalidade diferenciada de comparação, o uso do conceito ficou reservado à aproximação de termos pertencentes a categorias e classes distintas, a exemplo do reconhecimento de semelhanças entre seres humanos com inumanos, virtudes morais com objetos materiais, coisas da natureza com artefatos ou obras da arte. De acordo com o sentido estrito dessa definição, comparar atributos de um ser humano com os de outro ser humano, de um animal com os de outro animal, de uma coisa material com outra coisa material não constituiria propriamente um símile, embora todos esses casos se enquadrem adequadamente dentro da categoria genérica da comparação (Shipley, 1943 e Beckson, 1961). Usado com propriedade em seu excelente ensaio sobre *Iracema*, Proença, no entanto, identifica-o conceitualmente com a comparação dos tratados de retórica franceses, que a definem como aproximação de um objeto a outro objeto para dar relevo a relações de conveniência ou inconveniência: ou, melhor, de similitude ou dissimilitude (Fontanier, 1968: 377). A conseqüência imediata de conceituação tão genérica será a necessidade de subdividir para distinguir e distribuir em séries as espécies do gênero.[2] Dando-se conta do problema, Proença, de imediato, tratou de reunir alguns requisitos, como precisão, vivacidade, ineditismo e adequação, que distinguissem o símile dotado de valor literário das comparações correntes na língua comum. Em razão da precisão e economia decidi adotar, neste trabalho, o conceito de Shipley, que, ademais, é aquele a que se ajustam, na prática, as análises de Gourbeillon e Proença. A diferença aqui é que o estudo se bifurca em duas direções: a do

---

[1] Consultei Bechara, Cunha, Elia e Luft, além d'*As figuras de linguagem* (Brandão: 1989); nenhum o registra.
[2] Pela natureza do comparante, Fournier estabelece a série: *moral, animal, histórica, mitológica* etc.; os estruturalistas do Grupo m, mais sofisticados, propõem, primeiro, a divisão: *comparações estereotipadas/ criações originais*, para, em seguida, subdividir a segunda parte da oposição em *comparações metalógicas/ comparações metafóricas*, e, depois, obedecendo à classe gramatical do signo da conexão, ampliar o elenco taxinômico: *"como"* e seus *derivados, aparentemente,"é" de equivalência, aposição, substantivo e verbo, genitivo e atributo.* Este leque de estruturas gramaticais intermediárias serviria para "atenuar o caráter racional do *como*, que insiste sobre o caráter parcial da similitude, e prejudica, conseqüentemente, a afirmação da plena comutabilidade (Dubois *et alii*, 1982: 113-7).

símile épico ou heróico e a do símile paródico ou prosaico. Tanto um quanto o outro, no entanto, procedem de Homero; aquele, mais afinado com o sublime, destina-se especialmente à celebração dos feitos extraordinários e à glorificação dos grandes heróis; este, mais ajustado ao estilo baixo, integra situações e comportamentos da vida ordinária.

Atravessando os séculos, a invenção de Homero chegou até nossos dias, ainda vigorosa, graças ao talento de inúmeros autores, dentre os quais se destacam os maiores mestres da criação literária. Em seu estudo sobre *Iracema*, Cavalcanti Proença afirma que o mundo desta "epopéia romântica [...] contínua e constantemente se vai refletindo no espelho das comparações" (Proença, 1965: 282). Mais recentemente, Ana Luíza Martins identificou procedimentos analógicos no *Grande sertão: veredas* que, à semelhança do símile homérico, constituem a forma de "expressão dos sentimentos mais íntimos e obscuros, dos movimentos sinuosos do pensamento, da vontade, dos sonhos e da memória" (Martins, 2001: 107). Num pequeno e denso artigo embasado na teoria da informação, Jean Cohen atribui-lhe eficácia constante e valor decisivo na arte de elaboração poética: "Praticamente, todos os poetas são grandes comparatistas. Na escrita de alguns, como Baudelaire, por exemplo, é quase uma mania" (Cohen, 1968: 50). Comprovam a veracidade transistórica da assertiva exemplos tirados de textos de épocas e períodos literários diversos, da Bíblia às vanguardas do século. Contrariando a norma ditada pela afetação modernista que, tendo tomado ao pé da letra uma proposição radical de Mallarmé, quis abolir da poesia os elos de ligação em favor da identificação imediata, João Cabral de Melo Neto, especialmente em *O cão sem plumas*, valeu-se do símile como procedimento sistemático de invenção e composição do poema. O uso explícito e constante do signo comparativo tornou-se marca inconfundível do autor e o modo como trabalha o símile é, em grande parte, determinante para projetá-lo entre os maiores poetas da atualidade.

Minuciosa em sua investigação, Gourbeillon fez o levantamento completo das comparações explícitas nas duas epopéias gregas chegando ao número preciso de suas ocorrências (cerca de 230 n'*A Ilíada* e 65 n'*A Odisséia*). Diante de tão elevada freqüência, afirma que "a poesia homérica é absolutamente única na literatura ocidental" (Gourbeillon, 1981: 18). Para testar a veracidade de afirmação tão categórica fui a *Iracema*, onde contei 174 ocorrências, freqüência relativamente maior à d'*A Ilíada*, considerada a extensão dos dois textos.³ Em contrapartida, contei 21 ocorrências n'*Os Lusíadas*, índice bastante baixo se comparado com as epopéias gregas. Já em seus 507 versos assimétricos (em sua maioria, dissílabos e heptassílabos, sendo raríssimos os decassílabos), *O cão sem plumas* apresenta quarenta símiles explícitos devendo-se, ainda, assinalar que todo o texto se constrói a partir da comparação inicial e dela derivam seus desdobramentos. O que, sem dúvida, faz deste poema um caso único no panorama da poesia contemporânea. Mais do que o número exato de ocorrências, porém, importa considerar a estrutura, continuidade e mudanças do modelo original.

2. Homero: a fonte

A bibliografia que trata do tema comumente distribui os símiles homéricos em dois grupos diferenciados pelo tamanho: a) curtos; b) longos ou desenvolvidos. Gourbeillon parte dos três grupos de G.P. Shipp:

1. SIMPLES, compreendendo não mais do que duas ou três palavras.
    Exemplo: "[...] o filho de Peleu saltou, *como um leão* [...]" (Homero, 1934: 572)
2. SIMÉTRICOS, quando as duas partes são igualmente desenvolvidas.
    Exemplo: "*Como um caçador* lança seus cães de presas brancas contra um javali feroz ou contra um leão, *assim Heitor*, contra os aqueus, lança os troianos magnânimes." (Homero, 1934: 292-4)
3. DESENVOLVIDOS, comparação tipicamente homérica, que se desenvolve a partir dela mesma e funciona como uma ilustração do texto.
    Exemplo: "*Como um garanhão* bem nutrido à manjedoura,/ fornida de cevada, rompendo as correias/ sai galopando pelos campos a banhar-se/ no costumeiro rio, clara-corrente, e altivo/ ergue a cabeça, crinas soltas nas espáduas,/ e no esplendor da força os jarretes o levam/ à pastagem das éguas, *assim Páris,* filho/ de Príamo, das alturas de Pérgamo baixa/ [...]" (Homero, 1934: 506-11)⁴

Adotando, provisoriamente, essa classificação em razão de sua comodidade, Gourbeillon, porém, prefere fundir num só os casos 2 e 3, que opõe ao primeiro por este não lhe parecer especificamente homérico, visto encontrar-se em inúmeras obras literárias. A originalidade de Homero, afirma, está no segundo tipo (fusão de 2 e 3), que, além do seu elevado índice de freqüência, permite

---
³ São 69 páginas na edição comemorativa do centenário de lançamento do texto de Alencar contra os 14.959 versos hexâmetros do poema de Homero, ou 926 páginas de texto corrido na tradução de Haroldo de Campos, simetricamente paralela ao original.
⁴ É de Haroldo de Campos a tradução dos versos tirados d'*A Ilíada*.

desenvolvimentos ilimitados. Considerada, porém, a fraca possibilidade de rendimento dessa classificação e o magro resultado obtido pelos especialistas empenhados em restituir ao contexto a origem e história do símile desenvolvido, a ensaísta francesa endossa a posição daqueles que sublinham a necessidade de buscar respostas aos problemas suscitados pelos símiles no texto mesmo onde revelam toda sua eficácia enriquecendo e ampliando o significado da narrativa que "necessita absolutamente deles para se realizar plenamente como expressão". (Gourbeillon, 1981:24) Prosseguindo em busca de uma compreensão mais homogênea e semanticamente mais rica, a autora circunscreve o objeto de seu estudo ao domínio das comparações das personagens humanas com os animais. Mesmo restringindo o enfoque à metade delas, não acredita acarretar perda de sentido, visto que uma análise rigorosa e unitária dos poemas é capaz de propiciar a compreensão do conjunto. Como reforço ao acerto da opção remete o leitor a dois exemplos da comparação de um homem (o herói) com um animal que suportam leituras distintas. A fuga de Pátroclo como uma ave de rapina (Homero, 1934: 582-3) expressa, de imediato, um movimento rápido num momento dado. Aquiles chorando como um leão a quem o caçador roubou os filhotes, (Homero, 1934: 318-22) ilustra antes um estado de espírito do que uma ação real. Através desse esquema extremamente simples, a ensaísta supõe poder identificar a riqueza e diversidade das funções do símile na construção épica da poesia homérica. Mas, como qualquer outra esquematização, esta também precisa ser ultrapassada quando se aspira à visão do todo. De imediato, não parece adequado excluir a comparação simples de Shipp como não homérica, visto que o símile emblemático, recorrente à maneira dum *leitmotiv*, muitas vezes se apresenta sob esta forma e constitui invenção característica d'*A Ilíada*. Exemplos: Agamênon furioso, como um leão investe contra Pisandro e Hipolóquide (Homero, 1934: 129-30); Heitor lançando-se ao combate como um leão (Homero, 1934: 834); [...] Zeus movendo a seu filho Sarpédon/ contra os gregos, qual leão contra bois/ [...] (Homero, 1934: 292-3). Por outro lado, se o recorte do objeto restrito a uma única figura temática apresenta algumas vantagens metodológicas, por outra, é bem provável que redunde em perda de significados. A análise Gourbeillon, circunscrita ao reino animal, por exemplo, perde de vista a eloqüente resposta de Hipolóquide ao desafio de Diomede: "[...] Símile à das folhas,/ a geração dos homens: o vento faz cair/ as folhas sobre a terra. Verdecendo, a selva/ enfolha outras mais, vinda a primavera. Assim,/ a linhagem dos homens: nascem e perecem" (Homero, 1934: 146-50). Comparação única, destaca-se tanto pela singularidade quanto pela transcendência da reflexão poética, ao mesmo tempo que, sintonizada com a situação dramática, presta-se a diversas leituras. Igualmente escapa ao seu campo de visão a longa e complexa comparação de gregos e troianos atirando saraivadas de pedras uns contra os outros como Zeus no inverno faz cair copiosos flocos de neve cobrindo montes, campos, searas, portos e praias (Homero, 1934: 278-89). Símile importante porque apreende um momento crucial da narrativa: o enfrentamento em plano de igualdade dos dois exércitos em luta, associando a ação heróica dos combatentes com a manifestação suprema do deus todo-poderoso cuja intervenção nas vicissitudes da guerra é fator determinante dos destinos humanos. Por isso, o símile oferece uma imagem totalizante da epopéia e do mundo grego.

No fundamental, porém, o método se mostra produtivo e apresenta resultados convincentes. O levantamento exaustivo das comparações com animais e seu ordenamento hierarquizado propiciou à autora suscitar questões importantes a respeito das funções que este tipo de símile desempenha nas epopéias de Homero. Associados aos heróis principais, além de lhes definir o caráter, eles contribuem decisivamente para redimensionar-lhes o perfil de acordo com a magnitude dos feitos que realizam e o papel que desempenham no contexto da narrativa. No ápice da pirâmide, como símbolo heróico por excelência, sobressai a figura do leão identificado com os grandes protagonistas, como Aquiles, Agamênon, Diomede, Pátrocles, do lado grego, e Heitor, Enéias, Sarpédon, do lado troiano, todos destacados da massa anônima pela dimensão extraordinária das ações que praticam. Simples ou desenvolvido, o símile leonino preenche múltiplas funções, pois, investido de uma carga semântica complexa, projeta-se à luz do herói como o seu duplo, ao mesmo tempo que, imagem heráldica, assume o valor de emblema iconográfico, sem prejuízo da encarnação realista da fera carniceira, que ataca solitária, se lança voraz sobre a presa e impera soberana no reino da floresta.

A cena em que Menelau, após ter abatido Euforbo, o melhor dos Tróicos, na avaliação de Heitor, lança-se sobre o vencido para despojá-lo: "Como um leão montês, fiado em sua força, rapina/ do rebanho a mais bela novilha, e lhe quebra a cerviz com os dentes possantes,/ para então dessangrá-la e devorar-lhe as vísceras,/ dilacerando-a [...]" (Homero, 1934: 61-9), ilustra bem essa sobreposição de significados. A violência do guerreiro no ápice da tensão dramática, associada à fúria indomável da fera faminta, traz o comparante ao primeiro plano fazendo-o assumir o lugar do comparado. Esse exemplo, praticamente, inverte a posição dos termos implicados na representação da disputa pela vítima se cotejado com este outro: "Em torno de Cebríone,/ digladiam-se como/ dois leões famélicos no píncaro de um monte se batem por um cervo morto, corações-/ fogosos. Desse modo, ao redor de Cebrione,/ os dois mestres-de-guerra, Pátroco e Héctor fúlguro,/ um a visar o corpo do outro com o pique/ brônzeo. Aferrando o crânio do morto, Héctor não/ o larga. Ao invés pelo pé o agarra Pátrocolo." (Homero, 1934:751-3). Os dois heróis no ápice da luta e no limite de suas próprias forças, comportam-se aqui como verdadeiros leões que, em primeiríssimo plano e à luz magnificante da figura emblemática, disputam encarniçados a posse da vítima. Se concordamos com a afirmação de Auerbach que o impulso fundamental do estilo homérico é "representar os fenômenos acabadamente, palpáveis e visíveis em todas as suas partes" (Auerbach, 1971: 4), então, as citações acima ilustram com propriedade a idéia de que o símile épico n'*A Ilíada*, fugindo à norma comum de associar seres ou coisas diferentes a partir da semelhança de alguns dos seus atributos, funda-se na assimilação dos entes comparados, ressalvada a alteridade e inteireza de cada um dos termos da relação.

De acordo com a hierarquia estabelecida por Gourbeillon, em segundo lugar vem o javali, depois os lobos, as aves de rapina, os cães e os peixes. As comparações com o javali repetem aproximadamente o esquema do leão, comparecendo, porém, com menos freqüência e variações. Os lobos, que andam aos bandos e são perseguidos por grupos de caçadores e matilhas de cães, compõem símiles de sentido coletivo, que chegam a rivalizar com o leão em violência e selvageria como se lê na cena de Aquiles preparando os Mirmidões para o combate: [...] "feito lobos carnívoros,/ no coração lupino um ímpeto furioso,/ que abatem e devoram na montanha um cervo/ de amplo galhame, e então, em alcatéia, focinhos/ vermelho-sangue, vão a uma fonte profundo/ — escura lamber — língua lábil — a água negra/ à tona, e regurgitam restos da sangueira,/ de ventre empanturrado e coração feroz;/ assim os guias e principais dos Mirmidões/ acorriam em redor do companheiro-de-armas" (Homero, 1934:

156-65). O comentário da ensaísta chama atenção para a ambigüidade e estranheza da imagem "nesta descrição a frio da bestialidade" onde os elementos heróicos parecem apagados enquanto sobressai a ferocidade, o sangue e o artifício, considerando-a, por isso, equivocada. (52)

3. De Camões a Alencar: migração e metamorfoses

Definitivamente patenteado como invenção homérica, o símile épico, porém, não constitui exclusividade de Homero. Constatada sua presença desde *Gilgamesh*, a epopéia mais antiga que se conhece, provavelmente datando do IV ou III milênio antes de Cristo, o recurso acompanha milenarmente o gênero e vamos reencontrá-lo no texto camoniano, embora sem a freqüência que se poderia imaginar. Percorrendo os dez cantos d'*Os Lusíadas*, identifiquei apenas 17 ocorrências, cifra que não me parece corresponder à expectativa suscitada por Proença, que a considera "ainda numerosa". (283) Belo, sem dúvida, o exemplo que transcreve, coincidente, de resto, com a escolha de Mattoso Câmara: "Assi como a bonina que cortada/ Antes do tempo foi, cândida e bela,/ Sendo das mãos lascivas mal tratada/ da minina que a trouxe na capela,/ O cheiro traz perdido e a cor murchada:/ Tal está morta a pálida donzela,/ Secas do rosto as rosas e perdida/ A branca e viva cor co' a doce vida" (Camões, 1972: 134). Na forma, perfeitamente afinado com o símile desenvolvido n'*A Ilíada*, seu tom está mais para o elegíaco do que para o heróico e seu conteúdo mais bíblico do que homérico: "Os teus dois peitos são como dois filhinhos gêmeos da cabra montesa, que se apascentam entre as açucenas." (*Cântico dos cânticos*, IV, 5).[5] Os comparantes camonianos propriamente heróicos são o touro e o leão, com cinco ocorrências aquele, e duas este. No canto X, 147, a bravura dos portugueses é comparada, simultaneamente, com os dois: "Olhai que ledos vão por várias vias,/ Quaes rompantes leões e bravos touros."

---

[5] Na tradução francesa feita diretamente do hebraico sob a direção da Escola Bíblica de Jerusalém, a citação se encontra no terceiro poema e integra a fala do esposo: "Como tu és bela, minha bem-amada,/ como tu és bela!/ Teus olhos são pombas, sob o teu véu; /teus cabelos como um rebanho de cabras,/ ondulando pelas encostas de Galaad./ Teus dentes, um rebanho de ovelhas tosquiadas/ que saem do banho. Cada uma com sua parceira/ de que nenhuma delas está privada./ Teus lábios, um fio de escarlate,/ e tuas palavras são fascinantes./ Tuas faces, duas metades de romã,/ entrevistas sob teu véu./ Teu colo, a torre de Davi,/ erigida em fortaleza./ Mil colares a envolvem,/ como broquéis de todos os bravos./ Teus dois seios, dois filhotes,/ gêmeos de uma gazela, que pastam entre os lírios."

O seguinte, qualificado por Epifânio Dias como "símile esplêndido, cuja beleza só pode ser bem sentida por quem assistiu a uma tourada na Península", assimila aos portugueses o touro na arena investindo furioso contra o toreador: "Com a fronte cornígera inclinada,/ Bramando duro corre e os olhos cerra,/ Derriba, fere e mata, e põe por terra" (Camões, 1972: 88). Touro é também El Rei D. Afonso que "fere, mata, derriba, denodado" cavalos, peões e guerreiros mouros "qual no mês de maio o bravo touro/ C'os ciúmes da vaca arreceosos/ Sentindo gente, o bruto e cego amante,/ salteia o descuidado caminhante" (Camões, 1972: 66-67). Nuno é o leão cercado de cavaleiros que o perseguem com lanças: "[...] e ele iroso/ Turvado um pouco está, mas não medroso" (Camões, 1972: 34). E neste outro que assimila El Rey D. João à leoa parida que, roubados os filhotes, transpõe para a epopéia lusitana o tema d'*A Ilíada*: "Tudo corria e via e a todos dava/ Com presença e palavras coração./ Qual parida lioa, fera e brava,/ Que os filhos que no ninho sós estão,/ Sentio que, em quanto pasto lhe buscara,/ O pastor de Massília lh'os furtara,// Corre raivosa e freme e com bramidos/ Os montes Sete Irmãos atroa e abala: Tal Joanne com outros escolhidos/ Dos seus correndo acode à primeira ala" (Camões, 1972: 36 e 37). O exemplo mostra a continuidade da tradição homérica através dos séculos na poesia do Velho Mundo e, com os portugueses, atravessa o Atlântico e chega ao Brasil.

Talvez impressionado pelo elevadíssimo número de ocorrências (cerca de oitenta, índice relativamente superior ao d'*A Ilíada*), é que Cavalcanti Proença tenha classificado *Iracema* como "epopéia romântica". A classificação é problemática, dado que a narrativa de Alencar corre linear e contínua, isenta das digressões e episódios característicos da estrutura épica. Ademais, não obstante sua acentuada dicção poética, a lenda do Ceará se apresenta em prosa fluente, e não em versos metrificados à maneira dos hexâmetros de Homero ou os decassílabos camonianos, marcas indissociáveis da epopéia grega e lusa, respectivamente. Além do que, o símile alencariano distancia-se muito do modelo originário tanto no que diz respeito ao aspecto morfológico quanto à dimensão semântica. O primeiro ponto a assinalar é a evidente tropicalização dos signos, todos provenientes da flora e da fauna da mata atlântica em seu estado virginal, assim como a encontrou o colonizador europeu ao desembarcar no Novo Mundo. Não obstante, em determinados casos, as imagens equivalem-se em ambos os autores: o jaguar, por exemplo, encarna os valores heróicos do leão, assim como o gavião substitui a águia. Dos que atacam em bando, os caititus ocupam o lugar dos lobos, como estes marcados com sinal depreciativo à maneira de Homero. O exemplo, a seguir, torna explícita a analogia: "— Vis guerreiros são aqueles que atacam em bando como os caititus. O jaguar, senhor da floresta, e o anajê, senhor das nuvens, combatem só o inimigo" (cap. XIV, 82-3). A sobranceria, firmeza e resistência do carvalho encontra seus equivalentes no jacarandá e no ubiratã: "só o tempo endurece o coração do guerreiro, como o cerne do jacarandá" (XXVII, 123). Associado ao maior chefe de todos os guerreiros pitiguaras, o quase imortal Batuirité, o ubiratã ganha dimensão mítica: "Quando suas estrelas eram muitas, e tantas que seu camucim já não cabia as castanhas que marcavam o número; o corpo vergou para a terra, o braço endureceu como o galho do ubiratã que não verga" (XXII, 106). Note-se que, não menos relevante que a tropicalização da paisagem é a hibridização da língua que, recheando-a de vocábulos provenientes do tupi-guarani, enriquece o patrimônio do idioma e diferencia o português do Brasil em relação ao português de Portugal.

Mas é, sobretudo, em torno de Iracema que se concentra maior carga de símiles, abarcando, através da caracterização e vicissitudes da personagem, praticamente o universo inteiro da natureza tropical. Já os três primeiros parágrafos do segundo capítulo, que é onde começa a narrativa, traçam-lhe o perfil de personagem assimilada ao ambiente selvagem: "tinha os cabelos mais negros que a asa da graúna, e mais longos que seu talhe de palmeira.// O favo da jati não era doce como seu sorriso; nem a baunilha rescendia no bosque como seu hálito perfumado.// Mais rápida que a ema selvagem, a morena virgem corria o sertão e as matas do Ipu" [...]. Elevados ao absoluto, esses atributos físicos da protagonista fornecem o mote a ser desdobrado em cerca de oito dezenas de símiles que figuram no texto, constituindo-se, assim, em recurso fundamental de que se vale o autor para reelaborar a lenda em termos de linguagem literária e fabulação poética. Eles sustentam o caráter e o comportamento da heroína, assim como integram todos os tempos da narrativa — apresentação, desenvolvimento, complicação e desenlace. Predominantemente assimilada a coisas tênues e delicadas, como "tenra palma da carnaúba" (59), "gota de orvalho nas folhas do bambu" (63), "frouxo raio de estrelas" (61), "murmúrios da aragem" (75), "sussurros de colibri" (79), "açucena da mata" (85), "fruto na corola da flor" (88), "borboleta que dormiu no seio do formoso cacto" (88), "primeiro raio do sol" (88), "andorinha que abandona o ninho" (109) — todos em consonância com sua feminilidade terna e encantadora; mas que, de repente, podem transformar-se no "feio urutau que só sabe gemer" (71), na inquietude da "ave que pressente a borrasca no horizonte" (89), no saltar inesperado como o da "rápida zabelê" (94), na tenacidade da "ostra que não deixa o rochedo" (114), na solidão do abandono "triste e só como a garça viúva" (120), na amargura das lágrimas em fio "como a copaíba ferida no âmago" (123), na murcha e muda "cana, quando ardem os grandes sóis" (124), no "cajueiro seco e triste" (124), na antevisão da morte como a do "abati depois que deu seu fruto" (125) — metamorfoses que seguem passo a passo o desenrolar da narrativa, acentuando-lhe os lances mais dramáticos.

Será, porém, nos capítulos XXIII e XXIV que se encontrará a maior densidade de ocorrências: treze ao todo em apenas cinco páginas. Os símiles reforçam aqui seu papel decisivo tanto no que diz respeito à elaboração do texto quanto no que concerne à construção da narrativa. Sublinhando o significado de dois momentos culminantes: a união da aborígene com o alienígena e a miscigenação de duas culturas, a concentração sublinha o sentido geral do romance. De um lado, Iracema no auge da felicidade ao lado de Martim: "A filha dos sertões era feliz como a andorinha, que abandona o ninho de seus pais, e peregrina para fabricar novo ninho no país onde começa a estação das flores". (109) Neste caso, Alencar aproxima-se ao máximo do símile desenvolvido em Homero, pois o termo comparante — a andorinha — ganha relevo existencial enquanto ser inteiro e autônomo. Já no parágrafo seguinte, o acúmulo de elementos significa a complexidade do instante: "Como o colibri borboleteando entre as flores da acácia, ela discorria as amenas campinas. A manhã já a encontrava suspensa ao ombro do esposo e sorrindo, como a enrediça que entrelaça o tronco robusto, e todas as manhãs o coroa de nova grinalda." (109) O contraste entre a imagem do colibri esvoaçando volúvel e a da trepadeira firmemente agarrada ao tronco plantado na terra traduz concretamente a alegria incontida no auge da comunhão com o amado e o sentimento de segurança que lhe infunde a estabilidade amorosa. Estas duas comparações resumem toda a história de Iracema: traição do voto de virgindade e abandono da tribo; mas fidelidade ao marido até a morte.

O outro pólo de concentração de ocorrências, o mais denso do livro, encontra-se nas duas falas de Poti no capítulo XXIV. Mais do que em outras passagens, evidencia-se aí o hábito de relacionar um objeto ou complexo de objetos a outros, a partir de semelhanças nem sempre objetivas, procedimento que tem sido identificado com o pensamento analógico — modo de compreensão da natureza e apreensão da realidade do mundo, considerado próprio do raciocínio arcaico ou primitivo. Lloyd elenca uma grande variedade de papéis desempenhados pelo uso da tal procedimento, assinalando que, tanto na literatura grega pré-filosófica como na de outros povos, o reconhecimento de relações de semelhança se presta ao estabelecimento de elos mágicos entre as coisas com o fim de controlar ou interferir nos eventos, predizer o futuro e apreender o desconhecido, conceber e concretizar noções abstratas, expressar sensações subjetivas, interpretar fenômenos obscuros ou portentosos assim como sinais sobrenaturais, que manifestam a vontade dos deuses (Lloyd, 1992: 176-91). Dentro desse horizonte, as falas de Poti se encaixam como ilustrações concretas do raciocínio analógico do índio "da grande nação pitiguara": "O guerreiro sem amigo, é como a árvore sem folhas nem flores; nunca ele verá o fruto. O guerreiro sem amigo, é como a árvore solitária que o vento açouta no meio do campo: o fruto dela nunca amadurece. A felicidade do varão é a prole, que nasce dele e faz seu orgulho; cada guerreiro que sai de suas veias é mais um galho que leva seu nome às nuvens, como a grimpa do cedro" (XXIII, 111). No capítulo XXIV, a seqüência de quatro símiles traduz em linguagem figurada o significado ritual dos desenhos pintados sobre o corpo de Martim — cerimônia que o transforma num "guerreiro vermelho, filho de Tupã". As palavras acompanham, passo a passo, os gestos do celebrante. Depois de pintar-lhe uma flecha na fronte, diz:

> — Assim como a seta traspassa o duro tronco, assim o olhar do guerreiro penetra n'alma do inimigo. / No braço pintou um gavião: — Assim como o anajê cai das nuvens, assim cai o braço do guerreiro sobre o inimigo. / No pé esquerdo pintou a raiz do coqueiro: — Assim como a pequena raiz agarra na terra o alto coqueiro, o pé firme do guerreiro sustenta seu corpo robusto. / No pé direito pintou uma asa: — Assim como a asa do majoí rompe os ares, o pé veloz do guerreiro não tem igual na corrida. (113)

Diante deste uso tão intensivo, parece lícito concluir que o símile, além de papel decisivo na composição da narrativa e na tessitura do texto, abre horizontes para uma visão abrangente da natureza tropical, isto é, para a apreensão ecológica do meio e dos seres que a povoam e diversificam, ao mesmo tempo que, através da exaltação da terra e da idealização da vida vivida em comunhão com a natureza, reforça a cor local e reafirma o compromisso de Alencar com o nacionalismo literário assumido pelo escritor brasileiro em meados do século XIX. Enfim, dada sua elevada recorrência e fundamental importância, o símile faz de *Iracema* um caso singularíssimo não só da literatura brasileira como também da literatura universal.

4. Da paródia: uma excursão

Retornando à Grécia, convém lembrar que a epopéia homérica não se constitui apenas de episódios heróicos e de feitos extraordinários realizados por seres excepcionais agigantados pela intervenção dos deuses. A paisagem bucólica dos campos e os trabalhos do mar constituem a contra face da guerra. Tanto n'*A Ilíada* quanto n'*Odisséia* ocorre a mesclagem de estilos e a alternância de registros de linguagem que expressam ora as altitudes, ora as depressões do território épico. Aos momentos apoteóticos da glória, contrapõem-se situações patéticas, pois os heróis homéricos também choram. Chora Aquiles a morte do amigo Pátroclo, chora Príamo a perda do filho Heitor. Até os deuses, no alto do Olimpo, não ficam indiferentes à comicidade quando, "todo agitado e prestativo", Hefestos, o deus coxo, invade a cena e provoca entre os Venturosos uma "gargalhada sem fim" (Homero, 2002: 599-600) — tão estrondosa que o humor de Machado pode captar-lhe o eco vinte séculos depois quase, fazendo-o repercutir em sua obra[6]. Épica, sem dúvida, a risada interminável dos deuses, não, porém, o motivo que a desencadeia, pois, roçando o risível, o gesto do trêfego Hefestos põe a personagem ao nível da comédia de acordo com a definição que lhe deu Aristóteles (1966: 73). Nos episódios desprovidos de altos feitos, o teor das comparações acentua o momento crítico vivido pelos aqueus, que tombam como árvores derrubadas (Homero, 2002: 178, 389 e 437). Ao passo que, trucidados por Aquiles na batalha às margens do rio (*mákhe parapotámos*), os troianos são como "gafanhotos que, acossados pelo fogo, voejam e caem sob a crepitação das chamas" (Homero, 2002: 13-4) ou "se agacham sob as

---

[6] Cf. Machado de Assis: crônica de 4 de fevereiro de 1894 (*A semana*) e capítulo LIII de *Quincas Borba*.

rochas como peixes perseguidos por um delfim". (Homero, 2002: 21-6) A visão dos adversários do herói é mais depreciativa ainda n'*A Odisséia*, quando os pretendentes vagam atônitos, como vacas picadas pelas moscas ou aves perseguidas e devoradas por abutres de garra e bico adunco. (Homero, 2002: 122-8) A epopéia homérica, portanto, alterna o sublime e elevado com o comum e vulgar.

Por isso, parece-nos hoje de todo anacrônica a rejeição do símile que compara Ájax retirando-se lentamente ante os rudes ataques dos troianos, com um asno do campo enxotado às pauladas por garotos (Homero, 2002: 558-66). Para o gosto aristocrático dos franceses do século XVI, o asno seria inadmissível na poesia heróica. "É infinitamente vulgar comparar o príncipe com um asno" diziam os modernos na *querelle des anciens et des modernes*, acrescentando ser a vulgaridade muito mais grosseira ainda na *Odisséia*, que menciona o monte de esterco acumulado à entrada do palácio — cenário da famosa cena em que Argos, o velho cão de estimação, reconhece Ulisses depois de vinte anos de ausência. Aludindo à polêmica da época barroca em nota de fim do volume, os tradutores franceses d'*A Odissséia* qualificam como "bizarra, mais próxima da paródia do que da epopéia" a comparação do caráter obstinado de Ulisses com uma âncora (cf. Homero, 1934: 389)[7]. Highet, entretanto, observa adequadamente que o gosto da aristocracia francesa de então, terrivelmente racionalista e esnobe, dava por assentado que a poesia era um método refinado de dizer as coisas mais sublimes; e, induzidos mais por preconceito social do que por purismo estético, vetavam a simples menção a coisas cotidianas, porque para eles ordinário significava comum, e comum significava vulgar. O que os deixava a um passo da esterilização da linguagem (Highet, 1954: 430). Mas, mesmo descartado o preconceito do gosto preciosista, para o qual era insuportável o uso de palavras com qualquer conotação de trabalho manual (Highet, 1954: 426), e descontado o menosprezo da epopéia grega pela atividade produtiva (Gourbeillon, 1981: 55), ainda assim parece insólito assimilar uma disposição de ânimo a um objeto material de uso cotidiano, como âncora. Pela mesma razão, reduziriam a grandeza do simbolismo heróico objetos e animais relacionados à caça e à pesca, especialmente os cães, que, dotados de pouca iniciativa e coragem, e tendo como alvo animais nada gloriosos, só se prestariam a qualificar heróis de segundo plano. Odisseu, porém, em sua determinação de voltar para casa e recuperar a

---

[7] Cf. L'Odysséé. Traduction nouvelle de Méderic Dufour et Jeanne Raison. Paris: Garnier, 1934, nota 180.

posse de seus domínios, passa por humilhações de todo gênero, como a de ser jogado despido a uma ilha estranha, pendurar-se sob o ventre de um carneiro para fugir do gigante antropófago, deixar-se conduzir pelos servos mais humildes (um cabreiro e um porqueiro), disfarçar-se de "decrépito mendigo esfarrapado", (Homero, 2006: 143) e suportar que lhe joguem objetos na cabeça para poder aproximar-se do palácio cercado de pretendentes à mão de Penélope. Ao submeter-se a tais provas, patético ou grotesco, o herói vai se tornando mais e mais humano, atingindo o clímax da emoção precisamente em duas cenas de caráter doméstico: a do cão cheio de carrapatos, abandonado junto ao esterco de bois e cavalos (Homero, 2006: 213-21), que reconhece e saúda o dono, e a da velha Euricléia que, curvada sobre os pés do estrangeiro, identifica pela cicatriz antiga seu mestre e desaba em pranto (Homero, 2006: 467-76). Tanto Argos, o outrora bem nutrido e lépido caçador de lebres, rebaixado agora ao mais sórdido aviltamento, quanto a serva que, pronta para o lava-pés, de repente, emocionada, pára, deixa a bacia de cobre cair derramando a água pelo chão e se debulha em lágrimas (puro cinema), assim como o próprio herói coberto de farrapos situam personagens e ação no nível social da comédia. Levando em conta esses aspectos, não parece desproposita do vislumbrar aí o ponto de partida da extraordinária façanha de James Joyce que, parodiando a odisséia homérica, fez caber na cotidianidade dum só dia todas as peripécias de Leopold Bloom, o Odisseu dublinense. E mais, dada a mesclagem de estilos e a alternância de temas sublimes e situações prosaicas, é possível identificar nas epopéias homéricas a fonte das vertentes em que, mais tarde, se distribuiriam as diferentes práticas poéticas, ainda que as fronteiras entre umas e outras não sejam nunca fixas e nem sempre nítidas. Aristóteles já assinalara que em Homero se observa "uma mistura de toda espécie de vocábulos — palavras estrangeiras, metáforas, ornatos e todos os outros nomes que elevam a linguagem acima do vulgar e do uso comum, enquanto os termos correntes lhe conferem a clareza" (Aristóteles, 1966: 138).

Na paródia n'*As rãs*, ao eleger Ésquilo como o representante do estilo que eleva e enobrece, enquanto Eurípides representa o senso comum, o raciocínio e a reflexão prática, Aristófanes identificou na própria tragédia componentes dos dois gêneros, isto é, do trágico e do cômico. A Eurípides, que se vangloria de ter posto em cena "os hábitos da vida cotidiana, coisas banais, familiares, sobre as quais cada espectador estava em condições de julgar", Ésquilo responde dizendo que os homens saídos de suas mãos foram edificados "como se fossem torres feitas de palavras cheias de dignidade". Os ataques recíprocos acentuam a virulência da paródia: a Eurípides, que acusa o adversário de "soltar uma dúzia de palavras empoladas e enfáticas, verdadeiros espantalhos que embasbacavam os espectadores", Ésquilo retruca de dedo em riste: "É a você, Eurípides, que se deve este gosto por falatórios e argúcias, que fez os ginásios de educação cívica ficarem desertos, e a corrupção dos jovens ávidos apenas por discutir." A sentença de Ésquilo: "Eu enobreci tudo e você degradou tudo" (*As rãs,* 244 a 251), parecendo resumir e concluir o debate tanto do ponto de vista do discurso quanto da fábula, na verdade não encerra a discussão, pois, à fala de Ésquilo que, atribui a honra e a glória do divino Homero ao fato de "haver ensinado melhor que todos os outros as virtudes marciais, a arte das batalhas e a profissão das armas" (249), isto é, "que pela primeira vez deu pompa e elevação à linguagem" (247), Eurípides poderia replicar dizendo que se deve ao humano Homero "as sábias lições que tornam os homens melhores." (246) A paródia, portanto, já estava em Homero, bem antes da *Batracomiomaquia* rebaixar a guerra entre gregos e troianos ao nível da batalha dos ratos e das rãs — paródia antigamente atribuída a Homero, embora de autoria e datação até hoje incertas. (Possebon, 2003: 35-46). Do descompasso entre o estilo vazado em hexâmetros heróicos e o "rebaixamento calculado de todos os elementos — tema mesquinho, personagens caracterizadas pela vulgaridade, dissimulação e fanfarronice" (Duarte, 2003: 10) — procede o humor e a comicidade do poema. Mas, tanto aqui quanto na comédia de Aristófanes, o símile é muito escasso e absolutamente irrelevante.[8]

Já n'*A Ilíada* são os símiles de conotação depreciativa que põem o discurso à beira da paródia, como o dos troianos balindo como ovelhas assustadas diante

---

[8] No empenho de moderar o tom da polêmica entre Ésquilo e Eurípedes, Dioniso: "Não é decente que poetas se injuriem como vendedoras de pão na rua; você [Ésquilo] explode primeiro, como certas espécies de madeira quando são postas no fogo." (*As rãs*, 240). As duas comparações só fazem reforçar o contraste entre o nível elevado em que deve se situar o poeta trágico e o vulgar, próprio do cômico, ou o rebaixado da paródia — tópico já explicitado nos diálogos anteriores. Por sua vez, queixoso do desconforto de viajar às costas de Bochechudo (o sapo), fala Rouba-resto (o rato): "Não assim carregou nas costas amorosa carga/ o touro, quando por mar conduziu a Creta Europa como a nado me conduz nas costas à casa/ a rã" [...] (*Bat.* 78-81). Aqui igualmente, a comparação reforça o contraste entre o sublime do mito e a vulgaridade da paródia. Assim como n'*As nuvens*', Corifeu, que se quer "esperto como uma raposa" e "leve como a lã" (Aristófanes, 2004: 45), não faz mais do que reproduzir estereótipos.

do leão (Homero, 2002: XI), ou corças perseguidas por chacais, panteras e lobos (Homero, 2002: 102-7) ou, ainda, os anciãos (*gerontes*) de Tróia, tagarelas como cigarras (Homero, 2002: 150-3). Sem falar dos pretendentes fugindo como vacas atacadas pelas moscas, ou do próprio Ulisses, em noite de insônia, virando e revirando na cama como uma salsicha sendo assada na caçarola — imagens hilárias e francamente paródicas.

Gerada na antiguidade clássica, a paródia como que renasce no século XVI com *Dom Quixote*, referência paradigmática de continuidade e ruptura, pois, ao remodelar o caráter do herói no cavaleiro da triste figura, Cervantes ultrapassa o modelo legado pela tradição e inaugura um novo tempo na história da narrativa ficcional do Ocidente. Graças à maneira inédita de combinar desprendimento idealista com apego à realidade cotidiana, apreensão de um contexto em processo de transformação com elementos da ordem feudal estável, Cervantes compreende em sua complexidade várias dimensões do mundo moderno. Neste caso, a paródia em sentido estrito serviu como ponto de partida para inscrever as aventuras e desventuras quixotescas na pauta da modernidade. Basta um olhar de relance para constatar a seminalidade do legado Homero-Cervantes. Renovado pelo humor britânico de Fielding e Sterne, atravessa o século XVIII, invade o XIX com Machado de Assis na crista da onda, e culmina com Borges e Joyce na plena vigência das vanguardas literárias do XX. Paralelo à ficção, corre o itinerário da poesia que, dentro da linhagem francesa, destaca André Villon no XV e Charles Baudelaire no XIX, sendo este o ponto de referência do espírito moderno. Qualificado por Brunetière como o gênio da impropriedade, o autor d'*As flores do mal* inaugurou na linguagem a estética do choque, descrita com exatidão no excelente ensaio de Auerbach:

> Paradigma de sua época, ele forneceu ao seu tempo, um novo estilo poético, que mistura o baixo e desprezível com o sublime, um uso simbólico do horror realista sem precedentes na poesia lírica e que jamais havia sido levado tão longe em qualquer outro gênero. Nele encontramos, pela primeira vez plenamente desenvolvidas, estas combinações tão chocantes e aparentemente incompatíveis [...]: *Des cloches tout à coup sautent avec furie, / La mort, planant comme un soleil nouveau.* [Os sinos de repente saltam furiosos. / A morte planando como um novo sol.] O poder visionário de tais combinações exerceu crucial influência sobre a poesia posterior, pois parecem expressar a anarquia inerente à época e ainda uma ordem latente que mal estava começando a alvorecer. (Auerbach, 1959: 224-5)

SÍMILE ÉPICO / SÍMILE PARÓDICO

Aos versos transcritos na citação anterior viria a propósito acrescentar aqui os dois iniciais de 'Spleen' (LXXVIII): *Quand le ciel bas et lourd pèse comme un couvercle / sur l'ésprit gémissant en proie aux longs ennuis* ("Quando o céu plúmbeo e baixo pesa como uma tampa/ sobre o espírito acabrunhado e exposto aos tédios intermináveis"). Pois, o céu que pesa sobre o espírito como uma tampa é combinação bem mais "imprópria" que a âncora comparada com o caráter de Ulisses.

Poeta digno do legado beaudelairiano, Augusto dos Anjos praticava no Brasil, antes mesmo das colagens cubistas e dos ilogicismos surrealistas, impropriedades, como estas: "A lua magra, quando a noite cresce,/ Vista, através do vidro azul, parece/ Um paralelepípedo quebrado!" [...] "Dói-me a cabeça. Agora a cara do astro/ Lembra a metade de uma casca de ovo." (Anjos, 1965: 169). Se a retórica clássica recomendava não comparar o austero ou elevado com o ignóbil e baixo, depois das vanguardas do século passado, tornou-se comum tratar a sério questões que a paródia antiga punha na boca de um ateniense como grosserias abomináveis: "Onde está a panela?", "Quem comeu a cabeça da anchova?", "Onde está o alho de ontem?" (Aristófanes, 2004: 247). Em sua ampla revisão, Hutcheon insiste na permanência da paródia através dos tempos e, à medida que vai expurgando o conceito de atributos restritivos, estende-lhe o domínio praticamente a toda a produção literária moderna e pós-moderna (Hutcheon, 1989: 52).

Quanto à ambigüidade do termo, que pode ser identificada a partir da etimologia (*para-*: ao lado de, contra; + *-odeia*: canto, isto é, canto paralelo ou contracanto), já se encontrava nos autores gregos. Assim, decorrente da tradição clássica, o sentido restrito da paródia ficaria limitado à descontextualização de um fragmento de texto e sua recontextualização com modificações mínimas, ou então ao rebaixamento de uma obra de estilo elevado para a mescla de elementos épicos com tema leve, satírico ou herói-cômico (Possebon, 2003: 72). Em contrapartida, porém, instaura-se o sentido expandido do termo, e a paródia invade os mais diversos contextos, desde as grandes obras de elaboração muito complexa até um texto minimalista onde, através do uso da linguagem comum e do tema mais banal, pode-se insinuar alguma alusão implícita ou explícita ao sublime, mítico, místico ou romântico.[9] A literatura moderna que inova refor-

---

[9] Aqui a referência quase obrigatória é a pedra 'No meio do caminho' de Carlos Drummond de Andrade, que, em meia dúzia de linhas aparentemente banais e impregnadas do humor corrosivo da elíptica linguagem de vanguarda, evoca a gravidade dos primeiros passos da viagem transcendental de Dante: *Nel mezzo del cammin* [...]. Valendo-se do humorismo jornalístico, Verissimo soube ler o sentido parodístico, imanente à poética

mando, reformulando, transformando e recuperando práticas seculares para captar significados emergentes e fazer emergir valores submersos no vir-a-ser do mundo, está historicamente vocacionada para a paródia. Isto equivale a dizer que o autor que conta hoje é aquele que, emprenhado das lições dos mestres do passado, se mostrar capaz de delinear perspectivas e vislumbrar horizontes sintonizados com o pulsar da vida do nosso tempo. Tendo presente, ainda, o revolver do discurso sobre si mesmo e o inevitável acirramento crítico e autocrítico do espírito moderno, a conotação paródica é alçada agora a critério de avaliação literária. Se a assertiva tem validade permanente, ela se tornou de evidência explícita e determinante desde o declinar do XIX, recrudescendo nos movimentos de vanguarda do XX e continuando ativa neste alvorecer do XXI. Para evocar sua vitalidade, basta lembrar alguns marcos sobranceiros, como Machado de Assis, Jorge Luis Borges, James Joyce e Carlos Drummond de Andrade — todos leitores insaciáveis, mestres na arte de escrever e exímios parodiadores. A esta linhagem pertence, sem dúvida, João Cabral de Melo Neto.

O propósito explícito de dotar seu discurso poético das virtudes de uma composição elaborada em prosa densa, áspera e objetiva, *O cão sem plumas*, poema construído sobre a base de um símile vulgar mas saturado de informação literária, ilustra o conceito da paródia revitalizada pela modernidade.

5. Um cão sem *pedigree*, mas exemplar e único

Herdeiro do riquíssimo patrimônio poético acumulado ao longo dos séculos e beneficiado pelas rupturas das vanguardas do século XX, João Cabral encontrou terreno propício à inovação radical, possibilitando-lhe construir seu próprio modelo de discurso poético e elaborar um tipo singular de comparação, levando o símile ao limite extremo de suas virtualidades. Relacionando coisas, à primeira vista, disparatadas e, consolidando a relação estranha até conferir-lhe a consistência de realidade dentro do próprio texto, *O cão sem plumas* se afigura como um caso ímpar na poesia contemporânea. Paradoxalmente, no entanto, a realidade do contexto externo, apreendida em sua mobilidade incessante, emerge a superfície desde o primeiro instante. Repetido no título de cada uma

---

drummondiana, elevando-o à máxima potência nesta paródia da paródia: "Da série 'Poesia numa hora destas?!' / Assim terminaria o mundo,/ mundo, vasto mundo,/ se o Eliot se chamasse Raimundo./ Não com um estrondo ou outro som/ mas uma rima de Drummond." *O Globo*. Opinião, 7. 12/6/07.

das quatro partes que integram o poema, o nome do rio Capibaribe é indicação precisa do universo geográfico, humano e social que o poema abarca. A cidade atravessada pelo rio, obviamente, é Recife, e a paisagem que o rio descreve, o nordeste pernambucano. Sobre esse fundamento objetivo, ergue-se a composição poética, toda construída a partir do símile: "A cidade é passada pelo rio/ como uma rua/ é passada por um cachorro". Como hipótese de trabalho, considero esses três versos iniciais a matriz geradora do poema inteiro.

Fazendo da comparação o dispositivo basilar da composição, e da economia a regra operacional constante, o poeta se valerá da repetição, regular e sistematicamente, para gerar um produto coeso, sólido e uno — propósito que se evidencia à primeira leitura e a análise confirma. Vejamos como a sistemática funciona. Uma vez correlacionados os termos da surpreendente comparação, segue-se, de imediato, o trabalho de escavação da área semântica ativada, explicitando as semelhanças que motivaram a associação. Assim, assimilado o rio que atravessa a cidade a um cachorro que atravessa a rua, o texto disseca metonimicamente o comparado: "O rio ora lembrava/ a língua mansa de um cão,/ ora o ventre triste de um cão,/ ora o outro rio/ de aquoso pano sujo/ dos olhos de um cão." O movimento do raciocínio analógico pode ser representado pela equação: a cidade está para o rio, assim como o rio está para o cão, ou através da fórmula de caráter algébrico: A : B :: B : C. — esquema constante que, entretanto, será preenchido com uma série de variantes dos termos implicados no primeiro enunciado. Ilustremos a proposição acompanhando a seqüência das quatro partes que compõem o poema. Na parte I, a palavra cidade é substituída por fruta; rio por espada; cachorro por partes dele mesmo: língua, ventre, olhos. Na parte II, cidade > paisagem; rio > líquido espesso; cão > homens plantados na lama. Na parte III, rio : cachorro :: mar : bandeira > poeta puro, roedor puro, polícia puro; rio : cão :: mangues : enorme fruta. Na parte IV, cão : o que vive :: real espesso : maçã > cachorro > sangue do cachorro; homem > sangue do homem > fome; rio : o real mais espesso :: árvore : flor > semente > fruta. Como se vê as substituições, dentro da mesma seqüência, se processam segundo a lógica da contigüidade, isto é, da metonímia (*pars pro toto*) e não da similaridade, isto é, da metáfora que, entretanto, é acionada nas mutações do esquema. Essa ocorrência alternada ou concomitante dos dois mecanismos, ao invés de contrapor as duas figuras de linguagem em pólos opostos ou em duas áreas nitidamente demarcadas, como propunha a retórica tradicional, combina a ambas num processo único de composição. Associando objetos semanticamente distintos (cachorro = rio), a comparação-base é de natureza metafórica, mas a substituição de um dos termos da relação (cão} por partes dele (língua > ventre > olhos), forma uma seqüência metonímica. Deste modo, o texto faz confluir as duas figuras básicas da linguagem para o mesmo leito analógico, segundo ensina a lição aristotélica: "Digo que há analogia, quando o segundo termo está para o primeiro, na igual relação em que está o quarto para o terceiro, porque, neste caso, o quarto termo poderá substituir o segundo, e o segundo, o quarto." (Aristóteles, 1966: 130).[10] Assim, se a cidade está para o rio como a rua está para o cachorro, então rio e cachorro são termos intercambiáveis. É o que o texto faz permutando o quarto termo pelas partes desmembradas dele mesmo. Nessa desmontagem da relação metafórica rio-cão, fica faltando o termo vida nela implicado e que é o motivo real da analogia. Mas, embora "sem plumas" tivesse aludido ao termo implícito a forma negativa da alusão não torna claramente explícita a relação metafórica com "ave", que é hiperbolicamente negada mais adiante: "Um cão sem plumas/ é quando uma árvore sem voz./ É quando de um pássaro suas raízes no ar./ É quando a alguma coisa/ roem tão fundo até o que não tem." (II, 4.°§). A negatividade, que perpassa toda a composição, não é senão o desdobramento do mote "sem plumas" que, a partir da negação do cachorro-ave, desdobra-se nas expressões de mais e mais carência, como as dos mangues que, negando a natureza do rio, negam a vida degradada na lama e esta, por sua vez, nega a essência de ser humano: "[...] "difícil é saber/ onde começa o rio;/ onde a lama/ começa do rio;/ onde a terra/ começa da lama;/ onde o homem,/ onde a pele/ começa da lama;/ onde começa o homem/ naquele homem."(III, 11.°§) O mar, antítese da lama do mangue também é pura negação, não só por representar o momento terminal do rio, mas, sobretudo, porque, qualificado "como um roedor puro" é dotado, hiperbolicamente, dos dentes destruidores (III, 4.°§), de que o cachorro-rio está desprovido ao ponto de mal poder se distinguir da matéria informe.

Em contraposição ao leito das carências, corre a linha do progressivo adensamento do ser. De um lado, a imagem do cão sem plumas que, de negação em

---

[10] A analogia que explicita os termos da relação metáfora/metonímia parece vir ao encontro da advertência do Prof. Bechara quando propõe corrigir um tradicional equívoco: "a metáfora não resulta — como tradicionalmente se diz — de uma comparação abreviada; ao contrário, a comparação é que é uma metáfora explicitada." (Bechara, 1999: 547).

negação, chega ao extremo da anulação absoluta quando o rio morre no mar. Do outro, o mote da fruta que, lançado no início como termo equivalente de cidade, irá projetar-se no sentido da positividade: fruta > flor > semente > árvore — palavras que descrevem o ciclo da vida, intensificado na escala: maçã, cachorro, sangue do cachorro, sangue do homem, fome de um homem — série antitética a língua, ventre, olhos sem sangue, sem fome e sem dentes. De um lado a carência de quem perde "até o que não tem". Do outro, o cão "que vive e não entorpece", que "tem dentes, arestas, é espesso" como "o real mais espesso". Vinte duas vezes repetido, o adjetivo "espesso" acentua o movimento em espiral da positividade que alcança seu topo na afirmação da vida conquistada dia a dia. Embora a IV parte, (Discurso do Capibaribe), congregue os termos disseminados ao longo das três partes anteriores, são os três parágrafos finais que sintetizam, em poucas palavras, todo o percurso discursivo e o sentido geral do poema. O fecho de ouro é dado pela ave em pleno vôo — um ser com plumas, antítese do cão sem plumas — negação da negação, portanto. Movendo-se, dialeticamente, do pólo negativo para o positivo, o discurso culmina com a exaltação da "vida que se luta/ cada dia,/ o dia que se adquire, cada dia/ (como uma ave/ que vai cada segundo/ conquistando seu vôo)". Desfecho de sentido antropológico e existencial, que transcende a denúncia social contra as condições de carência e miséria a que estão condenadas as populações ribeirinhas do Capibaribe, desde o alto sertão até sua foz na cidade de Recife.

 Se desta leitura é lícito concluir pelo acerto da hipótese inicial, então o discurso inteiro d'*O cão sem plumas* pode ser definido como um único e grande símile. À primeira vista, completamente diferente do modelo homérico, a começar pela dicção prosaica, versos assimétricos, ritmo livre, vocabulário vulgar, carente de heróis e feitos heróicos e, por isso, dispensa os hexâmetros homéricos e os decassílabos camonianaos. Não obstante estas e outras discrepâncias, mesmo assim é possível vislumbrar algo em comum entre os dois poetas. Tanto Homero quanto Cabral, através do símile, visam à presentificação do ser concreto e inteiro. Contrariando o cânone da retórica convencional que identifica o procedimento comparativo com um processo de abstração, o símile desenvolvido ganha dimensão iconográfica, e ilustra vivamente o sentido geral do texto. Ainda que trilhando caminho completamente distinto, Cabral guarda algumas analogias com o criador da poesia literária do Ocidente, a começar pelo espaço concedido ao símile, que, no caso do cão sem plumas, propaga-se por toda a extensão do poema. Segundo, mais do que ilustrar a fábula e enriquecer o significado da composição, a imagem do cão sem plumas funciona como célula geradora e viga mestra do texto. E, ainda, à semelhança da poética de Homero que transforma o leão, o javali, o lobo e outros animais em ícones emblemáticos do caráter e do comportamento do herói grego, isto é, de personagens humanas em situações extremas, Cabral constrói o ícone do cachorro como representante da miséria extrema a que se vê reduzida a população mais miserável do nordeste brasileiro.

Bibliografia

ANDRADE, Carlos Drummond de. *Poesia completa*. Rio de Janeiro: Nova Aguilar, 2002.

ANJOS, Augusto dos. *Eu*. 30.ª ed. Rio de Janeiro: São José, 1965.

ARISTÓFANES. *As vespas, as aves, as rãs*. 3.ª ed. Rio de Janeiro: Zahar, tradução e apresentação: Mário da Gama Kury, 2004.

_____. *Poética*. Porto Alegre: Globo, tradução, prefácio, introdução, comentário e apêndice de Eudoro de Sousa, 1966.

AUERBACH, Erich. *Scenes from the drama of european literature*. New York, 1959.

_____. *Mímesis – a representação da realidade na literatura ocidental*. São Paulo: USP, trad. de Suzi Frankl Sperber, 1971.

BECHARA, Evanildo. *Moderna gramática portuguesa*. 37.ª ed. Rio de Janeiro: Editora Lucerna, 1999.

BECKSON, K.; GANZ, A. *A reader's guide to literary terms*. Londres: Thames e Hudson, 1961.

BÍBLIA SAGRADA. 2.ª ed. Rio de Janeiro: Garnier, tradução do latim por Antônio Pereira de Figueiredo, tomo 1, 1881.

BRANDÃO, Roberto de Oliveira. *As figuras de linguagem*. São Paulo: Ática, 1989.

CÂMARA JR., Joaquim Mattoso. *Dicionário de fatos gramaticais*. Rio de Janeiro: MEC-Casa de Rui Barbosa, 1956.

CAMÕES, Luís de. *Os Lusíadas*. 3.ª ed. Reprodução fac-similar da 2.ª edição comentada por Augusto Epifânio da Silva Dias. Rio de Janeiro: MEC, 1972.

COHEN, Jean. "La comparaison poétique: essai de systématique". In: *Linguistique et Littérature*. Paris: Larousse, dez. 1968.

COSTA, Ana Luiza Martins. "Homero no grande sertão". In: *Kleos – Revista de Filosofia Antiga*. Rio de Janeiro: UFRJ, Instituto de Filosofia e Ciências Sociais, Programa de Estudos de Filosofia Antiga, (2001-2002), p. 79-124.

DUARTE, Adriane da Silva. "Apresentação". In: POSSEBON, Fabrício. *Introdução, texto original e tradução de Batracomiomaquia*. São Paulo: USP, 2003.

DUBOIS, J.; EDELINE, F.; KLINKENBERG, J.M.; MINGUET, P.; PIRE, F.; TRION, H. *Rhétorique générale*. Paris: Seuil, 1982.

FONTENIER, Pierre. *Les figures du discours*. Paris: Flammarion, 1968.

GOURBEILLON, Annie Schnapp. *Lions, héros, masques les representations de l'animal chez Homère*. Paris: Maspero, 1981.

HIGHET, Gilbert. *La tradición clásica*. México: Fondo de Cultura Econômica, trad. de António Alatorre, 1954.

HOMERO. *Odysséé*. Paris: Garnier, trad. nouvelle de Méderic Dufour e Jeanne Raison, 1934.

_____. *A Ilíada*. São Paulo: ARX, trad. de Haroldo de Campos, 2 v., 2002.

_____. *Odisséia*. São Paulo: Martin Claret, trad. de Manuel Odorico Mendes, 2006.

HUTCHEON, Linda. *Uma teoria da paródia: ensinamentos das formas de arte do século XX*. Lisboa: Edições 70, 1989, tradução de Tereza Louro Pérez.

LLOYD, G.E.R. *Polarity and analogy – two types of argumentation in early Greek thought*. Indianapolis/Cambridge, 1992.

POSSEBON, Fabrício. *Introdução, texto original e tradução de Batracomiomaquia*. São Paulo: USP, 2003.

PROENÇA, M. Cavalcanti. "Transforma-se o amador na coisa amada". In: ALENCAR, José de. *Iracema – lenda do Ceará*. Rio: José Olympio, Ed. do centenário, 1965, p. 281-328.

SHIPLEY, Joseph T. *Dictionary of world literature: criticism, forms, technique*. New York: The Philosophical Library, 1943.

A EXPRESSÃO DA CONCESSIVIDADE NAS CARTAS DE VIEIRA:
orações introduzidas por **ainda que** e **posto que**

Eneida Bomfim
Pontifícia Universidade Católica do Rio de Janeiro

A concessão deve ter nascido no momento em que as declarações do falante sentiram o peso da argumentação contrária do interlocutor.
Evanildo Bechara

1. Considerações preliminares

Em *Estudos sobre os meios de expressão do pensamento concessivo em português* (Bechara, 1954), Evanildo Bechara transmite uma lição cuidadosa e aprofundada das estruturas de valor concessivo, não apresentando apenas "um capítulo mais desenvolvido de uma sintaxe histórica do pensamento concessivo", como declara no Prefácio, mas também desenvolvendo considerações sobre o fundamento psicológico da concessão, estudando os cruzamentos concessivo-condicional, concessivo-causal e concessivo-temporal e ainda apresentando um histórico de algumas conjunções concessivas com especial atenção para o português quinhentista e seiscentista.

Duas foram as motivações para o estudo que passo a desenvolver: 1) os ensinamentos do texto de Bechara e 2) o material que venho colhendo e analisando em pesquisa desenvolvida na Cátedra Pe. Antônio Vieira de Estudos Portugueses da PUC-Rio. Essas motivações se imbricam, dado que a expressão da concessividade é riquíssima em Vieira, como se pode observar no trecho que se segue.

E, **quando** contudo os ministros franceses insistam, **com** se lhes **mostrar** a impossibilidade tão notória em que estamos e **com** lhes **dizermos** que não nos queremos obrigar ao que depois não podemos cumprir, parece que é toda a satisfação que lhes devemos dar; e, se os deixarmos que cuidem nela, eles tomarão melhor conselho. (Vieira, Carta ao Marquês de Niza, 27 de janeiro de 1678, *apud* D'Azevedo, 1925: 151)

No trecho transcrito, estão colocadas em destaque construções que, à época do autor introduziam estruturas de valor concessivo: 1) **quando**, reforçado por **contudo**, no caso, não na oração principal como habitualmente ocorre, mas na própria oração subordinada e 2) a preposição **com** seguida de **verbo no infinitivo**.

O período é intrincado e, para que fiquem claras as relações semânticas nele expressas, é preciso considerar o texto e sua organização, com o concurso do conhecimento do contexto extralingüístico.

Nesta carta, Vieira apresenta argumentos contrários a uma liga com a França contra Castela que obrigaria Portugal a repassar anualmente àquele país dinheiro, navios e soldados. Não considerava justa nem oportuna essa cooperação. Em carta anterior ao Marquês (20 de janeiro de 1678), analisara exaustivamente o assunto. Portugal, além de outros motivos, estava com dificuldade de arcar com suas próprias responsabilidades e de acudir ao Brasil, à Índia, à África e aos lugares onde mantinha guerra. Por outro lado, a liga era de mais interesse para a França.

Ainda que o leitor de hoje possa estranhar os empregos de **quando** e os de **com dizer** e **com mostrar**, fica compreensível a inconveniência de Portugal ceder às possíveis insistências dos ministros franceses. A argumentação do autor da carta é expressa por estruturas de valor concessivo que, por sua vez, prendem-se a outra construção da mesma natureza "quando contudo os ministros franceses insistam."

Os processos que funcionam no texto de Vieira para marcar a concessividade são variados e freqüentes. Venho trabalhando com um *corpus* extraído de uma parte representativa da sua obra: as cartas. Foi escolhido como fonte o tomo I das *Cartas do Padre António Vieira* (D'Azevedo, 1925). A matéria está reunida em conjuntos temáticos cronologicamente organizados, intitulados: 'Ânua da Província do Brasil'; 'Primeira Missão Diplomática — Paris e Haia'; 'Segunda Missão Diplomática — Paris e Haia'; 'Primeira Jornada a Roma' e 'Tempos de Missionário'. Do último conjunto, excluí as cartas ao Padre André Fernandes que tratam das profecias de Bandarra. A amostra consta de noventa cartas, num total de 485 páginas. Os exemplos transcritos no texto têm essa fonte bibliográfica.

2. Meios de expressão da concessividade nas Cartas de Vieira

Foram encontradas, salvo omissão involuntária de minha parte, 216 ocorrências deste tipo, das quais, 22 correspondem a construções com gerúndio, o que significa 10% do total registrado. As demais aparecem introduzidas por conjunção ou locução conjuntiva e por preposição ou locução prepositiva. Não se registram no *corpus* algumas das conjunções ou locuções estudadas por Bechara (1954), tais como **nem que, uma vez que** (apresentada pelo autor com um exemplo dos *Sermões,* de Vieira) e **pois que**. Quanto a **mesmo que** não poderia aparecer em Vieira, já que só no século XIX foi introduzida no português. Também não foi encontrado nos textos consultados emprego de **embora** como conjunção, processo apontado por Bechara (1954: 57) como novidade dos séculos XVII e XVIII. Por outro lado, esse item aparece com seu valor primitivo e naquele emprego apontado por Said Ali no qual a partícula "introduziu-se também em orações optativas e outras para denotar que se concede a possibilidade do fato, ou que o indivíduo que fala não se opõe ao seu cumprimento" (Said Ali, 1965: 190). Esse tipo de uso é intermediário entre o primitivo e o atual.

Os exemplos (1) e (2) a seguir, confirmam o emprego primitivo e o intermediário de **embora**.

> (1) Meu amo e senhor, fique-se V. Ex.ª **muito embora**. (Carta ao marquês de Niza, 31 de agosto de 1648)
> (2) Repliquei a este regimento, e mostrei a Inácio do Rego as ordens de V. M.; requeri-lhe da parte do serviço de Deus e de V. M. que nos não quisesse perturbar as nossas missões, nem intrometer-se no que V. M. nos recomendava a nós e não a ele, antes a ele o proibia; e que, se era necessário ir capitão e soldados para a segurança da jornada, **que fossem muito embora**; (...) (Carta ao Rei D. João IV, 4 de abril de 1654 *apud* D'Azevedo, 1925)

Numa primeira aproximação da amostra, foram arroladas e classificadas as ocorrências e, a seguir, organizadas quantitativamente, a partir dos elementos que as iniciam. Foram deixadas de lado, nesta etapa, as construções com gerúndio de que já tratei de passagem em outro trabalho e que merecem um estudo mais acurado (Bomfim, 1998: 39-49).

A título de ilustração, apresento o quadro 1 que dá conta dos tipos de realizações e dos seus percentuais de freqüência.

Quadro 1
Meios de Expressão da Concessividade nas Cartas de Vieira

Tipo	com gerúndio	com preposição	com conjunção	totais
T	22	37	156	215
%	10%	17%	73%	100%

Como se pode observar, o maior percentual é o de estruturas introduzidas por conjunção. Dentre estas as mais freqüentes são as locuções **ainda que** e **posto que**, como resumido no quadro 2.

Quadro 2
Estruturas concessivas introduzidas por conjunção

Conjunções/ locuções	Ocorrências	%
ainda quando	1	1 %
ainda que	82	52 %
com que	1	1 %
por mais/ menos ou adj. ... que	5	3 %
posto que	61	39 %
quando	5	3%
sem que	1	1 %
TOTAIS	156	100 %

Ainda que, muito freqüente ainda no português atual, é majoritária (52%), seguida de **posto que** (39 %), atualmente de uso mais raro com valor concessivo.

Esses dois tipos de construção têm, em Vieira, alguns pontos em comum, entre os quais o fato de serem usados com os modos indicativo e subjuntivo.

2.1. Estruturas introduzidas por **ainda que** e **posto que**

Para o presente estudo farei um recorte no *corpus*, limitando-me à observação das estruturas de valor concessivo, introduzidas por **ainda que** e **posto que**.

Não cabe aqui tecer considerações sobre a propriedade da denominação 'concessiva' para este tipo de oração que leva tradicionalmente este rótulo. Estou considerando concessivas construções sintática e semanticamente subordinadas que atuam no texto com valor contrastivo, numa situação de interdependência com outras às quais se relacionam. De acordo com a modalidade que regula a asserção, podem ser factuais (ou reais), hipotéticas (ou ocasionais) e contrafactuais (ou irreais)[1]. Como estou focalizando a concessividade como um mecanismo de estruturação textual, co-responsável pela coesão e coerência do texto, preferencialmente usarei o termo 'conector', mas nada impede que o substitua por 'conjunção' ou 'preposição' que são as classes que exercem essa função.

2.1.1. Ainda que

As construções introduzidas por esta locução são as mais freqüentes na expressão da concessividade na obra de Vieira, tomada em conjunto. Podem aparecer com o verbo no indicativo, no subjuntivo ou com o verbo não explícito.

Inicialmente foram examinadas quantitativamente as ocorrências, para que se tivesse idéia da proporção em que aparecem no subgrupo. Neste ponto foram isoladas do conjunto as realizações com o mais que perfeito do indicativo usado pelo imperfeito do subjuntivo. Assim, esse conjunto não consta de nenhum dos subgrupos.

Os resultados desta etapa de análise estão resumidos no quadro 3.

Quadro 3
Ocorrências de **ainda que**

	Com indicativo	Com subjuntivo	Sem verbo explícito	Totais
Ocorrências	36	28	13	78
%	46 %	36 %	18 %	100 %

Existe um equilíbrio entre os empregos com indicativo e os com subjuntivo, o que não implica que a seleção do modo seja arbitrária.

2.1.1.1. **Ainda que** + indicativo

Selecionei algumas ocorrências da construção em estudo para ilustrar a análise.

---

[1] Cf. (Mateus, 1989) e também (Neves, 2000), onde há um estudo minucioso e aprofundado das orações concessivas. A denominação que aparece em Neves é 'ocasional' para a hipotética.

(3) Isso foi causa de se estender o dia e a guerra, porque, **ainda que era** noite, vencia as trevas dela a claridade do fogo, que ateando-se no breu e açúcar, lançava grandes labareda (...) (Carta ao Rei D. João IV, 4 de abril de 1654, *apud* D'Azevedo, 1925: 16)

(4) Vendo este desamparo o senhor Bispo veio-se ao nosso colégio, deu conta do que passava, e **ainda que** dois padres dos nossos lhe **lembraram** que ninguém esperaria se tivessem notícia da saída de S. Senhoria, contudo, ouvindo a outros dos padres e a muitas pessoas de fora que a cidade estava já entrada dos inimigos, e vendo que não podia já defendê-la, se saiu. (*op. cit.*, p. 18)

(5) (...) chegou o alívio desta semana com a carta de V. Ex.ª, **ainda que foram** breves as respirações para tão compridas saudades. (*apud* D'Azevedo, 1925: 113)

(6) Já mandei a V. Ex.ª quitação do dinheiro que aqui recebemos, ainda **que** não **vai** por soma de libras (...) (*apud* D'Azevedo, 1925: 201)

Nos exemplos transcritos, nota-se que o conector seleciona o modo indicativo. Todas as ocorrências são factuais, como as demais do *corpus* nas mesmas condições. Usando a terminologia da lógica, tanto **p** (a concessiva) quanto **q** (a principal) são verdadeiras, portanto, a concessiva é factual ou real. Destoam desse modelo duas ocorrências de determinado tipo de construção usadas pelo locutor para tentar conseguir a adesão do alocutário, como em (7) a seguir e (8).

(7) **Ainda que** a guerra algumas vezes **não impede** a pena com que se exprimem os sucessos dela, contudo, é ela outras vezes tal (como esta em que nos achamos) que tudo perturba e não dá lugar a escrituras. (*apud* D'Azevedo, 1925: 3)

São palavras iniciais do jovem noviço de 18 anos, Antônio Vieira, na Carta Ânua ao Geral da Companhia de Jesus, em 30 de setembro de 1626, de cuja redação fora incumbido pelos superiores. Esse relatório pormenorizado deveria ser enviado anualmente, o que não acontecera nos dois anos anteriores. No trecho citado, o missivista referia-se especificamente às dificuldades e transtornos advindos da invasão dos holandeses na Bahia, episódio que relata na mesma carta com realismo e colorido.

Estabelece-se um contraste entre: (às vezes) a guerra não impedir as escrituras/ (outras vezes) a guerra impedir as escrituras.

Observe-se que nenhuma das asserções é categórica, estão modalizadas, mas ambas são verdadeiras. Note-se ainda o trecho entre parênteses no segundo segmento que não deixa dúvida quanto à identificação da guerra por que passam os habitantes do Brasil como responsável por perturbações e falta de escrituras, observação que enfraquece o contraste. A escolha do modo indicativo empresta à asserção um caráter factual. Entretanto, não se pode garantir que se trate de um fato real, mas da opinião do locutor, apresentada como tal e que pode não ser consensual. Vieira vale-se da construção com indicativo, aliada a outros recursos, como a modalização e a ênfase dada aos efeitos da guerra na oração principal, para tentar conquistar a adesão do alocutário, no caso o Geral da Companhia de Jesus, à mensagem que quer transmitir. O recurso funciona como uma maneira indireta de justificar a falta de notícias.

> (8) Esta é, Padre Provincial, uma das grandes consolações com que Deus nesta missão [nos favorece], porque, **ainda que** nos **devemos conhecer** por servos inúteis, não podemos deixar de fazer reflexões que, se cá não viéramos, não se salvariam estas almas, ou pelo menos que as predestinou Deus, para que se salvassem por nosso meio. (*apud* D'Azevedo, 1925: 400)

Isoladamente as duas asserções são reais numa visão de mundo compartilhada pelos interlocutores. Os conteúdos de **p** e **q** se opõem como se verifica na paráfrase a seguir.

p – devemos conhecer-nos por servos inúteis
q – nossa reflexão nos leva a considerar que somos úteis

O fato de os missionários serem "servos inúteis" contraria a expectativa gerada pela segunda asserção: os missionários são instrumentos da salvação de almas. O verbo de **p** está no indicativo, logo, no padrão que vimos encontrando nos dados para as construções factuais. Contudo, "dever conhecer" não resulta necessariamente em "conhecer". Estão em planos diferentes. A modalização possibilita uma segunda leitura, dado que o conteúdo da oração principal desautoriza a asserção contida na subordinada. Formalmente, o esquema é de uma concessiva factual, mas a relação se dá entre proposições, dependendo, portanto, do julgamento do alocutário que é levado a aderir ao ponto de vista do locutor: os missionários não são "servos inúteis".

Em resumo, Vieira constrói um padrão factual para legitimar a mensagem que deseja transmitir, valendo-se do emprego do modo indicativo, e de outros recursos para induzir o leitor a aceitar seu ponto de vista como real.

Um terceiro e último emprego, observado no *corpus*, no qual o modo indicativo não corresponde a uma construção factual é o que se segue

(9) (...) e **ainda que** a segunda parte da história **pode ser** apócrifa, o desejo que a Província de Holanda tem de fazer a paz (...) faz verossímel que buscaria esta traça (...) (*apud* D'Azevedo, 925: 201)

O texto da carta de que foi extraído o exemplo não é claro em alguns pontos. Há alusão a uma troca de correspondência entre Vieira e o Marquês de Niza, além de referências a outros contactos pessoais ou epistolares com pessoas gradas o que possivelmente gerou algum desencontro de informações. Não se sabe que parte da história a que faz referência pode ser apócrifa. Vieira demonstra estar convencido, no início da carta, de que a realização da paz com os holandeses é uma questão de tempo, se não houver novas contrárias sobre "as cousas do Brasil". No exemplo registrado, o modalizador **poder** leva a uma leitura dúbia de **p**. Pode admitir-se que: 1) a segunda parte da história é apócrifa e 2) a segunda parte da história não é apócrifa. A seleção do modo indicativo induz a uma leitura factual, do interesse do locutor. Por outro lado, o conteúdo de **q** está na dependência do julgamento do alocutário que pode levar em conta os esclarecimentos dados no início da carta. A seleção do modo indicativo em **p** sugere que a asserção é real, induz a uma leitura coincidente com o ponto de vista do locutor, bastante claro, no texto da carta.

A análise das estruturas com verbo no indicativo no *corpus* indica que, quando este é o modo selecionado, a oração concessiva é factual.

Os três últimos casos apresentados mostram que esta escolha pode estar a serviço da tentativa de adesão do alocutário ao ponto de vista do locutor, com apelo, ainda, à modalização e a jogos de palavras.

Nas construções que selecionam o indicativo em **p**, o verbo está no presente, no pretérito imperfeito ou no pretérito perfeito desse modo. Em **q** aparecem esses mesmos tempos e ainda o futuro do presente. Nos casos destacados — (7), (8) e (9) — tanto o verbo de **p** quanto o de **q** estão no presente do indicativo.

Os empregos de mais que perfeito do indicativo pelo imperfeito do subjuntivo serão examinados depois da análise das orações hipotéticas ou ocasionais.

2.1.1.2. **Ainda que** + subjuntivo

São palavras de Said Ali, tratando das orações concessivas: "Esta ocorrência secundária pode ser suposta ou real, e em linguagem antiga distinguia-se pelo emprego ora do conjuntivo, ora do indicativo. Hoje servimo-nos do conjuntivo para um e outro caso." (Said Ali, 1964: 138)

Do ponto de vista da seleção do indicativo, fica confirmada a observação, com a ressalva de que a linguagem do século XVII já é considerada moderna, segundo a proposta de periodização do português histórico do próprio Said Ali que dá como limite do português antigo os primeiros anos do século XVII (Said Ali, 1965). Isso não invalida que o fenômeno se estenda pela fase seguinte. Segundo Evanildo Bechara (Bechara, 1985), cuja proposta de periodização tenho privilegiado pelo critério adotado de tomar como pontos de referência fenômenos lingüísticos balizadores, o século XVII está inserido na fase moderna da língua portuguesa que vai da segunda metade do século XVI até o fim do XVII. A oposição indicativo/ subjuntivo em orações subordinadas não figura entre os fatos lingüísticos balizadores do português moderno por ele apontados.

Sousa da Silveira (1952: 338) diz que "Das concessivas usuais, **embora** requer o verbo no subjuntivo e as demais podem-no ter no subjuntivo ou no indicativo:" Apresenta dois exemplos de Machado de Assis, um com **posto que** e indicativo, do Quincas Borba e outro com **suposto** e subjuntivo, do Brás Cubas.

Epiphanio da Silva Dias (Dias, s.d.: 485), falando de conjunções concessivas, observa que **ainda que** "emprega-se tanto quando a oração enuncia um caso suposto quanto como quando enuncia uma realidade". Ilustra com um exemplo de Heitor Pinto, com verbo no indicativo, com modalidade factual. Quanto a **posto que**, (com a significação geral de **ainda que**) apresenta cinco exemplos, dois factuais, com indicativo (o primeiro de Afonso de Albuquerque e o segundo de Vieira), um hipotético com o verbo no futuro do pretérito (de Vieira) e mais dois hipotéticos, com subjuntivo (um de Vieira e outro de Herculano).

É preciso ter em mente que as mudanças lingüísticas não são pontuais, nem instantâneas, mas gradativas e sistemáticas. Não posso, sequer afirmar que há em Vieira variação nem um processo incipiente de mudança da oposição indicativo/ subjuntivo, porque os dados analisados até este ponto não o autorizam.

No *corpus,* nos casos em que o modo selecionado é o subjuntivo, **p** ocorre no presente e no pretérito imperfeito e **q** no presente do indicativo (pelo futuro), no pretérito imperfeito do indicativo, no presente, pretérito imperfeito e futuro do subjuntivo, no futuro do presente e do pretérito do indicativo.

A análise das ocorrências com subjuntivo revelou que 22 são hipotéticas ou eventuais (79%) e seis são contrafactuais (21%).

2.1.1.2.1. Orações hipotéticas ou ocasionais

> (10) Como a vida do noviciado é tão conforme ao meu humor, **ainda que** me **falte** a virtude, naturalmente me hei de achar bem com ela (...) (*apud* D'Azevedo, 1925: 103)
> (11) Deixe-se V. Ex.ª tratar alguns dias com mimo, **ainda que** a nau da Rochela **espere** mais um pouco por melhores ventos (...) (*apud* D'Azevedo, 1925: 151)
> (12) Lembra-me que, falando-se outra vez em semelhante caso, se apontou que aquela gente se passasse a povoar o Maranhão, e se eles quisessem vir nisso, **ainda que fosse** fazendo-lhes S. M. mercês, seria grande conveniência. (*apud* D'Azevedo, 1925: 160)
> (13) Seu confessor sabe tanto de nós quanto ele, e **ainda que falte** à sua alma esta consolação eu seria de parecer que não tornasse a Portugal. (*apud* D'Azevedo, 1925: 212)
> (14) (...) podendo V. Ex.ª em qualquer caso estar seguro que se procederá sempre com tal cautela que, **ainda que** nos **mintam**, não nos enganem. (*apud* D'Azevedo, 1925: 237)
> (15) E porque à nossa notícia tem chegado que, contra os missionários que neste Estado servimos a Deus e a V. M. algumas queixas, pedimos humildemente a V. M., seja V. M. servido mandar-nos dar vista de todos **ainda que sejam** das que tocarem ao Estado (...) (*apud* D'Azevedo, 1925: 414)

Os exemplos (16), (17) e (18) a seguir têm o verbo da oração concessiva no mais que perfeito do indicativo, usado pelo pretérito imperfeito do subjuntivo.

> (16) (...) eu entendo e assim lhe disse que **ainda que** senhor Embaixador **tivera** ordem expressa de S. M. para se ir, nesta ocasião estava obrigado a esperar (...) (*apud* D'Azevedo, 1925: 216)
> (17) (...) e mais ditoso quem, tirando totalmente os olhos deste mundo, os puser só naquele sumo e infinito bem, que por sua formosura e bondade, **ainda que** não **tivera** justiça, devera ser amado. (*apud* D'Azevedo, 1925: 304)
> (18) (...) mas **ainda que** a venda se **pudera** desfazer, por ter muitas nulidades, quis Deus que houvesse aqui uma sentença da casa da Suplicação, duas vezes confirmada (...) (*apud* D'Azevedo, 1925: 34)

As formas **tivera** em (16) e (17) e **pudera** em (18) estão empregadas respectivamente pelas formas do imperfeito do subjuntivo **tivesse** e **pudesse**. A forma **devera**, em (17), está pelo futuro do pretérito do indicativo e não se prende à oração introduzida por **ainda que**.

Nos três casos a oração concessiva é hipotética. O fato não se constitui uma exceção ao emprego do indicativo com **ainda que**. O modo verbal foi selecionado não pela forma mas pelo valor. Pode-se, portanto, reafirmar que a seleção do modo em orações concessivas introduzidas pelo conector **ainda que** está condicionada à modalidade. Dito de outra maneira, na realização da frase, o modo, em princípio, é indicador da modalidade da oração concessiva.

2.1.1.2.2. Orações contrafactuais

> (19) Os portugueses, senhor, vivem nestas partes em necessidade espiritual pouco menos que extrema, com grande falta de doutrina e de sacramentos, havendo muitos deles que não ouvem missa nem pregação em todo ano pela não terem, nem sabem os dias santos para os guardarem, nem os guardam, **ainda que** os **saibam** (...) (*apud* D'Azevedo, 1925: 306)
> (20) Mas para que este exame seja com a inteireza e justiça que convém, não basta que os oficiais da Câmara o julguem, **ainda que seja** com assistência do sindicante (...) (*apud* D'Azevedo, 1925: 310)
> (21) Assim mais manda V. M. no regimento dos capitães-mores que, sob pena de caso maior, nenhuma pessoa secular, de qualquer estado ou condição que seja, possa ir ao sertão buscar os gentios nem trazê-los **ainda que seja** por sua vantagem (...) (*apud* D'Azevedo, 1925: 426)

Incluí entre as contrafactuais as orações concessivas que ocorrem em (20) e (21). As razões que me levaram a esta conclusão estão expostas após a transcrição de cada exemplo.

> (22) (...) receberei todas [as cartas] as que me trouxerem boas novas de V. Ex.ª, com que peço a V. Ex.ª me não falte, afirmando a V. Ex.ª que lho merece o meu coração e as minhas saudades, que **ainda que** a companhia do senhor embaixador Francisco de Sousa **baste** para fazer esquecer as moléstias do caminho, as lembranças do senhor Marquês de Niza em nenhuma distância se esquecem, e com nenhum outro lugar nem companhia se consolam. (*apud* D'Azevedo, 1925: 108)

O lenitivo da companhia do embaixador restringe-se às "moléstias do caminho". Mesmo assim, a seleção do subjuntivo confere a **p** caráter ocasional; **q** constitui-se de duas asserções correspondentes a duas orações ligadas por coordenação, logo com o mesmo estatuto sintático e semanticamente compatíveis. Cada uma delas é de realização impossível: esquecer as lembranças do Marquês de Niza e encontrar consolo em outro lugar ou companhia. O efeito de **p** está fora do âmbito de **q**. Com essa construção o locutor induz o alocutário a uma interpretação contrafactual.

> (23) Atendeu-se neste papel não só ao remédio das injustiças, a que V. M. quere acudir, mas também ao serviço, conservação e aumento do Estado, que todo consiste em ter índios que o sirvam, os quais até agora o não **serviam, ainda que** os **tivesse**. (*apud* D'Azevedo, 1925: 438-9).

O texto faz referência a uma relação de dezenove medidas que poderiam servir para governar os índios. Segundo nota de pé de página, várias dessas propostas foram incluídas na lei de 09 de abril de 1665. Essa sugestão de medidas foi motivada por palavras do próprio rei, transcritas por Vieira na carta de onde foi retirado o exemplo. Sua Majestade quer dar fim à situação a que os gentios eram submetidos: que se "guarde justiça a essa pobre gente". E complementa: "para o que vos encomendo muito me advirtais de tudo que vos pareça necessário, porque fazeis nisso muito serviço a Deus e a mim".

O envolvimento de D. João IV com a questão é fruto das informações constantes, pintadas em cores vivas e passadas em cartas pelo missionário, sobretudo no que dizia respeito ao aprisionamento de índios e à sua exploração nas lavouras de tabaco, em benefício pessoal de autoridades e de colonos em geral.

Esse contexto pode orientar a leitura do exemplo. Parafraseando os conteúdos de **p** e **q**, tem-se:

> q   O Estado não era servido pelos índios.
> p   O Estado não tinha índios.

Observe-se que o conteúdo de **p** está enfatizado pela seleção do pretérito imperfeito do subjuntivo que lhe assegura o caráter contrafactual. O Estado não tinha índios e, se os tivesse, a situação não se alteraria porque os índios não o serviam. Como se vê, condição e causa se entrecruzam com a concessão.

> (24) (...) quando os holandeses (...) surgiram na baia da Traição para aguada, tendo primeiro intentado entrar a cidade da Paraíba, mas sem efeito, por andar

> o tempo verde, os mares grossos e a barra ser infestada de baixos pouco sabidos, nos quais, **ainda que** navios pequenos **nadem**, as naus grandes, como eram as dos inimigos, não podiam deixar de tocar. (*apud* D'Azevedo, 1925: 69-70)

A asserção da oração principal (**q**) é taxativa quanto à impossibilidade de navegação de naus grandes pelo local. Todo o contexto enfatiza as condições climáticas e locais, impeditivas da aproximação das naus holandesas. A seleção do modo subjuntivo em **p** confirma seu caráter hipotético. No português atual poderia ocorrer uma leitura ambígua: factual, admitindo-se que os navios pequenos nadam ou hipotética, considerando-se a incerteza da realização do fato. O conteúdo de **p** funciona como uma manobra de descomprometimento do locutor, anulada pela certeza da impossibilidade de realização de **q**. O contraste entre **p** e **q** induz à interpretação contrafactual.

2.1.2. Posto que

Um dos motivos que me levaram a privilegiar **ainda que** e **posto que** neste estudo, além dos altos percentuais de ocorrência como conectores de oração concessiva (52% e 39%, respectivamente), foi o fato de selecionarem ora o modo indicativo, ora o subjuntivo.

Entretanto, a análise das ocorrências de **posto que** aponta para um caminho que não condiz com a regularidade nos empregos com **ainda que** revelaram uma nítida oposição entre indicativo e subjuntivo, podendo-se propor com base nos dados:

> indicativo : real : : subjuntivo : hipotético

Essa proporção não é válida para as estruturas introduzidas por **posto que**, como mostrará a análise a seu tempo.

Como conseqüência da inexistência da marca da oposição entre real e ocasional pela seleção do modo verbal, apresenta-se uma primeira dificuldade: será o contexto que revelará a modalidade da concessiva. No português contemporâneo, a seleção do modo vai distinguir as subordinadas causais das concessivas. Como essa oposição não ocorre no *corpus* estudado, mais uma vez é necessário apelar-se para o contexto.

Nas palavras de Bechara (1954: 37) "data talvez do português moderno o emprego de *posto que* em pensamentos causais, paralelamente ao sentido concessivo".

Colocam-se neste ponto duas questões relativas à seleção do modo: 1) como se justifica a presença do subjuntivo em orações concessivas factuais? e 2) por que as concessivas factuais são maioria expressiva na realização de **posto que** com subjuntivo?

Seguindo a metodologia adotada, proponho o quadro 4 que permite visualizar o conjunto das ocorrências.

Quadro 4
Ocorrências de **Posto Que**

	Com indicativo	Com subjuntivo	Sem verbo explícito	Totais
Ocorrências	35	10	12	57
%	61%	18%	21%	100%

Do *corpus* das cartas de Vieira foram afastadas oito construções de valor causal com o conector **posto que** e uma ambígua, colocadas na primeira seleção entre as concessivas. Isso não implica dizer que são as únicas estruturas de valor causal encontradas nas *Cartas*. Convém dizer que estas ocorrências não estão contabilizadas no quadro 4.

Encaminharei a análise nos moldes do procedimento aplicado a **ainda que**. Assim, apresentarei, preliminarmente, abonações de uso de **posto que** com os modos indicativo e subjuntivo, seguidos de comentários, quando necessário.

2.1.2.1. **Posto que** + indicativo

As orações concessivas introduzidas por **posto que**, quando selecionam o modo indicativo, têm o verbo em qualquer tempo deste modo, o mesmo acontecendo com a principal que, além desses, aparece, também com o verbo no presente do subjuntivo.

De maneira geral, essas concessivas correspondem a fatos reais, a opiniões, convicções ou testemunhos do locutor. Na grande maioria das ocorrências do grupo, **p** é real, factual

> (25) (...) o poder que vai de Holanda entendo que será superior, **posto que oiço** diferentes opiniões (...) (*apud* D'Azevedo, 1925: 109)

(26) Não se conformou com este meu conselho André Henriques, **posto que** lhe **pareceu** muito bom. (*apud* D'Azevedo, 1925: 134)

(27) (...) e **posto que** o lugar de entre estas ilhas **é** tão infestado de todo o gênero de corsários, (...) contudo em todos aqueles dias não vimos vela, nem cousa que nos desse cuidado. (*apud* D'Azevedo, 1925: 318-319)

(28) Partimos finalmente em dia de Santa Luzia à uma hora da tarde, e **posto que** as demais canoas **tomaram** o caminho de dentro (...), nós com as nossas três canoas (...) tomamos por fora, que é um pedaço da costa de mar. (*apud* D'Azevedo, 1925: 363)

Nos exemplos transcritos, bem como na maioria do grupo, **p** é factual.

Assinalo dois casos em que **p** tem leitura hipotética:

(29) Faço esta uma hora antes de me embarcar para o Maranhão; e **posto que** a juízo de muitos me **devia deter** mais, para bem da mesma missão, há causas que me obrigam a não dilatar a viagem. (*apud* D'Azevedo, 1925:443)

O trecho mostra que o remetente da carta está decidido e vai embarcar para o Maranhão, a despeito de opiniões contrárias, expressas em **p**. A concessiva está duplamente modalizada, pelo emprego do verbo **dever** e pelo uso do pretérito imperfeito do indicativo. valendo pelo futuro do pretérito. A opinião do locutor, tida pelo próprio como obrigação está expressa em **q**, contrariando **p**.

(30) Ao Padre Geral e aos Provinciais de Portugal e do Brasil tenho dado conta desta falta; e, **posto que espero** de seu zelo e caridade que não faltarão com este socorro a uma empresa tão própria do nosso instituto, (...) importaria muito que V. M. o mandasse recomendar com todo o aperto aos mesmos Provinciais de Portugal e Brasil. (*apud* D'Azevedo, 1925: 452)

Há uma expectativa em **p** que, ainda que fundamentada na crença do locutor nas ações dos Provinciais, fica no plano da hipótese, mesmo porque, se houvesse certeza, o pedido ao rei de intervenção não se justificaria. O emprego do verbo **esperar** e o uso do futuro do pretérito do indicativo em **q** reforçam a modalidade hipotética da oração concessiva.

2.1.2.2. **Posto que** + subjuntivo

As realizações de **posto que** com subjuntivo representam apenas 18% do total de ocorrências no *corpus*.

É intrigante o fato de que, ao contrário do observado com **ainda que**, em princípio **p** é factual no grupo. Há casos que podem suscitar divergências de interpretação e serão comentados a seguir.

> (31) (...) Creio o contentamento que V. Ex.ª me faz mercê dizer recebeu com a nova da minha chegada a esta casa tanto pelo que leio na carta de V. Ex.ª, como pelo que me assegura o meu coração, cujo afeto merece a V. Ex.ª esta boa vontade, **posto que** por tudo o mais, não **caiba** em mim o favor e a mercê que V. Ex.ª me faz. (*apud* D'Azevedo, 1925: 120)

É difícil não só aceitar **p** como factual mas também admitir a eventualidade de sua realização, dado o exagero resultante da lisonja do locutor, o que também torna discutível a contrafactualidade. Entretanto é o que o locutor deseja, passar para o alocutário como real o pouco merecimento para receber o favor e a mercê do Marquês de Niza.

> (32) (Pareceu que de ali voltasse logo conosco, **posto que houvesse de ficar** o Padre Gaspar Fragoso seu companheiro, o qual ficou tão maltratado do naufrágio, que por esta e outras cousas não pôde prosseguir viagem. (*apud* D'Azevedo, 1925: 363)

Numa primeira leitura, a construção com **posto que** é dúbia. O texto confirma que o Padre Gaspar Fragoso não pôde prosseguir viagem, logo, se desfaz a incerteza que adviria de uma construção com expressão verbal no futuro (houvesse de ficar). Trata-se, portanto, de um fato real, **p** é factual. Não é esta a questão. Há um nítido cruzamento concessivo-causal. Fica problemático estabelecer qual das duas relações predomina. Em **q** há uma hipótese, ancorada formalmente no uso do imperfeito do subjuntivo e na modalização com o verbo **parecer**, o que não resolve o impasse. As leituras possíveis continuam sendo:
a) o locutor acredita que o estado físico do Padre Gaspar Fragoso seja motivo para que o Padre Ribeiro não espere seu restabelecimento e acompanhe os outros missionários;
b) o locutor acredita que o Padre Ribeiro acompanhe os outros missionários, apesar do seu companheiro não poder prosseguir viagem.

Há, sem dúvida, um cruzamento concessivo-causal.

Opto pela interpretação predominantemente concessiva O texto da carta confirma que o Padre Ribeiro partiu com os outros padres, dando continuidade à sua missão e o locutor tinha ciência desse fato.

Introduzo um último comentário sobre um exemplo cuja interpretação não é duvidosa mas que desperta interesse pelo tipo de construção.

> (33) Tem V. M. mui poucos nos seus reinos que sejam como André Vidal (...), muito cristão, muito executivo, muito amigo da justiça e da razão, muito zeloso de serviço de V. M. e observador das suas reais ordens, e sobretudo muito interessado, e que entende mui bem todas as matérias, **posto que** não **fale** em verso, que é a falta que lhe achava certo ministro grande de V. M. (*apud* D'Azevedo, 1925: 447)

Essa construção seria típica de uma coordenada adversativa, é uma ressalva, não tem idéia concessiva, apesar de construída como tal André Vidal tem todas as qualidades positivas para o posto que ocupa, menos uma, como jocosa e ironicamente observa Vieira. Embora negativa, **p** é real. De fato, André Vidal não faz versos e o alocutário não esperaria essa habilidade de um administrador. Pelo que se observa em outros usos no *corpus*, o verbo poderia estar no modo indicativo.

Sobre **posto que** manifesta-se Bechara (1954: 56-57):

> *Posto que* não se limitou a levar em conta a objeção aduzida pelo modo de pensar ou sentir do ouvinte. Passou a usar-se, por extensão, para denotar também um fato certo ou provável na opinião do próprio indivíduo falante, mas que a outrem poderia parecer embargo ou impedimento à asserção principal.

Pelo que a análise revelou nesta etapa, não se pode reconhecer a seleção do modo verbal como uma marca identificadora da factualidade da oração concessiva introduzida pelo conector em estudo. Pode-se mesmo dizer que, seja qual for o modo selecionado, **p** é factual, com raras exceções.

3. Considerações finais

Se **posto que**, como afirma Epiphanio Dias e atestam os exemplos que apresenta, tem a significação geral de **ainda que**, seria de esperar que também apresentasse o mesmo comportamento quanto à seleção do modo.

Acredito que a solução esteja na história dos próprios conectores. Ambos são resultantes de processo de gramaticalização. **Ainda que**, mais antigo e mais usado, na época de Vieira já não conservava vestígio semântico do advérbio que entrou na sua composição. Reexaminando as ocorrências de **posto que** no *corpus*, nota-se que o elemento 'posto' guarda traços semânticos da sua origem como particípio passado de **por**, transmitindo uma idéia de fato certo. O processo de gramaticalização ainda não está totalmente concluído. Tal fato justificaria sua escolha como conector de orações concessivas factuais. Quanto à seleção do modo, não creio que indicativo e subjuntivo estejam em variação livre. Considero ser outra a explicação.

Posto que introduz no português moderno e no contemporâneo orações subordinadas concessivas e causais. Atualmente, embora as primeiras sejam pouco usadas, distinguem-se das segundas pela seleção do modo subjuntivo. No *corpus* das cartas de Vieira, com esse conector, a distinção é revelada pelo contexto. É possível que esta seja a motivação para a escolha do subjuntivo quando a oração é concessiva. Pelos dados, a seleção deste modo é pouco representativa, apenas 22% em face dos 78% que selecionam o indicativo. Dito em outras palavras: 1) o conector conserva a carga semântica do componente 'posto', justificando a factualidade de **p** e 2) a seleção do subjuntivo estaria marcando a distinção entre causalidade e concessividade.

Vale observar que os demais conectores conjuncionais arrolados no quadro 2 selecionam o subjuntivo em **p**. No português contemporâneo, o modo da concessividade é o subjuntivo.

A hipótese precisa ser aprofundada e testada, com base em dados amplos não apenas do século XVII mas de etapas anteriores e posteriores. De toda maneira, considero que os resultados desta análise podem trazer alguma luz sobre a mudança na seleção do modo nas orações concessivas.

Bibliografia

BECHARA, Evanildo. *Estudos sobre os meios de expressão do pensamento concessivo em português*. Rio de Janeiro: Colégio Pedro II, tese de concurso para cátedra de Língua Portuguesa, mimeo, 1954.

_____. *As fases históricas da língua portuguesa (tentativa de proposta de nova periodização)*. Niterói, RJ: Universidade Federal Fluminense, tese de concurso para professor titular de Língua Portuguesa, 1985.

BOMFIM, Eneida. "A expressão da concessividade em Vieira". In: *SEMEAR 2*. Rio de Janeiro: Instituto Camões/Puc-Rio, 1998, p. 39-49.

D'AZEVEDO, J. Lúcio. *Cartas do padre Antônio Vieira*. Coimbra: Imprensa da Universidade, tomo I, 1925.

DIAS, Epiphanio da Silva. *Syntaxe histórica portuguesa*. 3.ª ed. Lisboa: Livraria Clássica, (s.d.).

MATEUS, M.H.M. et al. *Gramática da língua portuguesa*. 2.ª ed. Lisboa: Caminho, 1989.

NEVES, M.H. de Moura. *Gramática de usos do português*. São Paulo: UNESP, 2000.

SAID ALI, M. *Gramática secundária da língua portuguesa*. Edição revista e aumentada de acordo com a Nomenclatura Gramatical Brasileira pelo Prof. Evanildo Bechara. São Paulo: Melhoramentos, 1964.

_____. *Gramática histórica da língua portuguesa*. 5.ª ed. melhorada e aumentada de Lexeologia e formação de palavras e sintaxe do português histórico. São Paulo: Melhoramentos, estabelecimento do texto, revisão, notas e índices de Maximiano de Carvalho e Silva, 1965.

SILVEIRA, A.F. Sousa da. *Lições de português*. 5.ª ed. melhorada. Coimbra: Atlântida. Rio de Janeiro: Livros de Portugal, 1952.

Linguagem, *status* e papéis sociais

Dino Preti
Pontifícia Universidade Católica de São Paulo
Universidade de São Paulo

1. Considerações iniciais

Este texto trata das relações entre linguagem, *status* e papéis sociais que o falante representa. Focaliza, particularmente, como a linguagem pode ajudar na mudança dos papéis que a sociedade habitualmente atribui a um determinado *status*. Isto é, como a linguagem pode influir na representação da "máscara" social do falante.

O conceito de *status* (ou posição social) tem a ver com o de comportamentos sociais que o representam (papéis sociais). Como o indivíduo pode pertencer a vários grupos sociais, ter vários *status*, é natural que, no desempenho dos papéis a eles ligados, subordine-se às várias normas que a comunidade lhes atribui. Mas também é possível, dentro de um mesmo *status* termos diversidade e até choque de papéis sociais.

Quando, por razões diversas, o indivíduo pretende apresentar-se ao grupo social com comportamentos diferentes do que a sociedade exige para seu *status* conhecido, dizemos que afivela uma *máscara* social para desempenho de um papel que não condiz com aquele com o qual habitualmente se identifica. No uso da máscara social, a linguagem tem grande relevância e é onde, por certo, melhor se surpreende a falsidade da representação.

2. O indivíduo no grupo social

A posição do homem na sociedade se define em razão dos grupos a que pertence. Como a sociedade contemporânea exige do homem uma variedade de funções, cada uma delas corresponderá a uma posição social definida no grupo, ou seja, a um *status*. Assim, pode-se falar de um *status* na família, como, por exemplo, o de uma mulher casada; de um *status* profissional, como o de um advogado, de um professor, de um médico; de um *status* cultural, como o de um aluno universitário; etc.

Um *status* pode ser atribuído ou adquirido. No primeiro, a sociedade (principalmente, na antiguidade) atribui ao indivíduo uma posição social, em razão de sua origem, família, posses etc. Por exemplo: o *status* de um nobre. Ou, como se faz hoje com o adolescente, quando, pela maioridade, passa a ser reconhecido legalmente como capaz e responsável e tem direito ao *status* de adulto, marcado por certas vantagens, como tirar carta de motorista, por exemplo.

Já o *status* adquirido é conquistado pelo mérito, pela competição, como o dos profissionais liberais, dos empresários, dos alunos universitários etc.

Ter um *status* significa ter de cumprir uma série de comportamentos, que incluem desde a postura ética, até os cuidados com a própria aparência física, o vestuário e, também, a linguagem. Esse conjunto de normas é conhecido como *papel social*. "O papel traduz o caráter funcional do homem na sociedade. É a forma de ele estabelecer sua correlação vital com outras pessoas." (Preti, 2004: 181).

No desempenho de um papel social, há um aspecto recíproco: de um lado, o indivíduo cumpre certos comportamentos esperados pela sociedade; de outro, a sociedade deve reconhecer o *status* do indivíduo, respeitando seus papéis sociais e retribuindo-lhe com comportamento adequado:

> O conceito de representação dramática de papel refere-se a um esforço consciente para desempenhar um papel de modo que produza uma certa impressão almejada entre os circunstantes. A conduta é regulada não apenas conforme os requisitos do papel funcional, mas também de acordo com o que o público espera. (Horton e Hunt, 1981: 89)

Num mesmo *status* podem ocorrer conflitos entre os vários papéis desempenhados. É o que ocorre, quando um indivíduo apresenta-se com um comportamento diferente daquele em que habitualmente estamos acostumados a vê-lo. Muitas vezes essa "máscara" social corresponde àquilo que o indivíduo representa e julga ideal em determinado momento de sua vida. Assim, por exemplo, um estudante universitário, de repente, por razões diversas, passa a desenvolver papéis que o identificam como indivíduo agressivo, contestador, contrário a uma situação político-social de violência e censura, utilizando linguagem e comportamentos inadequados à sua imagem social, mas inteiramente ligados a um papel circunstancial, que compõe a máscara que afivela para sua representação.

Procuraremos mostrar essas relações sociais na linguagem, a qual constitui

> (...) um componente essencial no desempenho do papel social do indivíduo. Assim, ao falarmos, podemos refletir o tempo em que vivemos (variação diacrônica); a região em que estamos ou de onde proviemos (variação diatópica); nossa condição sociocultural, profissão, grau de escolaridade (variação diastrática); nosso sexo; faixa etária ou aspectos de nossa personalidade, como timidez, agressividade (variação psicofísica); *a situação de comunicação* de que participamos, a forma verbal de interagirmos, decorrente do grau de intimidade que temos com nossos interlocutores, do tema de que tratamos, da menor ou maior formalidade exigida, que resultará em *registros* diferentes, numa fala *tensa* ou *distensa* (variação diafásica). (Preti, 2004: 183)

Nosso texto de apoio é um folheto distribuído aos estudantes da Universidade de São Paulo, visando a conseguir novas vozes para o coral. Intencionalmente, o texto sofre um processo de oralização, de acordo com as intenções de seu autor. E é nesse processo que observaremos as marcas lingüísticas próprias de uma língua falada distensa, que ajudam a caracterizar a máscara social do autor.

3. Texto de apoio

CORALUSP

Tamos aí! Na crista da onda, depois de dois anos de trabalho duro. Tamos aí: um coral pra frente e sério paca. E o fino em matéria de música, da popular e da erudita. Sem frescura de cantar só pra branco, em salão enfeitado. Já fomos pra rua depois de cantar no Municipal. Todo aquele teatro imponente: veludo, ouro, poltrona e outros quetais.

A gente canta porque gosta. E canta em coral porque o champignon é aquele: várias vozes, maestro, música popular. E nada de frescura de vestido longo, pastinha de música colorida, maestro de casaca. Dizem pela aí que o hábito não faz o monge, e nós tamos aí pra provar que a roupa não faz o coral.

Coral não é mais aquela coisa chata de festa de formatura. Aquela meia dúzia de dois ou três fazendo biquinho com a boca, cantando aquelas músicas muito por fora da jogada. Coral agora é coisa pra frente. Pegando de música popular e erudita de todas as épocas e estilos, mas dando daquela de quem sabe o que está fazendo e para quem está fazendo.

Todo mundo tá cantando por música, mas a maioria da patota nunca cheirou um pauta — aquelas notinhas escritas nas cinco linhas, capaz de fundir qualquer cuca menos avisada. É mole: tem um maestro pra frente — um mineiro formado na Bahia que mora em São Paulo, depois de viver no Rio — que só perde a paciência quando a turma desafina quando não é pra desafinar.

A turma toda é da pilantragem: estudante, bancário, médico, dentista, engenheiro, secretária, bióloga. Só pra mostrar de leve que a gente foi considerado o melhor coral de São Paulo, em 69, pela Associação de Críticos Teatrais. Só pra mostrar — o Jorge Bem e essa turma boa, da pesada, que nos desculpe — que música não é privilégio... de individualidades.

Você que nunca nos viu cantar vai ficar pensando que tamos dando uma de "quermesse de igreja em dia de santo da cidade". Nosso papo é sério e o que temos pra apresentar é mais sério ainda. Tamos desafiando seu gosto pela música. E tamos dispostos a aceitar as críticas que você tiver.

Além de tudo. E quase que a gente esquece o mais importante: precisamos de novas vozes. Outra vez, de leve, para ser o melhor coral de 70.

E precisamos também de gente que toca qualquer instrumento. Tamos a fim de montar uma orquestra para o coral. E num vem que num tem. Tempo a gente faz.

Pra dar uma colher de chá: a turma é da gandaia: tem viagem paca; o prestígio é aquele prestígio. E como diz a Araca[1] — de saudosa memória, depois do CORALUSP — "Tamos cunversados...". (São Paulo, USP, 1970)

4. O texto e o contexto histórico

Para bem entendermos as características peculiares desse texto, seria interessante nos reportamos ao momento histórico em que foi escrito. Lembraríamos que o ano de 1970 marcou uma época de repressão política, com a publicação recente do Ato Institucional n.º 5 (o célebre AI-5) que assolou o ambiente universitário com uma censura rigorosa, visando a impedir quaisquer manifestações comprometidas com um pensamento de esquerda.

---

[1] Araca: apelido da conhecida cantora popular da época, Araci de Almeida, famosa, também, pela irreverência de sua linguagem, em júris de programas de televisão.

No *campus* da Universidade de São Paulo, a mais famosa da América, os alunos procuravam, de todas as maneiras, reagir contra o regime autoritário, com passeatas, reuniões, manifestos. Saíam, assim, de uma suposta alienação de uma classe intelectual, para aproximar-se de ideais populares. E essa atitude refletia-se em todas as atividades dos universitários, inclusive na sua linguagem escrita, receptiva ao oralismo, aos modismos populares, às gírias, aos vocábulos chulos em contextos inadequados. Falar uma linguagem "livre", até intencionalmente oposta aos modelos cultos, significava manter uma postura de oposição, mesmo que para isso fosse preciso adotar papéis bem diversos do que o *status* de estudante universitário representava na cultura brasileira.

Nunca é demais lembrarmos que, na década de 1970, o governo instituiu regras para a expressão pública da linguagem, proibindo o uso de gíria na mídia, muito em particular, na televisão, com o intuito de "purificar" a linguagem, expurgá-la de modismos populares, próprios da oralidade. Usar palavras gírias significava uma oposição intolerável a uma linguagem "oficial", símbolo do regime, como acontecera na Itália fascista.

Logo, atingir uma instituição tradicional por excelência, como a língua, afigurava-se aos estudantes uma forma de oposição, bem de acordo com o ambiente acadêmico da época e tal atitude tinha prestígio no *campus*.

Para produzir um texto escrito, que refletisse, ainda que indiretamente, essa atitude contestatória, só haveria um caminho: procurar oralizá-lo, usando gírias, aproximando-o do que poderia ser o texto de um autor com pouca escolaridade, que desconhecesse até mesmo as regras ortográficas.

O texto do CORALUSP pretende mostrar um autor identificado com essa cultura popular, indiferente às regras tradicionais da linguagem culta, até da ortografia. Seu objetivo é desmitificar uma atividade ligada à conduta organizada, tradicional de um coral, em que sempre apareciam repertórios clássicos, regras já conhecidas pela sociedade, como o vestuário, a pastinha de música colorida, a apresentação em teatros. Essa nova disposição, que prometia aos novos até viagens, a "gandaia" vem reforçada também por uma linguagem nova, diferente da tradição lingüística. Assim, há uma desmitificação do *status* do universitário, identificado com novos papéis que contrastam com a cultura adquirida no ambiente acadêmico. É o estudante assumindo novos comportamentos, vestindo uma máscara social conveniente ao ambiente universitário da época.

5. A mudança dos papéis sociais: a "máscara"

Conforme vimos, cada indivíduo pode apresentar-se com um número variado de papéis sociais e, não raro, alguns podem ser incompatíveis com outros. Assim, por exemplo, um papel social de prestígio na comunidade, como o de um estudante com formação acadêmica, pode ser substituído, em certas circunstâncias, como realmente o foi, dentro da década de 1960, pelo papel de um de *hippie*, mais comprometido com a natureza, a vida simples e os ideais pacíficos. Mas no ambiente universitário, onde tal papel vicejou, os ideais de simplicidade contrastavam com os carros novos em que se apresentavam alguns de seus membros. A representação soava falsa e a máscara não escondia um papel temporariamente ignorado, de jovem bem situado na estrutura social.

Da mesma maneira, o estudante, para opor-se a um sistema autoritário, poderia representar seu papel com uma linguagem popular, usando gírias, estropiando a ortografia, para viver um *status* de revolucionário e integrar-se nos ideais políticos de oposição, valendo-se de uma verdadeira máscara social.

Mas a representação desse novo papel, mostrando uma escrita intencionalmente oralizada, assemelha-se à do romancista que fala pela boca de uma de suas personagens incultas e sente a impossibilidade de desligar-se inteiramente de seus conhecimentos lingüísticos, o que lhe exige, pois, um comportamento híbrido.

A propósito de duplicidade de papéis antagônicos, sociólogos distinguem dentro de um mesmo *status*, o comportamento real do indivíduo, isto é aquele que predomina e o distingue na vida social, de um comportamento dramatizado, em função de objetivos circunstanciais:

> Mesmo em único *status* as pessoas se confrontam com um aglomerado de papéis relacionados, ou seja, um conjunto de papéis. Uma pessoa pode assumir diversos conjuntos de papéis ao mesmo tempo, com uma multiplicidade de papéis, o que tanto pode motivar tensão ou satisfação. *Comportamento de papel* é o comportamento real de quem desempenha um papel, e é afetado pela *representação dramática* de um papel, de quem atua em um esforço deliberado para apresentar aos interlocutores a imagem desejada. (Horton e Hunt, 1981: 100)

A máscara social acaba por revelar aquela face do indivíduo que, muitas vezes, tem mais a ver com sua personalidade e é, de fato, a que melhor representa aquele *status* que ele gostaria de ter.

No texto que examinamos, vamos observar os contrastes entre os papéis do autor: de um lado, o estudante bem afinado com o regime, coralista (mas com comportamentos avançados, sem o vestuário tradicional etc.) com um discurso bem organizado, com estruturas sintáticas próprias da variante lingüística culta; de outro, o transgressor, buscando um papel novo, com linguagem em que preponderam os índices de oralização, marcando-lhe a posição crítica, a contestação, a máscara social:

Não é provavelmente um mero acidente histórico que a palavra "pessoa", em sua acepção primeira, queira dizer "máscara". Mas, antes, o reconhecimento do fato de que todo homem está sempre e em todo lugar, mais ou menos conscientemente, representando um papel... É nesses papéis que nos conhecemos uns aos outros; é nesses papéis que nos conhecemos a nós mesmos.

Em certo sentido, e na medida em que esta máscara representa a concepção que formamos de nós mesmos — o papel que nos esforçamos por chegar a viver — esta máscara é o nosso verdadeiro eu, aquilo que gostaríamos de ser. Ao final a concepção que temos de nosso papel torna-se uma segunda natureza e parte integral de nossa personalidade (Park, *apud* Goffman, 1975: 27).

A transgressão do texto, que constituiria a metamensagem do autor, nem sempre foi entendida fora do contexto jovem e houve quem considerasse que "tudo estava perdido", se os alunos da USP não sabiam mais escrever...

6. As duas faces de um mesmo discurso

Conforme podemos observar, o texto do Coral da USP apresenta duas faces bem distintas: de um lado a *mensagem* para informar os atrativos do conjunto, o interesse em participar do coral, que inclui até atividades de pura diversão como as viagens; de outro a *metamensagem,* manifestada na forma em que a mensagem veio expressa, demonstrando uma clara atitude de agressão a uma escrita tradicional. Esse papel do universitário representaria uma máscara social, aparentemente estranha à sociedade: a do estudante que não sabe escrever. A propósito dessa dualidade do significado lingüístico, afirma uma lingüista:

> A *mensagem* é o sentido das palavras e das frases faladas, o que qualquer um com um dicionário e uma gramática na mão poderia deduzir. Em uma conversa, duas pessoas normalmente concordam sobre o que é a mensagem. A *metamensa-*

gem é o significado não dito — pelo menos não com tantas palavras — mas que inferimos de cada aspecto do contexto: o modo como se diz algo, quem o está dizendo ou o fato de simplesmente estar sendo dito. (Tannen, 2003: 31)

Na expressão da *mensagem*, o autor revela, em muitos momentos, algumas marcas características da linguagem escrita culta:

> a) A pontuação e a separação dos vários temas e subtemas em parágrafos distintos, o que configura também uma estrutura lógica do discurso, elaborado com orações e períodos organizados.
> b) A expressão de idéias abstratas: "música não é privilégio... de individualidades."
> c) Correlação de idéias e aproveitamento estilístico de frases formulaicas: o hábito não faz o monge/ a roupa não faz o coral.
> d) Emprego de modos e tempo verbais: "... dispostos a aceitar as críticas que você tiver."
> e) Alternância do pronome *nós* da primeira pessoa do plural com o uso da expressão pronominalizada *a gente*, em perfeita concordância com verbos e pronomes objetivos: "Você que nunca nos viu cantar."

São exemplos de uma sintaxe pouco usual na língua falada e próprias de um autor que domina as regras da escrita, mormente de um documento bem objetivo, como um convite. Pela sua breve estrutura, somos informados, gradativamente, da recente história do coral; de suas peculiaridades em oposição aos conjuntos mais tradicionais; das pessoas que o compõem; do prêmio conquistado; do seu aspecto democrático, cantando na rua e no Municipal; da abertura às críticas; das atividades paralelas, viagens etc., decorrentes de seu prestígio.

Na expressão da *metamensagem,* ocorre uma série de marcas da linguagem popular, por uma tentativa de aproximação da linguagem falada distensa:

> a) Ortografia com base fonética: "tamos aí ", "pra frente", "outros quetais", "tamos cunversados", "num vem".
> b) Gírias comuns[2]: "patota", "pilantragem", "cuca", "papo", "gandaia", "paca", "crista da onda", "champignon", "chata", "da pesada".
> c) Expressões populares: "pra frente", "é o fino", "outros quetais", "tamos aí", "por fora da jogada", "dando uma de...", "fundir a cuca", "é mole", "de leve", "tamos a fim de", "e num vem que num tem", "dar uma colher de chá".

---

[2] Gírias comuns: são aquelas que, vindas da gíria de grupo, generalizam-se na língua falada da comunidade e, às vezes, arcaízam-se.

d) Provérbios, frases formulaicas: "o hábito não faz o monge", "dando uma de quermesse de igreja em dia de santo da cidade".
e) Palavras marcadas, de fundo obsceno[3]: "sem frescura", "nada de frescura".

Seguramente, os estudantes que leram esse documento do coral se deram conta do seu conteúdo e da forma como foi escrito. Mas, provavelmente, poucos chegaram ao objetivo da linguagem empregada por seu autor. A propósito desse problema lingüístico, afirma Tannen: "Quando falamos sobre mensagens, estamos falando sobre o significado das palavras. Mas, quando falamos sobre metamensagens, estamos falando sobre relacionamentos." (Tannen, 2003: 32)

7. Considerações finais

Já mostramos a relação desse texto com um contexto histórico. Trata-se de uma forma encontrada de relacionamento entre o texto e a comunidade acadêmica que revela uma contestação que seria do agrado do ambiente acadêmico, mais habituado à informalidade, a uma postura popular em choque com a política repressiva da época e o respeito à tradição.

Procuramos acentuar as possíveis razões que explicam, num texto acadêmico de caráter objetivo, a presença de um discurso híbrido, com uma linguagem em parte culta, em parte popular, em confronto com os papéis sociais que a sociedade reservara ao estudante universitário. Quisemos demonstrar que esse estudante, no contexto político-social da época, também se revelava como um permanente opositor aos modelos tradicionais que a sociedade lhe indicava e essa oposição se revelava até mesmo na linguagem.

Por outro lado, aproximar a escrita tradicional das formas orais poderia significar também um índice de aproximação com classes menos cultas, revelando quebra de tabus. E o mais significativo deles estaria representado pela ortografia. Daí a transgressão. Também o uso intenso do vocabulário gírio, de baixo prestígio social, ao lado dos modismos e clichês colaboraria para dar maior autenticidade à máscara social atrás da qual se esconde o autor.

---

[3] "Em geral, pode-se dizer que um dos índices do vocábulo grosseiro e obsceno é a sua referência a uma vida sexual quase sempre deformada, que se fundamenta nos comportamentos de exceção, nos vícios e exageros eróticos." (Preti, 1983: 65). Para Guiraud, a linguagem obscena "pode-se definir pelo seu conteúdo, isto é, as coisas a que se refere, tais como a sexualidade, a defecação, a digestão, e pelo seu uso, isto é, as classes sociais — mais ou menos populares, vulgares, baixas que a empregam". (Guiraud, 1976: 9).

Bibliografia

GOFFMAN, Erving. *A representação do eu na vida cotidiana*. São Paulo: Vozes, trad. de Maria Célia Santos Raposo, 1975.

GUIRAUD, Pierre. *Les gros mots*. Paris: PUF, 1976.

HORTON, Paul Burleigh; HUNT, Chester L. *Sociologia*. São Paulo: McGraw-Hill do Brasil, trad. de Auriphebo Berrance Simões, 1981.

PRETI, Dino. *A linguagem proibida: um estudo sobre a linguagem erótica*. São Paulo: T.A. Queiroz, 1983.

_____. *Estudos de língua oral e escrita*. Rio de Janeiro: Editora Lucerna, 2004.

TANNEN, Deborah. *Só estou dizendo isso porque gosto de você*. 2.ª ed. São Paulo: Arx, trad. de Cláudia Lopes, 2003.

Evanildo Bechara e a língua portuguesa

Arnaldo Niskier
Academia Brasileira de Letras

É justo que a gramática normativa dê grande atenção à língua escrita. É ela que a escola tem de ensinar em primeira mão. Acresce o primado da língua escrita nas sociedades do tipo da nossa, dita "civilizada". Aí, do ponto de vista sociológico, a língua escrita se sobrepõe inelutavelmente à língua oral, pois rege toda a vida geral e superior do país.
Joaquim Mattoso Câmara Jr.

Encontramos Evanildo Bechara nos corredores da Academia Brasileira de Letras, membro que é da sua diretoria. Indagamos quando será a próxima viagem. Ele é um tipo sóbrio, educado, ex-nadador, que adora viajar. Hoje, é o maior filólogo brasileiro, na linha dos que o precederam recentemente, como Antônio Houaiss, Celso Cunha e Antônio José Chediak.

Bechara pára um pouco e recorda o que nos disse há tempos:

— Está cada vez mais difícil viajar. Antigamente, com o meu salário de professor, podia levar anualmente a esposa para a Europa, de vapor, uma típica ação de entretenimento de integrantes orgulhosos da classe média. Hoje, não dá mais para isso.

Mesmo assim, Bechara tem viajado. Não só pelo país, com preferência pela sua terra natal (Pernambuco), mas também para o exterior, a convite principalmente da Universidade de Coimbra, da qual é doutor *honoris causa*, título raro entre os intelectuais estrangeiros. Ele é ativo e freqüentemente tem dado cursos e conferências na tradicional Universidade portuguesa.

Defensor da norma culta da língua, não é infenso a gírias e palavras, principalmente no linguajar dos jovens, quando se trata de registrá-las no *Vocabulário ortográfico da língua portuguesa*, com mil verbetes, produzido pela Academia Brasileira de Letras, de cuja Câmara Lexicográfica tornou-se figura atuante.

É um prazer ouvir de Bechara os cuidados quase paternais com que lida com o nosso idioma. Numa sessão da ABL, discutiu demoradamente, quando o tema foi a retirada da Literatura do currículo do ensino médio, um dos grandes foras do MEC, na gestão Paulo Renato. Por que isso? Tratava-se, na verdade, de algo contraditório, pois o Ministério distribuía milhões de livros didáticos por todas as unidades da federação, inclusive sobre língua portuguesa, e, ao mesmo tempo, por duvidosa inspiração, tirou a Literatura do programa. Pior: era matéria de fundamental importância para os jovens vestibulandos, pois os exames costumam formular questões ligadas aos nossos grandes escritores. Como se vê, nenhuma coerência, nos procedimentos oficiais.

As conferências do professor Evanildo Bechara são notáveis. Desde os tempos de aula na UERJ. De alguns alunos ouvimos a confissão de que "para ouvi-lo valeria a pena até pagar ingresso". O episódio ocorreu no PIL (Programa de Incentivo à Leitura), em que membros da ABL davam palestras em muitas cidades do interior fluminense, sempre carente de medidas dessa natureza. No caso, uma iniciativa da Secretaria de Estado de Educação do Rio de Janeiro (2004).

Uma das suas deliciosas histórias é o assalto, na porta do Colégio Pedro II, no centro da cidade, quando um pivete roubou o relógio de estimação de um velho mestre de Português. Mesmo na situação precária em que se encontrava, ameaçado, o professor não perdeu o hábito. Gritou a plenos pulmões da avenida Marechal Floriano:

— Peguem-no! Peguem-no!

É claro que ele não foi socorrido, pois os circunstantes nem entenderam o que ele queria dizer.

1. A crise do idioma

Evanildo Bechara é considerado, hoje, o maior especialista brasileiro, em sua área de atuação, autor de uma gramática de primeira qualidade, personalíssima, onde ele colocou toda a experiência acumulada nos muitos anos de magistério na Universidade do Estado do Rio de Janeiro e na Universidade Federal Fluminense. Na primeira das instituições, posso testemunhar o respeito que lhe é devido, pois tive o privilégio de um longo convívio, sobretudo nos tempos em que ele dirigiu o Instituto de Letras da UERJ e eu administrava, o que fiz por 17 anos, o Centro de Educação e Humanidades.

Bechara, titular de Filosofia Românica, tem idéias próprias a respeito da chamada crise do idioma. Segundo afirmou no livro *Ensino da gramática. Opressão? Liberdade?* (Ática, SP), já na 11.ª edição, a escola não leva o aluno a desenvolver o seu potencial prévio do saber lingüístico limitado à oralidade; deveria permitir que ele, falando ou escrevendo, expressasse melhor as suas idéias, pensamentos e emoções.

O movimento de privilegiar o coloquial, o espontâneo e o expressivo, renovando a língua popular, em si não é negativo, mas trouxe o estímulo excessivo à oralidade, desprestigiando a tradição escrita culta. Foi enfático: "*Admitem-se todas as alterações de linguagem, ainda aquelas que destruam as leis da sintaxe e a essencial pureza do idioma*", como dizia Machado de Assis. É perigoso que a distância entre o nível popular e o nível culto se aproxime tanto. Isso não traz benefícios para a língua portuguesa.

Bechara entende que os alunos da atualidade não podem limitar a sua leitura às crônicas hoje predominantes nas salas de aula: "*Assim eles perderão o contato com os tradicionais textos clássicos e, com isto, a oportunidade de extrair deles subsídios para o seu enriquecimento idiomático, especialmente no campo da sintaxe e do léxico.*"

Após uma aplaudida conferência na ABL, respondendo a uma pergunta da platéia, manifestou sua preocupação com a crise universitária: "*As teorias lingüísticas ainda não chegaram a consolidar um corpo de doutrina capaz de permitir uma descrição funcional-integral dos saberes.*"

Ainda sobrou tempo para uma referência à crise na escola, que ainda não aprendeu a distinção entre gramática geral, gramática descritiva e gramática normativa. Essa última tem sido abandonada pelos professores, com um evidente prejuízo para o aprendizado.

2. Professores ensinam errado

"Os professores, mesmo de nível universitário, não conhecem bem a língua e ensinam errado aos alunos." É parte de um depoimento do Prof. Evanildo Bechara à repórter Valéria Martins, do *Jornal de Letras*.

Bechara é considerado um dos maiores especialistas em filologia e gramática portuguesa do mundo, sua opinião sobre os nossos professores deve ser avaliada com muita atenção. Somos obrigados a admitir que a situação é assustadora.

Quando a jornalista pediu que justificasse a denúncia em relação aos professores, afirmou: "Outro dia me mostraram uma prova para a quinta série, ou seja, para alunos de 10 ou 11 anos, que era errada até do ponto de vista pedagógico. Trazia um texto da carta de Pero Vaz de Caminha, escrita em português antigo. Dizia assim: 'mandamos em terras batéis e esquifes'. No final do texto, havia um glossário onde 'esquife' aparecia como sinônimo de 'caixão fúnebre'. Ora, 'batéis' são barcos grandes e 'esquifes', barcos pequenos. 'Esquife' é uma palavra estrangeira, um empréstimo que recebemos das línguas nórdicas. Ou seja, o professor não leu corretamente a carta de Pero Vaz de Caminha, não conhece o vocabulário da língua portuguesa e está passando noções erradas aos alunos numa prova. É gravíssimo."

E disse mais: "Há muitos erros de português. O nível diminuiu muito, mesmo nos meios onde se deveria saber escrever corretamente. Mas esses profissionais são vítimas do mau ensino da língua, que já está institucionalizado. Hoje mesmo, eu estava analisando algumas provas de vestibular da PUC e da UFRJ. As interpretações que os próprios professores fazem nas questões são verdadeiros absurdos. São interpretações pessoais, nas quais os alunos não conseguem penetrar facilmente. Na parte de gramática, também há erros."

Quem gostaria que seu filho aprendesse, na escola, noções erradas de gramática e textos com interpretações dúbias? São os desafios que se colocam para os cursos de formação de professores, na esperança das necessárias providências.

O profissional de educação precisa ser vocacionado. Entretanto, a remuneração dos professores é um problema, ainda insolúvel, o que vem afastando do magistério aqueles que fizeram excelentes cursos de formação e se preocupam com a atualização constante. Estes, certamente, optam por outros trabalhos. Não se pode deixar de registrar que os baixos salários impedem que o professor reserve uma verba para a compra de livros e pagamento de cursos de reciclagem — mal dá para comer e para vestir. E morar dignamente, então, nem se fala.

O investimento na melhoria dos recursos humanos dos profissionais da educação, principalmente em relação ao domínio da língua portuguesa, é imprescindível e urgente. Seja professor de física, química ou qualquer outra disciplina, todos têm obrigação de falar e escrever corretamente o português. O exemplo é o maior aliado da educação. Isso para não citar a precariedade registrada nos cursos de direito em relação ao vernáculo.

Para que as autoridades assumam a responsabilidade de manter cursos, promover oficinas, seminários e encontros para os professores, a fim de tê-los atualizados é preciso que este ponto seja considerado prioritário no planejamento de qualquer governo municipal e estadual e as verbas, destinadas a esse programa, sejam de fato utilizadas para o crescimento pessoal e profissional do professor.

Ganharemos todos: os professores, os alunos e a educação brasileira.

3. Com a palavra

Recorremos à acadêmica Nélida Piñon para reforçar o pensamento a respeito da palavra, razão de ser profissional de Evanildo Bechara. Diz ela que "a língua é um instrumento da vontade e do acaso. Expressa o mistério do ser, lança-nos ao precipício, acerca-se do júbilo e da melancolia que rondam o corpo, enquanto tangencia o perigo".

Essa língua, de caráter sagrado e profano, está ao alcance de todos aqueles que a ela dão a devida atenção, no esquema necessário de cumplicidade. Pois é assim que vemos o filólogo consagrado, desde cedo voltado para a palavra e suas circunstâncias, numa parábola que nos aproxima de Ortega y Gasset.

Foi com esse empenho que o vimos dedicar-se ao *Vocabulário ortográfico da língua portuguesa*, antes mesmo de entrar para a Academia Brasileira de Letras. Integrou a equipe constituída por Antônio José Chediak e, ao lado de Sílvio Elia e Diógenes de Almeida Campos, colaborou decisivamente para que o VOLP voltasse a ser impresso, o que ocorreu em 1999. Com a particularidade de contar com 360 mil verbetes, dos quais cerca de seis mil eram inéditos. Continuou esse labor quando, já acadêmico, passou a fazer parte da Comissão de Lexicografia, presidida pelo acadêmico Eduardo Portella.

É possível lembrar, nesse trabalho, a grande discussão havida em torno da palavra "printar", hoje em uso no meio dos que se utilizam do computador como ferramenta indispensável. Discutiu-se, então, a histórica decisão. Se existe uma palavra na língua portuguesa que expressa com clareza o mesmo significado, como é o caso de "imprimir", por que, usando de sofisticação, incorporar algo nascido do inglês, sem a menor necessidade? Não entrou "printar" no VOLP.

Diferentemente, a palavra "deletar", que já consta em alguns dicionários, viveu o seu momento de glória. Foi batizada na língua portuguesa e passou a figurar no Vocabulário oficial, que tem as bênçãos da ABL. E assim tivemos muitos outros exemplos. A Academia Brasileira de Ciências colaborou no VOLP de modo decisivo, propondo inúmeras palavras correntes no importante campo da mineralogia. O mesmo ocorreu com o rabino Sérgio Margulies, que sugeriu algumas palavras do hebraico, língua que teve no Imperador D. Pedro II um dos seus maiores cultores, em nosso País.

Veio a discussão em torno das novidades, na medicina. Recorremos à Academia Nacional de Medicina e, em caráter de emergência, ao dr. Meer Gurfinkel, um reconhecido especialista em clínica médica. Diversos vocábulos foram incorporados, sem esquecer o tão falado "viagra".

Na área da informática, recorremos ao professor Celso Niskier. Surgiram a "internet" (o Brasil hoje tem milhões de endereços eletrônicos) e a "intranet", citando-se igualmente verbetes de difícil e improvável tradução, como é o caso de "hardware". No campo da educação, demos a nossa contribuição pessoal, pois sentíamos falta, na primeira edição, que é de 1981, de palavras como "multimídia", "teleconferência" e "teleducação". Como se poderia hoje discutir o valor da educação à distância, que é modalidade vitoriosa nos países desenvolvidos, se não houvesse o reconhecimento público da existência de tais vocábulos? O VOLP deverá ser periodicamente aperfeiçoado.

4. Uma visão estratégica da latinidade

Vezes sem conta ouvimos de Evanildo Bechara a preocupação com o futuro do nosso idioma. Por isso, fala sistematicamente na salvaguarda da latinidade, hoje ameaçada pelos avanços da internet e a conseqüente incorporação da língua inglesa ao cotidiano dos nossos jovens.

Podemos citar o caso das nossas responsabilidades junto ao Timor Leste, não só pelo interesse estratégico na Ásia, mas principalmente em virtude de ser ele o maior guardião dos tesouros culturais representados, na região, pela língua portuguesa. Assinalamos a drástica redução de falantes, como em Goa, Macau e Moçambique, este último integrado à Comunidade Britânica de Nações.

Fala-se e escreve-se mal em nosso país, culpa, quem sabe, da deterioração do sistema de educação básica. A que se deve agregar o pequeno gosto pela leitura (menos de dois livros por habitante/ ano), quando em outros países a média é de sete a nove, assinalando-se em Israel a incrível marca de 17 livros lidos anualmente pela sua população.

O que fazer, pergunta Bechara, para que os usuários se acostumem desde cedo ao gosto pela leitura? Materiais impressos de qualidade, ricamente ilustrados, vídeos em profusão, remetendo aos livros, participação dos pais no processo (leituras de dormir) — são elementos que devem ser lembrados.

Além do lamentável internetês, muito popular entre os nossos adolescentes, novas formas de regência verbal são adotadas e também por influência do economês todos "oportunizam", "absolutizam", "otimizam", "a nível disso e daquilo", etc. Como se não bastassem anglicismos incorporados aos dicionários por transformação semântica ou morfológica: bife, clube, bonde, dólar, sanduíche, iate, teste, futebol e outras palavras.

Também não se ignoram a experiência científica e tecnológica e as relações comerciais, políticas e diplomáticas, gerando expressões como **blue ship**, **spread**, **primerate**, **bit**, **software**, **hadware** e muitas outras. Não há como fechar a nossa cultura a essas seguidas intervenções do idioma, mas há como limitar o seu emprego, sobretudo a partir da escola, sob a segurança orientação de professores interessados na valorização da língua portuguesa.

Quando, na Academia Brasileira de Letras, Evanildo Bechara redigiu para o então ministro Cristovam Buarque a moção aprovada pela unanimidade do plenário, pedindo a volta da Literatura Brasileira à grade curricular do ensino médio, deu bem a dimensão do seu empenho em levar a Casa de Machado de Assis a uma posição mais altiva, no que se refere à matéria. O tema foi revivido quando o MEC passou a ser ocupado por outro ministro. A luta é incessante.

5. Um acesso difícil

Em artigo na revista *Delfos*, da Associação dos Servidores Aposentados da Universidade do Estado do Rio de Janeiro (edição comemorativa 1992-2002),

Evanildo Bechara, examinando as questões do *Vocabulário ortográfico da língua portuguesa*, chamou a atenção para o fato de que a lexicografia, sendo uma técnica de elaboração de uma obra de caráter lexicológico (tesouro, dicionário, glossário, vocabulário, etc.) pode se submeter a várias orientações, só não se justificando a insistência dos leigos:

> Quando parte dos especialistas ou de professores que labutam no magistério do ensino médio e universitário teima em fazer defesa da visão distorcida da ciência, por pensarem que só é válido o que fazem, estaremos caminhando de forma equivocada. Mais adiante, chama a atenção para os cuidados na adoção de estrangeirismos: "Entre brasileiros e portugueses percebe-se que nossos irmãos lusíadas são mais ciosos da pureza lexical. Veja-se, por exemplo, o caso de **sida** em Portugal e **aids** no Brasil. O caso não se limita a termos científicos... A problemática do estrangeirismo extrapola o campo do léxico e invade o campo da gramática. O que se faz de bom nesta **Botucolândia**, para usar um termo que lemos em José Oiticica, só é aplaudido quando das estranjas vem o beneplácito; como a mais recente adição do dicionário inglês preparado por Oxford (ou foi o Webster?) — e olhem que a lexicografia inglesa é das melhores do mundo! — incluiu mais de uma centena de termos de língua portuguesa conhecidos, mas nem sempre correntes, vestidos à moda portuguesa: saudade, samba, feijoada, bossa-nova, lambada, é bem possível que se passe a ver o *Vocabulário ortográfico* com mais critério e cientificidade.

Nesse processo, o papel da biblioteca é essencial. Não se compreende que uma universidade federal tenha sido muito bem classificada, na última avaliação do MEC, tendo a biblioteca fechada há quatro anos. Apenas 15% das mais de cinco mil escolas estaduais paulistas têm bibliotecas e, na maioria dos casos, o acesso é controlado. É fundamental que elas fiquem abertas e sejam geridas por profissionais devidamente habilitados (bibliotecários), o que não acontece em 73% dos casos. Espera-se que o governo federal mude esse quadro, com recursos apreciáveis, e uma nova postura diante do que se constitui num quadro estratégico de primeira relevância, na educação brasileira.

Por fim, a nossa homenagem ao eminente Evanildo Bechara, que completa oitenta anos no auge da sua capacidade criativa, sendo hoje o principal filólogo brasileiro. Com ele conviver, como temos o privilégio, na Academia Brasileira de Letras, é uma razão de alegria permanente.

A LINGÜÍSTICA INDÍGENA NO BRASIL NO SÉCULO XVI E NO SÉCULO XX

Aryon Dall'Igna Rodrigues
Universidade de Brasília

Antes de tratar da situação atual dos estudos de línguas indígenas em nosso país, quero apresentar algumas informações históricas sobre como foi registrado pelos europeus o conhecimento dos idiomas falados pelos índios do Brasil no primeiro século das relações entre aqueles e estes. Como se verá, as primeiras informações e mesmo ensaios de análise não se devem aos portugueses, nem mesmo aos seus missionários, mas a outros europeus. Aliás, a primeira amostra lingüística da ação dos jesuítas portugueses foi publicada por um francês, o frade André Thévet, em 1575. Entretanto, a análise gramatical feita pelo Padre Anchieta e publicada em 1595 é uma das mais notáveis descrições lingüísticas produzidas no século XVI[1].

1. O conhecimento das línguas indígenas no século XVI

1.1. As primeiras palavras

---

[1] Este escrito, desenvolvido a partir de uma conferência que tive a honra de fazer na Academia Brasileira de Letras a convite propiciado por Evanildo Bechara, é aqui apresentado como homenagem a este eminente lingüista da língua portuguesa, que tem sabido conciliar magistralmente o conhecimento científico da língua com a melhor exposição didática e, como membro da Academia, tem sabido abrir janelas, ou portas, para a variada realidade lingüística do Brasil, que comporta e conforma outras letras, de âmbito extremamente minoritário, porém de inquestionável importância no amplíssimo mosaico étnico deste país.

A brevíssima estada de Pedro Álvares Cabral em Porto Seguro não deu ocasião a observações sobre a língua dos indígenas. A mais antiga informação do idioma dos índios da costa do Brasil encontra-se em um relato de Antonio Pigafetta, o cronista italiano da viagem de circum-navegação de Fernão de Magalhães (que passou pelo Rio de Janeiro em dezembro de 1519), o qual incluiu pequena lista de vocábulos dos povos do Brasil, misturados com palavras colhidas na área caribenha da América do Sul (eliminadas da lista a seguir).

> Alguni vocabuli de questi populi de "Verzin": 'faca' *tarse* (provavelmente *tacse*, Tupinambá *itákysé* 'f. de metal'), 'tesoura' *pirame* (prov. *piranie*, Tup. *pirãja*), 'anzol' *pinda* (Tup. *piná*), 'pente' *chipag* (prov. *chigap*, Tup. *ky'wáb*), 'guizos' *itanmaraca* (Tup. *itámaraká* 'chocalhos de metal'), 'farinha' *hui* (Tup. *u'í*). As cinco primeiras palavras são nomes de bens trazidos pelos europeus para o comércio com os indígenas e a sexta designa o produto indígena mais procurado pelos navegantes para o reabastecimento de suas provisões de boca, a farinha de mandioca. Todas são palavras da língua Tupinambá, então predominante ao longo da costa do Brasil ("Verzin"). (Pigafetta, 1800: 191) (cf. Rodrigues, 2000)

1.2. O primeiro vocabulário

Anônimo francês, *Le langage du Bresil*, década de 1540 (ms. na Biblioteca Nacional de Paris). Lista de 88 palavras em Tupinambá, provavelmente da baía da Guanabara. Além dos nomes de bens de comércio, inclui alguns nomes de animais e de elementos da natureza, nomes de partes do corpo, termos de parentesco e alguns elementos de conversação:

> *taxe* 'ung coustre', Tupinambá /*itákysé*/[2] 'faca'; *pyrain* 'ungs cyzaulx', Tup. /*pirãj*/ 'tesoura'; *iasse* 'la lune', Tup. /*jasý*/ 'lua'; *yassetata* 'une estouelle', Tup. / *jasýtatá*/ 'estrela'; *chenemby* 'loreille', Tup. /*xé namí*/ 'minha orelha'; *chipouen ouason* 'le gros pouche', Tup. /*xé pwãwasú*/ 'meu polegar'; *cheroup* 'mon pere', Tup. /*xé rúb*/ 'meu pai'; *cherequere* 'mon frere', Tup. /*xé ryke'ýra*/ 'meu irmão mais velho'; *Cara jube* 'bom jour', Tup. /*erejú-pe?*/ 'tu vieste?'; *marabinderere* 'comment a tu a non', Tup. /*marã-pe né réra?*/ 'como é teu nome?'; *hericobebe* 'comment te porte tu', Tup. /*erejkóbé-pe?*/ 'tu vives?'; *aricobegastou* 'je me porte bien', Tup. /*ajkóbékatú*/ 'eu vivo bem'; *homabereso* 'ou va tu', /*umã-pe eresó?*/ 'onde vais?'; *corbi* 'par illa', /*kó rupí*/ 'por aí'. (Dalby & Hair, 1966, *passim*)

---

[2] Incluímos entre barras uma transcrição fonológica simplificada do Tupinambá, na qual as letras *j* e *w* representam, respectivamente, *i* e *u* assilábicos ("semivogais"), a letra *y* representa a vogal central alta não arredondada, a letra *b* é a consoante fricativa bilabial sonora (como o *b* espanhol entre vogais), a letra *x* corresponde à consoante fricativa álveo-palatal surda (como o *ch* do Português atual) e o apóstrofo ' representa o som oclusivo glotal (*glottal stop*).

1.3. A primeira frase indígena alusiva à antropofagia

Hans Staden, que havia sido artilheiro na Guerra dos Trinta Anos na Alemanha e depois embarcou numa expedição espanhola de circum-navegação, naufragou na costa de Santa Catarina, caminhou com alguns espanhóis até São Vicente, foi colocado pelos portugueses como artilheiro no forte de Bertioga e daí foi raptado pelos Tupinambá de Ubatuba, entre os quais viveu quase um ano, contou em seu livro, publicado em 1557 (*Wahrhaftige Historia*, cap. 21) que os Tupinambá fizeram-no exclamar na chegada a Ubatuba:

> *A june sche been ermi uramme* 'Ich, eure essenspeise, komme'.
> Tupinambá / *a-jú=ne, ixé pé r-emi-'ú-rám-a* / 'eu estou vindo, eu sou vossa futura comida!'

Aliás, há outra frase referente à antropofagia justamente na folha de rosto do livro, ilustrada com a figura de um índio sentado na rede, segurando um pedaço de perna humana e com a frase *Sete katu*, certamente por /*sé katú*/ 'é gostoso!' (mas /*seté ikatú*/ significa 'o corpo dele é bom', o que também pode ter sido a frase que Staden quis registrar) (Staden, 1557).

1.4. As primeiras traduções de orações cristãs

O frade francês André Thévet, que veio ao Brasil não como missionário, mas como geógrafo, publicou em sua obra de 1575 (*Cosmographie universelle*), o painosso, a ave-maria e o credo traduzidos por missionários portugueses, obtidos em cópia manuscrita que, segundo ele, tinha um índio Tupi (provavelmente da região de Piratininga) apresado pelos Tupinambá da Guanabara. Eis uma das frases do credo:

> ...Arobia Jesu Christo taure ô Ieppé...
> / *a-robiár* Jesus Christo *t-a'ýr-a ojepé-ba'é* /
> 'creio em J. C., que é seu filho único'.
>   (Thevet 1953: 94)

1.5. As primeiras observações gramaticais

Jean de Léry, que veio para a França Antártica estabelecida por Villegagnon na Baía de Guanabara e viveu quase um ano em contato com os Tupinambá, incluiu em sua famosa *Histoire d'un voyage faict en la terre du Bresil* (publicada em 1578 e com segunda edição revista ainda pelo autor em 1580, mas cujo manuscrito, que andou extraviado, é provavelmente de 1560) um capítulo com um diálogo entre um francês e um índio Tupinambá e um discurso de um líder indígena, aos quais acrescentou algumas informações gramaticais, uma amostra das quais é a seguinte (tradução de A.D.R.):

> O que os gramáticos nomeiam e chamam *verbo* pode ser dito em nossa língua *fala* (*parole*) e, na língua brasileira, *guengaue* (por *gnengaue*, Tup. /je'éngába/), que quer dizer falação ou maneira de dizer. E para que se conheça um pouco, apresentamos algum exemplo. Primeiramente, singular indicativo ou demonstrativo: *Aico*, eu estou. *Ereico*, tu estás. *Oico*, ele está. Plural: *Oroico*, nós estamos. *Peico*, vós estais. (...) As terceiras pessoas do singular e plural são semelhantes, exceto que se deve acrescentar ao plural o pronome que significa eles. (Léry, 1975(1580): 330-31)

1.6. Texto catequético de Anchieta

Catecismo em forma de diálogo, composto pelo padre jesuíta José de Anchieta, por volta de 1560, na língua dos Tupiniquim de Piratininga e dos Tupi de São Vicente, conservado integralmente em cópia do manuscrito original (que posteriormente se perdeu) feita em 1730, enviada a Roma e só publicada em 1988 pelo padre Armando Cardoso:

> "M. *Marãpe imõgaraibipira renoindabete?* D. *Christãos.*
> /marã-pe i-mo-ngaraíb-ypýra r-enõj-ndáb-eté?/
> 'Como é a verdadeira denominação dos batizados?'
>
> M. *Maranamope?* D. *Christo yande iara rerobiaçaramo cecoreme, cecomõbegoaramo cecoreme.*
> /marã-namo-pe? Cristo jandé jár-a r-erobjá-sár-amo s-ekó-reme, s-ekó mombe'w-ár-amo s-ekó-reme./
> 'Por que?' 'Porque são os que crêem em Cristo nosso senhor e porque são os que contam sua vida'.
>
> M. *Niapicicixopemo cerobiaçara opiapenhote cerobiamo?* D. *Niapicicixomo ...*
> /n i-apysýk-i-xó pe mo s-erobjá-sár-a o-py'á-pe jõ te s-erobjá mo? N i-apysýk-i-xó mo .../
> 'Não bastaria o crente crer só em seu coração?' D. 'Não bastaria ...'
> (Anchieta, 1988: 55)

1.7. A segunda língua aprendida

O padre Anchieta estimulou o padre Manuel Viegas a atuar junto aos índios Maromomi, Guarulho ou Guayaná, que viviam serra acima, mas desciam periodicamente ao litoral paulista e cuja língua talvez se filiasse ao que hoje chamamos de tronco lingüístico Macro-Jê. Anchieta o ajudou a analisar a língua, de modo que Viegas produziu gramática, vocabulário e catecismo, cujos manuscritos, embora referidos na correspondência jesuítica, infelizmente se perderam.

1.8. O primeiro registro de poemas indígenas

Michel de Montaigne, em seus ensaios, publicados em 1588, menciona dois poemas dos Tupinambá, um de natureza guerreira, o outro de cunho amoroso, os quais ele reproduz em francês. Este último é o seguinte:

> Cobra, pára!
> Pára, cobra,
> para que minha irmã copie,
> pelo padrão de tua pintura,
> o modo e a feitura de um rico cinto
> que eu possa dar à minha amada:
> assim sejam por todos os tempos a tua beleza e o teu padrão
> preferidos aos de todas as outras serpentes!

Comentário de Montaigne:

> "Eu tenho suficiente comércio com a poesia para afirmar isto, que não há nada de bárbaro nesta imaginação, mas que ela é perfeitamente anacreôntica."
> E, quanto à língua indígena, comenta ainda:
> "Sua língua é a mais doce língua do mundo e a que tem o som mais agradável ao ouvido; ela recorre bastante às terminações gregas." (Montaigne, 1926: 256)

1.9. Composições poéticas de Anchieta na língua indígena: 1561-1597

1.9.1.
Xeparatij çui	/xé paratí-'ý suí	Eu vim de Parati
Aiu tupãci repiaca	a-jú tupã sý r-epják-a	a ver a mãe de Deus
Guinhemoyegoayegoaca	wi-je-mo-jewá-jewák-a	enfeitando-me todo
Xeroribaõama ri.	xé r-orýb-awám-a rí./	por minha futura alegria.

Çori catu xe ibija	/s-orý-katú xé ybỹj-a	Está bem alegre meu íntimo
Iporangatu rece	i-porá-ngatú r-esé	por sua grande beleza.
çoriba xe yabe	s-orýb xé jabé	Alegra-se como eu
xeruba tupuna quija.	Xé r-úb-a tupinakỹj-a.	o meu pai tupiniquim.'

(Martins, 1941: 41; transcrição do texto original levemente corrigida com base na reprodução fotográfica do manuscrito em Anchieta, 1954: 70)

1.9.2. Estrofe do auto de José de Anchieta, *Na festa de São Lourenço*, 1583, ms. publicado só no século XX:

Tataurana	/tatá-urán-a	Taturana,
Eru que nde muçurana.	e-r-ú ké né musú-rán-a!	traze tua muçurana (corda)!
Urubu, Iaguaruçu	urubú, ja'wár-usú	Urubu e Onça-grande,
Ingapemabe peru	ingapéma bé pe-r-ú!	trazei também os tacapes!
Caburé jori enhana	kaburé, jorí e-ján-a	Caburé, vem correndo,
Tobajara tiau.	tobajár-a t-ia-'ú!/	vamos comer os inimigos!'

(Anchieta, 1948: 58; ligeiras correções na transcrição do original com base na reprodução fotográfica da p. 76v do manuscrito e pequeno reajuste na tradução)

1.10. A primeira gramática

O padre José de Anchieta, atendendo solicitação de seu superior Luís da Grã, compôs por volta de 1560 sua gramática para ensino da língua indígena no Colégio da Bahia, com base no conhecimento que havia adquirido no convívio com os índios Tupi ou Tupinakim de Piratininga. Só em 1595, reajustada a partir do conhecimento da variedade falada do Rio de Janeiro para o norte, foi ela publicada em Coimbra, sob o título *Arte de grammatica da lingua mais usada na costa do Brasil*. Seguem-se quatro amostras da mesma, uma sobre a pronúncia, outras sobre a conjugação verbal e a última sobre o complexo fenômeno morfofonológico da reduplicação verbal:

> Acrescentandose algũa particula depois da ultima consoante, em que se acaba o verbo, o qual se fas no futuro do Indicativo, no Optativo, nos Preteritos imperfeitos do Cõiunctivo; ha algũa differença na pronunciação, & o uso de diversas partes do Brasil será o milhor mestre. Por que des dos Pitiguáres do Paraîba até os Tamôyos do Rio de Ianeiro pronuncião inteiros os verbos acabados em consoante, ut Apâb, Acêm, Apên, Aiûr. (...) Os Tupìs de sam Vicente, que são alem dos Tamoyos do Rio de Ianeiro, nunqua pronuncião a ultima consoante no verbo affirmativo, vt pro Apâb, dizem Apâ, pro Acêm, & Apên, Acẽ, Apẽ, pronunciando o til somente, pro Aiûr, Aiú. (Anchieta 1595: 1-1v)

Ainda que todos os verbos tem hũa so maneira de conjugação, contudo podemos dizer que tem duas porque o negatiuo acrecenta algũas particulas, que sempre tem juntas consigo pera se conhecer ser tal, & ambas se porão aqui.

     Affirmativo.   Negativo.
Indicativi modi, praesens, Imperfectum, Perfectum, & Plusquam perfectum.

Ajucâ, Eu mato, matava, matei, avia matado, ou tinha morto.
Erejucâ, tu.
ojucâ, ille.

Najucâi, não mato, não matava, não matei, &c.
Nderejucâi, tu.
Ndojucâi, ille. (...)
    (Anchieta 1595: 17v)

As pessoas que varião os verbos são seis, a terceira he a mesma no singular, & plural, porque os nomes não tem numeros, ... (Anchieta 1595: 20)

1. Os verbos se fazem frequentativos de duas maneiras hũa he significando fazerse a cousa mais de hũa vez, vt, *Araçô, Araçôraçô*, leuo mais vezes. ... 2. A segunda maneira he, quando se significa fazer hũa cousa successiue, ou por muitas partes, & então repetese a vltima somente em todos os verbos, & nos outros[3] porque não pode ser senão no nominatiuo, faz se no plural somentes. No actiuo em ambolos numeros, vt.
Acêm, sayo, *acêacêm*, sayo muitas vezes.
Orocêcêm, saymos successiue, *ocêcêm*, saem.
Oçôc, quebrase, *Oçôoçôc*, quebrase muitas vezes,
Oçoçôc q̃brase por muitas partes simul, l. successiue.
Aimocôn, engulo, *aimocômocôn*, engulo muitas vezes *aimocôcôn*, engulo muitas coisas successiue. (Anchieta, 1595: 52v e 53v)

1.11. O dicionário manuscrito

Vocabulario na lingua brasilica, de que se preservaram algumas cópias manuscritas, uma na biblioteca da Universidade de Lisboa, outra na Biblioteca Nacional do Rio de Janeiro, uma terceira na Biblioteca Municipal de São Paulo; esta última, datada de 1622, foi publicada em 1938 por Plínio Ayrosa e republicada em 1952-1953 por Carlos Drumond, que incluiu acriticamente variantes do manuscrito de Lisboa. Apesar da data desta cópia, a correspondência dos jesuítas deixa claro que o vocabulário já era construído desde o século XVI. Segue-se uma amostra da cópia da Biblioteca Municipal de São Paulo, que, destacando os conceitos de 'cheirar' e 'cheiro', pode dar idéia da meticulosidade do registro:

---
[3] Erro do tipógrafo; leia-se: neutros.

Cheirar. olfacere. – Acetun. Act.
Cheirar. olere. – Xerigapoan.
Cheirar a ceidiço ou bafio. – Xerigynõ.
Cheirar azedo como ourina. – Xerabigac.
Cheirar a fartum. – Xerigapoãnuçu.
Cheirar o assado. – Xepixe.
Cheirar a chamusco. – O mesmo.
Cheiro assi de qualquer delles. – Pixê: o mesmo he o cheiro do fogo.
Cheiro de peixe fresco cru. – Migtiû.
Cheiro ter ou cheirar assi. – Xepigtiû. Xepigtiuguaçu.
Cheiro de raposinhos. – Catinga.
Cheirar a elles. – Xecating.
Cheirar mal. – uide Feder.
...
Feder. – Xenem.
Fedor. – Nema. Baenema.
Fedor de boca. – Jurûnema.
...
Perfumar. – Aimotimbor.
Perfumar-se. – Anhemotimbor.
Perfumes. – Nhemotimboçaba.
 (Anônimo, 1938: 152-153, 233 e 337)

2. Os estudos de línguas indígenas no século XX

As línguas faladas hoje no Brasil por povos indígenas são cerca de 180 (Rodrigues, 2006). Embora surpreendentemente grande para a maioria das pessoas, esse número é menor que a quantidade dos povos indígenas atuais, que somam 225 (ISA, 2006). A diferença se deve a que pouco mais de quarenta desses povos falam agora somente o Português e, em alguns casos, também a Língua Geral Amazônica ou Nheengatú. Mas tanto o número de línguas como o número de povos atuais é bem menor que a quantidade de línguas e povos que podemos estimar para o início do século XVI, quando se iniciou a colonização européia. A estimativa mais controlada disponível é de cerca de 1.200 línguas (e povos) no território que constitui o Brasil de hoje (Rodrigues, 1993a, 1993b).

O estudo científico das línguas indígenas compreende, numa primeira fase, documentação, análise e descrição de cada língua e, em fases posteriores, interpretação teórica dos fatos descritos, comparação e classificação genética das diversas línguas. Como esse estudo implica a formação de lingüistas especializados, normalmente promovido nas universidades, seu estabelecimento em nosso país tardou muito, já que nossas universidades mais antigas datam de meados do século XX, pelo menos no que se refere às ciências humanas e às letras, excetuados os cursos jurídicos.

Tivemos, entretanto, um pesquisador extraordinário logo no início daquele século, o qual, justamente reconhecido como grande historiador, merece que o consideremos também um grande lingüista, pois foi o primeiro intelectual brasileiro moderno a realizar um trabalho exemplar de documentação e análise de uma língua indígena até então completamente desconhecida fora da comunidade de seus falantes. Trata-se de Capistrano de Abreu, que, estimulado pelo conhecimento que tinha dos trabalhos dos antropólogos alemães Karl von den Steinen e Theodor Koch-Grünberg, registrou ampla coletânea de textos na língua Kaxinawá, tendo resolvido os problemas de transcrição, analisado a gramática e organizado a apresentação do léxico com objetividade e muito bom senso. Seu livro *Rã-txa hu-ni-ku-ĩ, a língua dos Caxinauás*, publicado em 1914 com 630 páginas, merecia ter servido de estímulo, senão modelo, para outros pesquisadores, mas infelizmente caiu num vazio científico que só começou a ser superado realmente depois de 1940, com a publicação dos *Princípios de lingüística geral* de Joaquim Mattoso Câmara Jr. (Câmara Jr., 1942). Mesmo sua reimpressão em 1941 pela Sociedade Capistrano de Abreu não produziu nenhum efeito no Brasil, embora tenha sido saudada entusiasticamente pelo lingüista tcheco-americano Paul Garvin, tal como tinha sido a primeira edição pelo alemão Koch-Grünberg, que a qualificara de "obra de alto valor científico (...) O maior e melhor material que jamais se publicou sobre língua sul-americana de índios". (*apud* Abreu, 1941: 633-635). Só bem mais recentemente um importante lingüista francês, Bernard Pottier, estimulou uma estudante brasileira a trabalhar com os dados da língua Kaxinawá (Camargo, 1991). E só recentissimamente outra estudante brasileira concluiu tese de doutorado em historiografia da lingüística com detido estudo sobre a produção da obra de Capistrano (Christino, 2006).

Desde os últimos anos do século XIX o grande construtor das linhas telegráficas ligando ao Rio de Janeiro e a São Paulo o extremo oeste e a Amazônia, Cândido Mariano da Silva Rondon, levou suas expedições a contatar numerosos povos indígenas e estimulou a documentação das respectivas línguas. Dada a absoluta falta de conhecimentos de lingüística no país, essa documentação foi feita em moldes pré-científicos, limitada à coleta de amostras de vocabulário, em alguns casos bastante amplas. Na obra *Glossário geral das tribos silvícolas de Mato-Grosso e outras da Amazônia e do Norte do Brasil* (Rondon e Faria, 1948) foram incluídos vocabulários de 17 línguas, mas nos arquivos inéditos, conservados no Museu do Índio no Rio de Janeiro, há outros de mais trinta línguas.

No final da década de 1950 a Divisão de Antropologia do Museu Nacional decidiu introduzir no Brasil os membros da organização missionária norte-americana, Summer Institute of Linguistics/ Wycliffe Bible Translators, para documentar e estudar as línguas indígenas. Com um convênio com o museu, que lhes conferia o *status* de pesquisadores científicos, os missionários lingüistas cresceram rapidamente em número, tendo chegado a cerca de uma centena na década de 1970, trabalhando em duplas junto a mais de quarenta povos indígenas. Tinham instrução em documentação lingüística em dois ou mais cursos de verão (*summer institutes*) nos Estados Unidos e eram treinados no sul do México para o trabalho na selva. Poucos tinham formação universitária em lingüística e seu denominador comum eram os estudos bíblicos. Atuavam sem ônus para o Museu Nacional[4], nem para outras instituições brasileiras. Se perguntados sobre quem os financiava, diziam que eram organizações filantrópicas em seus países (além dos Estados Unidos, o Canadá, a Inglaterra, a Suécia, a Suíça, a Alemanha, a Holanda). Hoje sabemos que o SIL foi um braço importante da política de penetração na América Latina desenvolvida pelo Subsecretário de Estado norte-americano Nelson Rockfeller (v. Colby & Dennett 1995), o que explica o substancial e continuado financiamento de suas atividades.

Só em 1963 foi criado o primeiro departamento de lingüística numa universidade brasileira, na primeira fase da Universidade de Brasília (1962-1965)[5], no qual logo teve início o primeiro curso de mestrado e em cuja breve existência foram concluídas três dissertações, uma sobre o Português coloquial do Rio de Janeiro por Eunice S. L. Pontes, outra sobre a língua africana Ronga de Moçambique por Marta M.V. Coelho e a terceira sobre a língua indígena brasileira Ki-

---

[4] O ônus assumido pelo Museu Nacional consistiu em ceder uma sala e em encaminhar ao Itamaraty pedidos de autorização de visto para cada um dos "pesquisadores" sucessivamente introduzidos no país.
[5] Sobre a primeira fase da UnB veja-se (Salmeron, 2007).

riri por Gilda M.C. Azevedo. Para aproveitar a experiência iniciada em Brasília, mas interrompida em 1965 em conseqüência do golpe militar de 1964, foi criado no Museu Nacional, em 1968 e indepentemente do acordo que este tinha com o SIL, novo programa de pós-graduação em lingüística, sob cujo patrocínio foi iniciado o estudo das línguas Awetí (por Ruth M.F. Monserrat), Tapirapé (por Yonne F. Leite) e Txikão ou Ikpéng (por Charlotte Emmerich), além do Guaraní Antigo (por Daniele M. Grannier), e foi retomado o estudo comparativo da família lingüística Tupí-Guaraní por Rodrigues e por Miriam Lemle. Este programa, que foi organizado por A.D. Rodrigues graças a financiamento da Fundação Ford e teve como docentes, além deste, Mattoso Câmara Jr., Brian F. Head, Antônio Carlos Quicoli e Lúcia M.P. Lobato, desenvolveu atividades mais amplas, tendo promovido cursos intensivos de lingüística em várias universidades (PUC-RS e URGS 1968-69, USP 1970, UFMG 1970, UFBA 1971, UFF 1972 e UFSC 1973) e enviado estudantes para o doutoramento ou estágio no exterior (Antônio Carlos Quicoli, Miriam Lemle, Paulino Vandresen, Yonne de Freitas Leite, Maria Bernadete Abaurre, Raquel Salek Fiad, Maria Laura Trindade Mayrink).

Uma crise nas relações institucionais entre a Faculdade de Letras da UFRJ e o Museu Nacional culminou em 1973 com a transferência do corpo docente e da maioria dos discentes do programa de pós-graduação em lingüística para a Unicamp. Naquela então nova universidade, foi possível ter um departamento especificamente de lingüística, o qual, durante muitos anos, foi o único no país, pois as demais universidades brasileiras continuavam, e muitas continuam ainda, oferecendo o ensino da lingüística apenas como componente de programas de letras amplos e heterogêneos, nos quais a pesquisa lingüística tem pouco espaço e o estudo das línguas indígenas nem chega a ser pensado.

Hoje, além da Unicamp em Campinas, temos pesquisa sobre línguas indígenas na Universidade de Brasília, na Universidade de São Paulo, na Universidade Federal do Rio de Janeiro/ Museu Nacional, na Universidade Federal de Alagoas em Maceió, na Universidade Federal de Pernambuco em Recife, na Universidade Federal de Goiás em Goiânia, na Universidade Federal do Pará, na Universidade Estadual do Pará e no Museu Paraense Emílio Goeldi em Belém, na Universidade Federal de Rondônia em Guajará-Mirim e na Universidade Estadual de Mato Grosso do Sul.

3. O que sabemos hoje

Segundo o estado atual do conhecimento, as línguas indígenas do Brasil são classificadas em 42 famílias genéticas, isto é, grupos de línguas que têm, demonstrada ou supostamente, origem em uma mesma língua-mãe ou protolíngua no passado histórico ou pré-histórico. Esta é uma das situações de maior diversidade lingüística no mundo, seguramente a de maior diversidade nas Américas (para estudos recentes sobre as línguas indígenas do Brasil veja-se Cabral & Rodrigues (orgs.), 2001 e 2002, e Rodrigues & Cabral (orgs.), 2005). Há, entretanto, dois conjuntos de famílias para as quais se admite uma origem comum mais remota, o que certamente atenua a diversidade genética. Um desses conjuntos é o que chamamos *tronco Tupí*, o qual compreende dez famílias, uma das quais é a Tupí-Guaraní, com mais de trinta línguas, e as demais são Awetí, Mawé, Jurúna, Mundurukú, Tuparí, Arikém, Mondé, Ramaráma e Puruborá. As línguas destas nove famílias se distribuem pelas bacias dos rios amazônicos Xingu, Tapajós e Madeira. Já a família Tupí-Guaraní revela-se como o produto de uma grande expansão pré-histórica e histórica, que se estendeu do Madeira, através do Tapajós e do Xingu, até o Tocantins e, ainda além, até o Gurupi e o Mearim no Estado do Maranhão, e também se estendeu para a bacia dos rios Paraguai e Paraná no sul e daí para a costa atlântica; alguns de seus representantes atravessaram o rio Amazonas e se encontram no norte do Pará, no Amapá e na Guiana Francesa (para um conjunto de estudos recentes sobre as línguas e os povos do tronco Tupí, veja-se Rodrigues & Cabral (orgs.), 2007).

O outro conjunto de famílias é o tronco Macro-Jê, a que atribuímos 12 membros, mas cuja unidade genética é ainda uma hipótese sob investigação. Uma das famílias é a Jê, cujos representantes se estendem desde o Maranhão e leste do Pará para o sul, pelos campos cerrados do Tocantins e de Goiás, até os campos de pinhais nos estados do Paraná, Santa Catarina e Rio Grande do Sul. As outras famílias desse tronco se situam a oeste, nos estados de Mato Grosso e Mato Grosso do Sul, e a leste, em Minas Gerais, norte do Rio de Janeiro, Espírito Santo, Bahia e estados do Nordeste. Mas, com exceção das línguas Krenák e Maxakalí em Minas Gerais e da Yatê no sueste de Pernambuco, todas as línguas orientais do tronco Macro-Jê já morreram, justamente aquelas cujos falantes estiveram por mais tempo expostos à pressão dos colonizadores (para estudos recentes sobre as línguas e os povos do tronco Macro-Jê, veja-se Santos & Pontes (orgs.), 2002, e Rodrigues & Cabral (orgs.), 2007.

4. Migrações históricas e pré-históricas

A determinação do parentesco genético das línguas revela que têm a mesma origem línguas que nem sempre são faladas na mesma região geográfica. Se dois povos que falam línguas da mesma família genética vivem hoje distantes um do outro, concluímos que pelo menos um deles se deslocou, mas também pode ser que ambos se tenham deslocado a partir de uma terceira localização mais antiga.

As línguas Wayampí e Urubu pertencem ao mesmo ramo 8 da família Tupí-Guaraní, embora os índios Wayampí vivam hoje no noroeste do Estado do Amapá (e na Guiana Francesa) e os Urubu no oeste do Maranhão. A documentação histórica revela que, até meados do século XVIII, os Wayampí estavam no baixo Xingu, portanto ao sul do rio Amazonas (Nimuendajú, 1980). Já em documentos do século XIX sua presença é registrada no baixo rio Jari, afluente da margem norte do Amazonas, e atualmente estão em parte no alto Jari, no Amapá, e em parte, mais a noroeste, na Guiana Francesa. Os Urubu, por sua vez, em meados do século XIX estavam no nordeste do Pará e suas tradições indicam que antes devem ter vivido no baixo Tocantins (Balée, 1993). Ao mesmo subgrupo 8 das línguas Tupí-Guaraní pertence também o idioma dos índios Parakanã, situados entre o baixo Tocantins e o baixo Xingu. A unidade lingüística desse subgrupo está a indicar que estavam todos aproximadamente nessa área até meados do século XVIII, quando alguns deles migraram, provavelmente para escapar às expedições portuguesas de apresamento para o trabalho escravo, tendo uns ido para leste, como os Urubu, e outros para o norte, como os Wayampí. Esse é, portanto, um caso de migrações históricas, para cujo conhecimento se somam os resultados da lingüística histórico-comparativa às informações contidas em documentos históricos e às tradições orais dos povos em questão.

Em grande parte dos casos os resultados da pesquisa lingüística indicam movimentos migratórios anteriores à documentação histórica, que no Brasil passou a ser produzida só a partir do século XVI. Hoje temos a hipótese de que o tronco lingüístico Tupi começou a dispersar-se e diferenciar-se na bacia do rio Madeira, no atual Estado de Rondônia, há cerca de 5.000 anos. Em virtude de sucessivas migrações mais extensas para leste foram caracterizando-se as famílias Tupí-Guaraní, Mawé, Awetí, Jurúna e Mundurukú, enquanto que migrações menores levaram à separação das famílias Tuparí, Arikém, Ramaráma, Puruborá e Mondé dentro do âmbito mais limitado daquela bacia hidrográfica (veja-se Rodrigues, 2007a e 2007b).

Apesar de ainda haver muita falta de estudos descritivos dessas línguas, os estudos comparativos em curso já permitem não só caracterizar essas divisões, mas também identificar propriedades culturais dos antepassados dos povos atuais. Com base em sua presença em todas ou na maior parte das famílias do tronco Tupi, tem-se podido atribuir ao Proto-Tupí, língua ancestral de todo esse tronco, nomes de artefatos, plantas de cultivo, atividades e conceitos que já existiriam na época em que essa língua ainda não se havia cindido em conseqüência das migrações, da mesma forma como tem sido possível reconstruir detalhes de seu sistema fonológico, de sua gramática e de seu léxico. Alguns exemplos são as palavras para rede de dormir, machado (de pedra), panela de barro, mandioca, batata-doce, cará, roça, socar (milho), tecer, as quais indicam que os antepassados comuns aos povos das dez famílias que constituem o tronco Tupí já praticavam a agricultura e já teciam redes de dormir há alguns milhares de anos (Rodrigues, 2005a, 2007a). Também a persistência, nas línguas das diversas famílias desse tronco, dos mesmos nomes para certos insetos indica que na Amazônia as pessoas há cerca de 5.000 anos já eram afetadas por parasitas como o piolho e o bicho-de-pé (Rodrigues 2006).

Os estudos lingüísticos histórico-comparativos têm permitido também considerar relações mais remotas de parentesco genético, como entre os troncos Tupí e Macro-Jê e entre estes e outras famílias de línguas. Uma hipótese formulada por nós há cerca de trinta anos (Rodrigues 1985, 2003) relacionava geneticamente a família Karíb com o tronco Tupí e mostrava a possibilidade de relação da mesma natureza entre o Tupí e o Macro-Jê, mas não combinava com hipóteses apresentadas anteriormente por Cestmír Loukotka e por Joseph Greenberg. Em dezembro de 2005 foi publicado o resultado de pesquisa genética biológica com o DNA de povos das famílias de línguas consideradas nas três hipóteses lingüísticas, com a conclusão de que destas a hipótese que relaciona Tupí, Jê e Karíb (a de Rodrigues) é a mais compatível com o resultado da investigação biológica (Salzano *et al.* 2005). Esta conclusão é de grande importância científica por mostrar como a confluência de resultados da pesquisa lingüística diacrônica com os da pesquisa genética pode contribuir para esclarecer relações pré-históricas de populações humanas. No que se refere às diferenças entre as três hipóteses lingüísticas, cumpre observar que só a de Rodrigues foi construída com observância do método da lingüística histórico-comparativa, distinguindo qualitativamente os elementos lexicais comparados e identificando a regularidade das correspondências fonológicas, de modo a excluir semelhanças aleatórias ou devidas a empréstimos mais ou menos recentes.

Tanto a recuperação de dados culturais do passado remoto de povos indígenas, quanto a detecção de afinidades genéticas mais antigas e a reconstituição de movimentos migratórios que expliquem a distribuição atual ou recente dos povos e suas línguas, são resultados da pesquisa sobre as línguas indígenas que contribuem eficazmente para estabelecer a pré-história do Brasil, a qual, dada a brevidade do período histórico de cinco séculos, é o que mais temos a aprender da história da humanidade nesta parte do mundo.

Bibliografia

ABREU, Capistrano de. *Rã-txa hu-ni-ku-ĩ, a língua dos Caxinauás do rio Ibuaçú, affluente do Murú (Prefeitura de Tarauacá)*. Rio de Janeiro: Leuzinger, 1914.

_____. *Rã-txa huni-kuĩ, a língua dos Caxinauás do rio Ibuaçú, affluente do Murú (Prefeitura de Tarauacá)*. 2.ª ed. com as emendas do autor e um estudo crítico do Prof. Theodor Koch-Grünberg. Rio de Janeiro: Sociedade Capistrano de Abreu e Livraria Briguiet, 1941.

ANCHIETA, José de (1595). *Arte de grammatica da língua mais usada na Costa do Brasil. Coimbra: Antonio Mariz*. Reproduções fac-similares: Leipzig: Teubner, 1876; Rio de Janeiro: Biblioteca Nacional, 1933; São Paulo: Anchietana, 1946; Salvador: Universidade Federal da Bahia, 1980 e 1981; São Paulo: Loyola, 1990; Madrid: Cultura Hispánica, 1999.

_____. *Auto representado na festa de São Lourenço*. Edição de M. de L. de Paula Martins. São Paulo: Museu Paulista, 1948.

_____. *Poesias*. Manuscrito do séc. XVI, em português, castelhano, latim e tupi. Transcrição, traduções e notas de M. de L. de Paula Martins. São Paulo: Comissão do IV Centenário da Cidade de São Paulo; Museu Paulista, 1954.

_____. "Diálogo da fé". *Obras completas*. São Paulo: Loyola. Introdução histórico-literária e notas do Pe. Armando Cardoso, S.J., v. 8, 1988.

ANÔNIMO. *Vocabulário na língua brasílica*. Edição de manuscrito do século XVII organizada por Plínio Ayrosa. São Paulo: Departamento de Cultura, 1938[6].

BALÉE, William. *Footprints of the forest: Ka'apor ethnobotany – the historical ecology of plant utilization by an Amazonian people*. New York: Columbia University Press, 1993.

CABRAL, Ana Suelly A.C.; RODRIGUES, A.D. (orgs.). *Estudos sobre línguas indígenas*. Belém: UFPA, 2001.

_____; RODRIGUES, A.D. (orgs.). *Línguas indígenas brasileiras: fonologia, gramática e história*. Atas do I Encontro Internacional do Grupo de Trabalho sobre Línguas Indígenas da ANPOLL. Belém: EDUFPA, 2 tomos, 2002.

_____; RODRIGUES, A.D. (orgs.). *Línguas e culturas Tupí*. Campinas, SP: Ed. Curt Nimuendajú, Brasília: LALI, 2007.

CÂMARA JR., J. Mattoso. *Princípios de lingüística geral*. Rio de Janeiro: Briguiet, 1942.

_____. *Introdução às línguas indígenas brasileiras*. Rio de Janeiro: Museu Nacional, 1965.

CAMARGO, Eliane. *Phonologie, morphologie et syntaxe: étude descriptive de la langue caxinawá (pano)*. Paris: Universidade de Paris-Sorbonne, tese de doutorado, 1991.

CHRISTINO, Beatriz Protti. *A rede de Capistrano de Abreu (1853-1927): uma análise historiográfica do rã-txa hu-ni-ku-ĩ em face da sul-americanística dos anos 1890-1929*. São Paulo: Universidade de São Paulo, tese de doutorado, 2006.

COLBY, Gerard; DENNETT, Charlotte. *Seja feita a vossa vontade. A conquista da Amazônia: Nelson Rockfeller e o evangelismo na Idade do Petróleo*. Rio de Janeiro e São Paulo: Record, 1995, trad. de Jamari França.

DALBY, D.; HAIR, P.E.H. "Le langage du Bresil". *Transactions of the Philological Society 1966*. Londres: 1966, p. 42-66.

LERY, Jean de. *Histoire d'un voyage faict en la terre du Bresil, autrement dite Amerique. Genebra, 1580*. Reprodução fac-similar. Genebra: Droz, 1975.

MARTINS, M. de L. de Paula. "Contribuição para o estudo do teatro tupi de

---

[6] Há uma segunda edição feita por C. Drumond, que toma em consideração também outro manuscrito, não datado, conservado na Biblioteca Nacional de Lisboa. São Paulo: Fac. de Filosofia, Ciências e Letras da Universidade de São Paulo, Boletins 137 (1952) e 164 (1953).

Anchieta". *Boletins da Fac. de Filosofia, Ciências e Letras XXIV, Etnografia e Língua Tupí-Guaraní*. São Paulo, n.º 3, 1941.

MONTAIGNE, Michel de. *Les essais de Montaigne*. Publiés d'après l'édition de 1588 avec les variantes de 1595. Tome premier. Paris: Ernest Flammarion, Éditeur, 1926.

NIMUENDAJÚ, Curt. *Mapa etno-histórico do Brasil e regiões adjacentes*. Rio de Janeiro: IBGE, 1980.

PIGAFETTA, Antonio. *Primo viaggio intorno al globo terracqueo*. Milão, 1800.

RODRIGUES, Aryon D. "As línguas indígenas no Brasil." In: RICARDO, Beto; RICARDO, Fany (orgs.). *Povos indígenas no Brasil: 2001-2005*. São Paulo: Instituto Socioambiental, 2006, p. 59-63.

_____. "Evidence for Tupi-Carib relationships". In: KLEIN, Harriet E. Manelis; STARK, Louisa R. (orgs.). *South American Indian languages: retrospect and prospect*. Austin: University of Texas Press, 1985, p. 371-404.

_____. "Línguas indígenas: 500 anos de descobertas e perdas". In: *DELTA*. São Paulo: v. 9.1, 1993a, p. 83-103.

_____. "Línguas indígenas: 500 anos de descobertas e perdas". In: *Ciência Hoje*. Rio de Janeiro: v. 16, 1993b, p. 20-26.

_____. "Descripción del Tupinambá en el período colonial: el Arte de José de Anchieta". In: ZIMMERMANN, Klaus (org.). *La descripción de las lenguas amerindias en la época colonial*. Frankfurt: Vervuert, Madrid: Iberoamericana, 1997, p. 371-400.

_____. "Breve história da língua dos índios vistos por Cabral". *Universa, Revista da Universidade Católica de Brasília*. Brasília: v. 8, 2000, p. 541-552.

_____. "As vogais orais do proto-tupí". In: RODRIGUES, A.D.; CABRAL, A.S.A.C. (orgs.). *Novos estudos sobre línguas indígenas*. Brasília: UnB, 2005a, p. 35-46.

_____. "Evidências lingüísticas da antigüidade do piolho e de outros parasitas do homem na Amazônia". *Revista de Estudos e Pesquisas*. Brasília: v. 2, 2005b, p. 89-97.

_____. "Tupi languages in Rondônia and in Eastern Bolívia". In: WETZELS, Leo (org.). *Language endangerment and endangered languages. Linguistic and anthropological studies with special emphasis on the languages and cultures of the Anden-Amazonian border area*. Indigenous languages of Latin AMERICA 5. Leiden: CNWS Publications, 2007a, p. 355-363.

_____. "As consoantes do proto-tupí". In: Cabral, A.S.A.C.; RODRIGUES, A.D. (orgs.). *Línguas e culturas Tupí*. Campinas, SP: Ed. Curt Nimuendajú; Brasília: LALI, 2007b, p. 167-203.

_____; CABRAL, Ana Suelly A.C. (orgs.). *Novos estudos sobre línguas indígenas*. Brasília: da UnB, 2005.

_____, CABRAL, Ana Suelly A.C. (orgs.). *Línguas e culturas Macro-Jê*. Brasília: da UnB, 2007.

RONDON, Cândido M.S.; FARIA, João Barbosa de. *Glossário geral das tribos silvícolas de Mato-Grosso e outras da Amazônia e do norte do Brasil*. Rio de Janeiro: Imprensa Nacional, Comissão Rondon, publicação n.º 76, 1948.

SALMERON, R. *A universidade interrompida. Brasília 1964-1965*. 2.ª ed. revista. Brasília: UnB, 2007.

SALZANO, F.M. et al. "Genetic support for proponed patterns of relationship among lowland South American languages". In: *Current Anthropology 46*. Supplement, 2005, p. 121-129.

SANTOS, Ludoviko dos; PONTES, Ismael (orgs.). *Línguas Jê: estudos vários*. Londrina: UEL, 2002.

STADEN, Hans. (1557). *Wahrhaftig Historia und Beschreibung eyner Landtschafft der wilden, nacketen, grimmigen menschfresser Leuthen, in der Newenwelt America gelegen (...)*. Marburg: Reproduções fac-similares: Frankfurt am Main 1925 e 1927. Outra reprodução em nova composição e acompanhada de versão em alto alemão moderno: Reinhard Maack e Karl Fouquet (orgs.), *Hans Stadens wahrhaftige historia*. Marburg an der Lahn: Trautvetter & Fischer Nachf, 1964.

THEVET, André (1575). *La cosmographie universelle*. Paris. Reprodução parcial referente ao Brasil, acrescida de outros textos do mesmo autor, em: Thevet, André. *Le Brésil et les brésiliens*. Choix de textes et notes par Suzanne Lussagnet (Les français en Amérique pendant la deuxième moitié du XVIe siècle). Paris: Presses Universitaires de France, 1953.

ATUALIZANDO UM TESTE SOBRE USOS DO PORTUGUÊS FALADO
Francisco Gomes de Matos
Universidade Federal de Pernambuco

1. Reflexões introdutórias

Há pouco mais de três décadas, graças à generosidade do amigo e colega Evanildo Bechara, então Diretor da revista *Littera*, tive o privilégio e prazer de colaborar no número 16 (julho/ dezembro de 1976). O brevíssimo texto preparado para aquela saudosa revista (publicada pela Grifo Edições, Rio de Janeiro) intitulava-se "Usos no Português Oral do Brasil: uma lista de referência". Resultou de uma necessidade lingüístico-pedagógica: identificar variantes sintáticas do português falado que pudessem servir de base para exercícios a serem incluídos no material didático *Português do Brasil para estrangeiros: conversação, cultura e criatividade*, de co-autoria de Sonia Biazioli e deste articulista.

Os dois volumes (livros do aluno, livros do professor) seriam acompanhados de audiocassetes. Essa iniciativa do Centro de Lingüística Aplicada, do qual fui diretor (1966-1979), objetivava atender às necessidades da rede de escolas do Instituto de Idiomas Yázigi, organização com sede em São Paulo e mantenedora do referido Centro. Como lingüista e ex-professor de português para estrangeiros (hoje, dir-se-ia "usuários de outras línguas") já tinha sido desafiado a contribuir para uma lista de construções gramaticais para fins didáticos.

Assim, em julho de 1966, durante permanência na University of Texas/ Austin, integrei a equipe de criação do livro *Modern Portuguese (a project of the Modern Language Association of America)*, cujos co-autores principais eram o brasilianista Fred P. Ellison e a saudosa Rachel de Queiroz. Uma das responsabilidades a mim atribuídas era a de verificar a adequação do português usado nas explicações gramaticais e nos exercícios. Naquela época — meados da década de 1960 — inexistiam descrições do português falado em bases científicas, tais como as disponíveis atualmente, graças a projetos como o NURC (Norma Urbana Regional Culta) ou Gramática do Português Falado (este sob a competente coordenação de Ataliba T. de Castilho, à frente de uma notável equipe de pesquisadores).

Ainda sobre o *Modern Portuguese* (publicado em 1971, pela Editora Alfred A. Knopf, New York, em 1971, após testar-se uma edição-piloto em universidades americanas durante três anos), recordo que sugeri a inclusão do par de variantes sintáticas "Está quente hoje" e "Está é quente hoje". Nesse caso, tratava-se de um contraste entre simples afirmação e afirmação enfática. A sugestão foi acolhida pela equipe, o que me deixou feliz e mais animado para prosseguir na missão de encontrar outros pares de variantes sintáticas. Com os avanços teóricos da Lingüística, atualmente encontramos um conceito-termo adicional: variante pragmática, cunhado para dar-se conta de contrastes de efeitos comunicativos nos interlocutores. Há três décadas, compilar-se uma lista de variantes sintáticas constituía um imenso desafio para quem se dedicava à lingüística aplicada ao ensino de português, como língua materna ou estrangeira.

A propósito, observe-se que só quase no final da década de 1970 surgiria um exemplificação de variantes morfofonêmicas e variantes morfossintáticas, no magistral artigo de Miriam Lemle "Heterogeneidade dialetal: um apelo à pesquisa", no número 53/54 da revista *Tempo Brasileiro* (diretor, Eduardo Portella), coordenado pela lingüista Lúcia Maria Pinheiro Lobato (destaque-se, no artigo introdutório desta colega — Teorias lingüísticas e ensino do português como língua materna — as ponderações sobre atitudes lingüísticas esclarecidas que podem ser cultivadas e aplicadas por professores de português, no que concerne ao uso de variantes em situações específicas).

Volto a referir-me ao texto de Miriam Lemle: na seção referente à formação de construções interrogativas, a lingüista da UFRJ apresenta dez conjuntos de variantes (por ela também chamadas de alternativas construcionais). Reproduzo um desses conjuntos, para dar-se uma idéia do aguçado senso descritivo de Lemle:

(O) que eles fizeram?
(O) que fizeram eles? Eles fizeram o quê?
(O) que é/foi que eles fizeram?
(O) que é que foi que eles fizeram?
(O) que que foi que eles fizeram?
(O) que que eles fizeram? (Lemle, 1978: 77)

Meu acesso ao inspirador/ instigante artigo lemliano foi posterior à elaboração da lista publicada em *Littera*, mas a motivação resultante dos pertinentes comentários descritivos da lingüista da UFRJ deu sustentabilidade ao meu interesse em construir testes centrados na problemática da variação sintática em português. Aos leitores curiosos quanto à percepção deste articulista quanto aos contínuos do português falado/ escrito, sugiro a consulta à seção "Referência a variantes" e a "Português culto", no texto de minha autoria (no referido número de *Tempo Brasileiro*), intitulado "Influência da lingüística em livros de português". Ali, após comentar sobre a variação nos usos do português (muito formal, formal, informal, muito informal), sustento que "A descrição das variantes a serem usadas adequadamente pelo aluno é um problema da Sociolingüística aplicada ao português, disciplina que um dia tornar-se-á obrigatória no Currículo de Letras" (Matos, 1978: 58).

Embora essa desejabilidade ainda não tenha se concretizado como imaginava, as atitudes de um número crescente de professores vão sendo modificadas, graças a iniciativas diversas, dentre as quais Cursos de Especialização ou de Atualização, promovidos por Universidades, Faculdades ou Secretarias de Educação estaduais/ municipais.

2. O teste em *Littera* (1976)

No artigo publicado na revista sob a competente, inspiradora direção de Evanildo Bechara, reuni quase cinqüenta pares de variantes (alguns trios). Em sua maioria, sintáticas, mas algumas variantes classificar-se-iam mais rigorosamente como variação morfossintática. Se considerarmos que gramática e léxico constituem um sistema integrado, então poder-se-ia argumentar também que algumas das variantes listadas poderiam ser descritas como léxico-gramaticais. Deixemos essa questão — de primordial interesse para os que fazem lingüística teórica — e voltemos nossa atenção para variantes estritamente sintáticas.

Reproduzo apenas um exemplo da lista, para que os leitores tenham uma idéia do tipo de teste sugerido: identificação do grau de formalidade da variante em uma frase não contextualizada. Essa ausência de contexto (deixado implícito ou inferível) limitava o valor pedagógico do instrumento avaliativo, mas, como explicado acima, objetivava-se reunir construções das quais fossem selecionadas algumas para inclusão em material didático para ensino-aprendizagem de português a estrangeiros residentes no Brasil. Eis um exemplo:

> José? Mandei comprar o jornal.
> José? Mandei ele comprar o jornal.
> José? Mandei-o comprar o jornal.

Espera-se de um aluno de português que saiba identificar essa variação, recorrendo aos rótulos (ou às marcas de uso, como alguns lexicógrafos preferem dizer) informal e formal. Aliás, nesse trio de variantes, alguns poderão contra-argumentar que a segunda alternativa é também redundante, pela ocorrência de "ele". Responderíamos que o processo da variação é extremamente/ muitíssimo/ demasiado/ complexo ou complexo demais para ser descrito através de apenas um contínuo (formalidade, no caso). A rigor, são necessários vários contínuos de uso, que se entrelaçam. Como tão bem diz Lobato no artigo supracitado: "As variantes lingüísticas se interseccionam." (Lobato, 1978).

3. Como ir além, avaliativamente? Algumas sugestões

Muitos convívios deste articulista com professores de português (língua materna e para usuários de outros idiomas) em Recife, São Paulo e outras cidades do País propiciaram condições para que outros tipos de testes fossem apresentados e discutidos. Aqui, limitamo-nos a exemplificar testes de produção de variantes sintáticas. Aos leitores interessados em explorar também a variação lexical, recomendamos o pioneiríssimo *Guia de usos do português do Brasil*, de Maria Helena de Moura Neves (2003).

Ainda inexiste uma tipologia de testes de produção de variantes, por isso sugerimos uma classificação quadripartida:

> (1) teste com variantes informais reduzidas
> (2) teste com variantes informais ampliadas

(3) teste com variantes formais
(4) teste com variantes formais eruditas

Dado o crescente interesse por gêneros textuais diversos, uma tipologia de testes de produção de variantes poderia ser enriquecida de outras categorias, como teste de produção de variantes de português escrito acadêmico.

4. Teste com variantes informais reduzidas

Pede-se a(o) usuário(a) que escreva a equivalente reduzida da construção plena.
Exemplos:
a) Tem muitos alunos no auditório? = Tem muito aluno no auditório.
b) Como é que se acessa o site? Como acessa o site?
c) Na semana/ no mês que vem. = Semana/ Mês que vem.
d) A gente quer que vocês venham mais cedo amanhã. = A gente quer que vocês vêm mais cedo amanhã.

5. Teste com variantes informais ampliadas

Trata-se do processo inverso ao anterior: o(a) usuário(a) demonstra sua capacidade em expandir a construção reduzida.

Exemplos:
a) A que horas a reunião começa? = A que horas é que a reunião vai começar?
b) Peguei essa gripe não sei onde. = Peguei essa gripe eu não sei onde foi.
c) Vamos chamar os candidatos, daqui a pouco. = A gente vai chamar os candidatos daqui a pouco.
Exemplos de topicalização ampliada:
a) Maria, nós encontramos no shopping. = Foi Maria que nós encontramos no shopping.
b) Os passageiros com crianças e idosos vamos chamar em primeiro lugar. = São os passageiros com crianças e idosos que vão ser chamados em primeiro lugar.

6. Teste com variantes formais

Neste caso, o(a) construtor(a) do teste poderá encontrar muitas alternativas, principalmente em amostras de português falado em contextos onde os interlocutores exercem, até certo ponto, automonitoramento. Na mídia televisiva, por exemplo, em entrevistas.

Exemplifico:
Podemos imaginar um cenário diferente, para compreender melhor esse problema. = Poder-se-ia imaginar um cenário diferente, para compreendermos melhor esse problema.

7. Teste com variantes formais eruditas

Embora esse tipo de variante ocorra muito mais no português escrito (compare-se versões da Bíblia: uma em português formal ou semiformal e, outra, em português bem erudito), é possível encontrar esse tipo de uso na comunicação falada de pessoas que se empenham em usar o português exemplarmente, como é o caso do homenageado: possui admirável fluência ao falar e ao escrever. Em que contextos, o (a) leitor(a) buscaria amostras de português falado erudito? Jurídico, por exemplo? E em pronunciamentos improvisados, no Congresso Nacional? Eis um desafio aos que se ocupam do importante estudo das variedades do português.

8. Em busca de um realismo avaliativo: o uso de *corpora*

A construção de testes mais realistas, centrado em usos do português falado e escrito, pode beneficiar-se de *corpora* existentes, disponibilizados para pesquisadores na Internet (digite-se "*corpora* sobre português do Brasil", no Google, por exemplo). Assim, com base em fragmentos de textos conversacionais, desafiar-se-ia professores de português a identificarem/ produzirem variantes diversas (de formalidade, polidez, ênfase ou intensificação, empatia, etc.). Além disso, poder-se-ia documentar atitudes sobre variantes não-padrão ou estigmatizadas, tanto de professores quanto de alunos de língua portuguesa. Eis um exemplo de teste atitudinal, centrado em usos do português falado.

Instruções a serem dadas aos testandos/ examinandos:

Leia o texto a seguir — transcrição de uma amostra de português conversacional — e identifique o maior número possível de variantes de uso lingüístico, para isso recorrendo à lista de rótulos (marcas de uso). Após a identificação, justifique a interpretação sociolingüística dada a cada variante identificada:

> a) variante não-padrão, às vezes condenada em gramáticas normativas, mas de uso freqüente no bate-papo cotidiano.

b) variante de português falado que, presumivelmente, não ocorre em português escrito.
c) variante inadequada para uso em português falado, em situações cerimoniosas ou formais.
d) variante muito formal, talvez típica do repertório comunicativo de pessoas idosas.
e) variante avaliada negativamente, na correção de redações em concursos, inclusive vestibulares.

9. Considerações finais

Se, por um lado, expressivo vem sendo o desenvolvimento de estudos descritivos de língua portuguesa — agora enriquecidos com os aportes da Lingüística de *Corpus* — ainda incipiente é a tradição de pesquisas de natureza aplicativa, referentes a testes sobre atitudes de usuários de língua portuguesa, principalmente a respeito de preferências de uso. Evanildo Bechara tem sabido honrar a língua portuguesa duplamente, como seu usuário exemplar e como criador de obras renovadoras da Tradição de Estudos Normativos. Ao atingir uma matura idade, esse amigo-colega tão admirado por tantos, aqui e em outros países da Comunidade de Povos da Língua Portuguesa, continua a servir ao seu próximo lingüístico com a humildade e a sabedoria que caracterizam sua cativante personalidade.

Que nosso bom Deus o mantenha ativo, para o bem de seus familiares e de todos os que, como este articulista, privilegiadamente têm acompanhado um pouco da carreira desse extraordinário gramático-filólogo-professor. Felicito os organizadores deste volume e a editora que auspiciosamente o publicou.

SABER HONRAR A LÍNGUA PORTUGUESA
(poema em homenagem a um usuário exemplar de Português: Evanildo Bechara)

O Português sabemos honrar
com muita responsabilidade?
em que textos podemos encontrar
uma estilística exemplaridade?
Tanto em prosa quanto em poesia
Saibamos usar o Português BEM
Com clareza, coerência e alegria
Comuniquemos para expressar o BEM
Observemos as convenções do Padrão

> mas exerçamos o lingüístico direito
> de preferir, fazendo a nossa opção
> entre o pretendido e o que é aceito
> Se uma segurança comunicativa construirmos
> e uma dignidade comunicativa cultivarmos
> essa humanizadora integração fará sentirmos
> como faz BEM a língua portuguesa amarmos
> (Francisco Gomes de Matos)

Bibliografia

BIAZIOLI, Sonia; MATOS, Francisco Gomes de. *Português do Brasil para estrangeiros: conversação, cultura e criatividade, 2 livros do aluno e 2 manuais para o professor*. Método Yázigi. São Paulo: Difusão Nacional do Livro, 1978.

ELLISON, Fred P.; QUEIROZ, Rachel de; MATOS, Francisco Gomes de. *Modern Portuguese: a project of the Modern Language Association of America, student's book*. New York: Alfred A. Knopf, 1971.

LEMLE, Miriam. "Heterogeneidade dialetal: um apelo à pesquisa". In: LOBATO, Lúcia M.P. (org.). *Lingüística e ensino do vernáculo. Revista Tempo Brasileiro*. Rio de Janeiro: Editora Tempo Brasileiro, v. 53/54, 1978.

LOBATO, Lúcia M.P. "Teorias lingüísticas e ensino do português como língua materna". In: LOBATO, Lúcia M.P. (org.). *Lingüística e ensino do vernáculo. Revista Tempo Brasileiro*. Rio de Janeiro: Editora Tempo Brasileiro, v. 53/54, 1978.

MATOS, Francisco Gomes de. "Influência da lingüística em livros de português". In: LOBATO, Lúcia M.P. (org.). *Lingüística e ensino do vernáculo. Revista Tempo Brasileiro*. Rio de Janeiro: Editora Tempo Brasileiro, v. 53/54, 1978.

NEVES, Maria Helena de M. *Guia de usos do português*. São Paulo: Editora da UNESP, 2003.

Um discurso sobre o discurso do imortal Acadêmico Evanildo Bechara

Neusa Maria Oliveira Barbosa Bastos
Pontifícia Universidade Católica de São Paulo
Universidade Presbiteriana Mackenzie

Enfocaremos neste texto a simplicidade, a genialidade, a amizade e todos os positivos predicados que pudermos atribuir a Evanildo Bechara (*1928), imortal da Academia Brasileira de Letras (ABL), augusta instituição coalhada de tradições, fundada em 20 de julho de 1897. Objetivamos tocar em aspectos percebidos por nós no grande professor e iniciamos ao mencionar o sentimento de nosso querido Mestre parafraseando-o ao afirmar "a emoção indizível" por que se passa no ato de uma posse em que, no dizer de um confrade, fundador da Casa, acaba-se "de tirar o bilhete para a imortalidade, na estação conhecida do mundo" por Academia Brasileira de Letras.

Com base no seu discurso de posse na ABL, levantaremos, por meio da Análise do Discurso, filigranas de sua personalidade na situação inicial de sua imortalidade, procurando desvelar o sujeito Evanildo Bechara, que representa inúmeros papéis: familiares (pai, esposo, avô, bisavô), profissionais (professor, filólogo, gramático, escritor), de amizade (colega, amigo, "guia", "exemplo").

O sujeito revela-se um homem que tem amor à vida, que pretende viver bastante para realização de seus objetivos e, por meio de seu uso da língua exemplar, próprio de sua competência lingüística, comunicativa, discursiva e textual, adequado ao momento de início de sua imortalidade, agradece a honra recebida, pontifica a convivência fraterna e o enriquecimento cultural advindo daí e aponta para as perspectivas futuras com novas realizações para a ABL.

Passando a incluir-se na casa, que pede licença aos acadêmicos que o recebem para chamar de "nossa", (eis a simplicidade manifestada pelo sujeito) elogia, como bom cavalheiro que sempre tem sido, as produções de obras literárias e científicas, pelas iniciativas que têm levado a cabo e pela preservação da Academia surgida nos padrões franceses, pois em 1923, o governo francês doou à Academia Brasileira de Letras um prédio, construído no ano anterior para abrigar o pavilhão da França na Exposição Internacional comemorativa do Centenário da Independência do Brasil, no Rio de Janeiro. O prédio que era uma réplica do *Petit Trianon* de *Versailles*, foi a primeira sede própria da Academia, em que ocorreu a posse desse novo membro da ABL que revelou, em sua atitude de sujeito ingressante, aquela que se espera de um novo membro indicado e eleito em tal instituição de renome.

Os ditos do sujeito acadêmico são coerentes com o papel de que está investido na situação de posse. O uso do fardão[1] solicita expressões de homem douto como "peso do brilho dos ocupantes da Cadeira em que me entronizastes", revelando a emoção forte que o domina e o sentimento de júbilo pela grandiosidade do lugar que ocupará na Academia. Note-se que, nesse discurso materializado pelo texto do sujeito em questão, é utilizada a segunda pessoa do plural (vós) na interlocução com o público presente na sessão de posse, forma pronominal essa já em desuso no cotidiano da nação brasileira, presente apenas em situações tão solenes como esta que temos em foco.

Convém mencionar que Evanildo Bechara é o quinto ocupante da Cadeira n.º 33 da ABL, eleito em 11 de dezembro de 2000 e recebido em 25 de maio de 2001 e que os seus antecessores foram: o fundador Domício da Gama, que escolheu como patrono Raul Pompéia, seguido pelo segundo ocupante Fernando Magalhães, pelo terceiro Luís Edmundo e pelo quarto Afrânio Coutinho.

Prossegue o discurso de posse com um breve e elogioso perfil dos seus antecessores na Cadeira 33 da ABL, iniciando com o Patrono Raul Pompéia, (nascido em 1863 e falecido em 1895), que teve grande influência francesa, como soía acontecer na época em tela e foi considerado um magnífico estilista. Segundo o enunciador, baseado em outro sujeito acadêmico — Afrânio Couti-

---

[1] Entenda-se fardão como o traje simbólico dos membros da Academia Brasileira de Letras.

nho: "Dominava-o a caça às sensações que registrava com volúpia, como bom discípulo dos Goncourts, o que o sensibilizaria para certas impressões fugazes, que ele próprio referiu na sua obra-prima, aquelas reminiscências sonoras que ficam perpétuas, falando numa linguagem que faria inveja a Marcel Proust."

Em seguida, outro sujeito acadêmico, Domício da Gama (nascido em 1862, falecido em 1925 e empossado em 1897), que participou da criação da Academia, é apresentado como aquele que "acertando o passo com as tendências nacionalistas dos escritores da época (...) acredita na capacidade criadora da nossa literatura, tanto que, já aos 18 anos, funda com outros jovens um grêmio para firmar uma literatura nacional independente dos escritores lusitanos". Sua obra é apresentada pelo enunciador com as características a seguir: "Os seus contos são expressões de arte velada criada à sombra da memória, saudade, melancolia, filtrada através de uma sensibilidade esquiva, arte de nuances e meia-luz, de atmosfera e transfiguração, arte sem contornos, vaga, imprecisa e indecisa, arte do fragmento e instantâneo."

O seguinte sujeito acadêmico é Fernando Magalhães (nascido em 1878, falecido em 1944 e empossado em 1926) que, de acordo com o dito do enunciador esteve sempre "envolvido com a geração moça do seu tempo e respirando o ar das reformas urbanas por que passava a sua cidade natal, o Rio de Janeiro, e das preocupações intelectuais e literárias, de cunho nacionalista, Fernando Magalhães, ainda que interrompendo a tradição impressionista da criação artística de que vimos falando, soube, nesta Academia, defender os ideais dos fundadores da Instituição. Trouxe na sua bagagem para ingresso nesta Casa, além de consagradas obras na área médica, dois volumes de Discursos".

Nessas afirmações, encontra-se o sujeito comprometido com a elaboração de um discurso enaltecedor a todos os que o antecederam na Cadeira 33 da ABL, indicando a defesa dos ideais da Instituição que deverão ser defendidos por aqueles que forem laureados pela glória de ser um deles e pelos que concordam com eles e com a importância da ABL no cenário cultural brasileiro. Além disso, integra o acadêmico ligado à área médica, exaltando-o para que permaneça laureado entre os imortais e caracterizando-o como um grande orador, com uma figura majestática e elegante nas atitudes e nos gestos, um orador para elites, dos mais perfeitos que o Brasil já teve. No discurso, revela-se o seleto conjunto de acadêmicos voltados para a elite brasileira que espera ter nos seus imortais a grandeza da cultura existente num Brasil continental, lusófono e orgulhoso de seu poder intelectual.

Dando seqüência, apresenta-se o sujeito acadêmico Luís Edmundo (nascido em 1878, falecido em 1961 e empossado 1944), parte do movimento iconoclasta das novas tendências literárias, que combatia poetas parnasianos e realistas, numa atitude reacionária aos padrões contemporâneos do autor: a *belle époque* do início do século XX. Nas palavras do enunciador, é uma figura literária "que se notabilizou como poeta, teatrólogo, memorialista, jornalista e bibliófilo, cuja produção intelectual não só o guindou à Academia, mas agora mereceu a confirmação de reconhecimento na recentíssima reedição de *O Rio de Janeiro no tempo dos vice-reis*, promovida pelo Conselho Editorial do Senado Federal".

Após Luís Edmundo, tem-se o sujeito acadêmico Afrânio Coutinho (nascido em 1911, falecido em 2000 e empossado 1962), que antecedeu o Prof. Dr. Evanildo Bechara na Cadeira 33. Também Afrânio Coutinho dignificou a ABL por sua trajetória de vida: baiano, foi professor, crítico literário e ensaísta. Médico de formação, entregou-se ao ensino de Literatura e História e compôs o corpo docente da Faculdade de Filosofia da Bahia. Após morar nos Estados Unidos, onde se aperfeiçoou em crítica, história literária e Barroco com mestres europeus e americanos, regressou ao Brasil e, no Rio de Janeiro, foi nomeado catedrático interino do Colégio Pedro II, na cadeira de Literatura. Regeu, na Faculdade de Filosofia do Instituto La-Fayette (onde também trabalhou Evanildo Bechara), a cadeira de Teoria e Técnica Literária. Mais tarde foi livre-docente da cadeira de Literatura Brasileira na Faculdade Nacional de Filosofia da Universidade do Brasil, hoje UFRJ, conquistando o título de Doutor em Letras Clássicas e Vernáculas.

Pelas louvações ao antecessor, o enunciador manifesta mais uma vez seu comprometimento com a instituição que o abrigará a partir de sua posse, enaltecendo o indivíduo que, pertencendo à área médica, voltou-se para as Letras, chegando a se tornar um imortal de prestígio frente à classe intelectualizada brasileira e merecendo a Cadeira 33, abrilhantou-a. Por meio do dito do enunciador:

> Considero Afrânio Coutinho o Copérnico crítico de nosso universo literário. Assim como o grande astrônomo renascentista mudou a figura do nosso cosmos do unicentrismo para o policentrismo, a crítica de Afrânio Coutinho fez o mesmo em face de nossas letras de todos os tempos. Desde cedo vocacionado ao estudo

e à pesquisa literária, Afrânio não trouxe de sua convivência norte-americana apenas o ideal teórico do *new criticism*, mas, como disse ele num depoimento, toda uma global doutrinação pela renovação da crítica literária, que no Brasil estava dominada pelo impressionismo, velho e sovado, e, pior ainda, transformado ou degenerado em simples jornalismo, ou achismo, do gostei ou não gostei, praticado à larga pelos donos dos rodapés de crítica literária (...) O que tentei fazer, e, ai de mim, talvez nem por todos entendido, foi a renovação da crítica. Daí ter denominado a tendência de "nova crítica", a qual não se reduzia ao *new criticism* anglo-americano. Afrânio, com a sinceridade que era uma das suas marcas no comércio da convivência social, lembrou a seus pares que a controvérsia que marca seu percurso intelectual é a controvérsia fundamentada na acurada reflexão, na pia crença de suas idéias, e não aquela nascida da prática que ele talvez mais repudiasse no ato crítico: o achismo.

... Ratificava a lição de Fidelino de Figueiredo segundo a qual ensinar literatura é ensinar a ler.

Afrânio Coutinho dignificou a Cadeira 33 com o brilho da sua inteligência e com a força indomável de fazer bem, enraizou amizades, enlaçou pessoas no trato de uma convivência civilizada e agora é guia permanente deste seu sucessor.

Os elementos de expressão do enunciador apontam para o lugar de subjetividade ("considero"), e seu discurso, reflexo das condições de produção, revela um imbricamento entre os temas (impressionismo velho e sovado/ renovação da crítica literária) presentes nas formações discursivas existentes na formação social em que está inserido. Assim, na medida em que é determinado pelas formações ideológicas, cita outros discursos, o que nos leva a afirmar que o discurso não é único e irrepetível.

Feitas as apresentações, o enunciador investe-se do papel de acadêmico para fazer a própria apresentação, assumindo o "eu" (vim, acostumei-me etc.) para, por meio da primeira pessoa do singular, tecer relações de sua criação em que a família e Said Ali aí têm seu lugar, uma vez que a primeira desempenhou papel relevante na formação do sujeito-cidadão e o último desempenhou papel de formador na vida do sujeito acadêmico.

O sujeito acadêmico apresenta seu interesse pelas letras a partir das influências de grandes filólogos, lingüistas e gramáticos que o constituíram em sua formação discursiva como sujeito envolvido com as letras e, agora, por ser emérito gramático, filólogo e lingüista na memória social, manifestou-se discursivamente pelos mecanismos de toda formação social que, com suas regras de projeção estabelecedoras da relação entre as situações concretas e as representações dessas situações, levaram-no a se candidatar e a ser eleito para a vaga na ABL que lhe coube muito bem, por ser um legítimo lugar de representações sociais constitutivas dessa significação discursiva.

Sobre o sujeito-gramático, formado por lugares variados: no Brasil (Pernambuco, Rio de Janeiro), no exterior (Portugal e Alemanha) assume posição elitista, conservadora, argumentando com apoio no lingüista rumeno Eugenio Coseriu (1921-2002):

> Alguns modernos teóricos mais avisados têm insistido no empobrecimento da investigação lingüística quando só toma como objeto de estudo "científico" a língua falada, espontânea e livre, considerando a língua-padrão e sua expressão literária artificiais e impostas e, em conseqüência, a gramática normativa, que dela se ocupa, uma criação espúria, sem fundamento científico e, por isso mesmo, dogmática e antiliberal. Como bem acentua um importante teórico dos nossos dias, Eugenio Coseriu, [9] esquecem-se tais investigadores da dimensão deôntica, isto é, o "dever ser" da língua, da qual a gramática normativa é a manifestação metalingüística, enquanto a língua literária representa o grau mais alto desta mesma dimensão.

Tal posição é hoje de vanguarda, uma vez que se, como falantes nativos da língua em uso, devemos respeitar todas as variantes lingüísticas, incluindo-se entre elas a norma-padrão culto, que deve ser ensinada na escola e utilizada pelas pessoas que atingiram alto grau de escolaridade em situações formais de língua oral e escrita.

Em seu discurso revela seu papel de gramático ao mencionar, de seu lugar determinado socialmente, que a gramática normativa deve ser ensinada na escola, com privilégio da língua escrita, prestigiada na sociedade brasileira, que apresenta por meio dela todos os seus documentos institucionalizados, o que revela sua importância sobreposta à língua oral. Percebemos, no sujeito constitutivo do discurso em análise, as marcas ideológicas que reforçam o princípio de que cada sujeito inserido numa determinada classe social tem uma visão de mundo, que determina seu dito, neste caso um dito vinculado à Academia Brasileira de Letras, instituição que zela pelo "bom" uso da Língua Portuguesa.]

Sujeitos como: o fundador da cadeira de n.º 23 — Machado de Assis, o lingüista Joaquim Mattoso Câmara Jr. e o gramático e filólogo Celso Cunha reforçam a consagração do enunciador no que tange à busca de uma possível unidade lingüística no Brasil considerando-se, entretanto, as variantes advindas das alterações através do tempo e das necessidades dos usos e costumes. Segundo o enunciador:

> A este respeito a influência do povo é decisiva. Há portanto certos modos de dizer, locuções novas, que de força entram no domínio do estilo e ganham direito de cidade. [...] A influência popular tem um limite; e o escritor não está obrigado a receber e dar curso a tudo o que o abuso, o capricho e a moda inventam e fazem correr. Pelo contrário, ele exerce também uma grande parte de influência a este respeito, depurando a linguagem do povo e aperfeiçoando-lhe a razão.

No texto em foco, as manifestações acerca da língua como instituição nacional que deve ser preservada pelos membros de uma sociedade e que permite a compreensão recíproca num presente de uso efetivo, são princípios reguladores dos quais o enunciador se vale, ao mesmo tempo em que se preocupa com apontar elementos teóricos presentes na lingüística estabelecida pelos estudos lingüísticos do século XX que, no dito do sujeito acadêmico, negava a "hierarquização ingênua das línguas e a normatividade dogmática do que se deve dizer e do que se não deve dizer, por acreditar que na língua só haveria uma e única norma — a da língua-padrão —, de modo que as construções que dela divergissem ou a ela trouxessem novidade deveriam ser banidas por errôneas".

Dessa forma, podemos asseverar que a representação social do sujeito acadêmico em sua manifestação discursiva, no contexto aqui determinado, nos leva às condições de produção: um sujeito acadêmico enunciador ocupa um lugar na sociedade letrada, assim como o sujeito acadêmico enunciatário, ambos fazendo parte da significação, ocupando lugares que são o espaço das representações sociais, estabelecendo relações de sentido com outros discursos e apontando para outros discursos reveladores de que cabe à Academia o compromisso com a língua-padrão.

De acordo com a sua formação discursiva, atribui à Universidade, como organismo especializado, entre outras tarefas a dos estudos descritivos da língua falada, a da descrição de falares regionais mediante gramáticas ou Atlas Lingüísticos e a das investigações no domínio da etimologia. E prossegue com asseverações compatíveis com o seu novo papel de acadêmico que procurará zelar pelos preceitos estatutários da ABL, contribuindo para o estabelecimento "do conveniente elo e equilíbrio entre os resultados da pesquisa de instituições especializadas, com seus produtos de ciência pura, e o papel institucional da Casa, pelo voto dos acadêmicos, no cultivo e defesa da língua como expressão literária do instinto nacional".

E continua:

> Independentemente das instituições especializadas, poderá a Casa, por proposta do seu filólogo, apresentar a seus pares e à ilustre Academia das Ciências de Lisboa sugestões simplificadoras em aspectos puramente convencionais e práticos ainda presos a tecnicismos que perturbam o homem comum, sem prejuízo naturalmente de pressupostos teóricos. É o caso, por exemplo, do emprego do hífen e do apóstrofo segundo as complicadas exigências do nosso Formulário ortográfico, de 1943, ou mesmo do Acordo de 1991.
> Daí a Academia, para a consecução dos preceitos estatutários, ou de outros que seus membros elegerem prioritários para atenderem a novas necessidades, precisar da colaboração de órgãos e de especialistas na programação de atividades e elaboração de obras relacionadas com o cultivo da língua e da literatura nacional.

Temos, pois, por meio das posições assumidas pelo sujeito acadêmico, os efeitos de sentido determinados pela ideologia no processo sócio-histórico em que o discurso é produzido: século XXI, na ABL. O sujeito acadêmico investido de seu novo papel está marcado pelas novas tendências lingüísticas de um lado e pelas posições tradicionais dos gramáticos e filólogos de outro lado e nessas condições de produção tece considerações acerca das questões importantes para esse momento histórico despedindo-se:

> Senhores e senhoras,
> Trago-vos a experiência larga do magistério universitário; um conjunto de obras que haveis reputado digno de me fazer ingressar na Casa e participar convosco do seu destino.
> Mas, acima de tudo, desejo neste momento manifestar meu mais afetuoso agradecimento ao grupo de amigos que me estimulou a concorrer à Cadeira 33 e a todos vós, por ratificardes o convite com o vosso apoio e a consagração dos vossos votos.
> Muito obrigado

Dessa maneira, podemos afirmar que a produção de efeitos de sentido do enunciador se dá nas formas de interação verbal ligadas às situações vivenciadas pelo intelectual dotado de simplicidade, genialidade e amizade e pelo seu grupo social. Compromissado com a tradição da Academia Brasileira de Letras, instituição fundada em fins do século XIX com a finalidade de cultivar a língua e a literatura nacional, remete-se à memória, ao já dito, provocando uma reorganização dos elementos discursivos, redefinindo os sentidos da linguagem e revisitando a sua maneira de interagir consigo mesmo, com os outros homens e com o mundo. Apresenta-se, assim, ora por meio de suas posturas tradicionais, reiterando as filológico-gramaticais, ora por meio de suas posturas progressistas, firmando-se na defesa da discursividade característica dos estudos atuais.

Bibliografia

BAKHTIN, Mikhail. *Marxismo e filosofia da linguagem*. São Paulo: HUCITEC, 1992.

BECHARA, Evanildo. *Discurso de posse*. Rio de Janeiro: ABL, 2001. Disponível em http://www.academia.org.br/. Acessado em 27 jan. 2008.

FIORIN, José Luiz. *Linguagem e ideologia*. São Paulo: Ática, 1988.

GOFFMAN, Ervin. *A representação do eu na vida cotidiana*. 5.ª ed. Petrópolis, RJ: Vozes, 1992.

MAINGUENEAU, Dominique. *Novas tendências em análise do discurso*. Campinas, SP: Pontes, 1989.

_____. *Cenas da enunciação*. Ed. e org. de Maria Cecília Pérez de Souza-e-Silva e Sírio Possenti, Curitiba: Criar, 2006.

SIGNIFICAÇÃO GERAL DAS NOÇÕES MODO-TEMPORAIS

Valter Kehdi
Universidade de São Paulo

No capítulo XII de *Estrutura da língua portuguesa*, J. Mattoso Câmara Jr. apresenta uma análise das noções gramaticais do verbo, pautando-se pelo critério utilizado por R. Jakobson na abordagem do verbo russo. Esse estudo representa um grande avanço com relação às nossas gramáticas tradicionais, que normalmente expõem atomizadamente as questões vinculadas a modo e tempo.

O esclarecimento e as implicações dessa análise pressupõem que se conheçam algumas noções básicas, que explicitamos a seguir.

Segundo Jakobson, as oposições morfológicas são binárias e privativas, ou seja, a uma forma marcada (+) se contrapõe outra não-marcada (−), caracterizadas da seguinte maneira: "quando a categoria I indica a presença de a̱, a categoria II não indica essa presença, isto é, não afirma se a̱ está ou não está presente. A significação geral da categoria II, em cotejo com a categoria I, limita-se a uma falta de assinalização de a̱" (*apud* Câmara, 1970: 89). Portanto, para Jakobson, o termo não-marcada apresenta um valor neutro, indiferente à noção básica da oposição. Por sua vez, Sánchez Ruipérez, embora aceite que toda análise do sistema morfológico consiste numa série de dicotomias sob a forma de oposições privativas, atribui ao termo não-marcado dois valores: o neutro, indiferente à noção básica (como o reconhece Jakobson) e o negativo, que indica a noção oposta à básica. A título de exemplo, a oposição de gênero, em português, contrapõe o feminino, marcado, ao masculino não-marcado. De fato, em "O lobo é um animal feroz", o termo *lobo* está utilizado no seu sentido genérico, neutro; não é o caso em uma frase como "Vi um *lobo* e uma loba". É o duplo valor da forma não-marcada que permitirá que esta, quando utilizada no valor neutro, substitua a forma marcada. Chega-se, assim, à conclusão de que é o exame dos contextos de neutralização que assegurará rigor à análise realizada; a forma marcada não pode figurar nesse tipo de contexto. Fixando-se nessa posição e explorando-a ao máximo, E. Coseriu realizou análises morfológicas caracterizadas por um grande rigor.

Nesta apresentação, adotaremos a postura de Ruipérez e Coseriu, que nos permitirá esclarecer e corrigir algumas análises de M. Câmara, atendo-nos apenas aos modos indicativo e subjuntivo, com exclusão dos tempos compostos (que, representando outro microssistema, merecem tratamento à parte).

Mais nítida no indicativo, a noção gramatical de tempo é a pedra de toque para o estabelecimento dos valores genéricos das diferentes formas temporais.

Como o presente pode substituir o pretérito perfeito e o futuro (comparem-se: "**Parto** agora"/ "Napoleão **morre** em Santa Helena"/ "**Parto** amanhã", é a forma não-marcada.

Por sua vez, o pretérito, em suas três formas (imperfeito, perfeito e mais-que-perfeito), enquadra-se em duas divisões: com base na noção de tempo, há uma bipartição em um pretérito anterior a outro (pretérito mais-que-perfeito) e o pretérito perfeito; em função do aspecto, estabelece-se a oposição entre os pretéritos imperfeito (processo inconcluso) e perfeito (desprovido do traço "inconcluso").

No contraste pretérito imperfeito/ pretérito perfeito, M. Câmara considera o primeiro como a forma marcada, em função de seu traço de "inconcluso" (implícito na própria designação dessa forma verbal). Observe-se, todavia, que a substituição do pretérito imperfeito pelo perfeito implica, normalmente, diferença de sentido, o que indica tratar-se de um par onde não se dá a neutralização. Comparem-se:

> "Meus pais **moravam** aqui". (enfoque na duração da ação)
> "Meus pais **moraram** aqui". (enfoque no processo global visto como fato consumado)

Acresça-se, ainda, que o pretérito imperfeito se apresenta normalmente como tempo relativo (freqüentemente em conexão com outro pretérito: "Eu

saía quando ela **chegou**"), em oposição ao pretérito perfeito, empregado como tempo absoluto. Essas considerações permitem-nos postular a hipótese de que se trata de uma oposição eqüipolente. Com efeito, G. Gougenheim (1962), já observa que, mais do que uma oposição entre "duração/ momentâneo", trata-se de um contraste "visão descritiva" (imperfeito)/ "visão narrativa" (pretérito perfeito) (1962: 373)[1].

No par opositivo pretérito perfeito/ pretérito mais-que-perfeito, é o segundo elemento o marcado. Efetivamente, o pretérito perfeito, como forma não-marcada, substituiu o mais-que-perfeito nas orações subordinadas adverbiais temporais introduzidas por **logo que**, **apenas**, etc.:

"Logo que **escreveu** a carta, entregou-a ao mensageiro".

Note-se que o mais-que-perfeito, em sua forma simples, se torna cada vez mais raro, o que é explicável: as formas não-marcadas tendem a substituir as marcadas também na evolução da língua[2].

Com relação às formas de futuro, M. Câmara considera que, no indicativo, há dois sistemas verbais possíveis, exclusivos entre si: além do contraste presente/ pretérito, deve-se levar em conta a existência ou não de formas específicas para o futuro.

No que se refere ao segundo sistema, a categoria do futuro superpõe-se à oposição presente/ pretérito. Esse segundo sistema, com destaque para o futuro do pretérito, foi exaustivamente explorado em *Uma forma verbal portuguesa*, de que selecionamos alguns pontos básicos, comentados a seguir.

Para a simples expressão do futuro, o presente do indicativo seria suficiente; bastaria, para isso, que o falante prolongasse a atualidade que vive (reveja-se o exemplo "**Parto** amanhã"). As formas do futuro não se circunscrevem à simples noção de tempo; associam-se a noções como dúvida, desejo, intenção, o que assegura a esse

---

[1] Outros autores distinguem, no estudo dos tempos verbais, dois planos: o atual e o inatual. Sob esse enfoque, o pretérito perfeito é incluído no plano atual, cujo centro é o presente; e o pretérito imperfeito é o centro do plano inatual. Dessa forma, não há oposição direta entre os dois pretéritos, visto que figuram em diferentes pontos de planos distintos. Para maior aprofundamento dessa visão, consulte-se (Coseriu, 1996). Mencionem-se, também, os estudos em que se distinguem história e discurso (E. Benveniste, 1966) e discurso narrativo/ discurso comentador (H. Weinrich, 1973).

[2] A explicação, a rigor, é mais complexa. Lembre-se, por exemplo, que o pretérito mais-que-perfeito composto passou a substituir a forma simples correspondente, para o que hão de ter contribuído a tendência analítica e a homonímia com a 3.ª pessoa do plural do pretérito perfeito.

tempo um forte matiz modal. Sua própria formação confirma o que dissemos: o auxiliar **haver** em algumas línguas românicas (com a idéia de vontade); em inglês, os auxiliares **will** e **shall**. As formas assim obtidas, por necessidade expressiva de exteriorização psíquica, passam a adquirir um valor meramente temporal, em função da intelectualização da linguagem. Portanto, o valor temporal é posterior.

Emprega-se também o futuro do pretérito nas construções condicionais, para exprimir a irrealidade:

> "Se eu tivesse dinheiro, **compraria** um carro novo".

O emprego do passado, na oração condicional, expressa irrealidade (em oposição à realidade do presente); como a condição é formulada no passado, o seu resultado, ainda que irreal, deve exprimir-se no futuro do pretérito. Em resumo, a partir de um momento do passado se faz a projeção para o futuro por meio da forma verbal em *-ria*; e esta pode ser basicamente temporal ou modal (como todo futuro); não devemos, portanto, estremar construções que têm, basicamente, a mesma explicação:

> "Ele disse que **viria**".
> "Se eu tivesse dinheiro, **compraria** um carro novo".

Como o presente e o pretérito imperfeito podem substituir o futuro do presente e o futuro do pretérito, respectivamente, são eles as formas não-marcadas, em oposição aos futuros, ambos marcados.

Relativamente ao modo subjuntivo, seus três tempos — presente, pretérito e futuro — distribuem-se, também, em duas divisões dicotômicas.

Há uma oposição presente/ pretérito, em que este indica o passado:

> a) nas orações independentes, com o advérbio **talvez** anteposto ao verbo: "talvez **seja** verdade"/ "talvez **fosse** verdade". Em caso de posposição do advérbio, emprega-se o indicativo: "**foi**, talvez, verdade"; comparem-se, também: "talvez **seja** verdade"/ "**é**, talvez, verdade". Cremos que a posposição do advérbio atenua o traço de incerteza, facilitando o emprego do indicativo;
> b) nas orações subordinadas, cuja principal contenha o verbo no pretérito do indicativo: "**supus** que **fosse** verdade". Compare-se: "**suponho** que **seja** verdade".

M. Câmara afirma que é o pretérito a forma marcada. Com efeito, é o presente o tempo empregado em contextos de neutralização:

"**Pedi** a ele que **viesse**".
"**Pedi** a ele que **venha**".³

Observe-se que o inverso não é possível: * "**Peço** a ele que **viesse**".

Ressaltemos, todavia, que essa substituição só é possível nos contextos em que o imperfeito exprime a idéia de tempo futuro.

Por ser o pretérito imperfeito a forma marcada, é normal que seja a forma a desaparecer. Note-se que é o que ocorre em francês: "Il fallait qu'il <u>vienne</u>" (construção muito mais usual que "Il fallait qu'il <u>vînt</u>"), em que é possível a utilização do presente do subjuntivo, **vienne**, visto que o traço do passado está presente no verbo principal, **fallait**⁴.

Outra oposição, de valor modal (e não mais temporal, como a anterior), dá-se entre o imperfeito e o futuro, nas orações subordinadas adverbiais condicionais (em que fica excluído o presente):

"Se **fosse** verdade, eu partiria sem demora".
"Se **for** verdade, partirei sem demora".

Neste caso, o imperfeito exprime o irreal, enquanto o futuro expressa o potencial. Considerando-se que o imperfeito também pode exprimir o potencial, como em: "Se você **viesse** amanhã, eu lhe agradeceria", é ele a forma não-marcada, em oposição ao futuro, marcado. Divergimos, portanto, da posição de M. Câmara, que considera o imperfeito a forma marcada, em função de seu traço de irrealidade, ausente no futuro. O contexto de neutralização mostra, com clareza, que é o imperfeito que aí figura, não podendo, portanto, representar a forma marcada. Em reforço de nossa posição, note-se, ainda, que, em português, o futuro do subjuntivo é de emprego restrito, circunscrito a construções que expressam futuridade hipotética. Ocorre nas subordinadas adverbiais condicionais ("se eu **vier**"), temporais ("quando eu **estiver**"), conformativas ("como **quiser**") e algumas subordinadas adjetivas

---

³ Embora pareça uma correlação verbal mais recente, essas construções já têm uma certa tradição na língua portuguesa. Consulte-se (Brandão, 1963: 528, § VII).

⁴ Ressalte-se, contudo, que o desaparecimento do imperfeito do subjuntivo, em francês, decorre, também, de causas morfológicas, como o desuso das formas do pretérito perfeito simples do indicativo, com as quais aquele está em relação. No plano sintático, a perda do subjuntivo imperfeito, nas orações subordinadas condicionais, contribuiu também para o desaparecimento deste tempo. Sem dúvida, tudo isso reforçado pelo seu caráter de forma marcada.

("onde você **estiver**"), sendo que as temporais e as adjetivas se aproximam das condicionais[5].

Cabe, ainda, observar que esse tempo está praticamente extinto no espanhol, onde é normalmente substituído pelo presente do subjuntivo: "Cuando **vengas** a verme, hablaremos de eso" (por "Cuando **vinieres**..."). Rastreamo-lo em algumas frases feitas, em que são normais construções mais antigas: "Adonde **fueres**, haz lo que **vieres**".

Verificamos, aqui, o que já se assinalou acima: as formas marcadas tendem a desaparecer na evolução da língua.

Encerrando nossas considerações, foi, aqui, nosso objetivo explicitar o quadro mattosiano, questionando e esclarecendo alguns aspectos. Os múltiplos empregos dos tempos e modos verbais podem e devem ser examinados em função das linhas gerais expostas, o que contribuiria para uma visão hierarquizada (e, portanto, mais organizada) desses usos. A título de ilustração, na apresentação do imperfeito do subjuntivo é fundamental que se distingam os planos temporal e modal, como o mostramos antes. Assinale-se, por fim, que a existência de estudos mais recentes, relativos ao sistema verbal, com posições próximas ou distantes da de Mattoso Câmara, constitui, também, um estimulante convite para o estabelecimento de cotejos que permitam confirmar e reinterpretar alguns dos fatos aqui discutidos.

Bibliografia

BENVENISTE, Émile. *Problèmes de linguistique générale*. Paris: Gallimard, 1966.

BRANDÃO, Cláudio. *Sintaxe clássica portuguesa*. Belo Horizonte: Impr. da Univ. de Minas Gerais, 1963.

CÂMARA JR., J. Mattoso. *Estrutura da língua portuguesa*. Petrópolis, RJ: Vozes, 1970.

_____. *Uma forma verbal portuguesa*. Rio de Janeiro: Acadêmica, 1956.

COSERIU, Eugenio. *El sistema verbal románico*. México: Siglo Veintiuno, 1996.

_____. *Lecciones de lingüística general*. Madrid: Gredos, 1981.

GOUGENHEIM, Georges. *Système grammatical de la langue française*. Nouveau tirage. Paris: D'Artrey, 1962.

---

[5] Comparem-se, p. ex., "O aluno que não fizer o trabalho será reprovado" e "Se o aluno não fizer o trabalho, será reprovado". É essa correspondência que leva M. Câmara a generalizar o uso dos termos **prótase** e **apódose**, não mais restritos exclusivamente às construções condicionais.

KEHDI, Valter. *A morfologia e a sintaxe portuguesas na obra de J. Mattoso Câmara Jr*. São Paulo: FFLCH/USP, tese de livre-docência em Língua Portuguesa, 1998.

SÁNCHEZ Ruipérez, Martín. *Estructura del sistema de aspectos y tiempos del verbo griego antiguo*. Salamanca: C.S.I.C., 1954.

WEINRICH, Harald. *Le temps*. Paris: Le Seuil, 1973.

Empréstimos em português relacionados com palavras semíticas da Bíblia[1]

Brian F. Head
Universidade do Minho
State University of New York, Albany

1. Introdução

A língua indo-europeia constitui a fonte mais antiga de palavras em português. Entre os exemplos de palavras de origem indo-europeia, incluem-se várias palavras do léxico básico comum, tais como o termo próprio para referência à progenitora: *mãe*, assim como *madre*, de uso típico a contextos religiosos, ambos através do latim *mater* e relacionados com o IE *māter-;[2] termos ligados à noção de irmão: *frade*, "irmão de uma ordem católica, através da raíz latina *frat-*, assim como *fraterno*, "relativo a, ou próprio de irmãos", adaptação relativamente recente do latim *fraternus*, ambos relacionados com o IE *bhrāter-; *sal*, do IE *sal-; *arar* (via o latim *arāre*), do IE *ar- (*arā-, *arə); *aveia* (via o latim *avena*, uma planta conhecida pelos romanos apenas como uma erva usada para forragem (mas Plínio documenta o uso de aveia para papa ou mingau entre os povos germânicos), do IE *oid-; *semente* do IE *sē-, raíz de "semear", o qual é

---

[1] Faz mais de quarenta anos que conheço o distinto Professor Evanildo Bechara. Desde nosso contato inicial, sempre admirei suas extraordinárias qualidades pessoais e profissionais, como investigador e como educador. Muito me apraz contribuir o presente estudo ao volume em homenagem ao ilustre Colega.

[2] Sendo o indo-europeu uma língua de que não se conhecem textos originais, as raízes que se reconhecem convencionalmente foram reconstituídas, com base em pesquisas desde o séc. XIX, através da comparação de formas documentadas nas diversas línguas da grande família indo-europeia. Costuma-se citar as raízes do indo-europeu precedidas pela sigla IE e por um asterisco *, o qual designa, nas convenções da linguística histórica, formas reconstituídas (não conhecidas em documentação original).

étimo presente em verbos e substantivos de todos os ramos do indo-europeu, com a exceção do helénico; *sentar* (via o latim *sedere*, supostamente com a forma popular **sedentare*, derivada do particípio presente, *sedente*); do IE *sed- "sentar, tomar assento"; *sol* do IE *sāwel-; o nome do número cardinal *três*, do IE *tri-, aparentemente o único nome de um número cardinal a dar origem a formas correspondentes em toda a grande família das línguas indo-europeias (comparem-se, porém, as palavras portuguesas *duas*, *seis* e *dez* com as respetivas raízes indo-europeias, enquanto são mais diferenciados os nomes portugueses dos outros principais números cardinais, tais como os de 4, 5, 7 e 8); *mês*, do IE *menes-, *men(n)s-, com os significados de "lua, mês"; *mar*, do IE *mari ou *mori; *noite*, do IE *nokt(i)-; *sono*, do IE *swep-no-s, *swop-no-s, *sup-no-s; *mel* do IE *melit-; *peidar* (derivado do particípio passado, *peditum*, do verbo latino *pedere*), relacionado com o IE [root] *pe[r]d- "passar vento de forma ruidosa"; *novo*, do IE *newo-; o adjetivo *nasal*, que se relaciona com o IE *nas-, *nās-, "nariz".

Seria possível mencionar alguns outros exemplos de palavras portuguesas provindas do indo-europeu, com diversos graus de semelhança fônica com a forma de origem e com maiores ou menores diferenças de significado com o étimo.

2. Línguas clássicas

Outras fontes de palavras portuguesas são as línguas clássicas que [se] evoluíram a partir do indo-europeu: o sânscrito, o grego e o latim. Há porém outras línguas que nas suas respectivas formas clássicas serviram de fonte para palavras portuguesas: as línguas bíblicas de origem semítica, mormente o hebraico e o aramaico (também chamado de siríaco).

3. O hebreu, o aramaico e outras línguas semíticas na Bíblia

Os idiomas bíblicos de origem semítica (portanto, não indo-europeus) eram o hebraico e o aramaico, sendo este a língua falada pelos israelitas durante os tempos bíblicos, em vez do hebraico (Meillet, 1928: 473ss., Lamsa, 1985: 75-82).

As línguas dos textos sacrados da Bíblia nas suas versões mais antigas conhecidas são o hebraico bíblico, do Velho Testamento, e o grego bíblico, do Novo Testamento. Assim, as palavras hebraicas do Novo Testamento chegaram a nosso conhecimento através da versão grega. O aramaico bíblico (também chamado de caldeu, referente à Caldéia, antiga região da Ásia) ocorre em alguns trechos do Velho Testamento (Esdras 4,8 a 6,18 e 7,12-26; Jeremias 10,11 e Daniel 2,4 a 7,28). São do aramaico as palavras que Cristo dirigiu a Deus cerca da nona hora no dia da crucificação: "*Ēlī, Ēlī, lemá sā-bach-thānī?*" (Mateus 27,46) ou "*Ēloī, Ēloī, lāmá sā-bach-thānī?*" (Marcos 15,34)[3], representado respectivamente em grego por Ἠλί, Ἠλί, λεμὰ σαβαχθανί (Mateus) e Ἐλωΐ, Ἐλωΐ, λαμὰ σαβαχθανί (Marcos), de acordo com a versão crítica de A. Merck (1948). As principais diferenças, entre as respectivas transliterações do aramaico para grego, são: em Mateus lemá enquanto em Marcos lamá, e em ambos saba<u>ch</u>thaní, em vez de não saba<u>c</u>thaní, visto que em grego não ocorre oclusiva simples diante de aspirada. (Quando a consoante seguinte é aspirada, como no caso de θ, a consoante que vem antes também tem de ter esta propriedade, sendo χ nesta palavra, em vez de k).

Em alguns casos, de número bastante reduzido, o étimo da palavra referida no presente estudo não é nem hebraico nem aramaico, mas de outra língua semítica, assim como a fonte imediata pode ser o grego bíblico ou eclesiástico, ou o latim litúrgico.

O presente estudo ocupa-se de palavras semíticas documentadas na Bíblia que passaram a fazer parte do léxico do português. Por motivos de restrições de tempo e de espaço, inclui-se apenas uma seleção de tais palavras. Foram excluídos, por exemplo, via de regra, os topônimos e os antropônimos sem reflexo no vocabulário comum do português, exceto em um ou outro caso de interesse especial e de relevância lexical no domínio do presente trabalho. Também foram excluídos, de modo geral, os nomes de medidas e pesos típicos ou exclusivamente de referências bíblicas, e os nomes dos meses dos calendários judeus civil e religioso, por não terem, em geral, formas cognatas em português. Não foram incluídos no presente trabalho os empréstimos em português provindos dos nomes bíblicos de especiarias aromáticas (tais como cinamono, galbano, ládono, olíbano, mirra, nardo e estoraque), por serem tratados em outro estudo de nossa autoria.[4]

---

[3] A interpretação destas palavras que se dá em geral é uma pergunta, algo como "Meu Deus, meu Deus, por que me abandonaste?" Lamsa (*op. cit.*, p. 102-104) considera que uma interpretação mais fiel ao aramaico seria uma declaração, nos seguintes termos: "Meu Deus, meu Deus, isto é meu destino" (ou, ...para isto nasci).

[4] "Palavras em português provindas dos nomes bíblicos de incensos." (no prelo).

Finalmente, por motivos óbvios, decorrentes da delimitação cronológica do tema pelos textos sagradas considerados, também são excluídas, em princípio, as palavras de origem semítica que entraram no português em épocas posteriores aos tempos bíblicos, excepto um alguns casos de formas mais recentes com elementos relacionados com empréstimos bíblicos aqui considerados.

4. As palavras de origem semítica transmitidas ao português através da Bíblia

Os empréstimos de palavras provindas dos idiomas semíticos, que passaram ao português através de textos bíblicos, foram transmitidas, com frequência, através do grego e do latim, por vezes de uma segunda língua semítica intermediária (cf. Meillet, 1928: 473-475).

As palavras portuguesas provindas de línguas semíticas através da Bíblia incluem principalmente as seguintes.

abade, do aramaico *abbā*, "pai" (Mr 14,36), relacionado com o hebraico *ab* e o árabe *abū*,[5] ambas as formas de uso frequente na constituição de antropônimos (hebraicos ou árabes), sendo o hebraico *ab* também o nome do décimo primeiro mês do calendário civil judeu e o quinto do ano religioso, correspondendo a partes de Julho e Agosto. A palavra aramaica *abbā* foi transmitida ao português através do grego αββα e do latim *abbas*, *abbātis*. Encontra-se a forma aramaica nas palavras que Cristo dirigiu a Deus na ocasião em que, antes da crucificação, falava aos discípulos sobre a destruição da igreja (Mr 14,36) e nas referências feitas por Paulo a "Abba, Pai" ("Abba, Father", na versão "King James"; Rm 8,15 e Gl 4,6). Encontram-se em português, além de da palavra *aba*, "nas igrejas orientais, pai (em sentido espiritual) e, entre os orientais, o "fundador ou pai de um mosteiro ou abadia", [existem em português] também as formas derivadas *abadar*, *abadessa*, *abadessado*, *abadessar*, *abadia*. Até está relacionado com estas palavras (aparentemente por causa de uma analogia visual) o nome do peixe *badejo* (com a variante popular *abadejo*), através do espanhol *abadejo*. Todas as palavras portuguesas que

---

[5] Por não dispor, neste momento, dos recursos técnicos necessários para o emprego, no computador, dos sinais gráficos próprios do hebraico, do aramaico e do árabe, limito-me, no presente estudo, a representar as palavras dessas línguas pelas respectivas transliterações em letras romanas.

são cognatas com o aramaico *abbā* são evidentemente de época muito posterior aos tempos bíblicos.

Adão, do antropônimo hebraico, *ādām*, nome do primeiro homem (Gn 1,26-27;5,1 etc.), transmitido através do grego Ἀδαμ e a forma latina correspondente, *Ādām* ou *Adam*. Embora o nome tenha algum uso genérico na Bíblia, semelhante significado não passou para o português correspondente, cujo léxico inclui, como cognatos com o étimo hebraico (1) *adam*, para designar um pó medicinal que alguns filósofos consideravam como a "quinta essência", (2) *adamita*, para designar os membros de uma seita religiosa do séc. II que compareciam às assembleias despidos para imitar o estado de inocência de Adão antes do pecado original, e que ressurgiu no séc. XV entre os tchecos, e (3) também a expressão, *pomo-de-Adão*, de acordo com o latim *pomum Adami*, tradução do hebraico *tappuach hā'ādām*, para designar a saliência na frente da garganta, cuja causa biológica é a estrutura da cartilagem tiróide, geralmente maior e mais saliente entre os homens do que entre as mulheres (cf., entre outros, o alemão *Adamsapfel*, o inglês *Adam's apple*, o francês *pomme d'Adam*), como alusão a um pedaço do fruto proibido que teria ficado preso na garganta de Adão.

Alá, do árabe *allāh*, por *al-ilāh*, "[o] deus", sempre referido pela forma com o artigo e no singular (indicando que é único deus), entre os muçulmanos. Esta palavra não se encontra na Bíblia, mas está relacionada com as formas das palavras do aramaico *ilāh* e do hebraico *elōah*, que representam a designação correspondente de Deus nestas línguas semíticas e que se encontram em textos bíblicos (por exemplo, Mt 27,46 e Mr 15,34).

aleluia, do hebraico *hallēlū-yāh*, que significa "louvai a Jah (Yahweh, Jehová)", através do grego ἀλληλούϊα e do latim *hallēlūia* e *allēlūia*. É o nome de um canto de alegria (em inglês, "halleluja chorus") adotado pela igreja cristã na liturgia da época da Páscoa. Emprega-se a forma cognata em português (e em outros idiomas) da palavra hebraica para manifestar alegria ou regozijo em outros contextos. Em português, usa-se também a expressão "sábado de Aleluia", para designar, na época da Páscoa, o sábado da ressurreição, que marca o fim da Quaresma. Na linguagem litúrgica, emprega-se o termo *aleluia* para designar um versículo precedido e seguido dessa palavra que se recita ou canta antes da leitura do Evangelho. A forma portuguesa *aleluia* é também a designação comum de certo arbusto ornamental. Metaforicamente usa-se, fora de contextos religiosos, a forma *aleluia* para exprimir a simples alegria. As palavras derivadas dessa forma incluem o verbo *aleluiar* e o adjetivo *aleluítico*.

amém, do hebraico *ā-mēn* "assim seja", empregado no fim de orações a Deus, foi transmitido como empréstimo via o grego ἀμήν e o latim eclesiástico *āmēn*. A forma foi adotada para o uso eclesiástico na conclusão de orações e de confissões de fé (cf. Dt 27,15-26, onde se emprega a palavra *āmēn* no fim de cada verso, e I Rs 1,36). A palavra portuguesa também se emprega metaforicamente em contextos não religiosos, para manifestar concordância ou aprovação.

Baal, nome de um deus dos fenícios. Hebraico *bā'al* (com as variantes *baal, bel, belus* e o plural *bā'alim*). O empréstimo do nome foi transmitido através do grego Βάαλ. *Bā'al* era o deus macho supremo do fenícios e dos cananeus; seu culto envolvia autotortura e sacrifícios humanos (Jr 19,5). A variante *bel* ocorre em Isaías 46,1 (onde se afirma que os deuses da Babilônia foram dominados pela presença de Deus), enquanto a forma do plural, *bā'alim* ocorre em Juízes 10,10, além de alguns outros trechos da Bíblia. A forma *ba'al* figura na constituição de diversos topônimos e nomes de deuses falsos; cf. a entrada *belzebu* (com a variante *bel* como constituinte), *infra*. Esta variante também ocorre no nome bíblico *Jeze-bel* (referida em I Rs 16,31 e II Rs 9,30), mulher de Ā-hab, rei dos israelitas, que passou a dedicar-se ao culto de *Bā'al* (I Rs 16,31-32). (O antropônimo *Jeze-bel* deu origem ao nome moderno Isabel). Veja-se *belzebu* (do hebraico *Bā'al zebuh*, nome de outro deus falso), *infra*.

babilônia, "grande confusão", do topônimo bíblico *Bab'y-lon*, antiga capital da Assíria (II Cr 33,11). O significado relacionado com a confusão das línguas na torre de Babel (Gn 11,4-9), do hebraico *bābel* (cf. *bābilu*, "portão de Deus", *bābili*, "portão dos deuses"). O léxico português inclui com formas derivadas os adjetivos *babilônico* e *babilônio*.

beemô, "monstro aquático", talvez em referência ao hipopótamo (Jó 40,15-24). Do hebraico *b'hēmōth*, plural de *b'hēmāh*, adaptação de um nome egípcio, *p-ehe-mau*, "boi da água (isto é, hipopótamo)", cf. o russo бегемот [bigemot], tanto como termo bíblico, quanto como palavra de uso figurado; cf. também *leviatã infra*, nome de outro monstro bíblico de identificação duvidosa. Em português, além da forma *beemô*, existe a variante *beemonte*, forma aparentemente composta com o constituinte *-monte*, talvez por causa da noção, evocada pelo étimo [evoca], de "grande tamanho" (como *monte, montão*). Vários dos dicionários gerais da língua portuguesa não abonam qualquer dessas formas, geralmente sem registro de outra forma cognata com o hebraico *b'hēmōth*. Ambas as formas indicadas no presente estudo encontram-se no dicionário bilíngüe de Houaiss e Avery (1967: q.v.).

belzebu, do hebraico *Ba'al zebuh*, "senhor das moscas" (II Rs 1,2), um dos nomes para o diabo. O sentido de "príncipe dos diabos" encontra-se no Novo Testamento (Mt 12,24). Empréstimo transmitido através do grego Βεελζεβούλ ou Βεελζεβούβ ("belzebul" e "belzebub"). Em português, há variantes típicas da linguagem popular rural no Brasil, tais como "berzebu" e "belzabum". Cf. *baal*, supra.

Cristo, "O Escolhido de Deus", título usado por Jesus de Nazaré. Do grego Χριστός, "ungido", tradução do hebraico *māshīah*, "messias", *infra*.

éden, do topônimo hebraico *'ēden*, "paraíso, o jardim do paraíso", onde habitavam Adão e Eva antes de serem expulsos por causa do pecado original (Gn 2,15). A palavra transmitida, como empréstimo, através do grego (na tradução do Velho Testamento para essa língua, feita nos séc. III-II a.C. para os judeus vivendo fora da Palestina que sabiam grego. O texto desta tradução é conhecido como a "Bíblia dos setenta" ou "Vulgata dos setenta", inglês: *Septuaginta*) e através do latim eclesiástico *Ēden*. O substantivo *éden* é empregado em referências bíblicas ao jardim do paraíso e utilizado, na linguagem figurada, para indicar algum lugar considerado muito bom; existe o adjetivo derivado *edénico*.

eclesiastes, nome de um livro do Velho Testamento, do grego ἐκκλησ[σ]ιατής (palavra relacionada com as formas derivadas de ἐκκαλεῖν, "evocar": ἐκκλησιατικός, "eclesiástico", e ἐκκλησία, "igreja", ambas transmitidas também através do latim). A forma grega foi aparentemente influenciada pelo termo hebraico *qōheleth*, "pessoa que se dirige a uma assembléia". É de uso restrito a palavra *eclesiastes*, usada apenas em referências ao livro do Velho Testamento.

faraó, do hebraico *par'ōh* (empréstimo do egípcio *pr-'o*, "casa grande"), transmitido como empréstimo através do grego Φαραώ e o latim correspondente, como nome genérico de uma dinastia de reis do Egito (Gn 12,15, Ex 1,8;5,1, II Rs 18,21, entre vários outros trechos, com poucos dos faraós referidos pelos nomes). As formas derivadas em português incluem o adjetivo *faraônico*, "de, ou relativo aos faraós ou a sua época, ou próprio dos faraós ou da época", e o substantivo, *faro*, nome de um antigo jogo de azar.

fariseu, membro de uma seita judaica, estritamente ortodoxa, que se mantinha separada das outras, e era politicamente oposta a qualquer supremacia estrangeira (Mt 23,23-33 e Lc 18,9-14). Os fariseus são referidos como hipócritas em vários trechos do Novo Testamento (Mt 23,15 e Lc 18,11, entre outros). Do aramaico *p'rishaiy*, plural de *p'rish*, relacionado com o hebraico *phārūsh*, "separado", pelo grego øαρισαîος e o latim *pharisaeu*. A palavra cognata portuguesa *fariseu* significa um membro da seita acima referida, "seguidor formalista de uma religião", "fiel orgulhoso e hipócrita" e, na linguagem figurada, "indivíduo que ostenta santidade apenas aparente" e "indivíduo hipócrita, fingido". O adjetivo *farisaico* (do grego øαρισαîκος e do latim eclesiástico *pharisaicu*) significa "relativo a, ou próprio de fariseu" e, na linguagem figurada, "hipócrita, fingido". O substantivo *farisaísmo* designa "o caráter dos fariseus", e, na linguagem figurada, "hipocrisia, fingimento".

filisteu, pertencente, ou relativo a um povo não semítico estabelecido no litoral palestino desde o séc. XII a.C. e que, segundo a Bíblia, provinha de Creta. Do hebraico *p'listīm* através do grego øιλισταιος e do latim *philistaeus* [correspondente]. Em português existe, além do significado original, o sentido, em linguagem figurada, de "burguês de espírito vulgar e estreito". O adjetivo *filistino* (através do francês *philistin*) ocorre na gíria estudantil (segundo o "Aurélio", Ferreira 1986, q.v.).

hebreu, da forma aramaica do hebraico *'ibri*, transmitida pelo grego Ἑβραῖος e pelo latim *Hebraeus* e sua variante medieval *Ebreus*. Originalmente, o étimo significava "aquele que atravessou o rio", o Eufrates (ou o Jordão), como em "Abraão o hebreu" (Gn 14,13), isto é, *Eber*, "patriarca", por ele ter atravessado o Eufrates, tornando-se a semente dos descendentes israelitas ou hebreus. O povo usava o nome "israelitas" para referência a si próprio, enquanto o termo "judeus" passou a referir o mesmo povo depois de cativo. Há algumas formas derivadas em português, tais como o adjetivo *hebraico*, os substantivos *hebraísmo* e *hebraísta*, o verbo *hebraizar*.

hosana, exclamação de alegria, preservada até aos tempos de hoje em alguns hinos da igreja cristã. A forma original provém do aramaico e é representada pela forma hebraica *hōxa'nnā*, variante abreviada de *hōxī'āhnná*, "salva-nos", através do grego ωσαννά e do latim *hōsanna*. É a exclamação típica tanto da Páscoa cristã como da comemoração pelos judeus da ocasião em que o anjo mandado por Deus "passou por cima" das casas dos israelitas que haviam observado as instruções divinas especiais para o momento (Ex 12;13,3-10;23,14-17 e Lv 23,4-14). Esta comemoração passou a constituir a primeira das três grandes festas judaicas anuais, chamada de "festa do pão ázimo". A forma cognata do português emprega-se na linguagem figurada, fora de contextos judaicos, também como exclamação de alegria.

Jeová, *Javé*, sendo *Javé* do hebraico *Jahve(h)* ou *Yahwe(h)*, formas empregadas para o nome de Deus no Velho Testamento, enquanto a forma *Jeová* está relacionada com o nome em inglês, *Jehovah*, que aparece na tradução de Tisdale, de 1530 (de uso exemplificado em Ex 6,3), baseado na alteração do tetragrama composto pelas letras JHVH do hebraico, para indicar Deus, cujo nome era tido por sacratíssimo, não podendo ser pronunciado em voz alta. O nome *Jehovah* significa "[I am] eu sou" (de acordo com Ex 3,14). A forma *Javé* entrou na língua portuguesa com o estatuto de mera variante de nome divino. *Jah* é forma abreviada de *Jahve(h)*, típica de contextos bíblicos. Existem em português como formas derivadas de *Jeová* os substantivos *jeovismo*, referente à tradição religiosa dos hebreus e à respectiva época, e *jeovista*, referente ao jeovismo, seus adeptos e alguns livros do pentateuco, e o adjetivo *jeovístico* com sentidos correspondentes aos de *jeovista*.

Jesus, do aramaico *Jeshua* e *Joshua* (sendo a forma hebraico *Jah* uma abreviação de *Jeová*), através do grego Ἰησους e da forma latina correspondente. Além do uso em referência a Cristo, emprega-se em português a palavra *jesus* como interjeição para indicar espanto, admiração, dor ou surpresa. Também existe em português o composto *jesus-meu-deus* como denominação, na Bahia, do tico-tico do mato, determinado tipo de ave.

Jeremias, do antropônimo hebraico *jeremīah*, através do grego Ἰερεμίας e do latim correspondente (Mt 2,17;16,14;27,9). É o nome do livro de lamentações do Velho Testamento que conta a vida do profeta do mesmo nome, considerado o segundo dos profetas maiores e cuja vida era de vicissitude. Com base no antropônimo bíblico, há em português o verbo *jeremiar*, que significa "dizer ou proferir entre lamúrias, lastimar-se" e o nome *jeremiada* (através do francês *jérémiade*), que significa "lamúria ou queixa importuna".

jubileu, do hebraico *yōbēl*, que significava originalmente "carneiro", passando a referir a trompeta do corno de carneiro, que se tocava para dar início à grande festa de emancipação e restauração dos judeus, celebrada cada cinquenta anos, isto é, ao fim de sete ciclos de sete anos cada (Lv 25,8-55). Do termo hebraico procede a forma grega ἰωβηλαῖος e desta o latim *jubilæus*. A forma com *ju-* em vez de *jo-* pode ter resultado da associação com o verbo latino, *jubilare* (formado com base em *jubilum*). Originalmente, o termo hebraico era usado para referir o ano do jubileu. Embora conservando o significado original em relação à festa judia tradicional, a palavra cognata do português inclui outros sentidos mais modernos: indulgência plenária concedida pelo Papa, solenidade em que se recebe tal indulgência. As formas derivadas em português incluem o verbo *jubilar*, os adjetivos *jubiloso* e *jubilado*, os substantivos *júbilo* e *jubilação*. Diz-se *jubilado* de um professor emérito, enquanto a palavra *jubilação* pode referir o acto ou o estado de um professor aposentado ou, num uso eufêmico, o trancamento de matrícula ou o desligamento de um aluno por ter um número excessivo de reprovações.

Judas, da forma grega [(] Ἰούδας [)] e da latina *lūdās*, do antropônimo hebraico *Judah* (em grego também Ἰούδας), relacionado com o topônimo Judéia (em grego, Ἰουδαία). *Judas* é o nome do discípulo que traiu a Jesus (Mt 10,4, Mr 3,19, Lc 6,16, etc.). Em português, o nome correspondente tem uso metafórico, na linguagem corrente, para indicar alguém considerado como traidor ou amigo falso. Também ocorre na expressão *cu de Judas*, para indicar um lugar distante, remoto ou de difícil acesso.

judeu, do aramaico *y'hūdāi* e hebraico *y'hūdīi*, formas relacionadas com *y'hūdāh*, o nome de um patriarco judeu e da tribu de seus descendentes. O empréstimo foi transmitido através do grego Ἰούδας e do latim *jūdaeus*. A palavra portuguesa *judeu* tem vários significados: como adjetivo, "da, ou pertencente ou relativo à Judéia", "de, ou pertencente ou relativo a Israel". O substantivo *judaico* (relacionada com judeu e Judas, q.v.) significa "natural ou habitante da Judéia", "natural ou habitante de Israel", "aquele que segue a religião judaica", tendo, na linguagem popular, o sentido pejorativo de "indivíduo mau, avarento, usuário". A forma derivada *judiar* (de *judeu* + *i?* + *ar*) significa, entre outros sentidos afins, "escarniar" e "maltratar". Há formas compostas com a palavra *judeu*, com diversos tipos de significado, tais como *judeu-alemão*, "a língua iídiche", *judeu-cristão*, "relativo, simultaneamente, a judeus e cristãos" e "judeu que aderiu ao cristianismo", *judeu-cristianismo*, "a fase histórica do cristianismo em que este era uma seita judaica", "a doutrina que corresponde a esta fase do cristianismo" e "a tradição e o meio religioso-culturais do cristianismo primitivo".

leviatã, o monstro marítimo descrito em Jó 41 (com referências adicionais em Salmos 74,14;104,26). Do hebraico *liwjathan*, através do latim *lēviātān*. Com formas derivadas em português, tais como os adjetivos *leviatânico*, *leviatanesco*. (Empregado às vezes, como sinônimo de baleia; veja-se, por exemplo, o primeiro capítulo do romance *Moby Dick*, obra traduzida para português).

maná, do aramaico *mannā* e hebraico *mān*, através da forma grega (baseada na palavra hebraica) μάν e do latim correspondente *manna*. Tradicionalmente, tem-se considerado como significado do étimo alguma frase interrogativa do tipo "o que é isto?" (de acordo com um subentendido do texto de Ex 16,15), talvez com base numa tentativa errônea de interpretação da forma aramaica. Estudos modernos indicam que o significado tradicional resulta de uma espécie de etimologia popular, de natureza falsa, não científica. As respectivas entradas de alguns dicionários etimológicos com informações de inegável qualidade, mencionam, no respectivo verbete, a exsudação da árvore *tamarix gallica* (isto é, sumo da casca do *fraximus ornus*, chamado de "freixo de maná") como provavelmente comum, durante os tempos antigos, na região inculta por onde andavam os israelitas (entre Sanai e Elim) com Moisés e Arão depois de saírem do Egito. Após ouvir as reclamações dos israelitas, Deus prometeu-lhes carne e pão; encontraram tanto perdizes como orvalho no dia seguinte e o orvalho passou a ter a forma de pequenos objetos redondos, parecidos com a geada (Ex 16,15, Nm 11,6, Dt 8,3, Sl 78,24). A palavra portuguesa que resultou do empréstimo, *maná*, significa "o alimento mandado por Deus aos israelitas no deserto", "o suco resinoso e doce de algumas plantas" e "determinada planta com propriedades medicinais". Emprega-se *maná* na linguagem figurada para referir "alimentos deliciosos" e "coisas excelentes". Não existem em português formas derivadas deste empréstimo.

messias, do hebraico *māshīah*, "ungido", através do grego Μεσσία e do latim *Messiās*. A forma hebraica é empregada no Velho Testamento em numerosas referências ao Salvador (por ex., Dn 9,25-26), mas foi substituída no Novo Testamento pela palavra grega Χριστός (*kristos*). Usa-se a palavra cognata em português para designar alguma pessoa ansiosamente esperada, passando mais tarde a indicar também um patrocinador das artes. Há diversas formas derivadas, tais como *messiânico*, *messianismo*, *messianista*, *messianizar*, que se empregam especialmente em referências a crenças e movimentos que são típicos da religião popular, mormente no Nordeste do Brasil.

querubim, "anjo da primeira ordem, de quatro azas e quatro rost[r]os (Ez 1,6 e Ap 4,8), guardas do paraíso (Gn 3,24)", de *kerubin*, forma plural do hebraico *k'rub* Como empréstimo, a palavra foi transmitida através do grego: Χερούβ e do latim eclesiástico *cherubin*. A palavra portuguesa *querubim* emprega-se em referências a "anjos da primeira hierarquia", de acordo com o significado bíblico. Também se usa como designação de "uma pintura ou escultura de uma cabeça de criança com asas, representando um querubim" e na linguagem figurada com os sentido de "criança linda". As formas derivadas incluem dois adjetivos, *querúbico* e *querubínico*, "relativo ou semelhante a um *querubim*".

rabino, do hebraico *rabbī*, "meu Mestre" (de *rabh*, "mestre"), através do grego ραββί, inicialmente empregado como título de respeito para os que tratavam doenças ou que ensinavam, mais tarde para os sacerdotes judaicos e em referências a Cristo. Há também a forma *rabi* em português. Relacionado com os mesmos étimos encontra-se na Bíblia *rabbōni*, "meu Mestre" (Jo 20,16), com a forma grega ραββουνι. Há numerosas formas derivadas em português das referidas formas do empréstimo hebraico, incluindo-se substantivos, adjetivos, verbos, tais como *rabi-mor*, *rabinato* ou *rabinado*, *rabinho*, *rabínico*, *rabinismo*, *rabinista*, *rabinístico*, *rabinizar*, *rabinização*, entre outras).

sábado, nome do sétimo e último dia da semana, tradicionalmente observado pelos judeus como dia de descanso (sendo que o étimo hebraico, *xabbāth*, significa "descanso"), via o grego σαββάτον e o latim *sabbatum*. Veja-se, por exemplo, Mateus 28,1, com a forma do genitivo no plural, σαββάτων no texto grego. Além dos significados correspondentes aos originais, a palavra portuguesa tem o sentido de "conciliábulo noturno de feiticeiros". As palavras derivadas incluem o verbo *sabadear*, "guardar o sábado, não trabalhar no sábado", *sabadeador*, "aquele que sabadeia", *sabático*, "relativo ao sábado" e outros sentidos, *sabatina*, "oração do sábado", *sabatismo* (com formas cognatas do grego e do latim), "celebração aos sábados, entre judeus e em algumas igrejas protestantes", *sabatista*, "partidário da celebração do sábado em vez do domingo", *sabatizar* (de uma forma cognata grega através do latim), "sabadear".

saco, tecido grosseiro de juta ou de outra fibra semelhante, usado junto ao corpo pelos penitentes e as pessoas de luto (Gn 37,34;42,25, II Sm 3,31, I Rs 21,27, II Rs 6,30, Est 4,1-2, Jó 16,15, Ap 6,21). Palavra de procedência semítica, aparentemente fenícia, relacionada com o aramaico *saqqu* e o hebraico *saq*, e transmitida dessas línguas através do grego σάκκος e o baixo latim *saccus*. A palavra portuguesa retém o significado bíblico original, acrescentado de numerosos outros sentidos (Ferreira, 1986: q.v.).

saduceu, membro de uma seita ou partido religioso do judaísmo posterior ao séc. III a.C. (II Sm 8,17), originalmente uma das três seitas judaicas (com os essênios e os fariseus). Do hebraico *Çaddūqī*, palavra derivada de um antropônimo hebraico, *Çaddūq*. Como empréstimo, [foi] a palavra hebraica foi transmitida através do grego σαδδουκαῖος e do latim *sadducæus*. A palavra portuguesa mantém o significado bíblico original, sem acrescimento de outros sentidos.

safira, nome de uma pedra preciosa de cor azul, do hebraico *sappīr* (relacionado com o árabe *çafīr*, aramaico *sampīrīna*), palavra transmitida através do grego σαπφειρος, o latim *sapphirus* e o antigo *safir*. Há referências, em diversos contextos da Bíblia, com diferentes sentidos inclusive metafóricos (Ex 24,10;28,18; Ap 21,19, entre outras). Além de significar a conhecida pedra preciosa, a palavra portuguesa safira emprega-se para designar a agulha, com este tipo de pedra, que se usa em aparelhos de tocar discos.

Salomão, do hebraico *solomon*, através do grego Σολομών e do latim correspondente *Salōmōn*. Nome do último filho de David com Bete-seba, que se tornou rei de acordo com a promessa do pai. Seu reino foi durante o período de 1032 a 975 a.C. Considerado um governante sábio e criterioso. A palavra cognata do português significa um indivíduo que se tem por criterioso e sábio e que vive dando conselhos. Há também o adjetivo *salomônico*, "pertencente ou relativo ao rei Salomão". Existe a expressão "justiça salomônica" com um significado que decorre das qualidades atribuídas ao rei Salomão.

samaritano, pertencente ou relativo a Samaria (grego: Σαμάρεια, latim *Samarīa*), antiga cidade da Palestina, onde se falava uma variedade do aramaico. A palavra grega para designar um habitante de Samaria era Σαμαρίτης (latim *Samarītēs* ou *Samarīta*). A palavra portuguesa mantém o sentido original, com o acréscimo do significado de "pessoa caridosa", baseado na parábola de Cristo sobre o bom Samaritano (latim *Samarītānus*) (Lc 10,30-37), símbolo da benevolência ativa. A palavra portuguesa preserva o significado original bíblico. Há a expressão bom samaritano para designar determinada personagem de uma parábola de Jesus ou uma pessoa a quem se atribui semelhante benevolência.

sambuca, pequena harpa triangular, através do grego σαμβύκη e latim *sambūca*, de etimologia obscura, possivelmente do egípcio antigo. A palavra portuguesa mantém o sentido original como termo da música antiga. Não há derivados dessa palavra em português.

satanás, do hebraico, via o grego Σατανας ("satanás, adversário, inimigo, acusador") e o latim *satānās* e *satān*. Em português, existem as formas divergentes *satanás* e *satã*, assim como os derivados *satânico*, *satanismo*, *satanista* e *satanizar*.

serafim, "anjo da primeira ordem, com seis asas" representado na visão de Isaías (Is 6,2-7). Do hebraico *seraphim*, plural de *seraph*, "aquele que queima, isto é, se purifica com o fogo", via grego σεραφφί[ί]μ e [do] latim *seraphim*. A palavra cognata mantém o significado bíblico original, com acrescimento do sentido de "pessoa de beleza rara". Há o adjetivo derivado *seráfico* que significa "relativo ou pertencente aos serafins", com os sentidos na linguagem figurada de "mítico" e "etéreo, sublime".

siclo, unidade de peso utilizada no Oriente antigo, moeda dos hebreus, unidade monetária de Israel. Do hebraico *šeqel*, palavra transmitida como empréstimo pelo grego σίκλος e o latim *siclus*. Parece ter havido, nos tempos bíblicos, dois padrões da moeda: um para a igreja, outro para o rei (Ex 30,15 e II Sm 7,8). Eram provavelmente nessa moeda as "trinta peças de prata" referidas em Mateus 26,15 sobre o pagamento que Judas recebeu para trair o Cristo, enquanto as "dez peças de prata" referidas em Lucas 15,8 (parábola sobre a peça de prata perdida) seriam dracmas gregas, de acordo com o texto original grego e com a tradução literal (Young, 1956: 54). (As primeiras moedas judias foram cunhadas por Simão Macabeu, que obteve autorização para esta atividade de Antioco, rei da Síria.)

sinagoga, assembleia dos judeus, presidida por um chefe ou rabino. A partir do exílio babilônico (séc. VI, a.C.), a sinagoga era o local de reunião dos israelitas, para a leitura de textos sagrados e a prece. Do grego συναγωγή e do latim eclesiástico *synagoga*. Na linguagem popular no Brasil, o termo *sinagoga* tem diversos usos com significados pejorativos: "barulho, desordem, confusão, reunião tumultuosa, pândega". Existe em português o adjetivo derivado *sinagogal*, "referente ou pertencente à sinagoga" e "referente à celebração da liturgia judaica".

Sion, "o monte mais celebrado de Jerusalém", cuja história e importância religiosa são contadas em vários trechos da Bíblia (Js 15,63, II Sm 5,6-9, I Cr 11,5-8, I Rs 8,1, II Rs 19,21-31, II Cr 5,2, Sl 51,18;87,2-5;149,2,

Is 30,19, Hb 12,22, Ap 14,1). O empréstimo, provindo do hebraico *tsīyōn*, foi transmitido através do grego Σιών e o latim eclesiástico correspondente. O léxico do português inclui o topônimo *Sion*, identificado de acordo com a essência das referências bíblicas. Existem também os derivados *sionismo*, referente a um movimento político e religioso judaico iniciado no séc. XIX, visando ao restabelecimento de um Estado judaico na Palestina, e *sionista*, partidário do *sionismo*.

sodomia, do topônimo Sodom (*s'dōm* em hebraico, Σόδομα em grego), antiga cidade da planície de Siddam na Palestina, onde se praticavam atos sexuais considerados pecados (cf. *peccātum Sodomīticum* na *Vulgata* de São Jerônimo). A vida pecaminosa da cidade e sua destruição por Deus são registradas em Gênese 18-19. Há várias referências bíblicas à cidade enquanto símbolo da vida pecaminosa, que são advertências aos pecadores (Gn 14,10, Dt 29,23, Is 1,9-10;13,19, Jr 23,14;49,18, Ez 16,49-50, Mt 10,15;11,23, Ap 11,8). A palavra portuguesa *sodomia* refere os atos do tipo referido na Bíblia; *sodomita* significa uma pessoa que pratica tais atos sexuais anormais, além de designar os habitantes da cidade de Sodoma. As formas derivadas incluem os adjetivos derivados *sodômico* e *sodomítico* e o verbo *sodomizar*.

xibolete, do hebraico *shibboleth*, "espiga de milho, ribeira"; a palavra usada por Jefté como prova para distinguir, de seus soldados (guileaditas), os efraimitas, que fugiam e que não conseguiam pronunciar corretamente a primeira consoante [š], uma sibilante palatal, dizendo "s" em vez de "x" (Jz 12,4-6). Assim, a palavra *xibolete* em português (assim como formas afins de outras línguas) tem o sentido de palavra-teste para identificar estrangeiros e, por extensão, senha ou sinal que se usa como código.

5. Observações finais

Não obstante as limitações do âmbito lexical do presente estudo devidas à delimitação necessária dos tipos de palavras a serem considerados, encontram-se algumas propriedades importantes entre os respectivos empréstimos e suas formas derivadas.

No caso das palavras portuguesas baseadas nos referidos empréstimos, foi possível, na grande maioria dos casos, indicar tanto os respectivos étimos como suas vias de transmissão.

Quanto aos significados das palavras portuguesas que resultaram dos empréstimos, mantêm-se, com alguma freqüência, os significados originais, acrescentados, em vários casos, de outros sentidos, não raramente mais modernos.

Há um número apreciável de palavras derivadas das formas cognatas portuguesas dos étimos dos empréstimos considerados. O grau e a natureza das formas derivadas diferem sensivelmente entre os diversos empréstimos de palavras semíticas provindos da Bíblia.

A variedade de usos, a diversidade das classes de palavra das formas derivadas e dos seus respetivos sentidos indicam, na maioria dos empréstimos considerados no presente trabalho, um grau elevado de vitalidade enquanto elementos do léxico português. Por outro lado, algumas das caraterísticas observadas revelam serem importantes os textos bíblicos para o estudo do léxico do português.

Quanto às perspetivas que deveriam ser apontadas em futuras pesquisas, convém observar que a influência das línguas semíticas através da Bíblia não se limita às palavras (escolhidas de acordo com qualquer critério), visto ser evidente que a fraseologia bíblica também tem exercido alguma influência. Quais as frases de uso relativamente corrente inspiradas na fraseologia bíblica? O texto da Bíblia inclui um número elevado de frases de possível adoção em outras línguas, com graus maiores ou menores de adaptação. Alguns exemplos de frases bíblicas são a "paciência de Jó", a "terra prometida", a "regra dourada", o "bom samaritano", o "fruto proibido", a "justiça salomônica", a "dança de Salomé", uma "torre de Babel", as "sete pragas", um "falso profeta", a "esmola da viúva", um "filho pródigo", as "virgens tolas", as "virgens prudentes", uma "casa construída na areia", "casa construída numa pedra" "tapar a vela com uma cesta", "vinho novo e garrafas velhas", um "filho de Deus", a "casa de Deus", "endurecer o coração", "velho como Matusalém", o "sangue de Cristo", "jogar pérolas aos porcos" dentre muitas outras[6].

Finalmente, outro domínio digno de investigação que não foi considerado para os fins do presente estudo, consiste em comparações entre a influência das palavras semíticas provindas de textos bíblicos, enquanto empréstimos em diversas línguas modernas[7].

Bibliografia

Academia Brasileira de Letras. *Vocabulário ortográfico da língua portuguesa*. Rio de Janeiro: Bloch, 1981.

BEVAN, Edwyn F. & SINGER, Charles (eds.). *The Legacy of Israel*. Oxford: Clarendon Press, 1927.

BUCK, C.D. *A dictionary of selected synonyms of the principal indo-european languages. A contribution to the history of ideas*. Chicago: The University of Chicago, 1949.

CUNHA, A.G. *Dicionário etimológico Nova Fronteira da língua portuguesa*. Rio de Janeiro: Nova Fronteira, 1982.

FERREIRA, Aurélio Buarque de Holanda. *Novo dicionário da língua portuguesa*. 2.ª ed., revista e aumentada. Rio de Janeiro: Nova Fronteira, 1986.

HATCH, Edwin & REDPATH, Henry A. *Concordance to the Septuagint, A.: and the other Greek versions of the Old Testament (including the Apocryphal Books)*. 2.ª ed. Grand Rapids: Baker Book House, 1998.

HOUAISS, Antônio & AVERY, Catherine B. *Novo dicionário Appleton das línguas inglesa e portuguesa/ The new Appleton dictionary of the English and Portuguese languages*. New York: Appleton-Century-Crofts, 1967.

LAMSA, George M. *Idioms in the Bible Explained and A Key to the Original Gospels*. San Francisco: Harper, 1985.

MEILLET, A. "Influence of the Hebrew Bible on European Languages". In: *Legacy of Israel, Essays by Sir George Adam Smith et alii*. Oxford: Clarendon Press.

---

[6] Um levantamento prévio da ocorrência em algumas línguas comuns e em diversos setores da uma mesma comunidade indica ser bastante variável o emprego de frases de origem bíblica em diferentes idiomas, assim como varia apreciavelmente o conhecimento de tais frases de um grupo religioso para outro.

[7] Num outro trabalho, "Afinidades lexicais entre o português e o russo" (que está no prelo), feito com a colaboração de Larissa Semënova, examinei alguns casos de afinidade lexical entre o português e o russo. Por exemplo, são examinados alguns termos religiosos compartilhados pelas duas línguas em questão, na terminologia da Igreja Católica e da Igreja Ortodoxa, devido à influência do grego bíblico no vocabulário do cristianismo, mormente através do Novo Testamento.

1928, p. 473-483. (Republished by Kessinger Publishing Company, Whitefish MT, 2006).

MERCK, Augustinus. *Novum testamentum graece et latine*, apparatu critico instrumentum editit Augustinus Merck, S.J. Editio sexta, Romae: Sumptibus Pontificii Instituti Biblici, 1948.

NASCENTES, A. *Dicionário etimológico resumido*. Rio de Janeiro: Instituto Nacional do Livro, Ministério de Educação e Cultura, 1966.

ONIONS, C.T. (ed.). *The Oxford dictionary of English etymology*. Oxford: Clarendon Press, 1966.

The Holy Bible, containing the Old and New Testaments. Translated out of the original tongues, and with the former translations diligently compared and revised, the text conformable to that of the edition of 1611 commonly known as the authorized of King James' version. Philadelphia: A.J. Holman Company, s.d.

TRENCHARD, Warren C. *The Student's Complete Vocabulary Guide to the New Testament*. Grand Rapids: Zondervan Publishing House, 1992.

WEBER, Robert. *Bíblia sacra vulgata*. 5.ª ed., New York: United Bible Services, edited by R. Gryson, 2007.

WEEKLEY, Ernest. *An etymological dictionary of modern English*. New York: Dover Publications, Inc., 2 v., 1967.

YOUNG, Robert. *Literal translation of the Holy Bible*. Revised edition. Grand Rapids: Baker Book House, 1956.

ZODHIATES, Spiros (ed.). *The Hebrew-Greek Key Word Study Bible, King James Version*. Revised edition. Chattanooga: AMG International Inc., 1991.

CONSELHO EDITORIAL LUCERNA
Angela Paiva Dionisio
Carlos Eduardo Falcão Uchôa
Dino Fioravante Preti
Evanildo Cavalcante Bechara
Ingedore Grunfeld Villaça Koch
José Luiz Fiorin
Leonor Lopes Fávero
Luiz Carlos Travaglia
Neusa Maria de Oliveira Barbosa Bastos
Ricardo Stavola Cavaliere
Sueli Cristina Marquesi
Valter Kehdi

PRODUÇÃO EDITORIAL
Daniele Cajueiro
Shahira Mahmud

REVISÃO
Cláudia Ajuz
Maria Flávia dos Reis

DIAGRAMAÇÃO
Marcos Senna - Llum Design e Comunicação

Este livro foi impresso no Rio de Janeiro, em agosto de 2008,
pela Ediouro Gráfica, para a Editora Nova Fronteira.
A fonte usada no miolo é Perpetua, corpo 12,5/16.
O papel do miolo é offset 75g/m², e o da capa é cartão 250g/m².
Visite nosso *site*: www.novafronteira.com.br